陕西省“十四五”职业教育规划教材 GZZK2023-1-066
—— 新形态融媒体立体化教材

铁道概论

（第二版）

主　编 ○ 刘新强　刘广武　杜中彦
副主编 ○ 张晨明
主　审 ○ 徐小勇

西南交通大学出版社
·成　都·

内容简介

“铁道概论”是铁路各专业技术人员学习的入门课程。本书主要内容包括：铁路运输概述、铁路线路、铁路车站与枢纽、铁路车辆、铁路机车、电气化铁路供电系统、铁路信号与通信设备、铁路运输组织、高速铁路及重载运输、铁路动车组的基本知识及基本原理。本教材结合铁路运输实践和发展现状，强调铁路运输系统的基本概念、基本知识、基本原理，突出铁路新设备、新方法、新技术的应用，体现了现代铁路高速化、重载化发展的趋势和特点，注重培养学生对铁路运输的整体概念。

本书可作为高职高专类学校和各类职业学校铁路专业教学使用，也可作为铁路基层站段新入职员工的培训教材和铁路系统广大干部、职工学习铁路相关知识的基础性参考书。

图书在版编目（CIP）数据

铁道概论 / 刘新强，刘广武，杜中彦主编. —2 版. —成都：西南交通大学出版社，2023.8（2024.9 重印）
ISBN 978-7-5643-9428-8

Ⅰ. ①铁… Ⅱ. ①刘… ②刘… ③杜… Ⅲ. ①铁路工程 – 概论 – 高等职业教育 – 教材②铁路运输 – 概论 – 高等职业教育 – 教材 Ⅳ. ①U2

中国国家版本馆 CIP 数据核字（2023）第 145775 号

Tiedao Gailun (Di Er Ban)

铁道概论（第二版）

刘新强　刘广武　杜中彦　主编

责任编辑　张华敏
特邀编辑　杨开春　陈正余
封面设计　何东琳设计工作室

出版发行　西南交通大学出版社
（四川省成都市金牛区二环路北一段 111 号
西南交通大学创新大厦 21 楼）
邮政编码　610031
发行部电话　028-87600564　　028-87600533
网址　http://www.xnjdcbs.com
印刷　四川煤田地质制图印务有限责任公司

成品尺寸　185 mm × 260 mm
印张　19.5
字数　514 千
版次　2020 年 9 月第 1 版　　2023 年 8 月第 2 版
印次　2024 年 9 月第 7 次
书号　ISBN 978-7-5643-9428-8
定价　55.00 元

课件咨询电话：028-81435775

第二版前言

“铁道概论”是轨道交通专业学生的必修课程，该课程全面、系统地介绍了铁路运输业的系统组成及框架、铁路运输生产的主要技术设备、铁路运输组织工作的基本方法与基本原理。通过本课程的学习，读者可以对铁路行业有大致地了解与认知，在此基础上形成铁路运输的整体概念，树立铁路行业的全局观念，了解铁路各专业之间的关系，为后续课程学习和专业技术研究奠定基础。

党的二十大报告提出“坚持把发展经济的着力点放在实体经济上，推进新型工业化，加快建设制造强国、质量强国、航天强国、交通强国、网络强国、数字中国。”同时又提出“加快建设国家战略人才力量，努力培养造就更多大师、战略科学家、一流科技领军人才和创新团队、青年科技人才、卓越工程师、大国工匠、高技能人才。”为了适应我国铁路行业的飞速发展，满足当今铁路部门对人才的需求，我们从铁路生产实际出发，从读者的学习需要出发，于 2021 年编写出版了《铁道概论》这本教材。该教材出版后，影响力广泛，受到师生好评。如今，随着我国铁路技术的不断发展，尤其是高速铁路技术已处于世界先进水平，我国已成为当今世界铁路商业运营速度最高、高速铁路里程最长的国家，为了让教材内容与时俱进，让读者及时了解我国铁路技术发展的新水平、新趋势，我们再次全面收集了相关新技术资料，并依据读者的反馈意见，对《铁道概论》教材进行修订。

本教材的内容主要包括：铁路运输概述、铁路线路、铁路车站与枢纽、铁路车辆、铁路机车、电气化铁路供电系统、铁路信号与通信设备、铁路客货运输组织方法及行车组织方法、高速铁路及重载运输技术、铁路动车组。

本教材具有以下特点：

1. 教材内容体现了通俗性、先进性、实用性的原则，在介绍有关铁路的基本概念、基本知识、基本原理的同时，突出强调了我国铁路的新设备、新技术及运营管理新方法，体现了我国铁路高速化、重载化、智能化发展的新趋势和新特点，注重培养学生对铁路运输系统的整体认知。

2. 本教材实现了纸质教材和智媒体数字资源的有效融合。为了使教材内容更加丰富和易于理解，并便于学生课后学习，我们将“铁道概论”课程涉及的重要知识点做成了视频及生动、直观的二维动画，并以二维码的形式嵌入书中，读者用手机扫描这些二维码即可在线观看和学习。上述这些数字资源内容与教材内容紧密结合，互为补充，可以拓展读者知识面，加深读者对知识点的理解，提高学习效率，使学习变得轻松有趣。

本教材可供铁路类高职高专院校和其他职业院校铁路相关专业教学使用,也可作为铁路基层站段新入职员工的培训教材和铁路系统干部、职工学习铁路相关基础知识的参考用书。

本书由西安铁路职业技术学院刘新强、西安铁路职业技术学院刘广武、四川铁道职业学院杜中彦主编；杭州市地铁集团有限责任公司张晨明任副主编；西安铁路职业技术学院王艳艳、西安铁路局新丰镇车站陈晓东、西安铁路局客运段孔锐参与编写。教材具体编写分工如下：刘广武编写第一章、第四章、第十章；孔锐编写第二章；陈晓东编写第三章；张晨明编写第五章；刘新强编写第六章、第八章；杜中彦编写第七章；王艳艳编写第九章。全书由刘广武统稿，西安铁路职业技术学院徐小勇教授担任主审。

在本书的编写过程中，我们参考了许多同行专家的研究成果和文献资料，在此谨向各位专家、文献资料的原作者表示衷心的感谢；同时，沈阳铁路局调度所值班主任王晓博为此书的编写提供了很多资料和指导，在此表示衷心感谢。

由于本书涉及面较广，编者水平有限，书中不足之处在所难免，恳请读者给予批评指正。如有意见和建议，请发送邮件至编者邮箱lgw1231982@163.com，谢谢。

编　者

2023 年 6 月

二维码数字资源目录

续表

续表

序号	二维码名称	资源类型	页码
56	机车的检修	微课视频	130
57	机车的运用	微课视频	132
58	“铁牛号”精神	文档	133
59	“毛泽东号”精神	文档	133
60	电气化铁路供电系统	微课视频	138
61	牵引变电所	微课视频	144
62	接触网	微课视频	146
63	铁路信号的定义与分类	微课视频	156
64	手信号	微课视频	156
65	铁路信号显示规定	微课视频	158
66	进站信号机的作用和设置位置	二维动画	162
67	进站信号机的设置和作用	微课视频	162
68	出站信号机的设置和作用	微课视频	162
69	通过信号机的设置和作用	微课视频	162
70	四显示自动闭塞区段进站信号机显示含义	二维动画	164
71	四显示自动闭塞区段出站信号机显示含义	二维动画	164
72	调车信号机显示含义	二维动画	165
73	发车线路表示器的作用	二维动画	165
74	轨道电路的组成、原理、作用	二维动画	167
75	电动转辙机的工作原理	二维动画	170
76	继电器的结构和工作原理	二维动画	173
77	联锁的意义	微课视频	175
78	进路的定义、分类和状态	二维动画	175
79	半自动闭塞的定义与办理	微课视频	181
80	半自动闭塞的办理	二维动画	181
81	半自动闭塞机认知	二维动画	181
82	自动闭塞的定义、种类和用途	微课视频	183
83	三显示自动闭塞原理	二维动画	183

续表

序号	二维码名称	资源类型	页码
84	四显示自动闭塞原理	二维动画	184
85	ZPW-2000A 型无绝缘轨道电路	二维动画	185
86	铁路专用通信系统	微课视频	198
87	“小东”精神	文档	201
88	永不生锈的螺丝钉	文档	201
89	铁路旅客运输过程	微课视频	206
90	“158”精神	文档	206
91	公益慢火车	文档	206
92	行李、包裹运输	微课视频	207
93	货物运输种类	微课视频	209
94	货物运到期限	微课视频	210
95	货物运输合同	微课视频	210
96	铁路货物运输过程	微课视频	212
97	列车定义及分类	微课视频	222
98	铁路安全事故等级划分及案例分析	微课视频	232
99	铁路人身安全要求及案例分析	微课视频	233
100	铁路安全事故真实案例	文档	234
101	高速铁路概述	微课视频	236
102	中国高铁——时代脉动	视频	239
103	中国高铁——创新之路	视频	239
104	有砟轨道和无砟轨道	微课视频	243
105	单元式重载列车	微课视频	265
106	组合式重载列车	微课视频	265
107	“大秦重载”精神	文档	269
108	大秦铁路传奇（上）	视频	270
109	大秦铁路传奇（中）	视频	270
110	大秦铁路传奇（下）	视频	270
111	动车组列车的定义、结构、运用和检修	微课视频	278
112	CRH_1 型动车组动力转向架的构造	二维动画	288
113	CRH_1 型动车组拖车转向架的构造	二维动画	288

目　录

项目一　认知铁路运输行业

【项目导入】

本项目的学习任务是：让即将进入铁路行业的学员在认识现代交通运输业的基础上，了解国内外铁路运输业的发展概况及其在国民经济体系中的重要地位和作用，着重了解我国铁路运输业的发展历程和未来发展方向；掌握我国铁路运输业体系架构、特点及职业道德规范，了解我国高速铁路发展规划以及铁路建设成就带来的国际影响力；学习并传承我国铁路精神文化。

【知识目标】

1. 了解现代交通运输业在社会和经济发展中的地位和作用；
2. 了解现代交通运输方式的种类及其特点以及在国民经济体系中的地位；
3. 了解世界铁路运输业的发展概况以及我国铁路运输业的发展历程；
4. 掌握我国铁路运输业体系架构、特点以及职业道德规范；
5. 了解我国铁路发展规划以及建设成就带来的国际影响力。

【能力目标】

1. 能够根据运输对象的特点选择合适的交通运输方式；
2. 熟知国内外铁路运输业的发展现状以及未来发展趋势；
3. 熟知我国铁路运输业体系架构、特点以及职业道德规范；
4. 熟知我国高速铁路发展规划；
5. 熟知我国铁路建设发展成就，具有行业认同感和自豪感。

任务一　认知现代交通运输业

【任务描述】

在本任务中，我们将学习和了解现代交通运输业的各种运输方式及其特点，了解各种运输方式在我国社会经济中的作用及在综合交通系统中的地位。

通过本任务的学习，要求学员掌握现代交通运输业的种类、特点及其在我国社会经济中的地位和作用，充分认识到铁路运输在我国交通体系中的骨干地位。

【知识学习】

交通运输是人和物借助交通工具的载运，产生有目的的空间位移的过程。交通运输业是社会发展的必然产物，是人类社会生活必不可少的组成部分，它始终伴随着人类社会的进步和发展。在古代，随着人类社会生产力的发展和活动范围的不断扩大，不同地域、不同部族乃至国家之间的物品交换、战争等原因直接催生了对运输的需求，产生了早期的运输工具——舟、马车等。早期的运输以人力、畜力为主，并持续了相当长的时期。第一次工业革命，推动了社会生产规模快速提高，大量的物资运输和人员流动需求，催生了一系列新生交通运输工具的发明，18 世纪发明的蒸汽机被运用于轮船、火车；第二次工业革命，使内燃机成功驱动了汽车、飞机，同时也推动了石油开采业和石油化工业的发展，从而直接推动了管道运输业的大规模发展。至此，现代交通运输业的格局初步形成。

一、交通运输业的作用

微课视频：交通运输业的作用与性质

现代交通运输业是现代社会的生存基础和文明标志，与人类生活密不可分，是连接生产与消费的桥梁，是沟通工农业、城乡、地区、企业之间经济活动的纽带，是经济发展的基本需要和先决条件，起着合理配置生产要素的重要作用，具有重要的经济、社会、政治和国防意义。

现代交通运输业是现代工业的先驱和国民经济的先行部门，是资源配置和宏观调控的重要工具，也是城市和经济布局形成的重要因素，对促进社会分工、工业发展和规模经济的形成，巩固国家的政治统一和加强国防建设，扩大国际经贸合作和人员往来发挥着重要作用。

交通运输业也是面向社会为公众服务的公共事业，是一个国家的基础性设施和社会经济发展的基础性行业，交通运输缩短了人和物在时间和空间上的距离，使不同国家和地区之间的接触和交往不断增强，增进了相互间的了解，强化了相互间的各种社会联系。交通运输业的发展对国家统一、人类文明进步、经济文化交流以及国防力量的增强都发挥着重要的作用。

交通运输业对于社会经济的正常运行和发展具有举足轻重的作用。要维护国家的统一团结和社会安定，要保证社会经济的正常运行，要建立合理的产业结构，必须有交通运输业的保障，这是交通运输业区别于其他行业和部门的重要特征。交通运输业同时又要服务于公众（指众多的企业、部门和个人），其所创造的社会效益远远大于自身的经济效益，对社会经济的发展和公众生活的影响比其他部门更为广泛，更为直接。可以说，交通运输业是一个兼有公益性和经济性的双重行业。交通运输行业的发展水平在很大程度上反映了一个地区社会经济发展的水平。国民经济发展的规模和速度在很大程度上是以交通运输业的发展为前提条件的。

二、交通运输方式的种类及其特征

微课视频：交通运输方式简介

根据所用的载运工具和线路不同，现代运输业通常分为铁路、公路、水路、航空及管道运输五种方式。

（一）铁路运输

铁路运输是以固定轨道作为运输道路，由机械动力牵引车辆（或动车组）在轨道上移动来运送旅客和货物的运输方式。铁路运输与其他各种现代化运输方式相比，具有运输能力大、速度快的特点。列车运载旅客和货物的能力远比汽车和飞机大得多，我国常规铁路旅客列车的运行速度一般为 100 km/h 左右，快速旅客列车目前可达 120 ~ 160 km/h，高速铁路可以达到 200 ~ 350 km/h。

铁路运输的成本也比公路运输和航空运输低，运距越长，运量越大，其单位成本就越低；铁路运输一般可以全天候运营，受气候条件限制较小；具有较高的安全性和可靠性，正点率较高；采用电力牵引时，可以不使用石油作燃料，节省能源，减少污染，有利于环境保护。

由于铁路运输具有上述技术经济特点，因此，铁路运输适合幅员辽阔的大陆国家；适合运送常规的、稳定的大宗货物和中长距离的货物运输以及满足城市间旅客运输的需要。

但铁路运输具有投资大、建设周期长等缺点，且路网密度小、服务范围小；人们只能到车站乘车或托运货物，灵活性差、送达速度低，难以实现“门到门”运输，不太适合运量小、速度要求高的货物运输，也不适合距离太短和太长的旅客运输。

（二）公路运输

公路运输是由机动车在公路上来回移动以运送旅客和货物的运输方式。它的主要优点是机动灵活，对客货运量大小具有很强的适应性。公路建设成本较低，因此公路网络极为发达，加上机动车几乎可以在任何较硬的地面上行驶，这就使得公路运输具有极强的适应性，可以实现“门到门”的直达运输，有利于提高中短途运输的送达速度，加速货物资金周转；尤其适合短途运输和对服务质量要求较高的货物运输；另外，公路运输还可担任铁路、水路、航空等运输方式的补充和衔接，到达其他运输方式不能到达的角落。

公路运输（高速公路除外）与其他运输方式相比，具有投资少、资金周转快、投资回收周期短和技术改造较容易、适应性强等优点；而且公路运输面向所有的机动车开放，对于提高人们的生活质量和出行质量，繁荣地方经济发展、加快地区经济文化交流具有重要的作用。

但是，公路运输在长途运输业务方面有着难以弥补的缺陷：一是耗用燃料多，造成途中费用过高；二是机器磨损大，因此折旧费和维修费用高；三是公路运输能力较小，单位运输工具运送的乘客人数和货物装载量比铁路低得多，运输同样多的旅客和货物，汽车运输费用远高于铁路和水路。

（三）水路运输

水路运输是利用船舶和其他水上工具在河流、湖泊、海洋中来回移动以运送旅客和货物的运输方式。水路运输按航行的区域分为远洋运输、沿海运输和内河运输三种类型。水路运输是一种古老的运输方式，比如，历史上的京杭大运河就是决定封建王朝经济命脉的黄金水道。如今随着经济全球化进程的加快，远洋运输已成为重要的国际货运方式，像原油、矿石、粮食等重要的资源、能源物资，大都依靠远洋运输。水路运输的运输能力相当大，在海洋运输中，目前世界上超巨型油轮的载重量可达数十万吨，巨型客船也可达八万吨。

水路运输具有占地少、运量大、投资少、运输成本低等突出的优点。在水路运输中，除运河以外，内河航道均是利用天然江河加以整治，修建必要的导航设备和港口码头等就可以通航；海运航道更是大自然的产物，一般不需要人工整治，且海运航线往往可以取两港口之间的最短距离。因此，一般说来，河运的平均运输成本比铁路略低，而海运成本则远远低于铁路，这是水路运输的一个突出优点。

但是，水路运输的速度较其他运输工具慢且受自然条件的限制较大，所以只适合大宗货物的远距离运输，不太适合小批量货物的快捷货运和旅客运输，具有一定的局限性；而且受地形和气候的限制较大，内河航运中枯水期可能会限制大吨位船舶的航行，而冰封期所有船只都无法通行，远洋运输可能会受到热带风暴等强气流天气的影响。

（四）航空运输

航空运输是用飞机在各机场间来回飞行以运送旅客和货物的一种运输方式。航空运输在 20 世纪崛起，是运输业中发展最快的行业。

航空运输与其他运输方式相比，最大的优势是速度快，普通客机的速度都在 600 ~ 900 km/h，比普速铁路快 5 ~ 10 倍，具有无可比拟的优势，在长距离旅客运输方面具有较强的竞争力，并且航空运输具有一定的机动性，一般不受山川地貌、河流湖泊等限制，只要有机场和导航设施保证即可开辟航线，比如我国西藏许多地区没有通铁路的地方，都已经建有机场，开通了航线。

航空运输最大的缺点是载运能力小、能源消耗大、运输成本高，且机场都建在城市远郊区，与市内交通衔接不够方便，存在“中间快、两头慢”的缺点，在短途运输中其高速的优势难以体现，所以不太适合中短途运输。

（五）管道运输

管道运输是以固定管道作为运输通道，并利用固定式机械动力装置来输送流体货物的运输方式。管道运输没有移动设备，其载运工具和运输线路是一体的。管道运输是近几十年来得到迅速发展的一种运输方式，主要以流体能源，如石油、天然气、成品油为运输对象，现在还可以运输煤和矿石等货物（将其制成浆体，通过管道输往目的地，再经过脱水处理后使用）。

管道运输具有运送能力大（管径为 1 200 mm 的原油管道年输量可达 1 亿吨）、效率高、成本低、能耗小等优点。管道运输的主要设备都埋于地下，具有占地少、不受地形坡度限制、不受气候影响、能长期稳定运行、沿线不产生噪声且漏失污染少等优点，是一种很有发展前景的现代运输方式。

但是，管道运输由于定点、定向、定品种运输，灵活性差，只能运送单一货物；一旦能源枯竭，货源减少，管道运输的大量设备和投入很难移作他用，可能遭到废弃，产生极大的浪费。

三、各种交通运输方式在我国的地位

在当今国民经济和社会发展以及运输技术不断进步的情况下，如何综合利用和发展各种运输方式日益受到各国的重视。然而，在不同的国家，由于国土面积、资源分布以及经济发展状况各异，各种交通运输方式之间的关系也有所不同。总之，在保证运输安全、合理利用自然资源、保护生态环境的前提下，应充分发挥各种运输方式的技术经济优势和作用，做到合理分工和协调发展，力求建立科学合理、经济高效、安全可靠又适应本国国情的综合交通体系和综合运输系统。

我国地形复杂，是一个多山区的国家。根据我国国情，我国交通运输业未来的发展宗旨是：以铁路为骨干，公路为基础，充分发挥水运的作用，积极发展航空运输，适当发展管道运输，建设全国统一的综合交通运输体系。

（一）铁路发挥骨干作用

铁路是国家重要的交通基础设施，也是资源型和环境友好型的运输方式之一，它不仅是国民经济发展的大动脉，而且兼具安全、经济、便民、实惠、全天候运输、速度快、运能大、安全舒适、节能省地、减排高效等特点。这些特点决定了铁路在我国综合交通体系中的骨干地位。

我国是一个幅员辽阔、人口众多的发展中国家，能源结构以煤炭为主，自然资源主要分布在西部和北部地区，而工业基地主要分布于东部和南部沿海区域。自然资源和工业布局的错位态势，决定了我国地区经济发展的不平衡，决定了货运结构以能源、原材料和初级产品为主，也决定了物资由北向南、由西向东的基本流向，同时伴随着大量的人员流动。

综合我国的基本国情和客流、货流特点，决定了我国应发展以铁路为主导，公路、水运、航空、管道运输协调发展的综合交通运输体系。大力发展铁路，是我国发展国民经济、增强国防力量、繁荣城乡市场、促进国土开发、增强民族团结、扩大对外开放的需要，符合我国经济和社会可持续发展的战略要求。

（二）公路发挥基础作用

公路运输是人们最普遍使用的交通运输方式，是交通运输行业的基础和主体，而且公路运输与人民群众日常生活密切相关，对改善人民群众物质文化生活具有重要作用。无论是客运还是货运，公路运输都是我国交通运输的主力和中坚力量。21 世纪以来的几十年间，我国新建了一大批公路，包括高速公路和高等级公路，通过新建和改造，形成了以高速公路为骨架、纵横全国的国家级干线道路网。

（三）进一步加强水运建设

水运在我国有悠久的历史，并没有因为铁路、高速公路和航空等运输方式的大发展而降低它的作用。其中远洋和沿海运输是水运发展的重点。90% 以上的外贸物资是由远洋运输完成的。

我国南方有着丰富的内河水运资源，如长江黄金水道、京杭运河、江南水网、珠江水网等，在货运和客运及旅游业方面都显示出它们的巨大作用。

（四）大力发展民航运输

航空运输是先进的运输方式，有着广泛的发展前途。进入 21 世纪以来，我国民航事业得到了快速发展，已形成了连接全国各大中城市的航空网络。随着人们物质文化生活水平的提高以及国际交往的日益频繁，航空运输对我国国民经济发展的促进作用越来越明显，民用航空运输的发展更加受到重视，进一步促进了我国社会经济的发展。

（五）适当发展管道运输

现代管道运输的发展与能源工业特别是石油工业的发展密切相关。我国第一条管道网是 20 世纪 50 年代建设的全长 147 km、管径为 150 mm 的克拉玛依—独山子输油管道。随着我国石油天然气产量的提高，管道运输网络得到了重点调整和改造，特别是随着“西气东输”工程的建设，我国管道运输得到了快速发展。

【思考题】

1. 简述现代交通运输业在国民经济发展中的地位和作用。
2. 简述现代交通运输业有哪几种运输方式，各有什么优缺点。
3. 简述各种运输方式在我国的地位和作用。
4. 为什么铁路运输在我国交通运输业中发挥骨干作用？
5. 五种现代运输方式的未来发展趋势是什么？

任务二　了解铁路运输业发展概况

【任务描述】

在本任务中，我们将了解世界铁路运输业的发展历程及现状，以及我国铁路运输业的发展历程、现状及取得的成就，认识铁路运输在我国现代交通运输业中的重要地位。

通过本任务的学习，要求学员充分了解国内外铁路运输业的发展状况，激发专业认同感和行业自豪感，为将来参与我国铁路建设做好准备。

【知识学习】

一、世界铁路运输业发展概况

世界上第一条正式的铁路，是英国修建的、从斯托克顿至达林顿，可供蒸汽机车牵引客、货列车行驶的铁路，它于1821年开始筹建，1825年建成通车，全长32 km（20英里）。它的开通运营揭开了铁路运输的序幕，距今已有近200年的历史。16世纪中叶，英国开始兴起了采矿业，为了提高运输效率，在道路上铺了两根平行的木材作为轨道。17世纪时，将木轨换成了角铁形状的钢轨，角铁的一边起导向作用，马车则在另一条边上行驶。后经多年的改进，才逐渐形成今天的钢轨，因此，各国至今仍沿用“铁路”这一名称。

（一）蓬勃发展期

英国修建的世界第一条由蒸汽机牵引的铁路标志着近代铁路运输业的开端，使陆上交通运输迈入了以蒸汽机为动力的新纪元。铁路及火车一经发明，便以其迅速、便利、经济等优点，深受人们的重视，除了在英国全面展开铁路的铺设工程外，其他国家也相继开始兴建铁路，一直持续到第二次世界大战时期，铁路一直都在蓬勃发展。从地理分布上看，当时，美洲铁路约占世界铁路总长的2/5，欧洲占1/3，而非洲、大洋洲和亚洲的总和还不到1/3。由此可以看出，当时世界铁路的发展和分布情况极不平衡，而且在修建和发展铁路的趋势上也不尽相同。

世界主要国家铁路相继修通的年份如表1.1所示。19世纪末世界铁路总长为65万千米左右，第一次世界大战前夕达到110万千米，20世纪20年代末达到127万千米。

表1.1　世界主要国家铁路修通年份（年）

国　名	修通年份	国　名	修通年份	国　名	修通年份	国　名	修通年份
英　国	1825	加拿大	1836	瑞　士	1844	埃　及	1855
美　国	1830	俄　国	1837	西班牙	1848	日　本	1872
法　国	1832	奥地利	1838	巴　西	1851	中　国	1876
比利时	1835	荷　兰	1839	印　度	1853		
德　国	1835	意大利	1839	澳大利亚	1854		

（二）低迷徘徊期

自第二次世界大战前后直至20世纪70年代中期，在这相当长的一段时间里，西方一些发达国家的铁路发展缓慢下来，甚至出现徘徊不前的状态。由于这些国家在这一时期基本上实现了工业化，并且达到了比较高的水平，其公路、航空运输得到迅速发展，国民经济产业结构和交通运输体系有了新的调整，尤其是某些经济大国的汽车和飞机制造业迅速发展，使铁路面临公路和航空运输的激烈竞争。加上有的国家政府对于铁路运输发展政策上的失误以及铁路部门自身管理体制的不适应和经营管理不善等原因，致使世界铁路在这一时期发展相对缓慢，一度被视为“夕阳产业”。个别国家和地区甚至出现停滞局面，进入低谷，出现了世界铁路网规模缩小、铁路客货运量比重下降、铁路经营亏损严重的情况。但在我国及亚非拉等欠发达地区，铁路仍在不断进步，路网规模也在逐渐增加。

（三）复苏重生期

1970 年的世界能源危机，使公路和航空运输的发展受到限制，而铁路运输由于能耗较少，加上运输过程中排放的废气及产生的噪声对生态环境的影响比其他交通运输工具低，促使人们又重新开始重视铁路在交通运输体系中的重要作用。特别是随着电气化铁路、高速铁路、重载铁路的出现，更使人们认识到铁路在国民经济发展和人们的物质文化生活中具有不可忽视的地位和作用。以日本新干线、法国 TGV、德国 ICE 为代表的高速铁路的出现，给铁路行业带来了新的生机和活力，目前世界各国的铁路建设正在步入一个新的发展时期，铁路网结构已进一步优化，客货运量有了较大回升。铁路行业也迎来了历史的发展机遇，迈入蓬勃发展的春天。

二、我国铁路运输业发展概况

微课视频：
我国铁路发展历程

（一）1949 年以前

中国是自19世纪起，随日本及印度之后第三个修建铁路的亚洲国家，迄今已有 140 多年的历史了。

中国第一条营运的铁路，是于1876年由英国怡和洋行擅自铺设的吴淞铁路（上海—吴淞），全长 14.5 km，轨距是 762 mm。因当时无论是清政府还是民众对铁路都十分保守顽固，通车营运一年后（1877 年）就被清政府以 28 万 5 千两白银赎买后拆除。

中国第二条运营的铁路，是中国自己创办的铁路——1881 年修建的唐胥铁路（河北省唐山—胥各庄）。唐胥铁路是标准轨距铁路，全长 10 km，是为了将唐山附近开滦煤矿的煤运出去，由开平矿务局集资、英国人设计、清政府主张兴建的官办铁路。唐胥铁路于 1881 年开工，同年 11 月竣工通车，并曾用中国工人自己试制的“龙号”机车拉运煤炭。1886 年唐胥铁路延伸到芦台，1888 年又延伸到塘沽和天津，为唐津铁路。唐津铁路后又于 1890 年、1892 年、1893 年分别延伸至古冶、滦州和山海关，改称津榆铁路。以后逐步发展成为现在的京沈（北京至沈阳）铁路。

中国第一条完全由中国人自行设计、施工的铁路是北京至张家口的京张铁路，中国首位铁路工程师——詹天佑，作为京张铁路的总工程师，于 1905 年 10 月开工，1909 年建成，采用 1 435 mm 轨距，全长 201 km，并创造性地运用了“人”字形铁路，完成了在崇山峻岭修建铁路的艰巨工程，充分显示了中国人民的智慧和力量，在中国铁路史上写下了光辉篇章。

1912 年中华民国建立后，1928 年10 月国民政府在行政院之下成立铁道部，并颁布了中国第一部铁道法规——《铁道法》，还制定了一系列与铁路建设、发展相关的法律法规。1927 年至 1937 年间，国民政府共修铁路 3 793 km（未包括同时期东北三省修筑的 4 500 km）。

总的来说，从 1876 年至 1949 年 70 多年里，我国总共修建了 23 500 多千米 的铁路（不包括台湾地区的铁路），机车 1 700 多台，车辆 3 万多辆。

（二）1949 年中华人民共和国成立以来

1949 年中华人民共和国成立后，在中国共产党的领导下，我国铁路建设得到了空前发展。1949 年，中央人民政府铁道部正式成立，统一管理全国铁路工作。1952 年 8 月，青岛四方机车车辆工厂生产出第一台完全由中国独立制造的蒸汽机车“八一号”（解放型）。1954 年 9 月，中央人民政府铁道部改称为中华人民共和国铁道部。从 1953 年开始，中国开始实施第一个五年计划，中国铁路进入了有计划的大规模建设时期。1958 年，我国第一条电气化铁路——宝成铁路开通。1966 年到 1980 年，为开发西南、西北地区而相继建成了贵昆铁路、成昆铁路、川黔铁路、襄渝铁路、兰新铁路、焦枝铁路、太焦铁路等，以及为增强中部及东部地区运输能力的京通铁路、京承铁路、皖赣铁路、鹰厦铁路等铁路干线、支线 100 多条，全国铁路营运里程增加到 49 940 km。

课程思政：
“成昆”精神

进入 20 世纪 80 年代以后，我国铁路更是取得了前所未有的辉煌成就。1992 年，我国第一条开行重载单元式列车的铁路——大秦铁路（大同—秦皇岛）开通运营，全长 653 km，是我国境内首条双线电气化重载运煤专线，是国家“西煤东运”的重要战略通道，享有“中国重载运输第一路”的美誉。1989 年，在我国铁路网中赋有铁路心脏之称的郑州北站，建成了亚洲最大的铁路综合自动化编组站，货车的中转、解体、编组作业等一整套生产管理由计算机取代了手工操作。郑州北站运营管理综合自动化系统的建成使我国铁路编组站的现代化技术迈入了世界先进行列。

随着我国改革开放的实施，经济发展推动着我国铁路事业的发展。20 世纪90年代以后，我国先后建成了京九线、南昆线、大秦线、宝中线、侯月线等一批铁路干线，以及包括京广铁路衡广段、兰新铁路在内的复线电气化工程，全国铁路的营业里程达到 66 428 km。同时，除了扩大铁路网，我国铁路开始以“提速”作为发展战略。1997 年 4 月 1 日，我国实施了第一次铁路大面积提速，从此揭开了中国铁路大提速的序幕。

2004 年 1 月 7 日，国务院通过《中长期铁路网规划》，提出：要建设客运专线 1.2 万千米以上，客车速度目标值达到 200 km/h 及以上，建成“四纵四横”客运专线及环渤海地区、长江三角洲地区、珠江三角洲地区城际客运系统。该《规划》实施以来，大规模铁路建设全面展开，一大批包括高速铁路、客运专线、城际铁路、煤炭运输通道、区际铁路干线和西部铁路相继开工建设。尤其是我国高原铁路取得了重大突破，被国际社会称为“可与长城媲美的伟大工程”——青藏铁路——攻克了多年冻土、高寒缺氧、生态脆弱“三大难题”，于 2006 年 7 月 1 日顺利建成并正式开通运营；而京津城际等高铁的开通运营更是开辟了我国高速铁路的新纪元。

2008 年 11 月 27 日，为了落实党中央、国务院关于加快发展铁路的战略部署和要求，国家发展和改革委员会（以下简称“国家发改委”）批准了《中长期铁路网规划（2008 年调整）》，调整后的《规划》提出：在原“四纵四横”客运专线基础框架之上，进一步延伸并扩大客运专线覆盖面，加强客运专线之间的相互连通和衔接，进一步扩大城际客运系统的组团建设。从这之后我国高速铁路建设进入快速发展期。2009 年 12 月，武广高铁正式通车，运营时速 350 km，成为当时世界上运行里程最长、运营时速最高的高铁。2010 年 10 月 26 日，沪杭高铁正式通车营运。2011 年 6 月 30 日，我国高速铁路标志性工程——京沪高速铁路建成通车。

课程思政：
“青藏铁路”精神

2016 年 7 月 20 日，国家发改委发布了修订过的《中长期铁路网规划》（2016 版本）。该《规划》提出：在“十三五”期间，我国铁路建设分为三大块，分别是“八纵八横”高铁路网建设、城际铁路建设和普通铁路建设；“八纵八横”高铁路网每年新增里程约占铁路新增总里程 1/3 以上，城际铁路和普通铁路二者合计占每年铁路新增里程的 45% 以上。该《规划》实施以来，我国铁路发展加快了步伐，取得了一系列重大成就：2017 年 2 月 25 日，我国自行设计研制的、具有完全知识产权的新一代高速列车、中国标准动车组“复兴号”正式上线投入运营，运营速度达到 350 km/h，它集成了大量现代国产高新技术，牵引、制动、网络、转向架、轮轴等关键技术实现重要突破，是中国科技创新的又一重大成果，让中国再次成为世界上高铁商业运营速度最高的国家；世上最难建的高寒、高海拔快速铁路——川藏铁路开工建设，目前已建成开通了大部分路段；2019 年 12 月 30 日，世界上第一条按照智能化理念进行设计的高速铁路——京张智能高速铁路建成通车，这是我国第一条采用我国自主研发的北斗卫星导航系统、设计时速为 350km/h 的智能化高速铁路，也是世界上第一条最高设计时速为 350 km 的高寒、大风沙高速铁路。它促进了京、津、冀一体化互联互通和经济融合，并为 2022 年北京冬奥会期间两地三赛区的赛事提供了重要的交通保障。

总体来看，到“十三五”末，我国已基本完成从“四纵四横”到“八纵八横”的高铁干网建设布局，截至 2022 年年底，我国铁路营业里程已达到 15.5 万千米，全国铁路路网密度达 161.1 千米/万平方千米。其中高速铁路运营里程突破 4.2 万千米，居世界第一位。目前我国已开通了多条以 350 km/h 运行的高铁线路，高速铁路已连接 31 个省份，共有 4153 列动车组开行，其中有 1191 列复兴号动车组，体量和运营速度居世界第一位，为社会经济发展提供了强劲支撑。

另外，我国在电气化铁路建设方面也取得了惊人的成就。从 1958 年至今，我国电气化铁路从无到有、由弱变强。1958 年 6 月 15 日，我国首条电气化铁路在宝成铁路宝（鸡）凤（州）段开工建设，1960 年 5 月 14 日，91 km 的宝成铁路宝凤段电气化铁路建成通车，中国从此结束了没有电气化铁路的历史，实现了零的突破。到 1998 年年末，我国电气化铁路里程达到 1 万千米。从 1998 年到 2005 年，我国电气化铁路里程新增 1 万千米，达到 2 万千米；从 2005 年到 2009 年，我国电气化铁路里程实现了第三个 1 万千米的增量，突破 3 万千米；3 年后的 2012 年底，我国电气化铁路总里程突破 4.8 万公里，铁路电气化率已经接近 50%，超越了原电气化铁路世界第一的俄罗斯，跃升为世界第一位。2019 年 12 月 30 日，京张高速电气化铁路开通运营，我国实现了电气化铁路自主设计建造从时速 35 千米到 350 千米的历史性飞跃。截至 2022 年年底，我国电气化铁路运营里程已达到 11 万千米以上，铁路网电气化率达到 74%，稳居世界第一，形成了一张世界上规模最大的电气化铁路网。

与此同时，我国铁路重载运输也取得了重大进步。到目前为止，我国已开通了 4 条重载铁路：大秦铁路、唐呼铁路、瓦日铁路、蒙华铁路。其中大秦铁路已开行 2 万吨重载列车，平均每 12 分钟就会开出一趟重载列车，年运量最高突破 4.5 亿吨，创下世界单条铁路重载列车密度最高、运量最大、增运幅度最快、运输效率最高等多项世界纪录。唐呼铁路于 2018 年 5 月 20 日开通运行，设计速度 160 km/h，开行 1 万吨重载列车，年运量突破 2.5 亿吨。瓦日铁路于 2014 年 12 月 29 日建成通车，开行 1.2 万吨重载列车。蒙华铁路（又称浩吉铁路）于 2019 年 9 月 28 日建成通车，它是世界上一次性建成并开通运营里程最长的重载铁路，年输送能力为 2 亿吨，是中国“北煤南运”战略运输通道。蒙华铁路的开行标志着我国铁路重载运输技术已达到了世界先进水平。

在路网优化和发展的同时，我国铁路运输装备也得到快速发展，我国机车、车辆、信号、通信及组织管理方式也发生了翻天覆地的变化。尤其是在最近十多年，我国铁路部门在不断增加铁路基础设施以适应国民经济需要的同时，也注重技术的改革与创新，在工程建造、高速列车、列车控制、客站建设、系统集成、运营管理、调度指挥等方面拥有了许多具有自主知识产权的高铁技术。比如，在机车车辆装备技术方面，车体头型优化、转向架、牵引传动、制动系统、弓网关系、智能化、气密性、减振、降噪、舒适性十大技术创新成果已应用在高速列车上；通过引进先进技术战略，形成了具有自主知识产权的大功率机车产品系列，已相继研制开发了 50 余种型号的电力机车、内燃机车和动车组，如“和谐”系列大功率交流传动机车，国产 6 轴 7 200 kW、8 轴 9 600 kW 和 6 轴 9 600 kW 大功率电力机车以及 6 000 马力大功率内燃机车实现了批量生产；我国近几年通过自主创新又研发了 FXD1、FXD1B 交流传动准高速客运机车和

CR200J 动力集中型动车组等新型牵引动力系统。目前，已经有 10000 多台大功率交流传动电力机车投入运用，这些机车的变流装置性能和 IGBT 器件技术指标、关键控制技术及方法均达到或超过西门子、庞巴迪、阿尔斯通等公司的技术水平，大部分关键技术和产品实现了国产化，为我国牵引动力全面进入交流传动时代奠定了坚实的基础。为响应“双碳”战略目标，我国新近研发了混合动力内燃机车——HXN6 型油电混合动力机车，它是我国最新研发的一款新能源机车产品，动力源由动力电池组+柴油发电机组共同组成，优先采用动力电池组提供动力，具有经济、节能、环保等特点，实现了绿色低碳、节能环保的发展目标。

除了大功率交流传动技术、高速动车组、重载技术和列车制动技术有了重大突破和发展外，我国还成功研制了大修列车等大型养路机械，新型制动摩擦材料和列车监控技术也不断进步；在铁路运营维护技术方面，搭建了弓网系统设计分析平台，实现了弓网冲击、振动、扰动等的精确仿真，研发了隧道内除尘装备，实现了 CTCS-3 级列控系统车载数据下载后自动分析及故障单元自动检测，GSM-R 网络监测维护技术已应用于武广、郑西高铁，此外还研发了雪深监测系统；自动化、现代化的大型编组站、客运站和货运站也相继建成，计算机技术及先进的数据通信技术在铁路运输生产和经营管理中已广泛应用，今后我国铁路运营管理将进一步向综合化、自动化方向发展。

如今，我国铁路建设已全面进入“十四五”新发展阶段，集成创新、自主创新已成为我国铁路技术发展的主旋律，中国铁路将会持续不断地向前发展，迈向新的辉煌。

视频：中国铁路发展成就
——来自“中国铁路”公众号（2022-09-25）

学习资料：
我国交通强国发展战略

【思考题】

1. 简述世界第一条铁路的诞生历史，并说出世界主要国家修通铁路的年份。
2. 简述我国铁路的发展历程、现状及取得的成就。
3. 上网收集资料，了解国内外铁路运输发展史上有哪些里程碑事件，对此有什么感触。

任务三　认知我国铁路运输业体系架构、特点及职业道德规范

【任务描述】

在本任务中，我们将着重了解我国铁路运输业体系架构，如我国铁路的分类、铁路运输设备框架、铁路运输组织体系和管理体系，以及我国铁路运输业的特点；同时学习我国铁路职业道德规范。

通过本任务的学习，要求学员掌握我国铁路运输业体系架构和特点，牢记我国铁路职业道德规范，充分领会我国铁路精神文化内涵，为将来做一个合格的铁路人做好准备。

【知识学习】

微课视频：
我国铁路分类

一、我国铁路运输业体系架构

（一）我国铁路分类

1. 按管理权限分

按铁路管理权限的不同，可将铁路分为国家铁路、地方铁路、合资铁路、专用铁路、铁路专用线等。

（1）国家铁路：是指由国家出资修建，由国铁集团管理的铁路，它在国民经济中具有重要的地位和作用。

（2）地方铁路：主要是指地方自行投资修建，由地方人民政府管理，担负地方公共客货短途运输任务的铁路。

（3）合资铁路：分为国内合资铁路和中外合资铁路。国内合资铁路是指由两个或两个以上企业或其他单位合资修建的铁路；中外合资铁路是指由中方具有法人资格的企业或者其他单位与外商投资者联合修建的铁路。

（4）专用铁路：是指由企业或其他单位管理并配有机车动力、车辆、线路等铁路设备，专门为本企业或本单位内部提供运输服务的铁路。专用铁路主要用于非营业性运输，但如果得到省、自治区、直辖市人民政府批准，也可用于公共旅客、货物营业性运输。

（5）铁路专用线：是指由企业或其他单位管理的与国家铁路或其他铁路线路接轨并且专为企业使用的铁路岔线。铁路专用线一般不配备机车。

2. 按运输流程分

以运输方式多少为依据，铁路运输分为单一方式运输和铁路多式联运。

铁路多式联运一般指国内铁路与国内公路、航空、水路联运，同时也包括国内铁路与国际铁路、国际海运之间的联运。《中华人民共和国铁路法》规定：国家铁路、地方铁路参加国际联运，必须经国务院批准。

目前我国铁路开行的国际班列有“中欧班列”和“中亚班列”，运营较好的国际班列是“中欧班列”，由成都、重庆、郑州、西安等地定期开行前往中亚、欧洲。“中欧班列”是我国铁路服务“一带一路”的重要支撑，开行稳定，取得了良好的经济效益和社会效益。

3. 按经济属性分

按是否以营利为目的来划分，可将铁路运输分为铁路营业性运输和非营业性运输。

营业性运输是指为社会服务、发生各种方式的运输费用结算的运输。目前我国铁路的客、货运输都是营业性运输。

非营业性运输是指为本单位服务、不发生任何运输费用结算的运输。

（二）我国铁路运输设备框架

铁路运输系统是一个庞大的物质生产部门，为了完成客货运输任务，设置了大量的运输设备。传统的铁路运输生产设备可统称为车（车站）、机（机车）、工（线路）、电（信号）、辆（车辆）五大部分，还包括许多附属设备。具体如下：

（1）车站设备：指车站为保证旅客、货物运输正常而设置的各种建筑物、服务设施，以及为保证列车运行而设置的技术设施设备，包括车站的站房、站前广场、跨线设施，等等。

（2）机车设备：指具备动力、可以走行并能牵引、调动车辆的移动工具，它是列车运行和调车的基本动力来源。

（3）线路设备：指列车运行的线路以及轨道、隧道、桥梁等建筑物，线路是机车、车辆和列车的运行基础。

（4）通信和信号设备：通信设备指铁路各站点之间以及各部门之间进行联系、沟通信息的工具。信号是指示列车运行以及调车车辆运行的命令和指示。通信信号设备是确保行车安全和提高运输效率的必要手段。

（5）车辆设备：是指用于乘坐旅客或装载货物的车厢、提供旅客乘坐的设施和货物装载的空间。

（6）供电设备：是指为电气化铁路供应电力的牵引变电所、接触网及其附属设备，它是电气化铁路的动力来源。

（7）动车组设备：动车组是由动力车和拖车或全部由动力车长期固定地连挂在一起组成的车组。动车组是高效运输旅客的运载工具，主要在高速铁路上运行，也可以在某些既有线的提速区段运行。动车组与传统列车的区别是：动车组是自走行固定编组列车，速度快，周转快，服务水平高。

（8）其他设备：是指保证铁路运输生产秩序畅通、安全高效的附属设备，包括信息设备、给水设备、安全设备，等等。

铁路运输设备是铁路完成运输任务的基础，必须随时保持良好状态。为了进行各种运输设备的维修、保养和检查工作，铁路部门还设置了各类专业设备的修理单位（工厂）、业务段和检修所。只有使运输设备随时处于完好状态，才能确保运输工作安全顺利地进行。

（三）我国铁路运输组织体系

铁路运输组织是指铁路部门综合运用各种技术设施设备、合理组织列车运行、实现旅客和货物运输过程的计划和组织工作。一般包括旅客运输组织、货物运输组织与行车组织三个部分。

旅客运输组织工作包括：旅客运输计划与旅客到发、行李包裹到发组织等。货物运输组织工作包括：货物运输计划与货物受理承运、装车卸车、货物到达、交付等。行车组织工作包括：车站技术工作组织、列车解编与列车运行组织指挥等。旅客运输组织和货物运输组织的工作主要是面向旅客与货主的工作；行车组织的工作主要是铁路部门为了保证完成旅客与货物的运输任务而采取的技术组织措施。

（四）我国铁路运输管理体系

我国铁路行业自 1949 年后一直由铁道部进行管理。2013 年铁道部撤销后由国家铁路局进行宏观管理，具体由中国铁路总公司负责生产运营。2019 年中国铁路总公司改制为中国国家铁路集团有限公司（以下简称“国铁集团”），采取国铁集团—铁路局（集团公司）—站段三级管理的模式。

国铁集团下属设有 18 个铁路局集团公司，分别是中国铁路哈尔滨局集团有限公司、中国铁路沈阳局集团有限公司、中国铁路北京局集团有限公司、中国铁路太原局集团有限公司、中国铁路呼和浩特局集团有限公司、中国铁路郑州局集团有限公司、中国铁路武汉局集团有限公司、中国铁路西安局集团有限公司、中国铁路济南局集团有限公司、中国铁路上海局集团有限公司、中国铁路南昌局集团有限公司、中国铁路广州局集团有限公司、中国铁路南宁局集团有限公司、中国铁路成都局集团有限公司、中国铁路昆明局集团有限公司、中国铁路兰州局集团有限公司、中国铁路乌鲁木齐局集团有限公司、中国铁路青藏集团有限公司。

每个铁路局（集团公司）设有若干管理生产的业务处室和基层站段。业务处室包括运输部、货运部、机务部、车辆部等部门。基层站段包括车务段、机务段、工务段、电务段、车辆段、客运段、供电段、动车段（基地）等，每个站段管辖相应的车站、车间和科室。高速铁路现在正在探索开展综合维修，设置跨专业领域的综合维修段（基地）。还有一些大型车站不归属车务段，由铁路局（集团公司）直接管辖。

二、我国铁路运输业特点

微课视频：
铁路运输业特点

（一）铁路系统是一部大联动机

铁路的运输生产是由车务、机务、工务、电务、车辆等很多部门、很多工作环节紧密联系而共同完成的。各部门、各单位、各工种、各环节必须紧密配合、协调动作，如同钟表一样准确而有节奏地工作，才能安全、有序地完成繁重的运输任务。铁路运输生产中，如果一个局部、一个单位或一个关键岗位出现疏忽或差错，就可能造成事故，影响整条线路的通畅。所以，要求每个铁路职工必须有高度的认真负责和互相协作的精神。

（二）铁路运输强调高度集中、统一指挥

铁路是国家重要的基础设施、国民经济的大动脉，关系到国计民生，而铁路运输又是在点多、线长、流动分散的情况下，夜以继日、连续不断地进行生产活动。因为铁路运输涉及的点多、线长、面广，各个岗位、各个工作环节之间的配合非常重要，要想使各部门、各环节配合良好，必须有强有力的指挥，这就决定了铁路运输必须强调高度集中、统一指挥。只有这样，才能保证铁路运输任务顺利、安全地完成，也才能获得良好的经济效益和社会效益。

（三）铁路系统实行半军事化管理

铁路实行半军事化管理，有严格的组织性、纪律性。要求铁路职工战时全力以赴服从战争需要，日常工作应严格遵章守纪、服从上级命令。铁路的各项规章制度具有科学性，其中有些条文是用血的代价换来的，因而带有权威性、强制性，是铁的纪律。每个铁路职工必须接受纪律的约束，增强纪律观念，培养执行规章制度和严守纪律的自觉性，做到“有令则行，有禁则止。”

由于铁路具有上述特点，因此，要求铁路的企业管理、组织运输生产和各项改革都必须适应这些特点。只有这样，铁路运输生产才能做到安全正点、畅通无阻。

三、我国铁路行业职业道德规范

职业道德，是指与人的职业活动紧密联系的符合职业特点所要求的道德准则、道德情操与道德品质的总和，它既是本职人员在职业活动中的行为标准和要求，同时又是该职业对社会所负的道德责任与义务。

作为一个道德体系，我国铁路职业道德规范遵循“人民铁路为人民”这一基本原则，具体包括铁路行业基本职业道德规范、部门职业道德规范和具体岗位职业道德规范三个层面。

（一）我国铁路行业基本职业道德规范

我国铁路行业基本职业道德规范，是全路员工在职业活动中，特别是在运输生产中应遵循的基本行为准则。《铁路职业道德基本规范》包括：

（1）注重质量，讲究信誉。

（2）尊客爱货，热情周到。

（3）遵章守纪，保证安全。

（4）团结协作，顾全大局。

（5）艰苦奋斗，勇于奉献。

（6）廉洁自律，秉公办事。

（7）爱路护路，尽职尽责。

（8）率先垂范，当好公仆。

课程思政：
“二七”精神

（二）部门职业道德规范

铁路各部门的职业道德规范是指铁路各部门员工在职业活动中应遵循的行为规范，共包括八大部门的职业道德规范，即铁路客、货运窗口岗位的职业道德规范，铁路车、机、工、电、辆、水电部门以及政工、管理、技术岗位的职业道德规范。

例如，客、货运服务部门是铁路运输生产的窗口单位，员工直接与旅客、货主打交道，其道德风貌是铁路的“门面”。所以，“诚心待客”是铁路客、货运窗口部门职业道德规范的核心内容。“尊重旅客，优质服务”“爱车爱货，方便货主”“文明礼貌，仪表端庄”“按章办事，不徇私情”是铁路客、货运窗口部门的主要职业道德规范。

铁路运输生产的过程，是车务、机务、车辆、工务、电务等部门利用铁路线路、车站、机车、车辆及通信信号等技术设备将旅客与货物从起点运送到终点的过程。各部门环环相扣，缺一不可，像一部工作有序的大联动机。各部门的员工都应该严格遵守各自的职业道德，以确保大联动机正常有序运转。比如，车务部门职业道德的主要行为规范有“严守规章，一点不差”“通力合作，按图行车”“忠于职守，尽职尽责”“诚实劳动，注意保密”等。

（三）具体岗位职业道德规范

我国铁路具体岗位的职业道德规范是指各个不同工种和岗位的员工在职业活动中应遵循的行为准则。铁路各部门内部有不同的工种和岗位，比如，车务部门的员工就有值班员、助理值班员、扳道员、调度员、信号员、调车员、车号员、制动员、运转车长等，他们的职责主要是列车编组、接发、运行、到达、解体和在车站进行的一系列技术作业。这些不同的工种和岗位都有与其工作性质相适应的具体行为准则。

【思考题】

1. 简述我国铁路分类和我国铁路运输设备框架。
2. 简述我国铁路运输业的特点以及我国铁路运输组织体系和管理体系。
3. 我国铁路职业道德规范遵循的基本原则是什么？具体包含哪三个层面？
4. 认真体会职业道德规范对于铁路工作的重要性。

项目二　认知铁路线路

【项目导入】

本项目中的学习任务是：了解并熟记铁路线路的组成结构及形式特点，能正确识读铁路线路平面图和纵断面图，理解其中包含的技术信息；能够正确识别铁路线路标志；充分认识和理解铁路线路状态和铁路限界对铁路运输安全的重要性；培养严谨认真、遵章守纪的职业素养和安全意识；学习并传承我国铁路精神文化。

【知识目标】

1. 熟悉铁路线路的基本组成，理解铁路线路质量对铁路运输安全的重要性；
2. 掌握铁路线路平面和纵断面的含义，识读线路平面图和纵断面图；
3. 掌握铁路线路各组成部分的结构特点及作用；
4. 熟悉铁路线路标志；
5. 理解铁路限界的含义、分类及其重要作用；
6. 熟悉铁路工务工作的分类及岗位工作内容。

【能力目标】

1. 能够正确识读铁路线路平面图和线路纵断面图；
2. 能够正确识别铁路线路标志；
3. 具备高度的安全意识和遵章守纪的职业责任感；
4. 熟悉铁路工务工作的内容及岗位职责。

任务一　认知铁路线路平面和纵断面

【任务描述】

在本任务中，我们将了解铁路线路的作用和等级划分，认知铁路线路平面与纵断面，了解铁路线路平面图和纵断面图包含的技术信息，认知铁路线路标志。

通过本任务的学习，要求学员了解铁路线路的作用及等级划分，掌握铁路线路平面与纵断面的概念，能够正确识读铁路线路平面图和纵断面图，理解其中包含的技术信息；能够正确识别铁路线路标志；充分认识和理解铁路线路状态对铁路运营安全的重要性。

【知识学习】

一、铁路线路概述

铁路线路是为了进行铁路运输所修建的固定路线，它是列车运行的基础，直接承受机车车辆轮对传来的压力。为了保证列车能按规定的速度安全、平稳和不间断地运行，铁路线路必须保持完好状态。

铁路线路是由路基、桥隧建筑物和轨道组成的一个整体工程结构。铁路线路建设是工程量、投资量都很大，且技术复杂、牵涉面广的工程，因此，在修建一条铁路之前，必须进行深入细致的调查研究和勘测工作，并从若干个可供比较的方案中选出一个最优方案来进行设计。

设计铁路（线路）时，首先要确定铁路（线路）等级。铁路的技术标准和装备类型都要根据铁路等级选定。我国《铁路线路设计规范》（GB 50090—2006）规定，新建和改建铁路（或区段）的等级，应根据其在铁路网中的作用、性质、旅客列车设计行车速度和近期客货运量确定。我国铁路共划分为 4 个等级，即：Ⅰ级、Ⅱ级、Ⅲ级和Ⅳ级，如表 2.1 所示。

表 2.1　铁路等级

等级	铁路在路网中的意义	近期年客货运量/百万吨
Ⅰ	在路网中起骨干作用	≥20
Ⅱ	在路网中起联络、辅助作用	<20 且≥10
Ⅲ	为某一地区或企业服务	<10 且≥5
Ⅳ	为某一地区或企业服务	<5

注：1. 近期指交付运营后第 10 年；
2. 年客货运量为重车方向的货运量与由客车对数折算的货运量之和。每天 1 对旅客列车按 1 百万吨货运量折算。

铁路（线路）主要技术标准包括：正线数目、限制坡度、最小曲线半径、牵引种类、机车类型、机车交路、车站分布、到发线有效长度和闭塞类型等。这些标准是确定铁路运能大小的决定性因素。一条铁路所选用的标准，对设计线路的工程造价和运营质量有重大影响，这个标准同时又是确定铁路线路设计的工程标准和设备类型的依据。因此，铁路主要技术标准应根据国家要求的年输送能力和确定的铁路等级，考虑沿线资源分布和国家科技发展规划，并结合设计线路的地形、地质、气象等自然条件，经过论证比选，慎重确定。

二、铁路线路平面和纵断面

微课视频：铁路线路平面与纵断面

铁路线路在空间的位置是由它的线路中心线来表示的。如图 2.1 所示，线路中心线是指距钢轨半个轨距的铅垂线 AB 与两路肩边缘水平线 CD 交点 O 的纵向连线。

线路中心线在水平面上的投影，叫作铁路线路平面，表明铁路线路的直、曲变化状态。线路中心线纵向展开后在铅垂面上的投影叫作铁路线路纵断面，表明铁路线路的坡度变化。

从运营的观点来看，最理想的铁路线路是既直又平的线路。但是天然地面情况复杂多变（有山、水、沙漠、森林、矿区、城镇等障碍物和建筑物），如果把铁路修得过于平直，就会导致工程量大、工程费用高且工期长，这样既不经济又不合理，有时也不现实。从工程的角度看，为了降低造价，缩短工期，铁路线路最好是随自然地形起伏变化，但这又会给运营造成很大困难，甚至会影响铁路行车的安全与平稳。

因此，选定铁路线路的空间位置，应该综合考虑工程和运营的要求，通过方案比较，在满足运营的基本要求的前提下，尽量减少工程量，降低造价。如图 2.2 所示，某铁路线路要经过 *A*、*B*、*C* 三点，方案一是走最短路径，将 *A*、*B* 和 *B*、*C* 分别直接相连，这样在 *AB* 段要修建两座桥梁跨越河流，在 *BC* 段要开挖隧道穿越山岭；方案二是用折线 *ADB* 和 *BEC* 来代替 *AB* 和 *BC*，使其绕避障碍，在折线转角处用曲线连接。曲线的设置可用来绕避地面障碍或不良地形，从而减少工程量，缩短工期，降低造价，获得较好的经济效益。

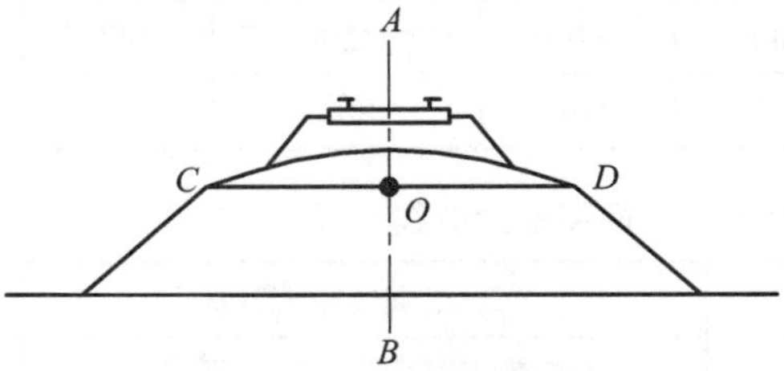

图 2.1　铁路线路横断面

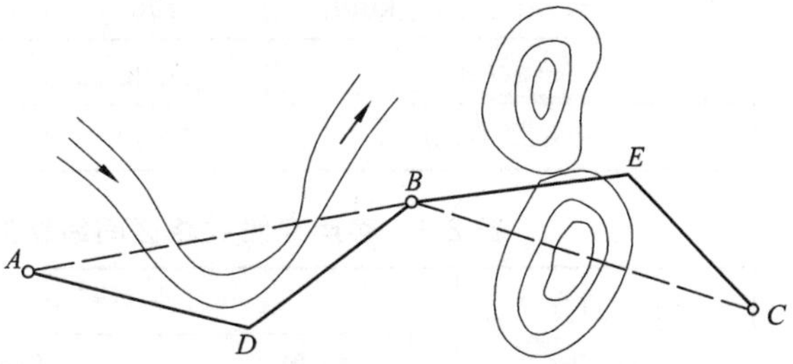

图 2.2　铁路线路选线示意图

（一）铁路线路平面

铁路线路平面能够表明铁路线路的直、曲变化状态。在进行铁路线路平面设计时，为了缩短线路长度和改善运营条件，应尽可能设计较长的直线段，但当线路遇到地形、地物等障碍时，为了减少工程造价和运营支出，还应适当设置圆曲线。为了使列车由曲线到直线或由直线到曲线运行平稳，还应设置缓和曲线。所以铁路线路平面由直线、圆曲线以及连接直线与圆曲线的缓和曲线组成，如图 2.3 所示。

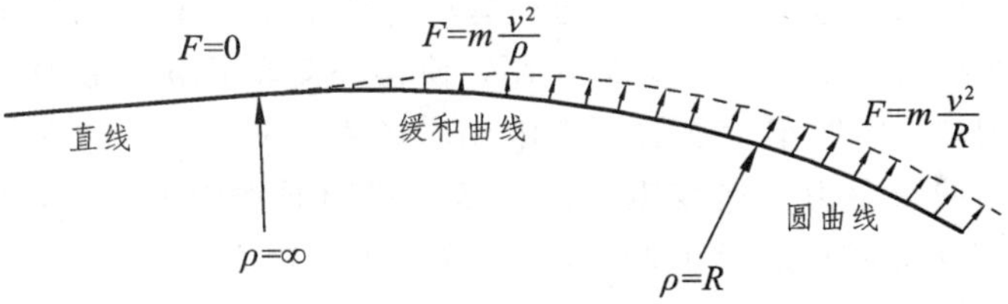

图 2.3　铁路线路平面的组成

1. 圆曲线

圆曲线是指铁路线路在转弯处所设的曲线，其基本组成要素有：曲线半径 R，曲线转角 α，曲线长 L，切线长度 T，如图 2.4 所示。

圆曲线转向角 α 的大小由线路走向、绕过障碍物的需要等因素确定。曲线半径 R 的大小则反映了曲线弯曲度的大小。曲线半径越大，则行车速度可以越快，但工程量也会越大，工程费用也越高。因此，曲线半径的选择十分重要。影响曲线半径的因素很多，有地形条件、牵引机车种类、行车速度、运输需求等，其中列车运行速度是选择曲线半径的主要依据。

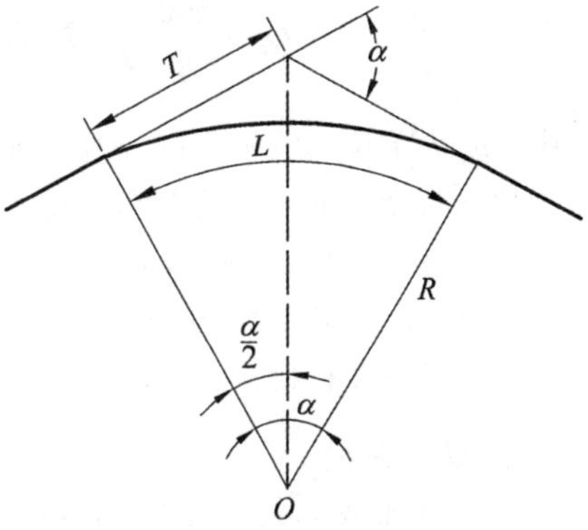

图 2.4　圆曲线的组成要素

因此，在设计铁路线路时，必须根据铁路所允许的旅客列车的最高运行速度，由大到小合理地选用曲线半径。为了测设、施工和养护的方便，曲线半径一般应取 50 m、

100 m 的整倍数。为了保证线路的通过能力，并有一个良好的运营条件，我国铁路对区间线路的最小曲线半径做了具体规定，如表 2.2、表 2.3 所示。

表 2.2　客货共线Ⅰ、Ⅱ级铁路区间线路的最小曲线半径

铁路等级	Ⅰ			Ⅱ	
路段设计行车速度 /（km/h）	200	160	120	120	80
一般/m	3 500	2 000	1 200	1 200	600
特殊困难/m	2 800	1 600	800	800	500

表 2.3　客运专线铁路区间线路的最小曲线半径和最大曲线半径

设计速度（km/h）	最小曲线半径/m		最大曲线半径/m	
	一般	困难	一般	困难
200	2 200	2 000	10 000	12 000
250	4 000	3 500	10 000	12 000
300	4 500		12 000	14 000
350	7 000		12 000	14 000

列车在曲线上行驶的速度越快，所产生的离心力也就越大，为了保证列车运行的安全、平衡和舒适，必须限制列车通过曲线时的速度。

线路平面上有了曲线（弯道）后，给列车运行造成了阻力增大和行车速度受到限制等不良影响。列车通过曲线时，由于离心力的作用，使得外侧车轮轮缘挤压外轨，摩擦增大；同时还由于外轨长于内轨，内侧车轮在轨面上滚动时产生相对滑动，从而给运行中的列车带来一种附加阻力，称为曲线阻力。曲线阻力的大小，我国通常用下面的试验公式来计算，即：

（1）当 $l_r \geqslant l_1$，即列车整列运行在曲线上时，单位曲线阻力 ω_r 为：

$$\omega_r = \frac{600}{R}\ (\mathrm{N/kN})$$

（2）当 $l_r < l_1$，列车只有一部分运行在曲线上时，单位曲线阻力 ω_r 为：

$$\omega_r = \frac{600}{R} \cdot \frac{l_r}{l_1}\ (\mathrm{N/kN})$$

式中：ω_r 为单位曲线阻力（N/kN），即每千牛顿列车重力所承受的曲线阻力值；R 为曲线半径（m）；l_r 为曲线长度（m）；l_1 为列车长度（m）；600 为根据试验得出的常数。

从上述公式可知，曲线阻力与曲线半径成反比。曲线半径越小，曲线阻力越大，运营条件就越差。这说明，采用大半径曲线对列车运行的影响较小；而小半径曲线则具有容易适应困难地形的优点，对工程条件有利。

2. 缓和曲线

在铁路线路上，直线和圆曲线不是直接相连的，而是在它们之间插入一段缓和曲线，如图 2.3 所示。

二维动画：缓和曲线

缓和曲线的作用是使曲线半径由无限大逐渐变化到等于圆曲线半径（或相反），从而使线路平顺地由直线过渡到圆曲线或由圆曲线过渡到直线，以避免车辆离心力的突然产生或消失。缓和曲线的设置可使列车运行安全平稳，旅客乘坐时感觉较为舒适。

缓和曲线的长度与所衔接圆曲线的半径及路段设计行车速度有关，路段设计行车速度越大，缓和曲线的长度也应越大；圆曲线半径越大，所需衔接缓和曲线的长度越小。

3. 夹直线

为了运行的安全与平顺，两相邻曲线间应设置夹直线，夹直线的最小长度应根据路段最高行车速度及地形条件等因素按表 2.4 的数值选用。

表 2.4 夹直线的最小长度

v_{max}/(km/h)	160		140		120		100		80	
工程条件	一般	困难	一般	困难	一般	困难	一般	困难	一般	困难
L_j/m	130	80	110	70	80	50	60	40	50	30

4. 铁路线路平面图

用一定比例尺，把线路中心线及其两侧的地面情况投影到水平面上，就是铁路线路平面图，如图 2.5 所示。

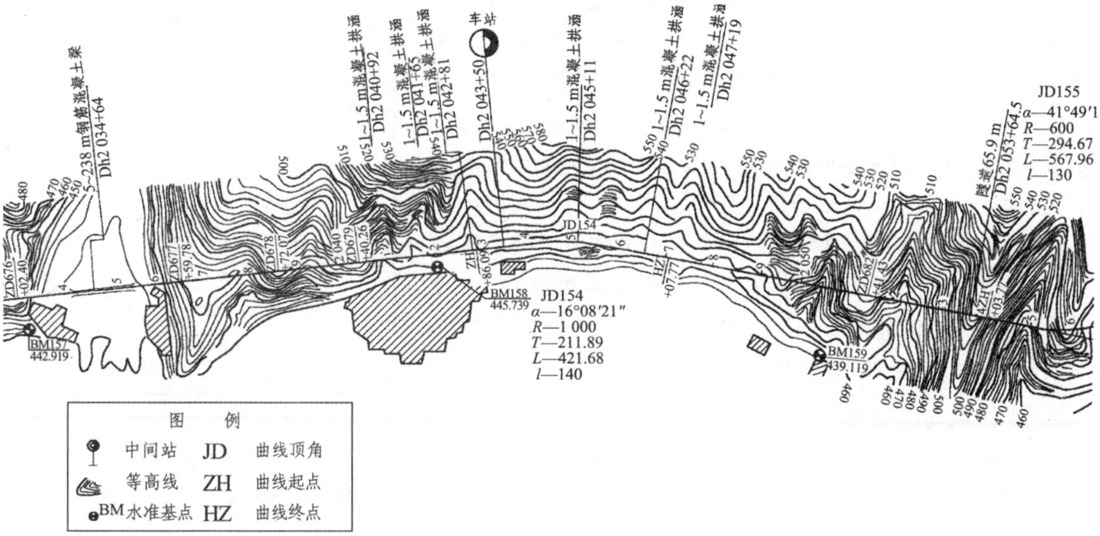

图 2.5 铁路线路平面图

铁路线路平面图是铁路设计的基本文件。在铁路设计的各个阶段都要编制要求不同、用途不同的各种铁路线路平面图。从铁路线路平面图上可以看到铁路线路的中心线和里程标以及沿线的车站、桥隧建筑物等的数量和位置，同时还可以看到用等高线（地面上高程相等各点的连线）表示的沿线地形和地物等情况。

二维动画：铁路线路平面图

（二）铁路线路纵断面

为了适应地面的起伏，铁路线路上除了平道以外，还修了不同的坡道。铁路线路纵断面由平道、坡道及设于变坡点处的竖曲线组成。

1. 铁路线路坡度

铁路线路坡道的陡与缓常用坡度来表示。如图 2.6 所示，坡度是指坡道线路中心线与水平夹角 α 的正切值，即：

$$i = \frac{h}{L} = \tan\alpha$$

式中：i 为坡度值（‰）；α 为坡道段线路中心线与水平线的夹角；h 为坡道段始点与终点的高差，单位为 m；L 为坡道段始点与终点的水平距离，单位为 m。

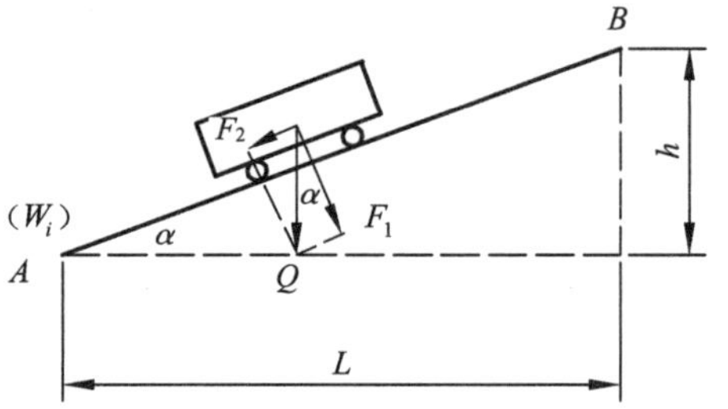

图 2.6　坡道阻力示意图

铁路线路坡道可分为上坡、下坡，上坡、下坡是按列车运行方向来区分的，通常用“ + ”号表示上坡，用“ – ”号表示下坡，平道用“0”表示。例如，+ 3‰ 表示坡度为 3‰ 的上坡道。

由于有了坡道，就给列车运行带来了不良影响。列车在上坡道上运行时，会受到由坡道带来的阻力，坡度越大，列车上坡时的坡道阻力也越大，同一台机车（在列车运行速度相同的条件下）所能牵引的列车质量也就越小。

二维动画：坡道

在一个区段上，决定一台机车所能牵引的货物列车质量最大值的坡度，叫作限制坡度。限制坡度是影响铁路全局的主要技术标准。它不仅对线路走向、长度和车站分布有很大影响，而且直接影响一个区段甚至铁路全线的运输能力、行车安全、工程费用与运营费用。限制坡度越小，列车质量可以增加，运输能力就越大，运营费用就越省。但是，限制坡度过小就不容易适应地面的天然起伏，特别是在地形变化很大的地段，会使工程量增加，造价提高。因此，在设计线路时，应根据铁路等级、地形类别、牵引种类和运输要求比选确定限制坡度，并应考虑与邻接铁路的牵引质量相协调，一般情况下，限制坡度的数值往往与区段内陡长上坡道的最大坡度值相当，但不得大于表 2.5 中所规定的数值。

表 2.5　限制坡度最大值（‰）

铁路等级		牵引种类	
		电力	内燃
Ⅰ	平原	6.0	6.0
	丘陵	12.0	9.0
	山区	15.0	12.0
Ⅱ	平原	6.0	6.0
	丘陵	15.0	9.0
	山区	20.0	15.0

2. 变坡点与竖曲线

平道与坡道、坡道与坡道的交点，叫作变坡点。列车经过变坡点时，坡度的突然变化会使车钩内产生附加应力。当坡度变化较大时，附加应力的突然增大甚至会造成脱钩、断钩事故，如图 2.7 所示。

当相邻坡段的坡度代数差超过一定数值，为了保证列车的运行平稳和安全，应在相邻坡段间用一段圆顺曲线连接，使列车顺利地由一个坡段过渡到另一个坡段，在这个纵断面变坡点处所设的圆曲线就叫作竖曲线，如图 2.8 所示。我国铁路规定，在Ⅰ、Ⅱ级线路上，相邻坡段的坡度代数差的绝对值大于 3‰、Ⅲ级铁路大于 4‰ 时，应以圆形竖曲线连接。

图 2.7　车辆经过变坡点的状态

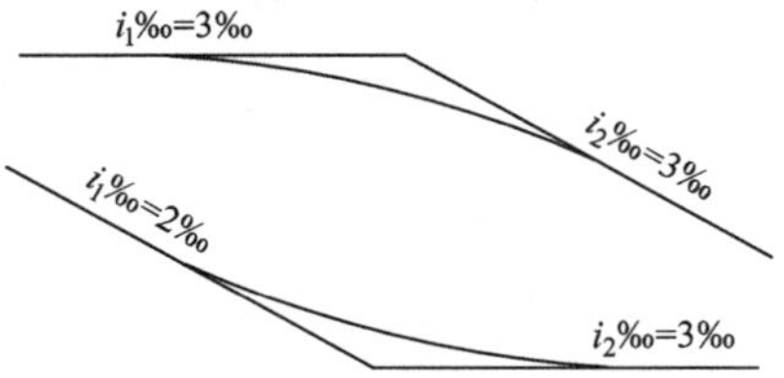

图 2.8　竖曲线示意图

竖曲线是纵断面上的圆曲线。Ⅰ、Ⅱ级铁路竖曲线的半径为 10 000 m，Ⅲ级铁路竖曲线的半径为 5 000 m。

3. 铁路线路纵断面图

用一定的比例尺，把线路中心线（展直后）投影到垂直面上，并标明平面、纵断面的各项有关资料的图纸，叫作铁路线路纵断面图，如图 2.9 所示。

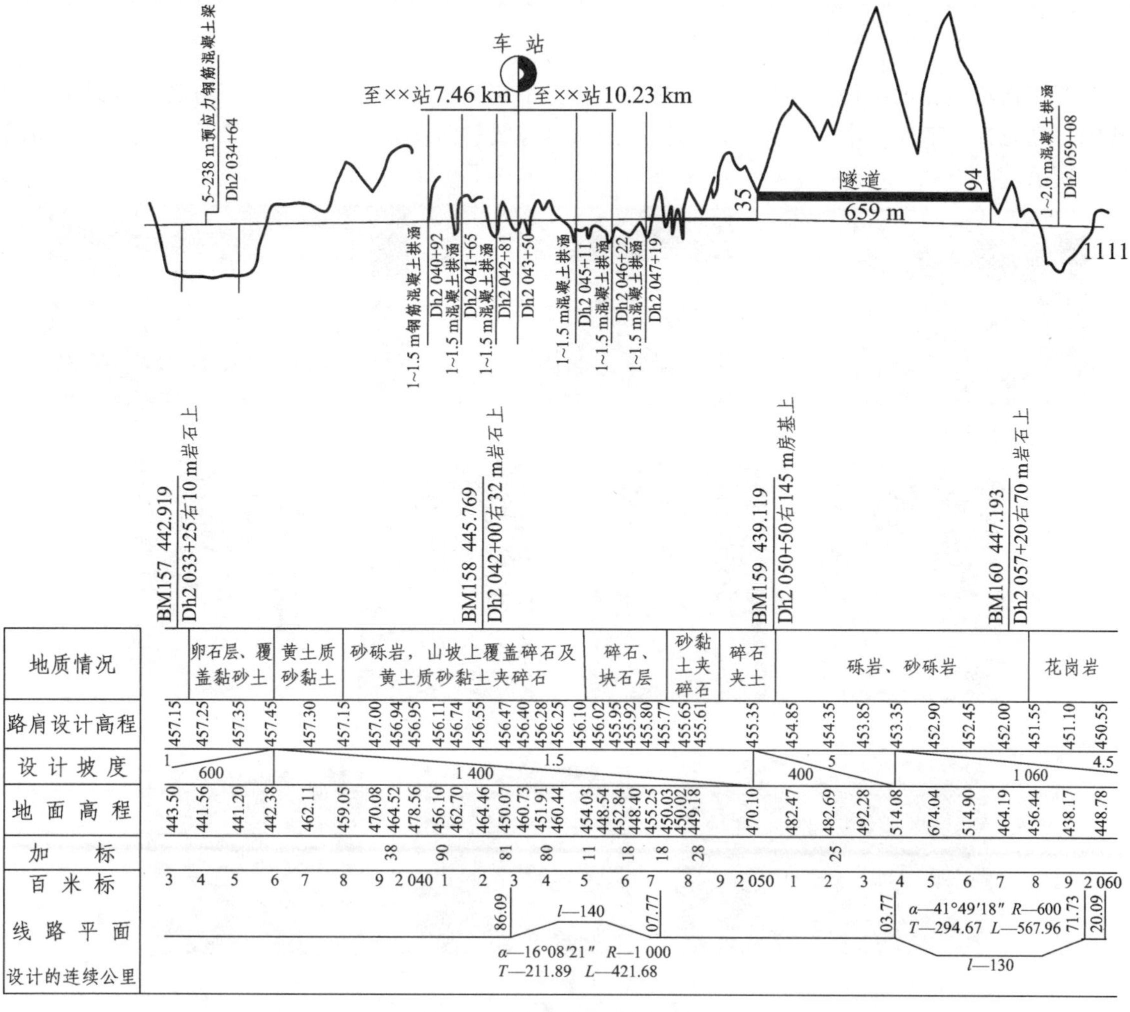

图 2.9　铁路线路纵断面图

铁路线路纵断面图的上部是图的部分，其中主要是设计坡度线，即设计的路肩标高的连线。此外，还有地面线、填方和挖方高度的数字、桥隧建筑物资料（包括桥梁、涵洞的孔径、类型、中心里程和隧道长度等）、车站资料（包括站名、车站中心里程和相邻车站间的距离）及其他有关情况。

铁路线路纵断面图的下部是表格部分，其中主要是路肩设计标高（在变坡点处和百米标、加标处都标出了路肩设计标高）和设计坡度（每个坡

二维动画：铁路线路纵断面图

段分别标出）；同时，用千米标、百米标和加标（在桥涵中心位置等必要地点都设置加标，并标明加标和前后百米标之间的距离）标明线路上各个坡段和设备的位置；此外，还有地面标高等。

在铁路线路纵断面图上，还附有线路平面情况，以便和线路纵断面情况相对照，看清线路平、纵断面的全貌。

铁路线路平面图和纵断面图是全面、正确反映铁路线路主要技术条件的重要文件，也是指导线路施工工作和在线路交付运营后仍需使用的技术资料。

三、铁路线路标志

为了铁路线路的维修和养护以及司机等工作上的需要，在铁路线路沿线设有各种线路标志。其中常见的有千米标、半千米标、曲线标、圆曲线与缓和曲线始终点标、桥梁及坡度标等，如图 2.10 所示。

（a）千米标

（b）半千米标

（c）曲线标

（d）圆曲线和缓和曲线始终点标

（e）坡度标

（f）桥梁标

（g）管界标

图 2.10　铁路线路标志

千米标、半千米标是铁路线路的里程标。千米标从铁路线路起点开始，每走一千米设置一个，见图 2.10（a）；半千米标设于线路的半千米处，见图 2.10（b）。

曲线标［见图 2.10（c）］设在曲线的中部，上面标明圆曲线、缓和曲线以及曲线半径的长度，外轨超高和轨距加宽。圆曲线和缓和曲线始终点标设于直线与缓和曲线、圆曲线与缓和曲线的连接处，表明缓和曲线的起点与终点，在该标志上分别写有缓直、圆缓、缓圆、直缓字样，见图 2.10（d）。

微课视频：
铁路线路标志

坡度标设于变坡点处。如图 2.10（e）所示，它的正面和背面分别表示前方的坡度和坡段长度，箭头表示上坡或下坡，箭尾处数字表示坡度，下面数字表示坡段长度，侧面标明变坡点的里程。

桥梁标一般设于桥头，标明桥梁编号和桥梁中心里程，见图 2.10（f）。

管界标设在铁路局、工务段、领工区、养路工区、供电段、电务段的管辖地段的分界点处，两侧标明所向的单位名称，如图 2.10（g）所示。

【思考题】

1. 什么叫铁路线路？铁路线路由哪几部分组成？
2. 我国铁路线路的等级有哪几类？如何划分的？
3. 什么是铁路线路的平面和纵断面？分别由哪几部分组成？
4. 什么叫缓和曲线？简述缓和曲线的作用。
5. 简述曲线半径大小对列车运行速度的影响。
6. 什么叫限制坡度？简述限制坡度对铁路运输的影响。
7. 请总结千米标、半千米标、曲线标、圆曲线和缓和曲线始终点标、坡度标、桥梁标、隧道标、管界标等线路标志设置的位置、表达的含义。
8. 铁路线路的平面图和纵断面图上包含了哪些技术信息？
9. 在铁路线路纵断面图上，铁路线路的陡和缓如何表示和衡量。

任务二　认知铁路线路的组成和形式

【任务描述】

在本任务中，我们将学习铁路线路的组成及其特点，了解路基、桥隧建筑物、轨道及道口、线路接轨的结构和类型，了解无缝线路的优势及应用情况，同时在学习过程中体会铁路线路与运营安全之间的关系。。

通过本任务的学习，要求学员熟知路基、桥隧建筑物、轨道及道口、线路接轨的组成和形式特点，了解无缝线路的优势及应用情况，加深理解铁路线路状态良好对铁路安全运营的重要性。

【知识学习】

铁路线路是由路基、桥隧建筑物和轨道组成的一个整体工程结构。下面介绍铁路线路的各组成部分及其特点。

一、路　基

修建铁路线路，是先修筑路基，然后铺设轨道，因此路基是铁路线路的基础，具体来说是轨道的基础。路基既承受轨道的重力（静荷载），又承受列车行驶时通过轨道传递的动荷载。路基在整个铁道工程中占有很大比重，也被称为线路下部结构。

路基的质量影响着线路的质量，因此路基必须填筑坚实，并保持干燥、稳定和完好状态，以保证运输安全畅通。由于铁路路基采用天然土石构筑，暴露于大自然中，不断受到侵蚀、破坏，因此一定要做好路基的防护工作。

微课视频：
路基及桥隧建筑物

（一）路基的基本形式

路基依其所处的地形条件不同，有两种基本形式：路堤和路堑，俗称填方和挖方。

1. 路　堤

当铺设轨道的路基面高于天然地面时，路基以填筑方式构成，这种路基称为路堤，如图 2.11 所示。路堤的组成包括路基面、边坡、护道、取土坑或纵向排水沟等。

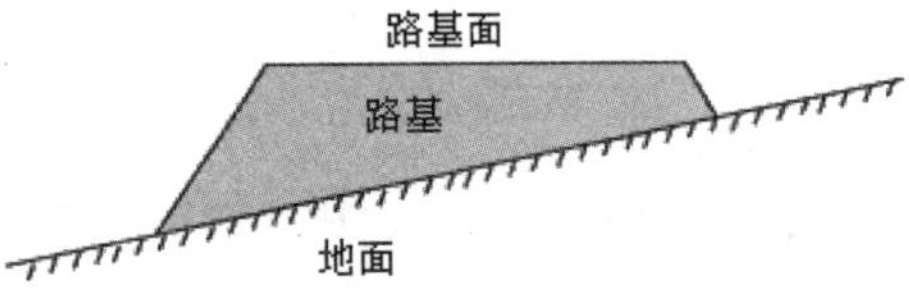

（a）路堤示意图

（b）路堤实物图

图 2.11　路堤

2. 路　堑

当铺设轨道的路基面低于天然地面时，路基以开挖形式构成，这种路基称为路堑，如图 2.12 所示。路堑的组成包括路基面、边坡、侧沟、弃土堆和截水沟等。

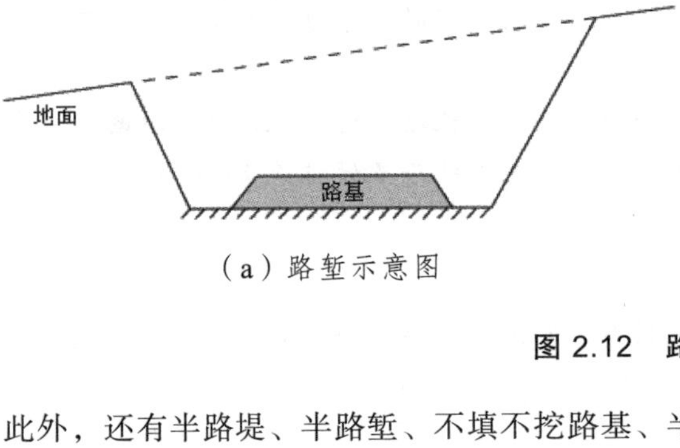

（a）路堑示意图

（b）路堑实物图

图 2.12　路堑

此外，还有半路堤、半路堑、不填不挖路基、半堤半堑几种形式，如图 2.13 所示。

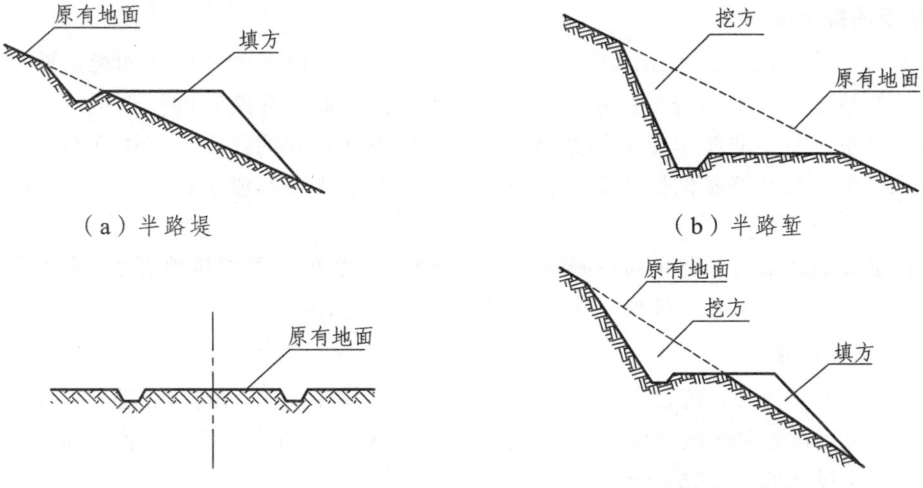

（a）半路堤　（b）半路堑　（c）不填不挖路基　（d）半堤半堑路基

图 2.13　路基的其他形式

（二）路基的组成

路基由路基本体和确保路基本体能正常工作而修建的排水设施及路基防护建筑物组成。路基的排水设施及防护建筑物称为路基附属设施，其作用是保证路基的强度和稳定。

1. 路基本体

路基本体主要由路基顶面、路肩和路基边坡组成，图 2.14（a）所示为路堤的组成，图 2.14（b）所示为路堑的组成。

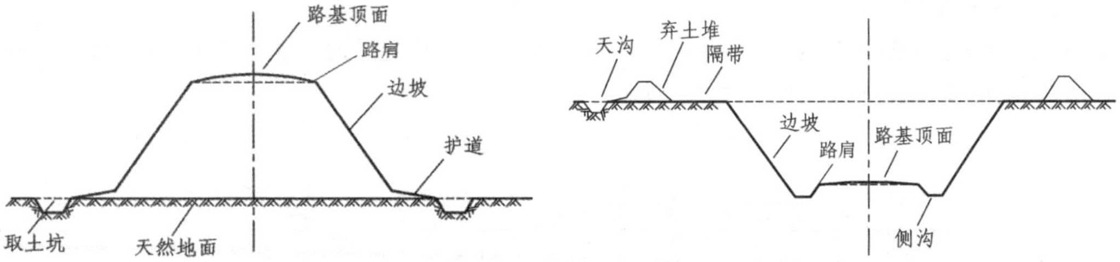

（a）路堤组成　（b）路堑组成

图 2.14　路基的组成

路基顶面：指铺设轨道的工作面，其宽度为两侧路肩边缘之间的距离。路基面形状应设计成三角形路拱，由路基中心线向两侧设 4% 的人字排水坡。

路肩：指路基顶面两侧无道砟覆盖的部分，用于增强路基的稳定性，防止道砟滚落至路基面外，另外还用于设置线路标志和信号标志，便于人员避车和暂时堆放维修材料和机具。

路基边坡：指路肩边缘两侧的斜坡，其作用是增强路基的稳定性。图 2.15 所示为路肩和路基边坡实物图。

图 2.15　路肩和路基边坡

2. 路基的排水设施

路基必须坚实而稳固，才能承受沉重的压力。但是土质路基的坚固性和稳定性受许多因素的影响，一般情况下，水的侵害往往是一个主要原因。因此，在路基的构造形式上处处要考虑如何有利于排水。对于非渗水土质的路基面，应做成不同形式的路拱，我国铁路单线路基的路拱断面做成梯形，复线路基的路拱断面做成三角形；对于岩石和渗水性土质的路基面可做成水平的。

路基排水设施就是为了防止和控制路基受水侵害而设置的拦截引排地表水（降水及雨雪形成的地面径流）及地下水（上层滞水、潜水及层间水等）的系统。

1）地面排水设施

在路堤的天然护道外，可设置单侧或双侧排水沟，也可用取土坑排水；路堑应于路肩两侧设置侧沟；堑顶外可设置单侧或双侧天沟。天沟不应向路堑侧沟排水，路堑侧沟的水不得流经隧道流出。地面排水设施如图 2.16 所示。

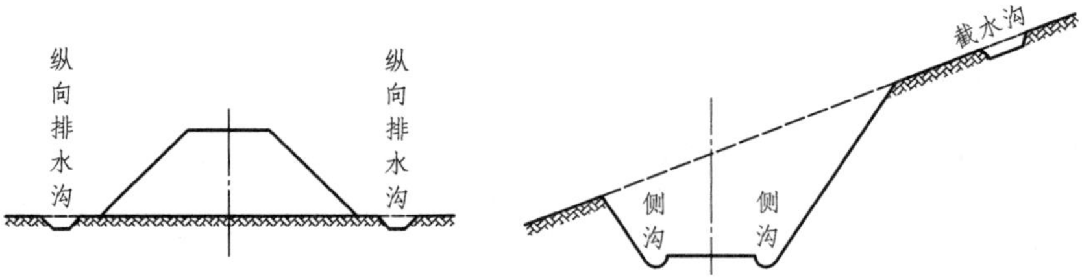

图 2.16　路基的地面排水设施

2）地下排水设施

地下水也是破坏路基坚实、稳固的一个重要因素，为了拦截地下水，降低地下水位，常采用渗沟和渗管等地下排水设备，如图 2.17 所示。

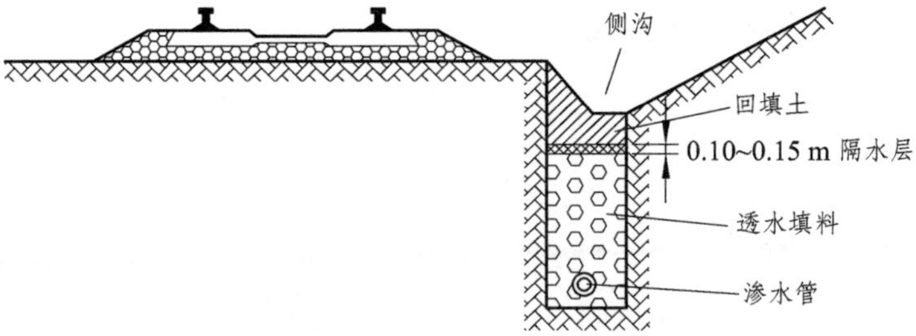

图 2.17　路基的地下排水设施

3. 路基的防护设施

为了使路基不致因地表水流和气候变化而失稳，必须做好路基防护工作。常用的路基防护工程有：种草，铺草皮，植树，喷浆，护面墙，砌石等，如图 2.18（a）所示。此外，还可以设置挡土墙或其他拦挡建筑物，如图 2.18（b）、（c）、（d）所示。

（a）路基种草防护　（b）路基砌石护坡

（c）挡土墙　（d）山体挡棚

图 2.18　路基的防护设施

二、桥隧建筑物

当铁路线路要通过江河、溪沟、谷地以及山岭等天然障碍，或要跨越公路、铁路时，就需要修建桥隧建筑物，以使铁路线路得以继续向前延伸。桥隧建筑物包括桥梁、涵洞、明渠、隧道等。在修建铁路时，桥隧建筑物的工程量一般占相当大的比重，而大桥和长隧道的施工期限，有时还成为新建铁路能否按时通车的关键。

（一）桥　梁

1. 桥梁的组成

桥梁主要由桥面、桥跨结构、墩台及基础三部分组成，如图 2.19 所示。

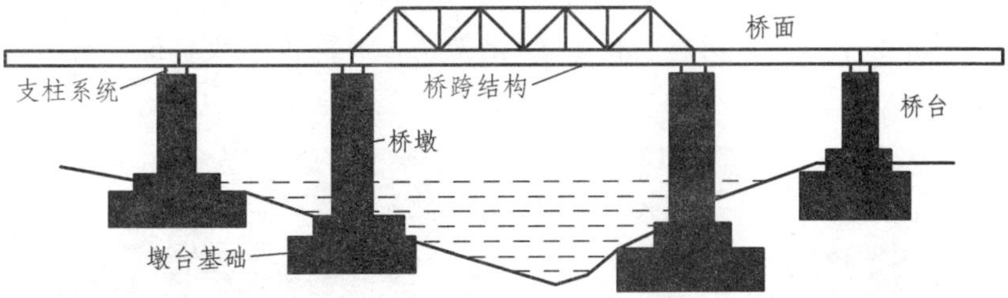

图 2.19　跨河桥梁的基本组成

桥面是指桥上的路面，即铺设轨道和供人行走的部分。桥跨结构是桥梁承受荷载、跨越障碍的部分。墩台是支撑桥跨结构的部分，包括桥墩和桥台。设于桥梁中部支撑桥跨结构的支座称为桥墩，设于桥梁两端支撑桥跨结构并连接路基的支座叫作桥台。墩台的底部为桥梁的基础，它承受墩台的重力、桥跨的重力、列车的重力和冲击力等，并把这些力传至地基。

2. 桥梁的分类

桥梁的种类很多、形式多样，一般可按桥梁的用途、桥梁的建造材料、桥梁长度、桥梁外形以及桥梁跨越的障碍物等加以区分。

（1）按建造材料分类：有钢桥、钢筋混凝土桥、石拱桥等。

（2）按桥梁长度（L）分类：有小桥（$L<20$ m）、中桥（20 m$\leqslant L<100$ m）、大桥（100 m$\leqslant L<500$ m）和特大桥（$L\geqslant 500$ m）等。

（3）按桥梁外形分类：有梁桥、拱桥、斜拉桥等形式，如图 2.20 所示。

（a）梁桥

（b）拱桥

（c）斜拉桥

图 2.20　结构形式不同的桥梁

（4）按桥梁跨越的障碍物分类，有：跨河桥（指跨越江河、湖泊的桥梁）、跨线桥（又称立交桥，指铁路、公路相互交叉时所建的桥梁）、高架桥（又称栈桥或旱桥，指跨越宽谷、深沟的桥梁），如图 2.21 所示。

（a）跨河桥

（b）跨线桥

（c）高架桥

图 2.21　跨越不同障碍物的桥梁

（5）按用途分：有铁路桥、公路桥、公铁两用桥、人行桥等，如图 2.22 所示。

（a）铁路桥

（b）公路桥

（c）公铁两用桥

图 2.22　不同用途的桥梁

（二）涵　洞

涵洞是设在沟谷洼地处，埋设在路堤下部填土中，用以通过水流或行人的建筑物，见图 2.23。

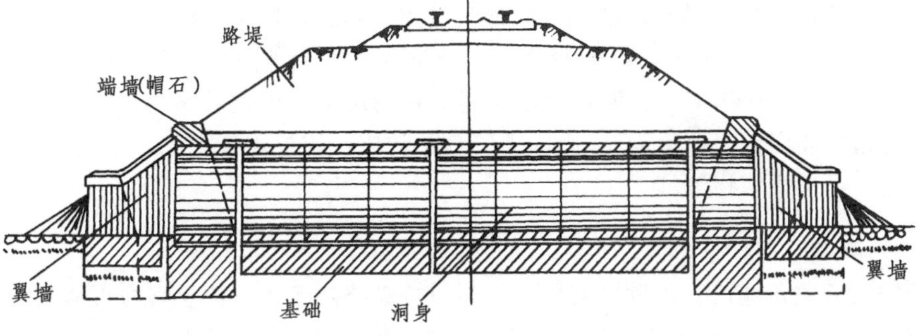

图 2.23　涵洞

涵洞主要由洞身、基础、端墙、翼墙和出入口等部分组成，其孔径一般为 0.75 ~ 6 m。洞身埋在路基中，从进口向出口有一定的纵向坡度，以利于排水。两端进、出口处可砌端墙和翼墙，便于水流进出涵洞，还可以保护路堤边坡免受水流冲刷。

（三）隧　道

隧道是修建在地下或水下并铺设铁路供机车车辆通行的建筑物，大多建筑在山中以避免开挖很深的路堑或修筑很长的迂回线，改善了线路条件，节省了运营费用；也有为穿越河流或海峡的水下隧道以及为适应铁路通过大城市的需要而在城市地下穿越的城市隧道。

隧道一般由洞门、洞身、内部衬砌、避车洞和避人洞几部分组成，图 2.24 所示为隧道洞门及洞身。

洞门指隧道进出口的建筑装饰结构，它的作用是保持洞口上方及两侧坡面的稳定，并将洞口上方流下的水通过洞门处的排水沟引离隧道，以保证隧道的正常使用。

洞身是隧道的主体部分，是列车通过的通道。为保证行车安全，洞身应具有一定的净空，按规定的隧道建筑接近限界确定横断面。

（a）洞门　　　　（b）洞身

图 2.24　隧道洞门及洞身

内部衬砌指沿隧道周边用石料、混凝土等砌筑的支承结构，其作用是用来承受地层压力，阻止坑道周围地层的变形，防止岩石的风化、坍塌，以保证行车安全。

避车洞与避人洞指设于隧道内两侧边墙上交错排列的附属建筑物，它们是为列车通过时便于工作人员、行人及运料小车躲避而修建的。避车洞每隔 300 m 设一个，避人洞在相邻避车洞之间每隔 60 m 设一个。

下面是我国已建成的有代表意义的铁路隧道：

1. 松山湖铁路隧道

广惠城际线松山湖隧道是我国已建成的最长铁路隧道，全长 38.813 km，设计时速 200 km/h，是双洞单线隧道，于 2017 年 12 月 28 日通车。隧道内有 6 座地下车站和 7 段地下区间，采用明挖、暗挖、盾构三种方法施工，在城区内下穿过大量的房屋、市政道路、桥梁、管线、河流和沟渠。松山湖隧道被业内专家评价为：“全国铁路最长隧道，施工难度之大、工法之多，全国罕见，堪称铁路隧道的‘地质博物馆’”。

2. 新关角隧道

青藏铁路的新关角隧道，是世界上最长的高海拔铁路隧道，它位于青海天峻县境内，平均海拔超过 3300 m，是青藏铁路西宁—格尔木路段二线的控制性工程，全长 32.645 km，于 2014 年 4 月 15 日全线贯通。新关角隧道为双洞单线隧道，设计速度为 160 km/h，两线间距为 40 m，均位于直线段上。全线共设置了 11 座斜井（合计 15.26 km）及 9.8 km 的平行导坑辅助正洞掘进。通车后青藏铁路列车通过关角山的时间将从 2 个小时缩短为 20 分钟。

微课视频：道口

三、道口及线路接轨

（一）道　口

铁路道口指的是道路与铁路平面相交处，分为有人看守道口和无人看守道口。

铁路道口和人行过道均应设置道口标志、道口路段标线、司机鸣笛标和护桩，根据需要设置栅栏或其他安全防护设施。

有人看守道口应根据需要修建道口看守房，设置照明灯、警示灯、遮断色灯信号机和道口自动通知设备，并督促地方道路管理部门设置道口警示标志。根据需要设置列车无线调度通信设备。

站内平过道必须与站外道路和人行道路断开，禁止社会车辆、非工作人员通行，平过道不得设在车站两端咽喉区内。

在电气化铁路上，铁路道口通路两侧应设限高架，其通过高度不得超过 4.5 m。道口两侧不宜设置接触网锚段关节，不应设置锚柱。

栏杆（门）以对道路开放为定位。特殊情况下需要以对道路关闭为定位时，由铁路局规定。

一切车辆、自动走行机械和牲畜，均须在立体交叉或平交道口处通过铁路。铁路工作人员发现有违反上述规定的情况时，应予以制止。特别笨重、巨大的物件和可能破坏铁路设施、干扰行车的物体通过道口时，应提前通知铁路道口管理部门，以采取安全和防护措施，并在其协助指导下通过。

（二）线路接轨

新建的岔线，不准在区间内与正线接轨。特殊情况必须在区间内接轨时，须经国铁集团批准，在接轨地点应开设车站（线路所）或设置辅助所管理。因路内施工临时性的区间道岔，应按期拆除。站内铺设及拆除道岔、线路时，由铁路局批准。

各种建筑物、电缆线、管道及渡槽跨越铁路，横穿路基，或在桥梁上下、涵洞内通过铁路时，应提出设计、施工方案和安全措施等文件，征得铁路局同意后，在铁路有关单位派人协助指导下进行施工，不得妨碍铁路运输。

列车运行速度在 120 km/h 及以上的线路和重载线路应全封闭、全立交，线路两侧按标准进行栅栏封闭，并设置相应的警示标志。

四、轨　道

在路基、桥隧建筑物修成之后，就可以在上面铺设轨道。轨道是各种列车行驶的基础，其作用是引导列车运行，直接承受由车轮传来的巨大压力，并把它传递给路基或桥隧建筑物。

轨道是一个整体性工程结构，经常处于列车运行的动力作用之下，所以它的各组成部分均应具有足够的强度和稳定性，以保证列车按照规定的运行速度，安全、平稳和不间断地运行。

（一）轨道的组成

轨道主要由钢轨、轨枕、联结零件、道床、防爬设备和道岔等部件组成，如图 2.25 所示。

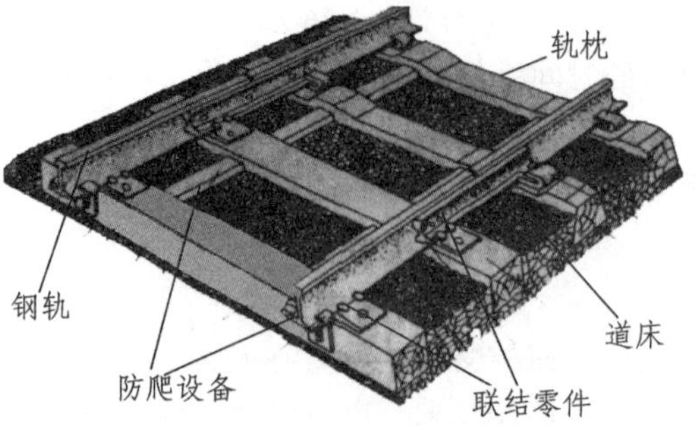

图 2.25　有砟轨道的基本组成

1. 钢　轨

钢轨的作用是直接承受车轮的巨大压力并引导车轮的运行方向，因而它应当具备足够的强度、稳定性和耐磨性。在电气化铁路或自动闭塞区段，钢轨还兼作轨道电路。

钢轨由轨头、轨腰和轨底组成。为了使钢轨具有最佳的抗弯性能，钢轨的断面形状采用“工”字形，如图 2.26 所示。在我国，钢轨的类型（或强度）以每米长度的质量（kg/m）表示。现行的标准钢轨类型有：75 kg/m，60 kg/m，50 kg/m 及 43 kg/m。新建、改建的铁路正线应采用 60 kg/m 钢轨的跨区间无缝线路（重载线路可采用 75 kg/m 的钢轨轨道结构）。

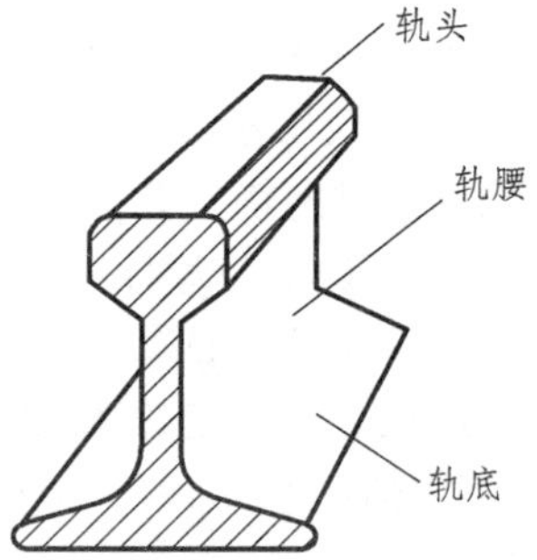

图 2.26　钢轨断面形式

钢轨的长度长一些，可以减少接头的数量，使列车运行平稳并减少零件和线路的维修费用，但是，由于加工条件和运输条件的限制，一根钢轨的轧制长度是有限的。目前我国钢轨的标准长度有 25 m 和 12.5 m 两种，对于 75 kg/m 钢轨只有 25 m 一种；此外，还有专供曲线地段铺设内轨用的标准缩短轨若干种。

2. 轨　枕

轨枕的作用是支撑钢轨，并将钢轨传来的压力传递给道床，保持钢轨位置和轨距。轨枕应具有必要的坚固性、弹性和耐久性，并且要求造价低、制作简单、铺设和养护方便。

（1）轨枕按照制作材料分，主要有钢筋混凝土轨枕（见图 2.27）和木枕（见图 2.28）两种。木枕具有弹性好、形状简单、易加工、质量轻、铺设和养护维修方便、绝缘性能好等优点；其主要缺点是消耗大量木材、使用寿命较短（经过防腐处理的木枕，一般可用 15 年左右，最多不超过 30 年），强度、弹性和耐久性不完全一致，在机车车辆荷载作用下易出现轨道不平顺等，另外，为了保护生态平衡和森林资源，木枕的使用也会越来越受限制。钢筋混凝土轨枕既不受气候、腐蚀、虫蛀及火灾的影响，又能保持尺寸一致，其使用寿命长、稳定性能好、坚固耐用、养护工作量小，加上材料来源较广，所以在我国铁路上得到了广泛采用，这不仅可以节省大量木材，还有利于提高轨道的强度和稳定性；但和木枕相比，钢筋混凝土轨枕具有质量大、弹性较差等缺点。

（2）轨枕按照用途来分，主要有普通轨枕、岔枕和桥枕。我国普通轨枕的长度为 2.5 m。道岔用的岔枕和钢桥上用的桥枕，其长度有 2.6 ~ 4.85 m 多种。

图 2.27　钢筋混凝土轨枕

图 2.28　木枕

我国高速铁路铺设的轨枕是宽混凝土轨枕，这种轨枕比普通钢筋混凝土轨枕宽而且稍薄，它在线路上是连续铺设的。采用宽混凝土轨枕的轨道沉陷小，也不易发生坑洼不平和道床的脏污现象；同时，由于它的底部和道床、上部和轨底的接触面积增大了，因而提高了线路的稳定性，改善了钢轨的受力条件，有利于高速行车。我国已在隧道内、大桥桥头、大客运站上采用宽混凝土轨枕并在主要干线上也逐步扩大使用。

铁路轨道在铺设中，每千米线路上铺设轨枕的数量，应根据运量及行车速度等运营条件确定。轨枕根数越多，轨道强度越大。我国铁路规定：木枕轨道，每千米轨枕数最多为 1 920 根，最少为 1 440 根；混凝土枕轨道，每千米轨枕数最多为 1 840 根，最少为 1 440 根。

3. 联结零件

在铁路线路上，要保持轨线的连续，需要把前后两节钢轨连接在一起；要保持钢轨的位置和轨距，需要把钢轨与轨枕连接在一起，这都离不开联结零件。按作用不同，联结零件分为接头联结零件和中间联结零件两类。

1）接头联结零件

接头联结零件用来连接钢轨与钢轨间的接头，它包括双头夹板、螺栓、螺帽和弹性垫圈等，如图 2.29 所示。钢轨接头处必须保持一定的缝隙，这一缝隙叫作轨缝。当气温发生变化时，轨缝可以满足钢轨的自由伸缩。钢轨接头是线路上最薄弱的环节，它使行车阻力和线路维修费用显著增加，因此它是线路维修工作的重点对象。

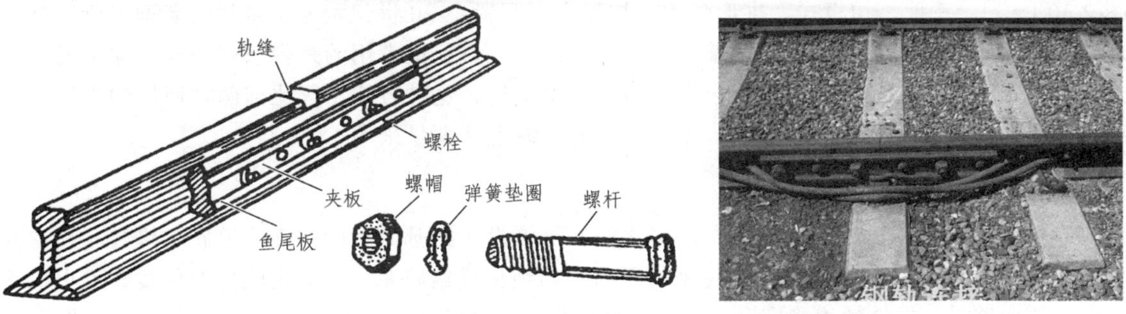

图 2.29　接头联结零件

2）中间联结零件

中间联结零件（又称扣件）的作用是将钢轨紧扣在轨枕上，以确保钢轨位置稳固，防止钢轨相对于轨枕发生纵向和横向移动。中间联结零件因轨枕的不同，有钢筋混凝土枕用扣件和木枕用扣件两类，如图 2.30 所示。木枕用扣件包括普通道钉和垫板，垫板置于轨底与木枕之间，其目的在于增加木枕与轨底的接触面积，使木枕经久耐用；同时，由于它的顶面做成 1∶40 的斜度，使线路上的钢轨具有适当的内倾度（叫作轨底坡），有利于防止和减轻轮对的蛇行运动。

扣板式扣件

ω 形弹条式扣件

（a）钢筋混凝土枕用扣件

（b）木枕用扣件

图 2.30 中间联结零件

钢筋混凝土轨枕和钢轨间必须设置弹性垫层以减少冲击力，其联结零件有扣板、弹片及弹条等，用螺栓连接。钢筋混凝土枕用扣件有扣板式［见图 2.30（a）］、拱形弹片式和 ω 形弹条式［见图 2.30（a）］三种。扣板式、拱形弹片式扣件主要配置于 20 世纪六七十年代的老型混凝土枕，现在只在一些支线和专用线上还在使用，正线已淘汰。目前最常用的是弹条式扣件。弹条式扣件是无螺栓、无挡肩的扣件，一般用于有砟高速轨道结构，这种方式不仅比前两种使用的零件少，结构简单，而且弹性好、扣压力大，因此在主要干线上被大量采用。

4. 道 床

道床是轨道的基础，介于轨枕与路基之间，是铺设在路基面上的石砟（道砟）垫层。其主要作用是：① 支承轨枕，把从轨枕上传来的压力均匀地传递给路基，并固定轨枕的位置，阻止轨枕纵向或横向移动，保持轨道稳定和正确的几何位置；② 缓和机车车辆轮对对钢轨的冲击，保证行车安全；③ 调整线路的平面和纵断面。

道床的断面呈梯形，其顶面宽度、边坡坡度及道床厚度等均依轨道的类型而定。

道床的材料应当具有坚硬、不易风化、富有弹性并有利于排水的特点。

道床包括碎石道床、沥青道床、整体道床几类。

1）碎石道床

碎石道床通常由具有一定粒径、级配和强度的硬质碎石堆集而成。碎石道床常用的材料有碎石、卵石、粗砂等，其中以碎石为最优。我国普速铁路一般采用碎石道床，如图 2.31 所示。

图 2.31　碎石道床

碎石道床除了传递压力外，还可以排除轨道中的脏水、阻止轨枕移动钢轨、缓和车轮对钢轨的冲击，使钢轨具有足够的弹性，并且建设费用低、噪声传播范围小、建设周期短、容易修复；但是，有砟道床随着时间的推移，道床空隙会被脏物填塞而变得板结，排水性能、承载能力会降低，从而失去应有的弹性。

2）沥青道床

沥青道床是用沥青材料使散粒体道砟道床固结或用沥青混凝土、沥青胶砂、乳化沥青水泥砂浆等代替散离体道砟，使道床稳定的一种新型轨道结构。沥青道床灌注施工时不影响行车，简便易行，适用于既有线改造。

3）整体道床

整体道床就是用碎石加水泥浆，或者用混凝土、钢筋加混凝土直接在路基面上筑成的坚固的轨道基础，用以代替通常的碎石道床。整体道床的强度高、维修工作量小，适合于列车高速运行，目前我国在隧道内以及高速铁路上基本都铺设了整体道床，图 2.32 所示为铺设了整体道床的高速铁路。

图 2.32　整体道床

5. 防爬设备

因列车运行时纵向力的作用，使钢轨产生纵向移动，有时甚至带动轨枕一起移动，这种现象叫作轨道爬行。轨道爬行经常出现在单线铁路的重车方向、双线铁路的行车方向、长大下坡上及进站前的制动距离内。

轨道爬行往往引起轨缝不匀、轨枕歪斜等线路病害，对轨道的破坏性极大，严重时还会危及行车安全。因此，必须采取有效措施加以防止。通常的做法是：一方面加强钢轨与轨枕间的扣压力和道床阻力；另一方面是设置防爬器和防爬撑等防爬设备。

我国铁路广泛采用穿销式防爬器如图 2.33 所示，它由带挡板的轨卡和穿销组成。安装时，将轨卡的一边紧紧地卡住轨底，另一边用楔形穿销楔紧，使整个防爬器牢固地卡在轨底上。

为了充分发挥防爬器的防爬功能，常在轨枕间安装防爬撑，将若干根轨枕联系起来，如图 2.34 所示。

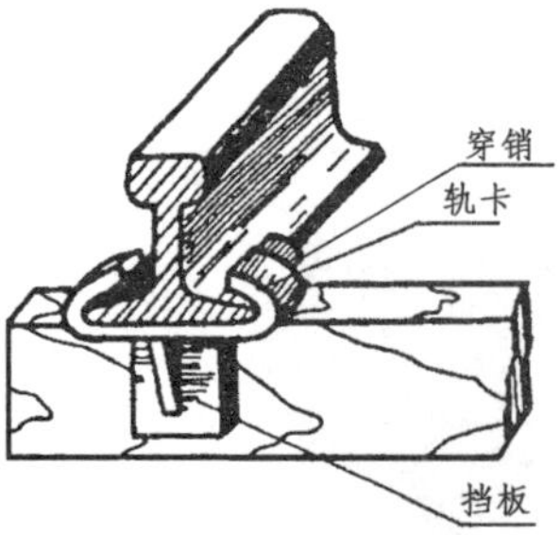

图 2.33　穿销式防爬器

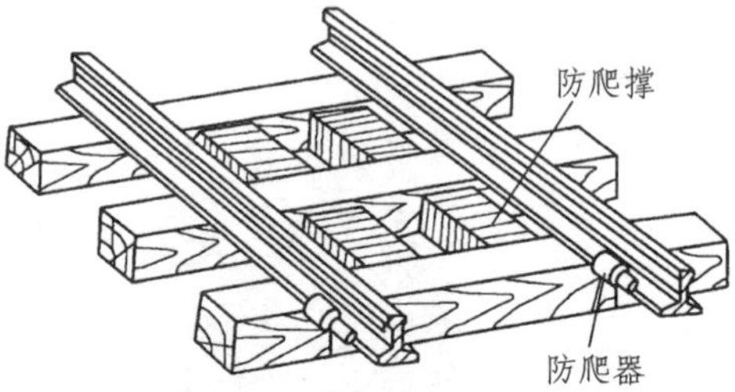

图 2.34　防爬设备组成

6. 道　岔

机车车辆在运行过程中，常常需要由一条线路转入另一条线路，或跨越其他线路，这就需要设置线路的连接与交叉设备，即道岔，如图 2.35、图 2.36 所示。道岔是铁路轨道的重要组成部分。由于道岔数量多、使用寿命短、限制列车速度、行车安全性低，与曲线、接头并称为轨道的三大薄弱环节。

道岔的种类很多，常见的有普通单开道岔、双开道岔、三开道岔、交分道岔、交叉设备等。

图 2.35　线路连接道岔

图 2.36　线路交叉道岔

1）普通单开道岔

单开道岔是最常用、最简单的线路连接设备，主线为直线，若直线向左分岔称为左开道岔，若向右分岔称为右开道岔。普通单开道岔主要由转辙器、辙叉及护轨、连接部分组成，此外还有操纵尖轨位置的转辙机械及岔枕等，如图 2.37 所示。

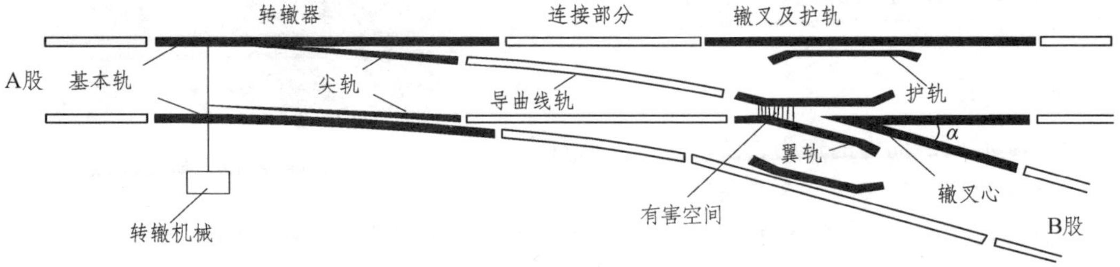

图 2.37　普通单开道岔

（1）转辙器

转辙器是引导机车车辆转线的部分。它包括两根尖轨、两根基本轨和转辙机械。其中两根尖轨是转辙器的主要部件，是整个道岔中可以活动的部分，它通过连接杆与转辙机械相连，所以操纵转辙机械可以改变尖轨的位置，确定道岔的开通方向。

二维动画：
单开道岔转换

（2）辙叉及护轨

辙叉及护轨包括辙叉心、两根翼轨及两根护轨。它的作用是保证车轮安全通过两股轨线的相互交叉处。

辙叉心轨两工作边所夹的角 α 称为辙叉角（见图 2.37），其交点称为辙岔尖端；两翼轨间的最小距离处称为辙叉咽喉。从辙叉咽喉至辙岔尖端之间有一段轨线中断地带，车轮有失去引导误入异线而发生脱轨事故的可能，因此此处被称为有害空间。为保证车轮在有害空间处进入正确的轮缘槽，防止进入异线，通常在辙岔两侧相对应位置的基本轨内设置护轨，对车轮的运行方向实行强制性的引导，如图 2.38 所示。

图 2.38　辙叉及护轨部分实物图

道岔上的有害空间是限制列车过岔速度的一个重要因素。为了消灭有害空间，适应列车高速运行的要求，国内外都发展了各种活动心轨道岔（见图 2.39）。一般来说，活动心轨道岔中的辙叉心轨和尖轨是同时被扳动的，当尖轨开通某一方向时，活动心轨的辙叉心轨就与开通方向一致的翼轨密贴，与另一翼轨分开，从而消灭了有害空间。这不仅避免了车轮对心轨和翼轨冲击，使行车平稳，而且提高了列车直向过岔速度，因而活动心轨道岔被广泛应用于运量大、高速行车的线路上。

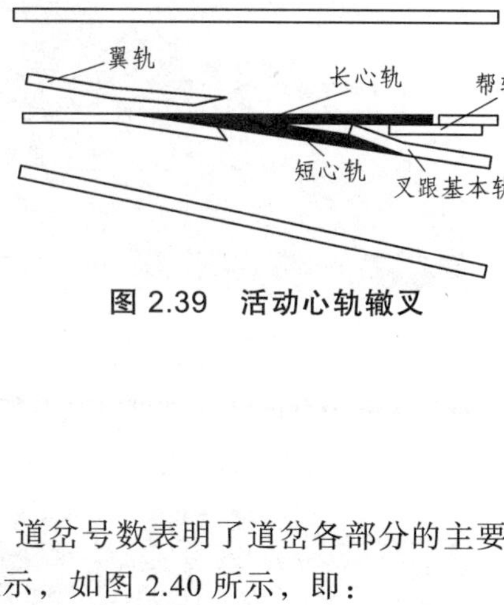

图 2.39　活动心轨辙叉

（3）连接部分

连接部分是连接转辙器和辙叉及护轨的部分。它包括两根直轨和两根导曲线轨。在导曲线上一般不设缓和曲线和超高，所以列车在侧向过岔时，速度要受到限制。

2）道岔号数

道岔因其辙叉角的大小不同，有不同的道岔号数（N），道岔号数表明了道岔各部分的主要尺寸。对于道岔号数，我们习惯用辙叉角（α）的余切值来表示，如图 2.40 所示，即：

$$N = \cot\alpha = \frac{FE}{AE}$$

式中：N 为道岔号数；α 为辙叉角；AE 为辙叉心轨某一工作边任意一点至另一工作边的垂直距离；FE 为辙叉心轨理论尖端沿工作边至垂足的距离。

由此可见，辙叉角 α 越小，N 值就越大，导曲线半径也越大，机车车辆侧向通过道岔时就越平稳，允许的侧向过岔速度也就越高。所以，采用大号码道岔对于列车运行是有利的，不过，道岔号数越大，道岔全长就越长，铺设时占地就越多。因此，采用几号道岔来连接线路，要根据线路的用途来决定。

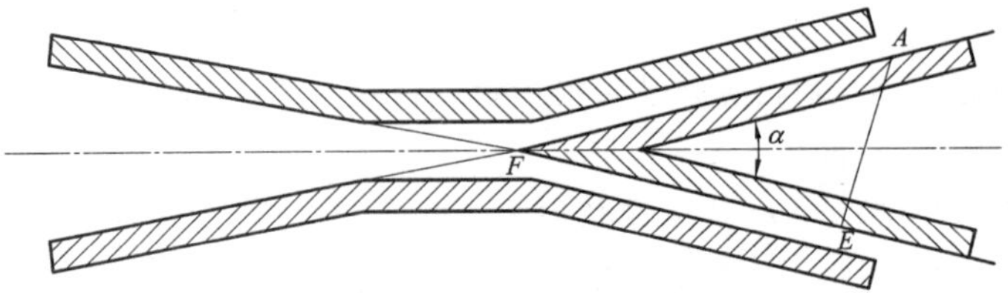

图 2.40　道岔号数计算图

道岔按号数分类有 6、7、8、9、12、18 号以及大号码（如 30、38、42 号道岔）等，主要运营铁路干线常用的单开道岔有 9 号、12 号、18 号。大号码道岔主要用于要求侧线通过速度较高的联络线。客运专线以 18 号道岔为主。6 号、7 号和 8 号等道岔主要用于工矿企业专用线或货运站场。

3）其他类型道岔

除了普通单开道岔以外，按照构造上的特点及所连接的线路数目，还有对称双开道岔、对称三开道岔、复式交分道岔和菱形交叉设备等。

二维动画：
对称道岔转换

对称双开道岔的特点是与道岔相衔接的两条线路各自向两侧对称分岔，如图 2.41 所示。在构造上，道岔对称于线路的中线，道岔连接部分有 4 条导曲线轨而无直轨，所以无直向及侧向之分。

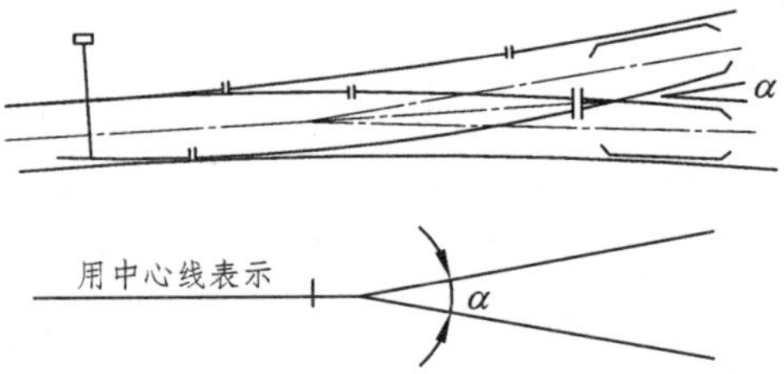

图 2.41　对称双开道岔

对称三开道岔的特点是可以同时衔接三条线路，所以具有两套尖轨，分别由两组转辙机械操纵，如图 2.42 所示。连接部分有 2 根直轨、2 对导曲线轨，辙叉及护轨部分有 3 副辙叉、4 根护轨。

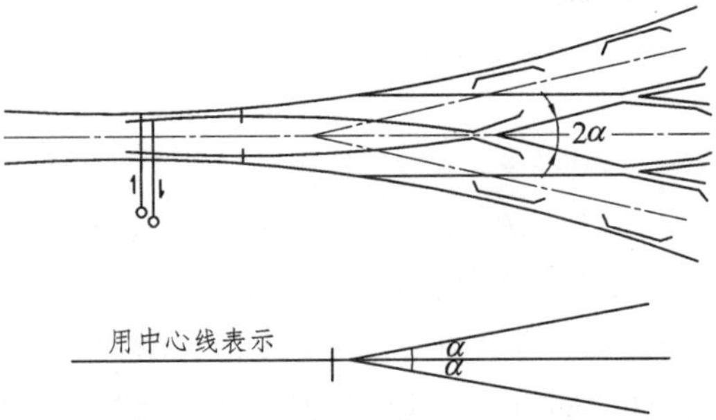

图 2.42　对称三开道岔

复式交分道岔如图 2.43 所示，它有 4 个辙叉，其中 2 个锐角、2 个钝角；有 4 条导曲线轨和

8 条尖轨；2 根拉杆，每根拉杆带动 4 条尖轨同时动作。

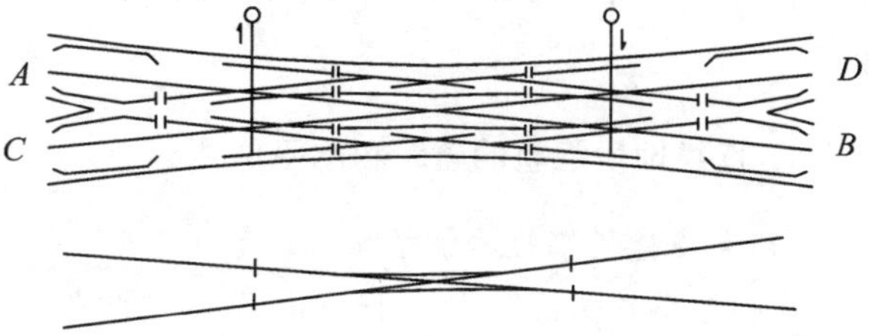

图 2.43　复式交分道岔

二维动画：
复式交分道岔转换

二维动画：
普通渡线转换

二维动画：
交叉渡线转换

菱形交叉设备是指两条直线轨道在平面上相交成菱形，使机车车辆能跨越运行。如图 2.44 所示，菱形交叉设备的菱形交叉部分由两组锐角辙叉和两组钝角辙叉组成，没有转辙器部分，机车车辆通过时，只能沿着原来线路继续运行而不能转线。

如果将四副单开道岔和一副菱形交叉设备组合在一起，则称为交叉渡线。交叉渡线不仅可以开通较多的方向，而且可以节省用地。图 2.45 所示为交叉渡线。它也是车站内使用较多的一种连接设备。

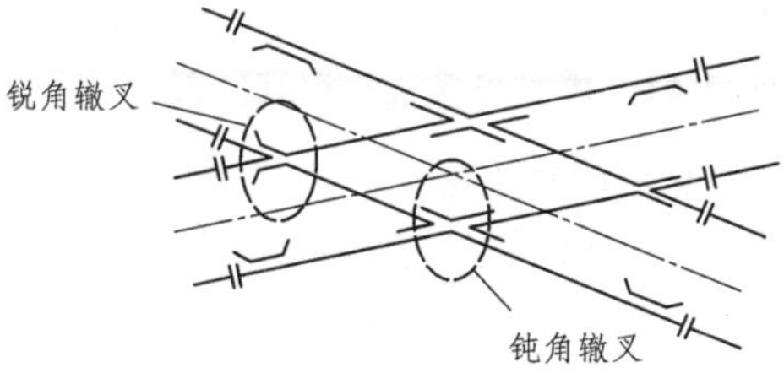

图 2.44　菱形交叉

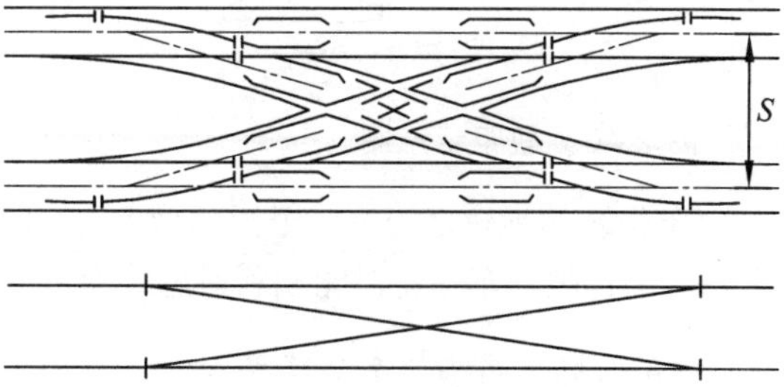

图 2.45　交叉渡线

（二）轨道的类型

轨道作为列车运行的基础，它的强度应当满足该线路每年通过的最大运量和最高行车速度的要求。在列车质量大、列车密度和运行速度高的线路上，轨道强度应该大一些，反之则可以小一些。轨道既然是综合性工程结构体，它的强度必然与各部分的材质、强度和数量等有关，如钢轨的质量与耐磨性、轨枕的种类和数量、联结零件的强度和道床的材料及厚度等。

目前，我国铁路正线轨道分为特重型、重型、次重型、中型和轻型五种类型。

（三）轨道上两股钢轨的相互位置

轨道在铺设时只有保持两股钢轨的规定距离和钢轨顶面的相对水平位置，才能保证列车运行安全。

1. 直线地段钢轨的轨距和水平位置

1）直线地段钢轨的轨距

轨距是钢轨头部踏面下 16 mm 范围内两股钢轨工作边之间的最小距离，如图 2.46 所示。由于轨头断面的圆弧及侧面斜度的不同，这个部位在不同的国家规定有不同的数值，如中国为 16 mm，德国为 14 mm，法国为 15 mm，俄罗斯为 10 mm。我国铁路直线地段主要采用 1 435 mm 的标准轨距，只有台湾地区采用 1 067 mm 窄轨距，昆明至河口采用 1 000 mm 窄轨距。

国际铁路协会在 1937 年将 1 435 mm 制定为标准轨距，世界上大约 60% 的铁路的轨距是标准轨距（又称国际轨距）。轨距小于 1 435 mm 的铁路统称为窄轨铁路，轨距大于 1 435 mm 的铁路统称为宽轨铁路。

采用标准轨距的国家主要有：中国、美国、加拿大及欧洲大部分国家等。采用宽轨距的国家主要有：俄罗斯、印度、澳大利亚、巴基斯坦、阿根廷等。

在机车车辆运行的动力作用下，轨距可能产生一定的偏差。我国规定这种偏差按线路速度等级划分，线路容许偏差值为 + 6 ~ − 2 mm。

从机车车辆轮对和直线地段钢轨的相互位置中（见图 2.47）可以看出：

$$\text{轨距 } S_0 = \text{轮对宽度 } q + \text{活动量 } \delta$$

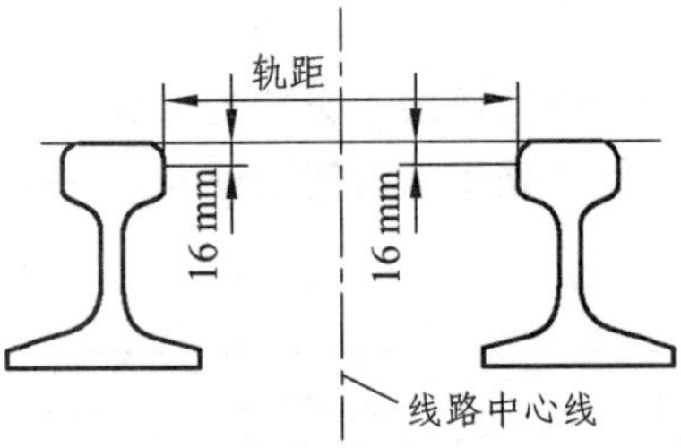

图 2.46　轨距示意图

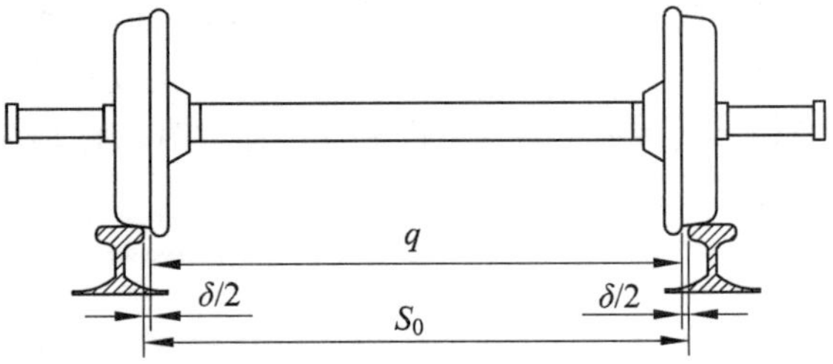

图 2.47　轮对与钢轨的相互位置

由于轮缘和钢轨之间有一个活动量δ，使轮缘能在两股钢轨之间自由滚动，而不会卡住，以利于在轨道上行驶的车辆轮对能顺利通过，而不会使轮对楔住在轨道内，也不会引起车辆过度摆动。

2）直线地段钢轨的水平位置

在线路同一断面处，左、右两股钢轨顶面的高度差，简称“水平”。为了使两股钢轨受力均匀，直线地段两股钢轨顶面应保持在同一水平，但在保证列车安全的前提下也允许有一定的误差。水平允许误差，正线、到发线上不得大于 4 mm，其他线不得大于 6 mm。

2. 曲线地段钢轨的轨距和水平位置

1）轨距加宽

机车车辆走行部中只能保持平行而不能做相对运动的车轴中心线间的最大距离，叫作固定轴距。由于机车车辆具有固定轴距，在曲线上运行时转向架的纵向中心线与曲线轨道中心线并不一致，这可能引起转向架前一轮对的外轮轮缘和后一轮对的内轮轮缘挤压钢轨，致使行车阻力增大，轮轨磨耗加剧，如图 2.48 所示。为防止轮对被轨道楔住或挤翻钢轨，对于小半径曲线的轨距要适当加宽，以使机车车辆能顺利通过曲线，并使钢轨与车轮间的横向力最小，以减少轮轨间的磨耗。

我国《铁路技术管理规程》规定，曲线轨距加宽如表 2.6 所示。

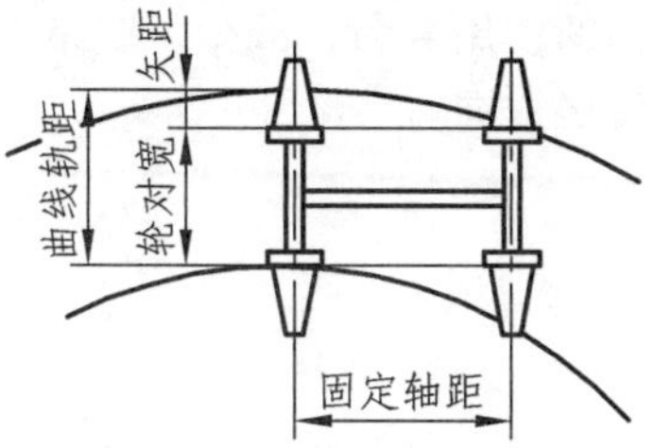

图 2.48　轨距加宽原因示意图

表 2.6　曲线轨距加宽值

曲线半径/m	加宽值/mm	轨距/mm
$R\geqslant 350$	0	1 435
$350>R\geqslant 300$	5	1 440
$R<300$	15	1 450

2）外轨超高

列车在曲线上运行时，由于离心力的作用使曲线外轨受到较大的压力，因而造成外轨比内轨磨耗大，出现两根钢轨磨耗不均匀的现象；同时，旅客受到离心力的作用也会感到不适。如果离心力过大还可能导致列车倾覆。因此，为了消除这些不良影响，通常是将曲线地段外轨下面的道床加厚，使外轨稍高于内轨，机车车辆向内倾斜，以抵消离心力的作用，如图 2.49 所示。外轨比内轨高出的部分称为超高。我国《铁路技术管理规程》规定，外轨超高的最大值单线不得超过 125 mm，复线地段不得超过 150 mm。

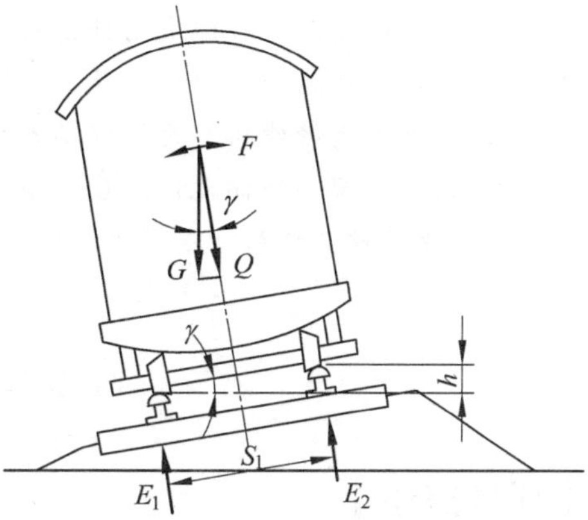

图 2.49　外轨超高原理图

外轨超高和轨距加宽的设置办法，都是从缓和曲线的起点开始，逐渐增加，到圆曲线起点时，超高和加宽都应达到规定的数值。

五、无缝线路

无缝线路在 20 世纪 30 年代开始出现，50 年代以后逐步得到推广，我国自 1958 年开始铺设，经过几十年的运营实践，在设计、施工和养护维修方面积累了不少经验，无缝线路技术得到了迅速推广和广泛采用。

无缝线路是由标准长度的钢轨焊连而成的长钢轨线路，又称焊接长钢轨线路。即在工厂用气压焊或接触焊的方法，将 25 m 长的普通钢轨焊接成 200 ~ 500 m 的长轨，然后运到铺轨地点，再焊接成 1 000 ~ 2 000 m 的长度，铺到线路上就成为一段无缝线路。

铺设无缝线路的关键是设法克服长钢轨因轨温变化而产生的温度力问题。因此，无缝线路上长钢轨的两端是用钢轨联结零件和防爬设备加以强制性固定的，其他部分也是采用强度大的中间联结零件和防爬设备使之紧扣于钢筋混凝土之上，称为锁定线路。当温度变化时，钢轨不能自由伸缩，只能在钢轨内部产生应力，它均匀地作用在钢轨的全长上。可见，选择适当的锁定轨温，对无缝线路的强度和稳定性具有很大的影响。锁定线路时（即铺设或维修时）的轨温称为锁定轨温，此时，钢轨内的纵向应力为零。选择锁定轨温是一件十分重要的工作，锁定轨温偏高，冬季产生的温度拉力大，易造成钢轨折断；反之，锁定轨温偏低，夏季产生的温度压力大，易使线路胀轨跑道，给行车带来危害。根据多年来铺设无缝线路的经验，在实际铺设时，无缝线路的锁定轨温一般取稍高于当地历年最高轨温与最低轨温的中间值。

与普通线路相比，无缝线路在其长钢轨段内消灭了轨缝，从而消除了车轮对钢轨接头的冲击，使得列车运行平稳，旅客舒适，延长了线路设备和机车车辆的使用寿命，减少了线路养护维修工作量，并能适应高速行车和重载的要求，是轨道现代化的发展方向。

【思考题】

1. 简述路基的组成结构，路基有哪几种形式？
2. 简述路堤、路堑排水设施的组成结构及作用。
3. 简述桥梁、隧道、涵洞的组成结构及作用。铁路桥梁有哪几种类型？
4. 简述轨道的基本组成及各部分的作用。
5. 道岔的种类有哪些？各类道岔有哪些优缺点？适用条件是什么？
6. 什么叫轨距？我国采用什么轨距？
7. 在曲线地段为何要进行轨距加宽与外轨超高？
8. 什么是无缝线路？无缝线路有哪些优点？
9. 道岔号码与侧向允许速度、道岔长度之间有什么关系？
10. 上网收集资料，了解无缝线路在我国高速铁路和重载铁路上的应用情况。

任务三 认知铁路限界

【任务描述】

在本任务中，我们将学习铁路限界的概念，了解铁路限界的作用及铁路限界的种类。

通过本任务的学习，要求学员能识别铁路限界，深刻体会铁路限界对于列车运行安全和施工人员安全的重要性，培养“遵章守纪”“安全第一”的职业素养和意识。

【知识学习】

铁路线路两旁往往有很多信号设备、建筑物等，在铁路线路中间，也会有一些建筑物、设备及一些正在工作的人员，那么，列车运行通过时，如何保障列车以及这些建筑物、设备和人员的安全呢？这就需要设置限界。铁路限界是指：为了确保机车车辆在铁路线路上安全运行，防止机车车辆撞击邻近线路的建筑物和设备，而对机车车辆和接近线路的建筑物、设备规定的不允许超越的轮廓尺寸线。铁路基本限界分为机车车辆限界和建筑接近限界。

一、机车车辆限界

机车车辆限界是机车车辆横断面的最大容许尺寸的轮廓，如图 2.50 所示。它是新造和使用中的机车车辆，除升起的受电弓外，任何部位在任何情况下都不得超过的轮廓尺寸。使用平车或敞车装载货物时，除超限货物或另有规定者外，不得超过此轮廓尺寸。所以，机车车辆限界也是一般货物的装载限界。

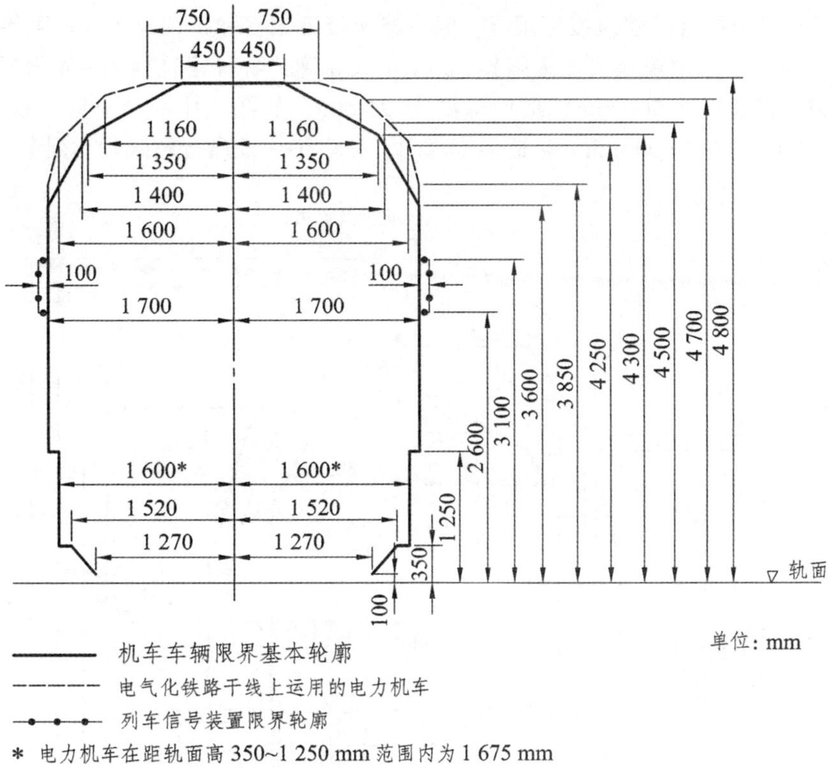

图 2.50　机车车辆限界

由图 2.50 可以看出：

（1）机车车辆的中心最大高度为 4 800 mm，因此，机车车辆顶部的任何装置都应在 4 800 mm 范围以内，以防机车车辆顶部与桥梁、隧道上部相撞。

（2）机车车辆在钢轨水平面上部 1 250 ~ 3 600 mm 范围内，其宽度规定为 3 400 mm，但为了悬挂列车尾部的侧灯，在 2 600 ~ 3 100 mm 范围内允许两侧各加宽 100 mm。

（3）在钢轨水平面 1 250 mm 以下，机车车辆宽度逐渐缩减。

二、建筑接近限界

建筑接近限界是邻近线路的建筑物或设备（与机车车辆相互作用的设备除外）不得侵入的最小横断面尺寸轮廓，如图 2.51 所示。

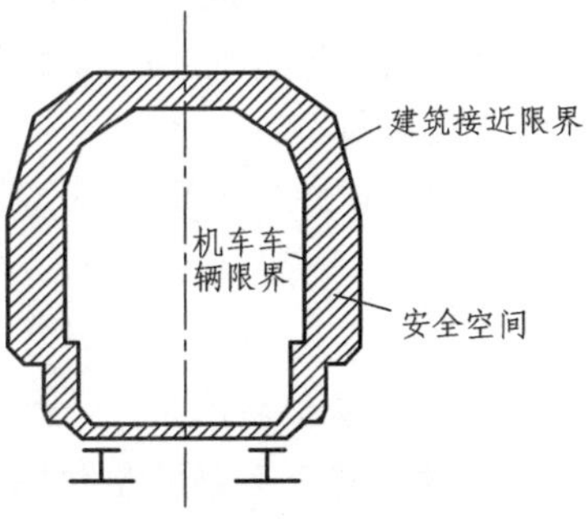

图 2.51　建筑接近限界示意图

建筑接近限界和机车车辆限界之间留有一定的空隙，称为安全空间。设置安全空间的目的：一是为了适应运行中的列车横向晃动偏移和竖向上下振动，防止列车与邻近建筑物或设备发生碰撞；二是为了使超限货物列车能够安全运行。所谓超限货物列车，是指列车在直线线路上停留时，其中一些车辆中的货物高度或宽度超过了机车车辆限界或特定区段装载限界。按超限货物的超限程度，分为一级超限、二级超限和超级超限三个等级。

建筑接近限界包括直线建筑接近限界、隧道建筑接近限界和桥梁建筑接近限界。

图 2.52 所示为直线地段建筑接近限界，其中实线轮廓为各种建筑物的基本限界，从钢轨顶面算起，纵向最大高度为 5 500 mm，最低部位为 25 mm；从线路中心线算起，横向最大半宽为 2 440 mm，最窄半宽为 1 400 mm。它适用于区间、站内正线及通行超限货物列车的站线。

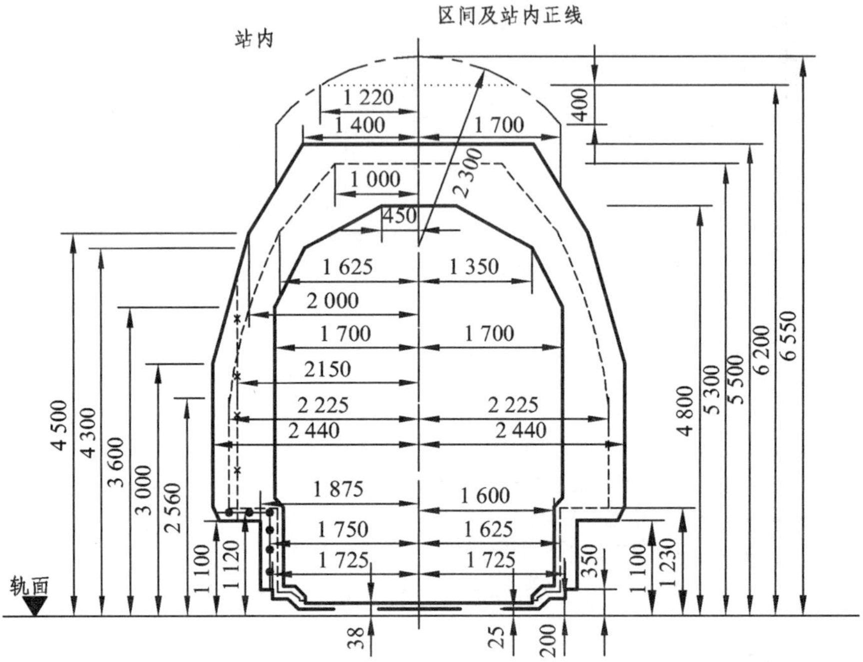

—×— — × 表示信号限界，适用于不通行超限货物列车的站线

—●—●—●—●— 表示站台限界，适用于不通行超限货物列车的站线

- - - - - - 适用于电力机车牵引的线路的跨线桥、天桥及雨棚等建筑物

………… 电力机车牵引的线路的跨线桥在困难条件下的最小高度

图 2.52　直线地段建筑接近限界（单位：mm）

另外，可查出站台距线路中心线的距离为 1750 mm，信号机距线路中心线的距离为 2 150 mm；跨线桥、天桥、雨棚、接触网支柱等距线路中心线的距离分别为 2 440 mm 等。

从图 2.52 中还可查出各种站台及其他建筑物距轨面的高度。

隧道建筑接近限界的高度稍高于直线地段建筑接近限界的高度，宽度与直线地段建筑接近限界的宽度相同。

曲线地段的各种建筑接近限界应在直线地段建筑接近限界的基础上适当加宽。

【思考题】

1. 什么是铁路限界，铁路限界分为哪几种类型？。
2. 简述机车车辆限界和建筑接近限界的概念。
3. 什么是安全空间？简述设置安全空间的作用。
4. 请总结主要建筑物或设备距线路中心线的距离是多少。

任务四　认知铁路线路养护和维修

【任务描述】

在本任务中，我们将学习了解铁路线路养护和维修的工作内容。铁路线路是列车、机车、车辆运行的基础，其质量状况关系到列车运行的安全和效率，如何保障线路处于良好的状态呢？这就需要对线路进行定期养护与维修，这是铁路工务部门的工作范畴。

通过本任务的学习，要求学员熟知铁路线路养护和维修的工作内容以及岗位要求，充分认识到铁路工务工作对列车运行安全的重要性。

【知识学习】

由于列车不间断地运行以及自然界和人为的作用，轨道在机车车辆动力的作用下，在风、沙、雨、雪和温度变化等自然条件的侵袭下，逐渐产生各种变形或损坏，以至于发生病害，如钢轨磨损，轨枕腐朽、损坏，道床脏污，路基松软、下沉、翻浆，轨道爬行等，从而削弱了轨道的强度和稳定性，影响列车高速、平稳的运行，甚至威胁行车安全。因此，为了确保列车能按规定的速度安全、平稳、不间断地运行，延长线路的使用寿命，必须加强线路的养护与维修，保证线路设施经常处于完好状态，这就是铁路工务部门的基本任务。

微课视频：
铁路线路养护

工务段是铁路工务部门的基层生产单位，负责领导线路维修工作，下设若干个领工区，领工区下设 4～5 个工区和机械化维修工队，负责管辖范围内的线路维修与养护工作。在铁路局下面一般还设有工务机械段，负责管内线路的机械化大中修以及无缝线路的铺设工作。

一、线路经常维修

线路经常维修的基本任务是经常保持线路状态的完好，使列车能以规定速度安全、平稳和不间断地运行，并尽量延长设备使用寿命。线路经常维修工作包括综合维修（计划维修）、紧急补修、重点病害整治和巡道工作等。

（一）综合维修

综合维修是按周期对线路进行综合性修理，以改善轨道弹性，调整轨道几何尺寸，整修和更换设备零部件，恢复线路完好的技术状态。我国铁路规定，所有正线、到发线、道岔和主要站线、专用线每年必须做一次计划维修。综合维修的基本作业包括起道、拨道、改道、调整轨缝、捣固、清筛道砟等。起道是矫正线路的纵断面，就是将钢轨和轨枕向上抬至必要高度；拨道是矫正线路的平面，就是将钢轨和轨枕一起横移至规定位置；改道是改正轨距；捣固是将钢轨底部轨枕下的道砟捣压密实。

（二）紧急补修

紧急补修是指在计划维修之外的个别地点，由于出现超过容许误差的线路质量问题而必须立即进行的紧急修理工作。

（三）重点病害整治

重点病害整治是指彻底消除线路上较长时期存在的、工作量大的某些病害，例如全面整治接头、整治线路爬行、彻底整治路基翻浆冒泥等。

（四）巡道工作

巡道工作是指由巡道工人在工区管辖范围内负责巡视钢轨、道岔以及联结零件等的状态，察看路基是否有沉陷、塌方、水害、雪害等情况以及信号及线路标志是否完好等。如发现线路发生故障应立即排除，无法排除时，要按规定及时设立防护并手举红旗或红灯拦停列车。一个养路工区为一个巡回区。巡道工必须按照巡回图，以每小时 3 km 的行走速度巡道。

二、线路中修

线路中修的目的是消灭上次线路大修以后由于列车运行而积累下来的，但又不是经常维修所能消除的病害。中修的主要工作是：加强道床，解决道床不洁及厚度不足问题，同时更换失效轨枕，整修钢轨，使线路质量基本上恢复到或接近于原来的标准。

中修的工作量较少，标准较低。中修是在两次大修之间的修理，是延长大修周期的重要手段。

三、线路大修

线路经常维修的目的在于预防线路病害的发生，保持线路的完好状态。但是线路经过较长时间的使用后，线路的各个部分还是会发生磨损或变形，当线路磨损或变形达到一定程度时，单靠经常维修和中修就难以整治了，这时就必须进行线路大修。线路大修施工的内容有：矫正并改善线路的平面和纵断面；全面更换或抽换、修理钢轨；更换或补充轨枕；清筛和更换道床，补充道砟，全面起道并捣固、改善道床断面；整治路基和安装防爬设备等。

线路经过大修后，其质量标准应符合设计要求或得到改善。

四、线路养护维修作业的机械化

在养路机械出现之前，线路维修作业主要依靠人工，但人工养护线路劳动强度大、工作效率低、作业质量差，所以“实现机械化”是线路养护的根本出路。世界各国都在努力研制各种养路机具。

目前养路机械已由小型到大型、由低级到高级、由单机到联合机械，逐步发展到采用先进技术设备的大型、高效、多功能的机械。例如，大型起道、拨道、捣固联合作业机、清筛机、扒砟机、电动捣固机、边坡回填机、液压起道机等。大型起道、拨道、捣固联合作业机，每小时可以捣固线路 600 ~ 1 000 m；清筛机每小时可以清筛道砟 650 m^3；线路大修列车能够完成从拆卸旧轨排直到铺设新轨排的全部作业，每小时作业进度为 200 m 以上。

实践证明，实现线路养护维修作业机械化，能使线路养护质量和作业效率大为提高，维修费用和人力也得到大量节省。为了加快发展步伐，我国铁路在工务段普遍设立了机械化工队和养路工区，配备了以单项、小型为主的养路机械，如电动捣固机、扒砟机、边坡回填机、液压起道机等，从而减轻了劳动强度，提高了作业效率。

2005 年，我国在引进、消化、吸收国外先进制造技术的基础上，成功地实现了对大型养路机械捣固车、清筛机、动力稳定车和配砟整形车等设备的国产化，使我国大型养路机械装备的规模、综合能力、作业水平有了显著提高，为提速扩能、保证繁忙干线和高速线路的运输安全提供了保障。

机械化维修机具比较笨重，综合作业时占用线路的时间较久，往往需要封闭线路。我国《铁路主要技术政策》明确规定，繁忙干线应在列车运行图上安排工务、电务、供电等设备综合维修“天窗”，并规定：采用中、小型养路机械的区段，“天窗”时间为 90 ~ 120 min；采用大型养路机械的区段，“天窗”时间为 150 ~ 180 min；双线区段的设备维修“天窗”应按上、下行设置，施工时可组织反方向行车。

目前，世界各国都在着手研究如何进一步强化线路结构，以减少线路维修作业量。

【思考题】

1. 铁路工务部门的基本任务是什么？
2. 铁路维修与养护的主要工作内容是什么？
3. 简述线路经常维修、线路中修、线路大的基本任务和目的。
4. 请总结线路维修机械化的好处，并上网查询，了解我国线路养护维修作业的机械化程度。
5. 上网查询资料，了解铁路工务基础岗位有哪些？职责分别是什么？

课程思政：“巴山”精神

课程思政：“福生庄”精神

项目三　认知铁路车站与枢纽

【项目导入】

本项目的学习任务是：了解铁路车站的作用和分类；掌握车站线路的分类，线间距的规定，股道、道岔的编号方法，股道全长和有效长范围；掌握编组站、区段站、中间站的任务、作业流程及车站设备布置情况；熟悉编组站作业综合自动化系统的功能和组成；了解铁路枢纽的分类、功能和设备；培养认真严谨、遵章守纪的职业素养；学习并传承我国铁路精神文化。

【知识目标】

1. 了解铁路车站的重要性，培养安全意识；
2. 掌握铁路车站的作用和分类，熟悉各类车站的任务和作业流程；
3. 掌握铁路车站线路的分类、线间距的规定和有效长范围；
4. 掌握中间站、区段站、编组站的任务、作业流程和主要设备；
5. 掌握编组站作业综合自动化系统的功能和组成；
6. 掌握铁路枢纽的分类、功能和设备。

【能力目标】

1. 能够识别车站的类型，熟悉各类车站的任务、作业流程和设备种类。
2. 能够识别车站线路的种类及作用；
3. 能对股道、道岔进行编号；
4. 熟悉编组站作业综合自动化系统的功能和组成；
5. 熟悉铁路枢纽的分类、功能和设备；
6. 具备认真严谨、遵章守纪的职业素养和安全意识。

任务一　认知铁路车站和枢纽

【任务描述】

在本任务中，我们将认知铁路车站和枢纽，了解车站的作用和分类，以及车站线路的分类，线间距的规定，股道、道岔的编号方法，股道全长和有效长范围；了解铁路枢纽的分类和功能。

通过本任务的学习，要求学员熟知车站的作用和分类，能够识别车站的类型，能够识别车站线路的种类及作用；掌握车站线路的分类，线间距的规定，股道、道岔的编号方法，能对股道、道岔进行编号；了解了解铁路枢纽的分类和功能。

【知识学习】

微课视频：车站定义及分类

一、铁路车站

（一）铁路车站的定义和作用

1. 铁路车站的定义

为了保证行车安全和必要的线路通过能力，以满足人们对运输的需要，铁路线路上每隔一段距离就需要设置一个车站。两相邻车站间的线路称为区间。而车站就成为相邻区间之间的分界点，如图 3.1 所示，甲、乙、丙、A、B、C、D、E、F、G、H 等车站都是分界点。

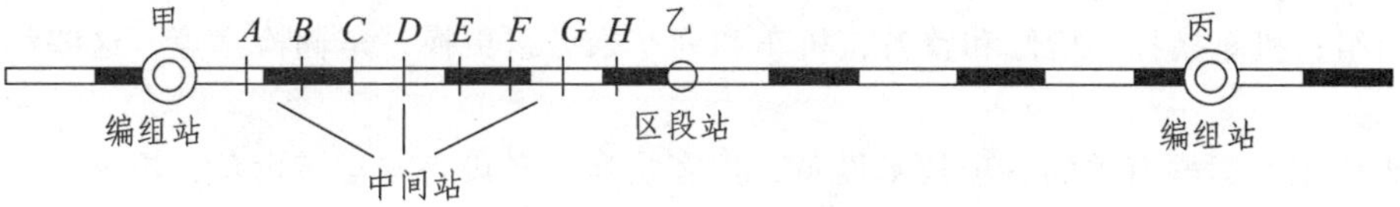

图 3.1　铁路车站示意图

车站是铁路线路上设有配线的分界点。此外，还有无配线的分界点，包括非自动闭塞区段两车站间设置的线路所和自动闭塞区段两车站间若干个闭塞分区处所设置的通过色灯信号机。

二维动画：车站定义

两相邻车站之间的区间称为站间区间（见图 3.2）。车站与线路所之间或相邻两线路所之间的区间称为所间区间（见图 3.3）。自动闭塞区段上同方向相邻两架通过色灯信号机之间或进站（出站）信号机与通过色灯信号机之间的线路，称为闭塞分区（见图 3.4）。区段通常是指两相邻技术站间的铁路线段，它包含了若干个区间和车站，如图 3.1 中的甲—乙区段和乙—丙区段。

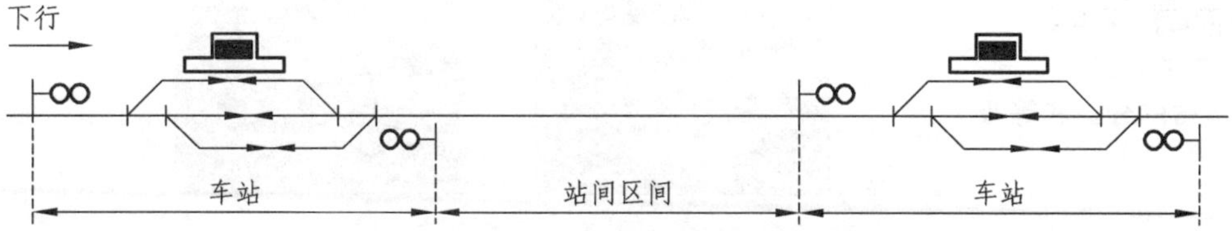

图 3.2　单线铁路站间区间

为了保证行车安全和分清职责，在车站和它两端所衔接的区间之间应明确规定划分的界限。在单线铁路，车站的范围是以两端进站信号机机柱中心线为界，外方是区间，内方属于车站。在双线铁路上，站界是按上、下行正线分别确定的（见图 3.3），进站一端以进站信号机机柱中心线为界，出站一端则以站界标中心线为界（见图 3.4）。

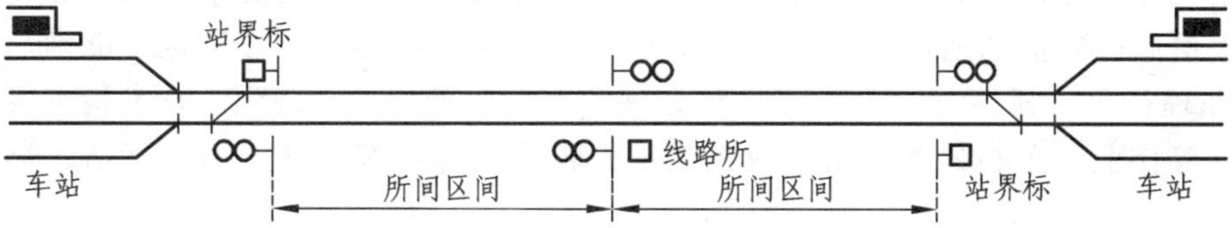

图 3.3　双线铁路所间区间

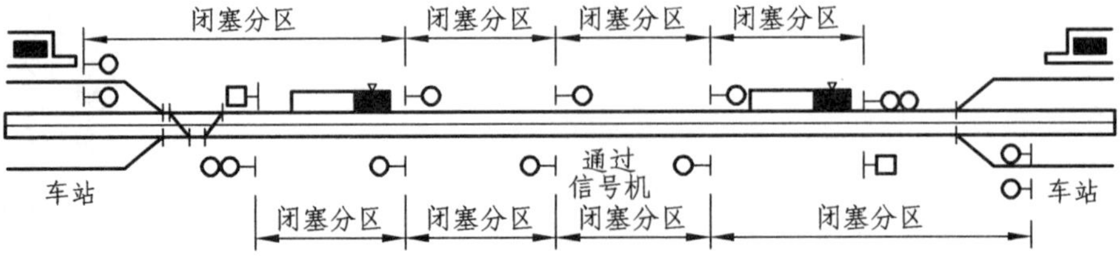

图 3.4　双线铁路自动闭塞分区

2. 铁路车站的作用

车站是铁路运输的基层生产单位，它参与运输过程的主要作业环节，如旅客乘降、售票，行包的托运交付、保管；货物的承运、装卸、交付和保管；列车的通过、接发、会让和越行；车列的解体和编组；机车换挂、检修和整备，机车和列车乘务组更换；车辆检修等，这些都必须在车站上办理。

车站集中了与运输有关的各项技术设备，如客货运业务设备、运转设备，机务、车辆检修设备和信号、通信设备等。车站对提高铁路运输效率和保证运输安全起着决定性的作用。

（二）铁路车站的分类

目前，我国铁路网上有大大小小、各式各样的车站几千个。这些车站因所担负的业务量、业务性质和技术作业类型的不同，而有不同的分类，如图 3.5 所示。

二维动画：
铁路车站的分类和等级

图 3.5　铁路车站的分类和等级

1. 按业务性质分

车站按业务性质分为营业站和非营业站。营业站又分为客运站、货运站和客货运站。

非营业站是指既不办理客运业务也不办理货运业务的车站，一般是指只进行技术作业的编组站和只办理列车会让、越行的车站［称为会让站（单线铁路）和越行站（双线铁路）］。

客运站是专门办理旅客运输业务的车站，通常设置在政治、经济、文化中心城市和旅游胜地等有大量旅客集散的地点。它的主要任务是：① 组织旅客安全、迅速、准确、方便地上下车；② 办理行包、邮件的装卸搬运；③ 办理旅客列车的始发、终到、技术检查等行车工作及客车整备等作业。单独的客运站一般都是规模较大的枢纽客运站，如北京站、郑州站、西安站等。

货运站是专门办理货物运输业务的车站，通常设置在大城市、工矿、林区、口岸等有大量货物到发、装卸的地点。主要办理货物承运、交付、中转、装卸、取送等作业以及货物列车的始发、终到和有关调车作业。

客货运站是既办理客运业务又办理货运业务的车站。我国铁路大多数的车站都属于客货运站。

2. 按技术作业性质分

车站按技术作业性质分为中间站、区段站和编组站。区段站和编组站统称为技术站。

中间站设置在技术站之间的区段内，如图 3.1 中的 *A*—*H* 间各站均为中间站。其主要工作任务是：① 办理列车的接发、会让和越行作业；② 办理摘挂列车的调车和装卸作业以及客货运业务。有些中间站还办理市郊列车的折返和列车的始发和终到作业。

区段站设置在机车牵引区段的分界处，如图 3.1 中的乙站，其主要工作任务是：办理货物列车的中转作业，解体与编组区段列车和摘挂、小运转列车，更换机车和机车乘务人员，进行车辆技术检修和货运检查整理，有些区段站兼办一些货物的发到、装卸和旅客的发送、到达作业。

编组站设置在大量车流集散的地点，如图 3.1 中的甲站和丙站。它的主要工作任务是：担当列车的解编作业，即解体和编组直达、直通、区段、摘挂、小运转列车以及机车换挂、整备，乘务人员换班，进行车辆技术检修和货运检查整理。

3. 按客货运量和技术作业量划分

车站按其所担负的客货运量和技术作业量的大小及其在国家政治、经济中的地位，划分为特等站和一、二、三、四、五等站六个等级。车站等级是确定车站规模、设置和配备相应机构和人员的依据。一般特、一等站都是由铁路局直接管理，并可代管邻近小站，二等及以下车站由车务段管理。

此外，车站还可以按其他一些特征加以区分。例如：位于两铁路局管辖分界处的车站，称为分界站；位于海、河港湾入口处的车站，称为港湾站；位于工业企业专用铁路的接轨点或铁路枢纽内工业区附近的车站，称为工业站；支线（专用铁路）与干线交汇处的车站称为接轨站；处在边境口岸、办理进出口货物运输的车站称为国境（口岸）站；在实行大站管小站的地区，代管的大站称为中心站。

（三）车站线路

1. 车站线路的分类

铁路线路按照用途及归属可分为正线、站线、段管线、岔线和特别用途线，如图 3.6 所示。

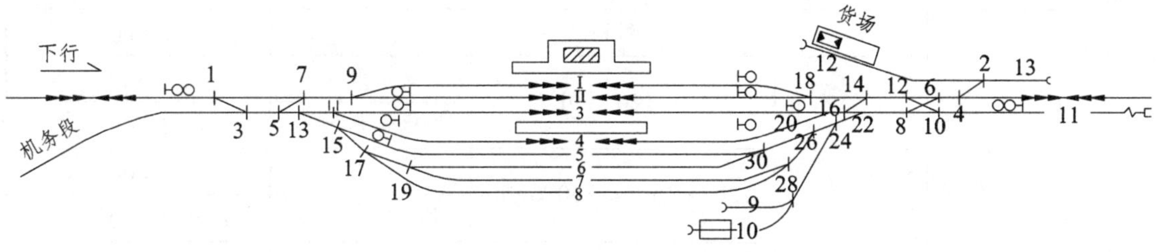

Ⅱ—正线；1、3、4—到发线；5、6、7、8—调车线；9、10—站修线；11、13—牵出线；12—货物线。

图 3.6 车站线路图

（1）正线是指连接车站并贯穿或直股伸入车站的线路。正线可分为区间正线及站内正线，连接车站的部分为区间正线，贯穿或直股伸入车站的部分为站内正线。

（2）站线按用途可分为下列几种：

到发线——供接发旅客列车或货物列车使用的线路。

货物线——供办理货物装卸作业使用的线路。

调车线——供解体与编组列车使用的线路。

牵出线——供调车机车牵出车列进行解体、编组及转线等调车作业使用的线路。

微课视频：车站线路的种类及用途

其他线路——办理其他各种作业的线路，如机车走行线、机待线、存车线、检修线、驼峰禁溜线、迂回线等站内指定用途的线路。

（3）段管线是指机务段、车辆段、工务段、电务段专用并由其管理的线路。

（4）岔线是指在站内或区间接轨，通向路内外单位的专用线路，包括专用线和专用铁路。

（5）特别用途线是指为了保证行车安全而设置的安全线和避难线。其中，安全线是为了防止机车车辆在未开通进路的情况下失控进入其他线路，与其他线路上的机车车辆发生冲突而设置的隔开设备；避难线则是为了防止在陡长下坡道上运行的列车因制动失效而失去控制，在区间颠覆或闯入站内与其他机车车辆发生冲突而设置的隔开设备。

2. 线间距

线间距是指两相邻铁路线路中心线之间的距离。

线间距的大小是根据铁路机车车辆限界和建筑限界、线路是否通过超限货物列车、股道是否装设线间设备以及行车及车站工作人员进行有关作业的安全性与便利性等因素，并考虑留有适当的安全空间来确定的。具体尺寸应根据《铁路技术管理规程》中的有关规定确定，直线区段及站内主要线间距的规定如表 3.1 所列，曲线部分的线间距应根据计算适当加宽。

表 3.1　直线区段及站内主要线间距

<table>
<tr><th colspan="6">客货共线线间距</th></tr>
<tr><th>序号</th><th colspan="4">名　　称</th><th>线间最小距离/mm</th></tr>
<tr><td rowspan="3">1</td><td colspan="2" rowspan="3">区间双线</td><td colspan="2">$v \leqslant 120$ km/h</td><td>4 000</td></tr>
<tr><td colspan="2">120 km/h<$v \leqslant 160$ km/h</td><td>4 200</td></tr>
<tr><td colspan="2">160 km/h<$v \leqslant 200$ km/h</td><td>4 400</td></tr>
<tr><td>2</td><td colspan="4">三线及四线区间的第二线与第三线</td><td>5 300</td></tr>
<tr><td>3</td><td colspan="4">站内正线</td><td>5 000</td></tr>
<tr><td rowspan="7">4</td><td rowspan="7">站内正线与相邻到发线</td><td colspan="3">无列检作业</td><td>5 000</td></tr>
<tr><td rowspan="6">有列检作业或上水作业</td><td rowspan="2">$v \leqslant 120$ km/h</td><td>一般</td><td>5 500</td></tr>
<tr><td>改建特别困难</td><td>5 000</td></tr>
<tr><td rowspan="2">120 km/h<$v \leqslant 160$ km/h</td><td>一般</td><td>6 000</td></tr>
<tr><td>改建特别困难</td><td>5 500</td></tr>
<tr><td rowspan="2">160 km/h<$v \leqslant 200$ km/h</td><td>一般</td><td>6 500</td></tr>
<tr><td>改建特别困难</td><td>5 500</td></tr>
</table>

续表

<table>
<tr><th colspan="4">客货共线线间距</th></tr>
<tr><th>序号</th><th colspan="2">名　　称</th><th>线间最小距离/mm</th></tr>
<tr><td>5</td><td colspan="2">到发线与相邻到发线</td><td>5 000</td></tr>
<tr><td>6</td><td colspan="2">站内相邻两线均需通行超限货物列车</td><td>5 300</td></tr>
<tr><td>7</td><td colspan="2">站内相邻两线只有一条通行超限货物列车</td><td>5 000</td></tr>
<tr><td>8</td><td colspan="2">铺设列检小车轨道的两条到发线</td><td>5 500</td></tr>
<tr><td>9</td><td colspan="2">换装线</td><td>3 600</td></tr>
<tr><td>10</td><td colspan="2">编组站、区段站的站修线与相邻一条线</td><td>8 000</td></tr>
<tr><td rowspan="2">11</td><td rowspan="2">牵出线与其相邻线</td><td>调车作业繁忙车站</td><td>6 500</td></tr>
<tr><td>改建困难或仅办理摘挂取送作业</td><td>5 000</td></tr>
<tr><td>12</td><td colspan="2">站内中间设有接触网支柱的相邻线</td><td>6 500</td></tr>
<tr><td>13</td><td colspan="2">线间设有融雪设备的相邻线</td><td>5 800</td></tr>
<tr><td>14</td><td colspan="2">安全线与其他线路</td><td>5 000</td></tr>
<tr><td>15</td><td colspan="2">其他站线</td><td>4 600</td></tr>
</table>

<table>
<tr><th colspan="5">客运专线线间距</th></tr>
<tr><th>序号</th><th colspan="2">名　　称</th><th>线间设施</th><th>线间最小距离/mm</th></tr>
<tr><td rowspan="4">1</td><td rowspan="4">区间正线、站内正线</td><td>200 km/h</td><td>—</td><td>4 400</td></tr>
<tr><td>$200\ \text{km/h}<v\leqslant 250\ \text{km/h}$</td><td>—</td><td>4 600</td></tr>
<tr><td>$250\ \text{km/h}<v\leqslant 300\ \text{km/h}$</td><td>—</td><td>4 800</td></tr>
<tr><td>$300\ \text{km/h}<v\leqslant 350\ \text{km/h}$</td><td>—</td><td>5 000</td></tr>
<tr><td rowspan="5">2</td><td rowspan="5" colspan="2">正线与相邻到发线</td><td>无</td><td>5 000</td></tr>
<tr><td>声屏障</td><td>5 940＋结构宽</td></tr>
<tr><td>接触网支柱</td><td>5 200＋结构宽</td></tr>
<tr><td>雨棚柱</td><td>4 590＋结构宽</td></tr>
<tr><td>有站台</td><td>3 530＋站台宽</td></tr>
<tr><td rowspan="4">3</td><td rowspan="4" colspan="2">到发线间或到发线与其他线</td><td>无</td><td>5 000</td></tr>
<tr><td>接触网支柱</td><td>5 000＋结构宽</td></tr>
<tr><td>雨棚柱</td><td>4 300＋结构宽</td></tr>
<tr><td>有站台</td><td>3 500＋站台宽</td></tr>
<tr><td>4</td><td colspan="2">正线与其他线</td><td>无</td><td>5 000</td></tr>
</table>

3. 股道、道岔的编号与股道有效长

为便于车站作业和对设备的维修管理，站内的线路（或股道）和道岔均应统一编号，且同一车站或同一车场内的线路和道岔均不得有相同的编号。

微课视频：股道编号

1）股道的编号方法

站内正线规定用罗马数字编号（Ⅰ、Ⅱ、Ⅲ、…），站线用阿拉伯数字编号（1、2、3、…）。

（1）单线铁路车站：从靠近站房的线路起，向站房对侧依次顺序编号；位于站房左右或后方

的线路，在站房前的线路编完后，再由正线方向起，向远离正线的方向顺序编号，如图 3.7 所示。

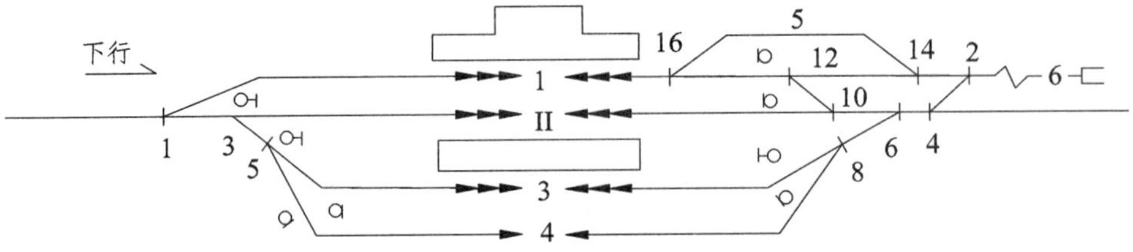

图 3.7　单线铁路的车站线路、道岔编号

（2）双线铁路车站：从正线起按列车运行方向由内向外顺序编号，上行正线一侧编为双数，下行正线一侧编为单数，如图 3.8 所示。我国铁路采用左侧行车制，原则上规定以开往北京的方向为上行方向，远离北京的方向为下行方向。

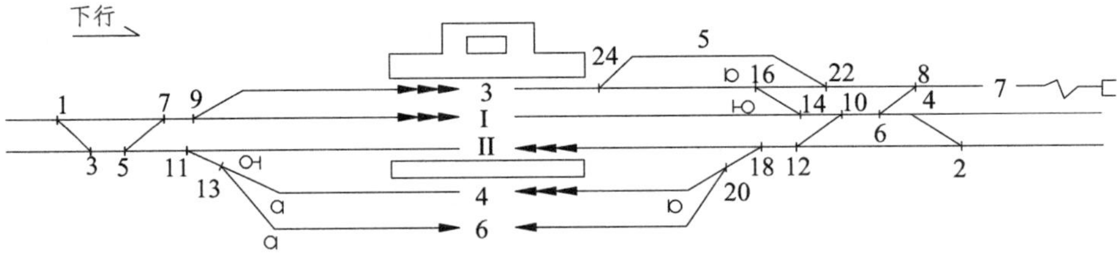

图 3.8　双线铁路的车站线路、道岔编号

（3）尽端式车站：站房位于线路一侧时，从靠近站房的线路起，向远离站房的方向顺序编号，见图 3.9（a）；站房位于线路终端时，应面向终点方向由左侧线路起向右顺序编号，见图 3.9（b）。

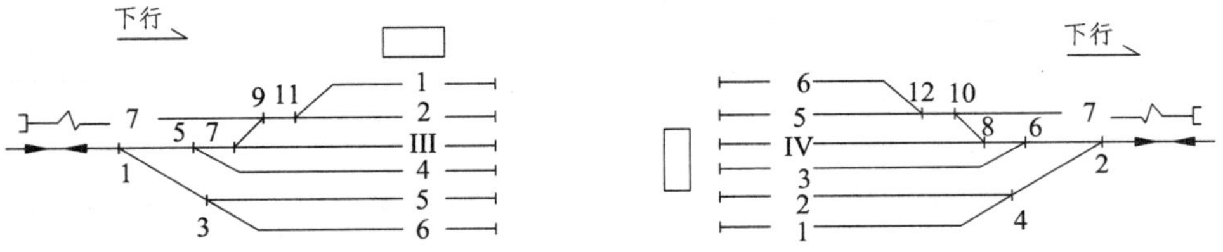

（a）　　　　（b）

图 3.9　尽端式铁路的车站股道、道岔编号

（4）有数个车场的车站。应按车场分别编号。车场靠近站房时，从靠近站房的线路起，向站房对侧顺序编号；车场远离站房时，顺千米标前进方向从左向右顺序编号，且在线路编号前冠以罗马数字表示车场，如二场 5 道，写为Ⅱ5。

微课视频：道岔编号

2）**道岔的编号方法**

如图 3.7 和图 3.8 所示，站内道岔编号的一般原则为：

（1）从车站两端开始，由外向内、先主（主要进路）后次（次要进路）依次编号。上行列车到达端编为双数，下行列车到达端编为单数。

（2）站内道岔一般以站房中心线划分上、下行区域，若站房远离车站中心时，以车站或车场中心线划分。

如车站一端衔接两个方向以上（有上行亦有下行）时，应按主要方向编号。

（3）每一道岔均应编为单独的号码，对于同一渡线、梯线或交分道岔上的联动道岔，应编为连续的单数或双数。

（4）一个车站有数个车场时，每一车场的道岔应单独编号，道岔号码使用三位数字，百位数表示车场号码，十位数和个位数表示道岔编号，如Ⅱ场道岔编为 201 ~ 299。

一个车场的道岔数在 100 副及以上时，可用千位数继续往下编号。千位数表示车场号码，如Ⅲ场的第 100 副道岔，编为 3100 号。应避免在同一车站内有相同的道岔号码。

3）股道全长和有效长

微课视频：
股道全长和有效长

车站上的每一股道都有全长和有效长之分。股道全长是股道的实际长度，即指股道一端的道岔基本轨接头至另一端的道岔基本轨接头的长度（如为尽头线则是至车挡的距离）。确定股道全长，主要是为了设计时便于估计造价，比较设计方案。在铁路行车中不能根据股道全长来考虑该股道可以容纳的车辆数，否则会影响邻线行车，危及行车安全。因此，股道的容车数是根据股道的有效长确定的。股道有效长是指股道全长范围内可以停留机车车辆而不妨碍信号显示、道岔转换、邻线行车的可利用的最长部分。

股道有效长的起止范围由下列各项因素确定：

（1）警冲标：是一种信号标志，如图 3.10 所示，用来指示机车车辆的停留位置，防止机车车辆的侧面冲撞。警冲标安设于两汇合线路中心线间与两侧线路距离都为 2 m 的地方。

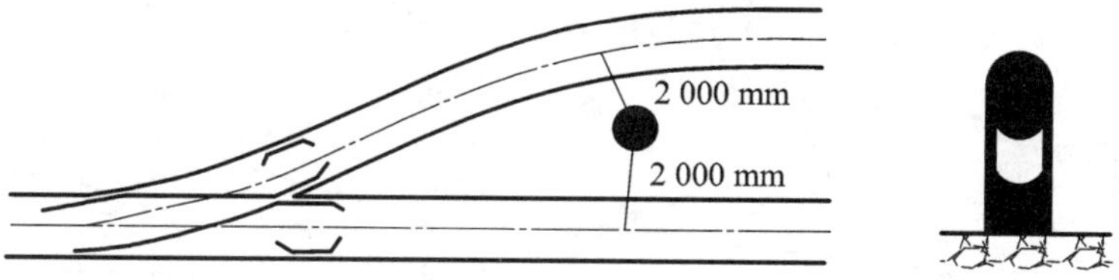

图 3.10　警冲标

（2）道岔的尖轨尖端（无轨道电路时）或道岔基本轨接头的钢轨绝缘处（有轨道电路时）：对于对向道岔来说，要保证机车车辆在道岔前的停留位置不影响道岔的自由转换。

（3）出站信号机：用来指示列车可否进入区间的信号装置。牵引列车的机车应停于出站信号机的外方，以便于司机瞭望信号，保证停留的列车不影响信号的显示。对于顺向道岔来说，出站信号机应设于警冲标后适当的位置；对于对向道岔来说，出站信号机可设于道岔尖轨尖端或道岔基本轨接头的钢轨绝缘处或稍后一些的位置。

（4）车挡：车挡的位置表明为线路的尽头。

上述各项因素怎样确定股道有效长，主要视股道的用途及其连接形式而定，同一股道的有效长应分方向确定，如图 3.11 所示。

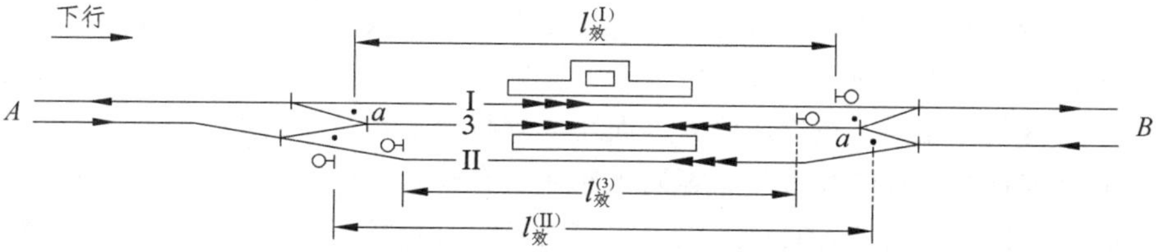

图 3.11　股道有效长的确定

货物列车到发线有效长，应根据规定的列车长度及列车停车时的附加距离等因素确定。

我国铁路采用的货物列车到发线有效长在Ⅰ、Ⅱ级铁路上为 1 050 m、850 m、750 m 及 650 m，Ⅲ级铁路上为 850 m、750 m、650 m 及 550 m。开行重载列车为主的铁路可采用大于 1 050 m 的到发线有效长。

采用何种货物列车到发线有效长度，应根据运输能力的要求、机车类型及所牵引列车的长度，结合地形条件并与相邻铁路区段到发线有效长度配合等因素确定。

微课视频：铁路枢纽

二、铁路枢纽

（一）铁路枢纽概述

在铁路干、支线的交叉点或衔接地点（3 个及以上方向交叉衔接），由各种铁路线路、专业车站或客货联合车站以及其他为运输服务的有关设备组成的总体，称为铁路枢纽，如图 3.12 所示。枢纽中的各个车站既有分工又有联系，共同担负着枢纽地区的铁路运输任务。

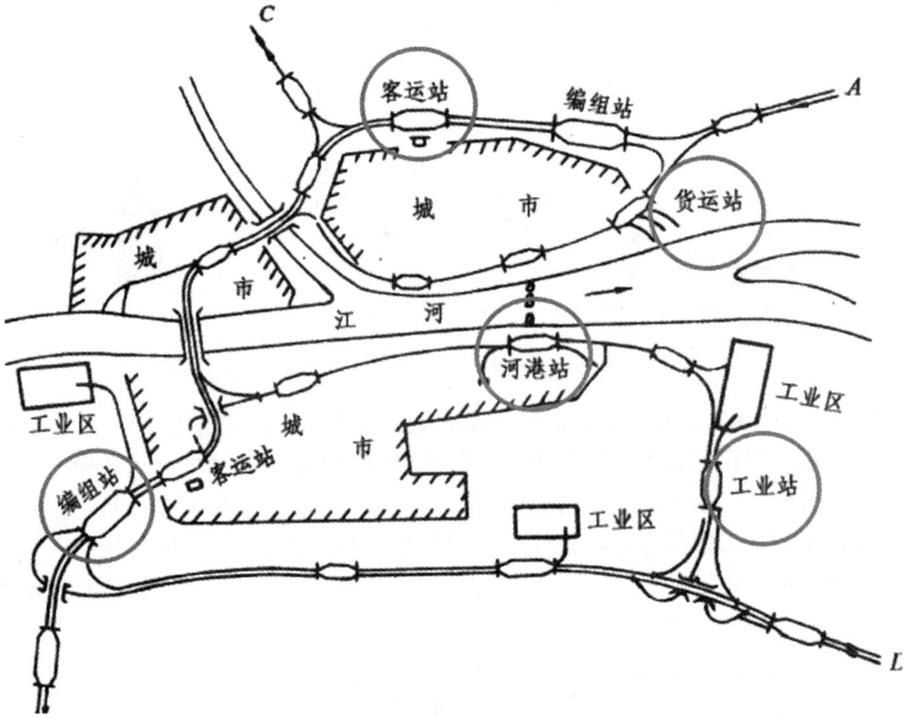

图 3.12　铁路枢纽示意图

铁路枢纽是铁路网的重要组成部分，是连接铁路干、支线的中枢。它既是客、货流从一条铁路运转到各接轨铁路的中转地区，又是城市和工业区客、货流到发和联运的地区。它除了办理枢纽内各种车站的有关作业外，在货运业务方面还办理货物的承运、装卸、发送和保管等业务，在客运业务方面办理直通、管内和市郊旅客列车作业，在运转方面办理无调中转和改编列车的转线作业和小运转列车作业。此外，它还是组织车流交换、进行机车车辆检修作业、调整列车运行和供应列车牵引动力的重要据点。

铁路枢纽是由于铁路网以及城市和工业的建设和发展等原因逐渐形成和发展起来的。它的形成和发展不但涉及的范围广泛，而且还各有其历史特点。一般来说，铁路枢纽选择在大、中工业城市所在的地区，同时，建成枢纽的地区又会促进所在地区的经济发展，形成新的工业城市。目前，我国铁路已经新建和扩建起来的大、中型铁路枢纽有哈尔滨、沈阳、锦州、北京、天津、上海、徐州、郑州、武汉、西安、兰州、石家庄、包头、太原、成都、南京、蚌埠、柳州，等等。这些铁路枢纽在铁路网上处于相当重要的位置，它们对提高铁路运输通过能力、加速机车车辆周转、促进工农业生产的发展和社会主义现代化建设等发挥了极其重要的作用。

（二）铁路枢纽设备

为了完成所担负的各种复杂而繁重的运输任务，在铁路枢纽内具有下列设备：

（1）车站，包括编组站、中间站、货运站（综合性或专业性货运站），客运站、工业站、港湾站等。

（2）铁路线路，包括引入正线、联络线、迂回线、环线、专用线等。

（3）疏解设备，包括线路所，铁路线路与铁路线路的平面和立体疏解设备，铁路线路与城市道路的交叉设备（如道口和立交桥）。

（4）其他设备，包括机务段、车辆段和客车整备所等。

上述部分或全部技术设备，应在分析枢纽内车流的基础上，结合既有铁路现状和地理、工程条件等因素，密切配合城市规划和工农业建设进行全面规划，分期发展。

（三）铁路枢纽类型

铁路枢纽按其在路网上的地位和作用可分为路网性铁路枢纽、区域性铁路枢纽和地方性铁路枢纽。

路网性铁路枢纽一般位于铁路干线交叉或衔接的铁路网点上的具有重要政治和经济地位的大、中工业城市。它的设备规模和能力都很大，所承担的客、货运量和车流组织涉及整个铁路网，如沈阳、北京、郑州等枢纽。

区域性铁路枢纽一般位于铁路干线和支线交叉或衔接的铁路网点上的中、小工业城市。它的设备规模和能力仅次于路网性铁路枢纽，所承担的客、货运量和车流组织主要为一定的区域范围服务，如太原、蚌埠、柳州等枢纽。

地方性铁路枢纽一般位于铁路网端或大型工业企业和水陆联运地区，它的设备规模和能力较小，所承担的客、货运量和车流组织主要为某一大型港湾或工业区等地方服务，如秦皇岛属港湾铁路枢纽、大同属工业铁路枢纽等。

（四）铁路枢纽图型

根据铁路枢纽范围内专业车站和铁路线路在总图结构上的特征，并结合一定的车流条件，可有多种形式的铁路枢纽图型，如一站枢纽、放射式枢纽、三角形枢纽、十字形枢纽、顺列式枢纽、并列式枢纽、环形枢纽（见图 3.12）、混合型枢纽、尽端式枢纽等。

【思考题】

1. 什么是铁路车站？铁路车站的作用是什么？铁路车站如何分类？

2. 什么是区间？什么是区段？

3. 车站线路有哪些种类？什么是线间距？
4. 简述车站股道、道岔的编号方法。
5. 什么是股道有效长？确定股道有效长的主要因素有哪些？
6. 什么是铁路枢纽？有什么作用？它有哪些类型？
7. 上网查询，了解我国目前有哪些大型铁路枢纽，它们都分布在哪里。

任务二　认知中间站和区段站

【任务描述】

在本任务中，我们将了解中间站和区段站的分类，了解它们有哪些设备，了解这些设备的用途，了解中间站和区段站的主要作业及流程以及站场布置图，了解会让站、越行站的主要作业和用途。

通过本任务的学习，要求学员熟悉中间站和区段站的分类，熟悉它们的设备和主要作业流程，熟悉会让站、越行站的主要作业，能够识读站场布置图，为后期学习接发车作业做准备。

【知识学习】

一、中间站

我国铁路线网上布置了5 000多个车站，其中大部分都是中间站。中间站是设在铁路区段内的车站，它的设备规模虽然较小，但是数量很多，遍布于全国铁路沿线中、小城镇和农村。中间站在发展地方工农业生产、沟通城乡物资交流、改善人们出行方面起着重要的作用。

（一）中间站的任务和分类

1. 中间站的任务

微课视频：中间站

中间站的主要任务是：调整列车运行，办理列车的通过、会让、越行等任务，并办理客、货运业务，以达到提高铁路通过能力，保证行车安全，更好地为工农业生产和人民生活服务的目的。

2. 中间站的分类

二维动画：会让站的作用

我国铁路中间站可分为以下两类。

1）无货场的中间站

无货场的中间站一般只办理列车的通过、会让和越行以及少量的客货运作业，它不设货场，不办理摘挂列车甩挂车组的作业。

二维动画：越行站的作用

主要用来提高线路通过能力而设置的车站，称为会让站和越行站。单线区段上两列列车相对运行时，先到的列车在本站停车，等待反方向的列车到达或通过本站后，再起动发出，两列列车互相交会，叫作会让。两列列车同向运行时，先到的列车在本站停车，等待后一个同方向的列车通过本站（或到达本站停车再开）后，再起动发出，叫作越行。根据《铁路技术管理规程》的规定，会让站和越行站均包括在中间站之内。

（1）会让站：设在单线铁路上，主要办理列车的到发和会让，也办理少量的客货运业务。因此，会让站应铺设到发线，可能有旅客乘降设备，并设置信号及通信设备、技术办公用房。在会让站上，既可以实现会让，也可以实现越行。

（2）越行站：设在复线铁路上，主要办理同方向列车的越行业务。当两条正线一条因故停用，双线改为单线行车时，越行站也可办理会让业务。因此，越行站应有到发线、信号及通信设备、技术办公房屋等，也可能有旅客乘降设备。

2）有货场的中间站

有货场的中间站除了办理与无货场的中间站同样的作业外，另设有货场，办理摘挂列车甩挂车组的作业。

（二）中间站的作业和设备

1. 中间站的作业

（1）列车的到发、通过、会让、越行。

（2）客票的发售、旅客的乘降和行李、包裹的承运、保管、装卸及交付。

（3）货物的承运、保管、装卸及交付。

（4）摘挂列车甩挂车辆和到货场取送车辆的调车作业。

此外，有的中间站如有工业企业专用线接轨或加力牵引起终点以及机车折返时，还需要办理专用线的取送车，补机的摘挂、待班和机车整备、转向等作业。在客货运量较大的个别中间站，还有始发、终到旅客列车及编组站始发货物列车的作业。

2. 中间站的设备

为了完成以上作业，中间站应设有以下设备：

（1）列车到发线、货物装卸线，必要时还应设有牵出线和调车线等。

（2）为旅客服务的站房、站台、站台间的跨线设备（天桥、地道或平过道）和雨棚等。

（3）为货运服务的货物站台、仓库、雨棚、堆放场、装卸机械及货运办公房屋等。

（4）信号及通信设备。

此外，个别中间站根据作业需要还设有机车整备及列车检修等设备。

（三）中间站的布置图型

中间站的布置图型按到发线的相互位置，主要分为横列式和纵列式两种。

1. 横列式中间站

横列式中间站的布置特点是到发线沿正线横向排列。如图 3.13 所示，设一条到发线时，到发线一般应设在站房对侧；设两条到发线时，两条到发线分设正线两侧布置。

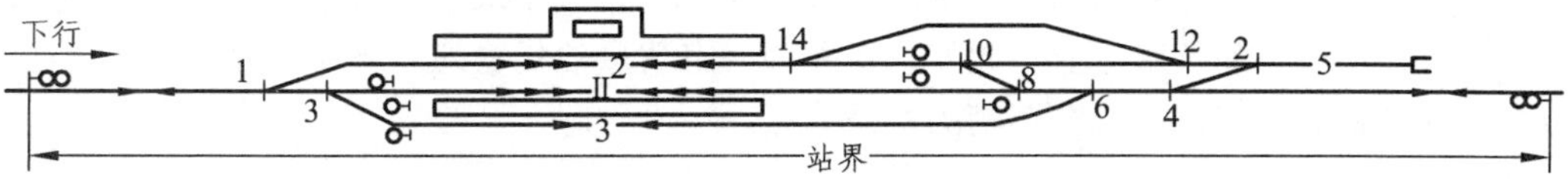

（a）单线铁路横列式中间站布置图

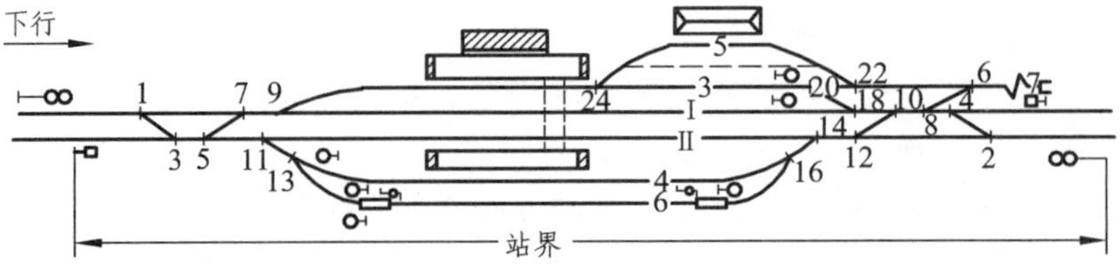

（b）双线铁路横列式中间站布置图

图 3.13　横列式中间站布置图

横列式中间站布置图型具有站坪长度短、工程费用小、在地形紧张地段可缩短线路的优点；而且车站值班员对两端咽喉有较好的瞭望条件，便于管理；到发线使用灵活，站场布置紧凑。一般情况下，中间站应采用横列式布置。

2. 纵列式中间站

纵列式中间站布置图型的特点是两条到发线沿正线纵向排列，并向逆运行方向错移一个货物列车到发线的有效长度，如图 3.14 所示。

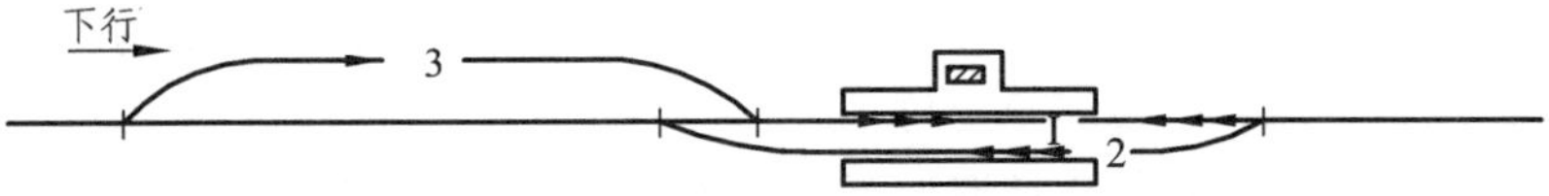

（a）单线铁路纵列式中间站布置图

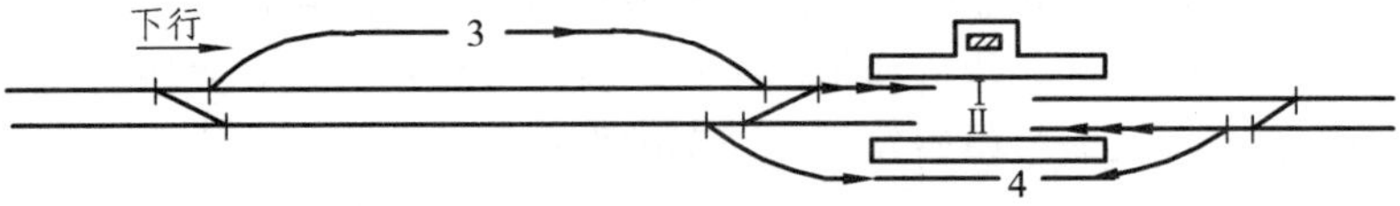

（b）双线铁路纵列式中间站布置图

图 3.14　纵列式中间站布置图

在山区地形陡峻狭窄的情况下，纵列式中间站布置图型可减少工程量；便于车站值班员与司机交接行车凭证；适应重载列车会车的需要。但纵列式中间站站坪长，工程费用大；列车在车站会车不灵活。所以，一般只在山区因地形不便需组织不停车会让时才采用。

二、区段站

列车在线运行距离动辄几百千米，机车和乘务人员不能一直工作，这就需要设置专门的地方来完成更换，完成这项工作的就是区段站。区段站是设于铁路网上相邻牵引区段分界处的车站。

微课视频：区段站

（一）区段站的任务和分布

1. 区段站的任务

区段站的主要任务是：为邻接的铁路区段供应及整备机车或更换机车乘务组，并为无改编中转货物列车办理规定的技术作业；此外，还办理一定数量的货物列车解编作业及客、货运业务；在设备条件具备时，还进行机车车辆的检修业务。

2. 区段站的分布

区段站在铁路网上的分布主要取决于下列因素：

（1）牵引区段的长度。铁路网上牵引区段的长度是根据牵引种类（内燃或电力）、机车交路及乘务组的连续工作时间等因素来确定的。目前，相邻两个区段站之间的距离：采用内燃或电力牵引时，一般为 200 ~ 400 km。目前铁路部门正在推行长交路轮乘制。

（2）路网上技术作业的要求。根据路网规划所确定的区段站在路网中的位置和作用、与相邻编组站或区段站的分工及合理的车流组织等因素确定。一般应把区段站设在有一定数量车流集散的地点。

（3）地区及城镇发展规划。区段站应尽可能设在具有一定政治、经济意义及客货运量较大的城镇。这样既可以满足地区及城镇生产建设的需要，又便于解决铁路职工及其家属的生活供应、医疗、教育及文化生活等问题。

（二）区段站的作业和设备

1. 区段站的作业

根据区段站所担负的任务，一般主要办理下列作业：

（1）客运业务：与中间站所办理的客运业务基本相同，只不过数量较大，而且会有始发、终到旅客列车业务。

（2）货运业务：与中间站所办理的货运业务大致相同，但作业量往往较大，承运货运业务的种类相对齐全。

（3）运转作业：包括与旅客列车和货物列车有关的运转作业。

与旅客列车有关的运转作业：主要办理旅客列车的接发及通过作业，有的车站还办理旅客列车的始发、终到作业及个别旅客客车的摘挂作业。

与货物列车有关的运转作业：主要办理无改编中转货物列车的接发和有关技术作业；对区段和摘挂、小运转列车，要进行解体和编组作业，同时还办理向货场、工业企业专用线的取送车作业等；有的区段站还办理部分改编货物列车的成组甩挂作业以及直达、直通货物列车的解编作业。

（4）机务业务：以更换货物列车机车和乘务组为主，同时还办理机车的整备及检修作业，有些车站还办理更换旅客列车机车和乘务组。在采用循环交路的区段站上，机车不需要入段，可在站内到发线上或其附近进行整备作业。

（5）车辆业务：主要办理列车的技术检查和个别车辆的检修（摘车修和不摘车修）业务。

由上述可知，区段站所办理的作业，无论从数量上或种类上都远较中间站繁杂。在各种车站中，以区段站办理的业务最为全面。而其所办理的各类列车中又以无改编中转货物列车所占比重最大。

2. 区段站的设备

为了保证上述作业的完成，在区段站上应设有下列设备：

（1）客运业务设备：主要有站前广场、售票厅、候车厅等旅客站房、旅客站台、雨棚及横越线路设备。

（2）货运业务设备：主要指货物站台、仓库、雨棚、货物堆放场、货物装卸线、存车线以及装卸机械、办公房屋等。

（3）运转设备：① 供旅客列车使用的运转设备，包括旅客列车到发线、客车车底停留线，上水、卫生设备等；② 供货物列车使用的运转设备，包括货物列车到发线、调车线、牵出线（或设小能力驼峰）。

（4）机务设备：主要是指机务段（即基本机务段或折返机务段）以及在机务段内设有的机车检修、整备及转向设备等。在采用循环交路时，在机务段所在的到发场或其附近，应设有机车整备设备。一般机务设备及其人员不归车站管辖，由机务段管理。

（5）车辆设备：主要是指车辆段、列车检修所及站修所等设备。这些设备及其配属人员一般不归车站管辖，由其所属的车辆段管理。

除了上述各项设备外，区段站还设有信号通信设备以及给水、排水及电力供应设备和技术办公房屋等其他设备。

（三）区段站的布置图型

由于地形、城市规划、运量及运输性质、正线数目等因素的影响，可以形成多种多样的区段站布置图型。区段站布置图型的设计和选择是一项复杂的工作，需要考虑技术可行、经济节省、作业顺畅、管理方便等多种因素。区段站常见的布置图型有横列式、纵列式及客货纵列式三种。

1. 横列式区段站

这种区段站是上、下行到发场平行布置在正线一侧，调车场并列于到发场的外侧，如图 3.15 所示。

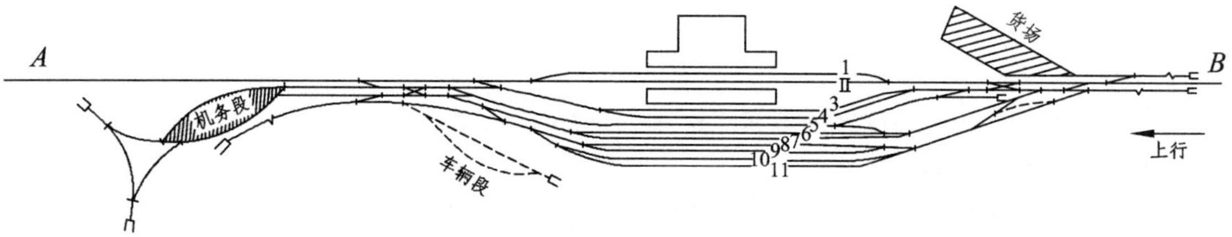

图 3.15　单线铁路横列式区段站布置图

现以图 3.15 所示的单线铁路横列式区段站为例来说明列车及机车车辆在区段站内的作业程序。图中Ⅱ道是正线；1、Ⅱ、3 道是旅客列车到发线，在必要时也可以接发货物列车；4、6、7 道是货物列车到发线，车站到发线的布置可以保证上、下行两个方向同时接发列车；5 道是机车走行线，下行出发和到达的货物列车机车可经由 5 道出入段；8 ~ 11 道是调车线，其两端均设有牵出线，并设有一个简易驼峰，以保证解体、编组及取送车辆等调车作业的顺利进行。

通过旅客列车自 *A* 方向接入靠站台的到发线后，一般不需要换挂机车，旅客乘降及行李、包裹装卸完毕，即可向 *B* 方向发车。

无改编中转货物列车自 *A* 方向接入到发场后，机车入段，车列进行技术作业，然后换挂机车向 *B* 方向出发。到达解体货物列车自 *A* 方向接入到发场后，机车入段，车列经技术检查，由调车机车拉至牵出线解体，车列解体后，车辆在调车场集结待编或待送。

自编始发货物列车的车流，在调车场集结成列，经过编组作业由调车机车转至到发场进行技术检查等作业，挂上机车后出发。

车列解体后，本站货物作业车在调车场内集结成组，由调车机车送往货场（或工业企业专用线）。装卸完毕的车辆，又由调车机车自货场（或工业企业专用线）取回至调车场，编入车列内。这种车辆取送作业的次数一般不多。

站修所（或车辆段）扣修的车辆，也由调车机车自调车场送至站修所（或车辆段），修竣的车辆又自作业地点取回至调车场。这种车辆取送次数更少。

横列式区段站布置图的主要优点是：布置紧凑，站坪长度短；占地少，设备集中，管理方便；作业灵活性大；对地形适应性强，并便于进一步发展。其缺点是：一个方向的列车机车出入段走行距离长，对于站房同侧的货场取送车作业与正线有交叉干扰。

对于双线铁路横列式区段站，若运量较大且旅客列车对数较多时，则在车站两端咽喉区产生的上下行客、货列车的到发进路交叉就显得相当突出，成为双线横列式区段站布置图的主要矛盾，将严重影响车站的行车安全和通过能力。要根本解决这一矛盾，就需要变更到发场与正线的相互配置位置，如采用纵列式布置。

2. 纵列式区段站

这种区段站是上、下行到发场分设在正线两侧，并逆运转方向全部错移，在其中一个到发场一侧设一个双方向共用的调车场，如图 3.16 所示。

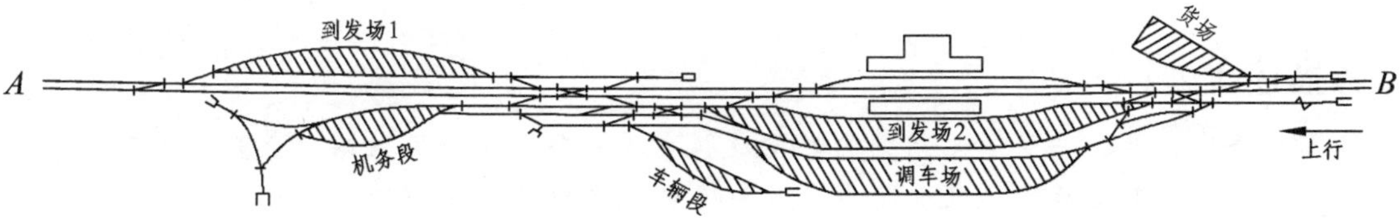

图 3.16　双线铁路纵列式区段站布置图

纵列式区段站布置图的优点是：作业的交叉干扰较横列式少；机车出入段走行距离短；如机车采用循环运转制时，设于到发线上的整备设备布置比较集中；与站房同侧的支线或工业企业专用线接轨也比较方便。

其缺点是：站坪长度长，占地面积大；设备分散，投资大，定员较多，管理不便；一个方向的货物列车机车出入段要横切正线等。因此，这种布置图多采用循环运转制交路或机车无须进段整备，以便充分发挥其优越性。

3. 客货纵列式区段站

这种区段站是客运运转设备（主要指旅客列车到发场）与货运运转设备（主要指货物列车到发场）纵向配列，如图 3.17 所示。

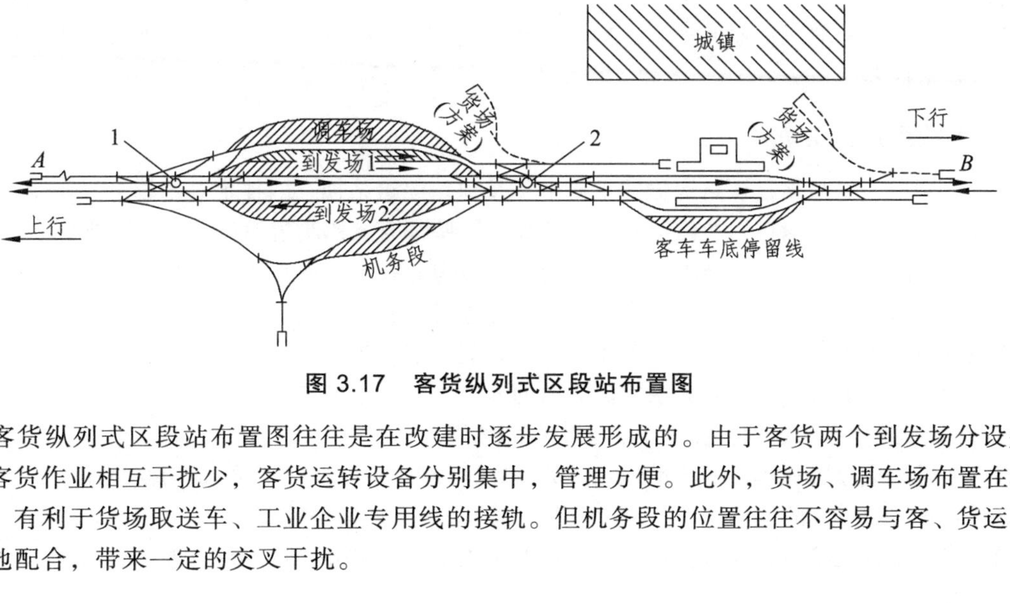

图 3.17　客货纵列式区段站布置图

客货纵列式区段站布置图往往是在改建时逐步发展形成的。由于客货两个到发场分设并专用，客货作业相互干扰少，客货运转设备分别集中，管理方便。此外，货场、调车场布置在城镇一侧，有利于货场取送车、工业企业专用线的接轨。但机务段的位置往往不容易与客、货运车场很好地配合，带来一定的交叉干扰。

【思考题】

1. 什么是中间站？它有哪些分类？它的主要任务是什么？
2. 什么是越行站和会让站？它们的主要任务是什么？
3. 中间站的常见布置图型有哪些？各有什么优缺点？
4. 什么是区段站？它有哪些设备？它能办理哪些作业？
5. 区段站的常见布置图型有哪些？各有什么优缺点？
6. 上网查询资料，了解中间站的行车基础岗位有哪些？职责分别是什么？

任务三　认知编组站

【任务描述】

在本任务中，我们将了解编组站的类型及其主要任务，了解编组站的主要设备及其作业内容，了解编组站的布置图型及其特点，了解常见调车设备及其用途，了解编组站综合自动化系统。

通过本任务的学习，要求学员熟悉编组站的类型及主要任务，熟悉编组站的主要设备和作业流程，熟悉编组站的布置图型及其特点，熟悉常见调车设备及其用途，熟悉编组站综合自动化系统的功能，培养认真严谨、遵章守纪的工作作风。

【知识学习】

微课视频：编组站

一、编组站的任务和分布

（一）编组站的任务

编组站是在铁路网上办理货物列车解体、编组作业，并为此设有比较完善的调车设备的车站。它的主要任务是：根据列车编组计划的要求，办理各种货物列车的解体与编组作业，并按照运行图规定的时刻正点接发车。从这个意义上讲，编组站实际上就是一个编组列车的工厂；此外，编组站还担负着组织和取送本地区车流（小运转列车）、供应列车动力（机车）、整备检修机车及车辆的日常技术保养等任务。

（二）编组站的分布

在铁路网上，编组站是铁路运输的重要生产基地。编组站拥有的技术设备较多，作业量较大且作业过程较复杂，车辆在站的停留时间也较长，这些都直接影响着铁路运输生产指标。因此，编组站在铁路网中的布局是否合理，编组站的工作组织、技术设备是否完善与先进，对加速机车车辆周转、顺利完成货物运输任务、降低运输成本等都具有十分重要的意义。

从我国铁路目前的编组站分布情况来看，其设置一般遵循以下原则：

（1）编组站一般应设置在有大宗货流集散的地点（如大中城市、大型工矿企业中心或大港湾地区等），以加速货物的送达，促进工农业生产的发展。

（2）编组站应设置在车流的集散地点（如铁路干线的交叉点、牵引质量的变更地点，或由于轨距不同需要大量换装的地点），一般在车流集中的条件下加速中转作业。

（3）编组站的位置选择应根据国防需要以及工农业生产和路网的发展需要综合考虑。

二、编组站的作业和设备

（一）编组站的作业

编组站和区段站同属技术站。从技术作业上看，编组站和区段站都要办理列车的接发、解编，机车的供应或换挂，列车的技术检查及车辆的检修等。但是，区段站主要是办理中转列车的作业，解体和编组的列车数量少，而且大多是区段列车或摘挂列车。而编组站的主要作业是大量办理列车的解体和编组，而且其中多数是直达列车和直通列车。

（1）改编中转货物列车作业，包括：解体列车的到达作业和解体作业，始发列车的集结、编组作业和出发作业，这些作业是在车站的不同车场，利用不同的设备进行办理的。改编中转货物列车作业是编组站最主要的作业，作业时间比较长，占用设备比较多，作业难度也比较大。

（2）无改编中转货物列车作业。无改编中转货物列车是指在本站不进行改编的列车，作业比较简单，内容少且时间短，地点仅限于到发场或直通车场，主要是换挂机车和列车技术检查作业。因此，合理配置机务段、车辆段设备和通过车场、机走线的位置是优化无改编中转货物列车作业的关键所在。

（3）部分改编中转货物列车作业。部分改编中转货物列车除进行无改编中转货物列车作业外，有时还需进行变更牵引质量、变更方向或换挂车组等少量调车作业，一般在到发场或通过车场进行。因此，保证部分改编中转货物列车作业的顺利进行是编组站直通车场设计必须考虑的问题之一。

（4）本站作业车的作业。本站作业车是指在本站货场、枢纽附近车站或其接轨专用线进行装卸或倒装作业的货车，其作业过程较有调中转车增加了取送、装卸等内容。本站作业车在站停留时间较长。为了保证编组站改编列车作业的顺畅，一般大型编组站不宜大量办理货运作业。

（5）机务作业。编组站的机务作业与区段站相同，包括机车换挂、机车乘务组的交接班，机车出入段、段内整备及检修作业等。

（6）车辆检修作业，包括：技术检查及不摘车的经常性维修、轴箱及制动部件的保养，这是列车技术作业过程的重要内容，一般在到发线进行；摘车的经常性维修，这是货车的站修作业，车辆破损较为严重的车辆还需送往车辆段或站修所维修。

此外，根据具体情况，编组站有时还需办理下列作业：

（1）客运作业，包括旅客的乘降及换乘。

（2）货运作业，包括货物的装卸、换装等。

（3）军用列车的供应保障作业。

（二）编组站的主要设备

为了完成编组站的主要作业，编组站应配备相应的技术设备。编组站的设备，从种类上看一般与区段站一样，也有行车设备、客货运设备及机务、车辆等设备。但编组站的货运设备比较简单，一般不设客运设备；在行车设备方面，作为编组站主要设备的调车场和调车设备的规模和能力往往比区段站大得多。

1. 调车设备

调车工作是技术站的重要工作任务之一，对技术站（尤其是编组站）来说是非常重要的生产活动。因此，调车设备是编组站的核心设备。调车设备包括调车驼峰、调车场、牵出线、辅助调车场等，用来办理列车的解体和编组作业。

牵出线和驼峰是编组站的主要调车设备。

平面牵出线是车站的基本调车设备，一般设于调车场尾部，适合于车列的编组、转线、车辆的摘挂、取送等调车作业。调车时，车辆溜放的动力来源是调车机车的推力。

驼峰是专门用来解体溜放车辆的一种调车设备。铁路驼峰因为像骆驼的峰背而得名。驼峰一般设在调车场头部，适合于车列的解体作业。调车时，车辆溜放的动力以其本身的重力为主、以调车机车的推力为辅。

平面牵出线和驼峰纵断面如图 3.18 所示。

下面着重介绍驼峰这种调车设备。

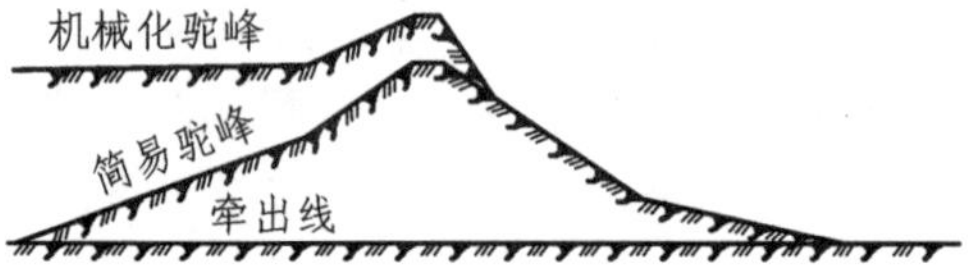

图 3.18　驼峰与牵出线纵断面比较图

1）**驼峰的组成和工作原理**

驼峰的范围是指峰前到达场（在不设峰前到达场时为牵出线）与调车场之间的一部分线段，如图 3.19（a）所示，包括推送部分、溜放部分和峰顶平台。驼峰的工作原理如图 3.19（b）所示。

二维动画：
铁路驼峰调车演示

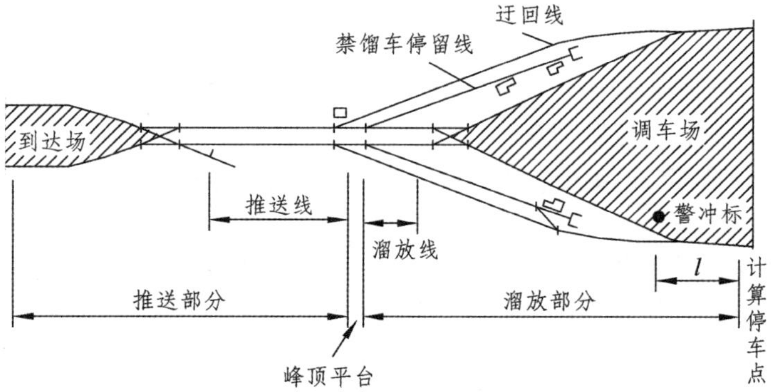

（a）驼峰的组成

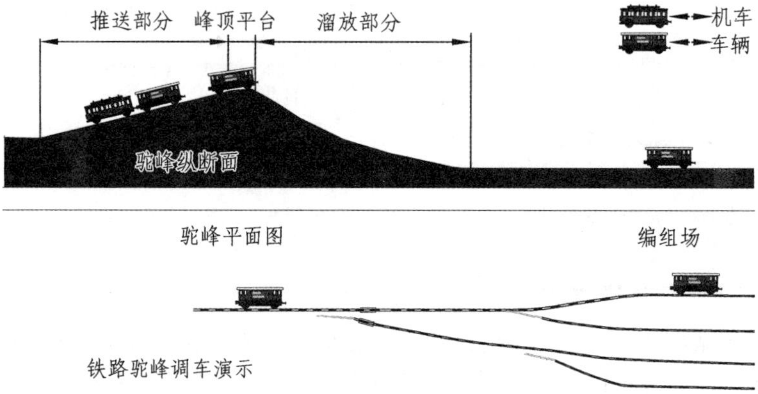

（b）驼峰的工作原理

图 3.19　铁路驼峰的组成及工作原理

推送部分是指：经由驼峰解体的车列，其第一钩车位于峰顶平台始端时，车列全长所在的线路范围。设置这部分的目的是为了使车辆得到必要的高度，并使车钩压紧，以便摘钩。

溜放部分是指从峰顶（峰顶平台与溜放部分的变坡点）至计算点的线路范围。这个线路长度也叫驼峰的计算长度。驼峰调车场的调速制式不同，计算点的位置也不同：简易驼峰和非机械化驼峰为调车线警冲标内方 50 m，机械化驼峰为调车线警冲标内方 100 m，半自动化和自动化驼峰为打靶区末端。

峰顶平台是指在驼峰推送部分与溜放部分的连接处设置的一段平坡地段。峰顶平台包括压钩坡和加速坡两条竖曲线的切线长。不包括竖曲线的切线长叫净平台。

2）驼峰的分类

驼峰按日均解体作业量分为三类：大能力驼峰、中能力驼峰、小能力驼峰。

大能力驼峰日均解体车辆数在 4 000 辆以上，调车线不少于 30 条，设有 2 条溜放线，并设有推峰机车遥控系统和钩车溜放速度及溜放进路自动控制系统，建在路网性和区域性编组站上。

中能力驼峰日均解体车辆数为 2 000～4 000 辆，调车线 16～29 条，设 1～2 条溜放线，且设有推峰机车遥控和钩车溜放速度及溜放进路自动控制系统，建在区域性或路网性编组站上。

小能力驼峰日均解体车辆数在 2 000 辆以下，调车线 5～16 条，设 1 条溜放线，且设置溜放进路自动控制系统、推峰机车信号设备，有条件时可采用推峰机车遥控系统、钩车溜放速度自动或半自动控制系统。

根据技术设备不同，驼峰还可分为简易驼峰、非机械化驼峰、机械化驼峰、半自动化驼峰和自动化驼峰。

3）驼峰调速工具

驼峰调速工具用来调控溜放车辆的速度，按其在驼峰调车中的作用可分为间隔制动、目的制动和调速制动。间隔制动保证前后溜放钩车间有足够的间隔距离，该距离能确保安全转换道岔和减速器制动，并防止前后钩车进入相邻线路时在警冲标处的侧面冲突。目的制动保证各钩车能溜到调车场指定地点或与停留车辆安全连挂，避免超速连挂和过大的“天窗”。调速制动用来调整溜放钩车速度，使车辆溜入道岔和减速器时不超过容许速度。

目前，我国铁路驼峰调车中常用的调速工具有铁鞋、车辆减速器、减速顶等。

（1）铁鞋。如图 3.20 所示，它对溜放车辆的制动原理是：溜放车辆的车轮压上铁鞋，迫使铁鞋在钢轨上滑行，变滚动摩擦为滑动摩擦，从而产生较大的制动力。

图 3.20　铁鞋

（2）车辆减速器。它是驼峰调车场的主要调速设备，应用最广泛。其设备集中，调速能力大，通常一台减速器不到 10 m 长，可使 15 km/h 的车组停住。过去我国驼峰调车场均采用压力式钳形减速器，其优点是简单、耐用、耗能少；缺点是制动力不够稳定，尤其是车轮侧面被油污污染时制动力减弱，影响调速。目前我国驼峰调车场大多采用重力式减速器。重力式减速器的制动力由车轮荷重通过杠杆产生，其制动力与车重成正比，不需要再设置测重设备，也不需要空压和储风设备，成本较低。

压力式钳形减速器的结构及工作原理如图 3.21 所示。它是利用压缩空气作为动力，由钢轨两侧的制动夹板挤压车轮进行制动。

重力式减速器主要借助于车辆自身的重力使制动夹板产生对车轮的压力而进行制动。这种减速器类型很多，我国铁路普遍采用的是双轨条油压重力式减速器。

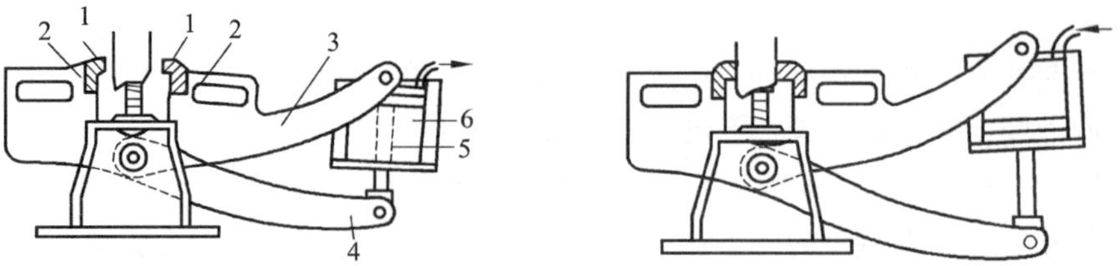

（a）缓解位　　　（b）制动位

1—夹板；2—制动梁；3、4—杠杆；5—活塞；6—缸体。

图 3.21　压力式钳形减速器的构造及原理示意图

（3）减速顶：由吸能帽和壳体（外壳、活塞组合件、密封组合件和止冲装置）等部分组成。减速顶安装在钢轨一侧，吸能帽斜对轮缘部分，如图 3.22 所示。

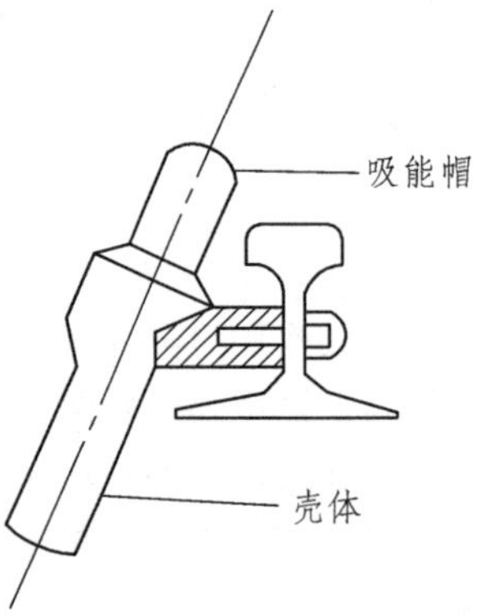

（a）结构

（b）安装位置

图 3.22　减速顶

减速顶是一种不需要外部能源的、可以自动控制车辆溜放速度的调速工具。当车辆的走行速度低于减速顶的临界速度（事先设定的速度）时，减速顶不起减速作用；当车辆走行速度高于减速顶的临界速度时，则减速顶对车辆产生减速作用。

减速顶的优点在于灵敏度高、性能良好、维修简便，是一种较好的调速工具。目前我国铁路已在众多编组站上采用。

2. 驼峰信号设备

驼峰信号设备是编组站通信与信号设备的主要组成部分。在编组站信号设备现代化进程中，重点是驼峰调车自动化，主要包括驼峰推送机车速度自动控制、驼峰溜放车辆进路自动控制和驼峰溜放车辆速度自动控制。

1）驼峰溜放车辆进路自动控制

驼峰溜放车辆进路控制主要是对分路道岔的控制，一般还包括对驼峰信号机和调车信号机的控制。目前普遍采用驼峰道岔自动集中计算机控制系统，它预先储存各车组的溜放进路命令，溜放时再依次输出和传递进路命令，自动控制分路道岔的转换，为各溜放车组逐段排列溜放进路。采用驼峰道岔自动集中计算机控制系统后，不需要临时为车组准备溜放进路，可消除人为差错，显著提高了作业效率，改善了劳动条件。

目前，驼峰道岔自动集中计算机控制系统已经纳入驼峰计算机过程控制系统。

2）驼峰推送机车速度自动控制

推送机车根据驼峰信号机的指示进行作业。驼峰推送机车速度自动控制采用驼峰机车信号和推峰机车遥控系统。

驼峰机车信号设备可以改善推送机车司机的瞭望条件，以便使司机随时根据信号显示控制推送机车速度，从而提高驼峰解体作业效率。该设备目前仅能作为地面驼峰主体信号的辅助信号使用。我国采用的驼峰机车信号设备有驼峰移频机车信号和驼峰无线机车信号两种制式。

推峰机车遥控系统既可以独立使用，由驼峰值班员手动操作实现对驼峰推送机车的速度遥控；也可与驼峰溜放车辆速度控制系统及进路控制系统连接，实现驼峰推送机车的自动变速推送，构成完整的驼峰自动化体系。

3）驼峰溜放车辆速度自动控制

驼峰溜放车辆速度自动控制系统由调速设备、测量设备和控制设备组成。

（1）调速设备：分为点式和连续式两大类。点式调速设备主要是车辆减速器，连续式调速设备包括各种减速顶和绳索牵引推送小车。

（2）测量设备：包括测重设备、测长设备和测速设备，它们是半自动调速系统和自动调速系统的基础设备。

测重设备的作用是：决定非重力式减速器的制动等级，合理选择减速器的打靶出口速度，粗略估计车组走行阻力。测重方案很多，我国大多采用压磁式称重传感器。

测长设备采用计算机采集和处理长度信息，利用“钢轨阻抗—频率—长度”变换原理，通过频率的变化来反映车辆的位置。

测速设备多采用多普勒雷达，它利用多普勒效应测速。目前，驼峰测速雷达采用毫米波技术，实现了小型化，设备从道心移到道旁，受外界干扰小、精度高。

目前，驼峰溜放车辆速度自动控制系统已经纳入驼峰计算机过程控制系统。

3. 行车设备

行车设备即接发列车的到发线，用以办理货物列车的到达和出发作业。根据其作业量的大小和不同的作业性质，可设置到发场或到达场、出发场（包括通过车场）。

4. 机务设备

机务设备即机务段。编组站一般应设置机务段，且规模比较大，供本务机车和调车机车办理检修和整备作业。为了减少另一方向列车机车出入段走行千米，必要时，还可修建第二套整备设备。

5. 车辆设备

车辆设备包括列检所、站修所和车辆段。编组站每天办理的货车数量极为庞大，路网性编组站其日均办理的货车车辆为 1～2 万辆，所以编组站一般都有规模较大的车辆段或列检所、站修所。

6. 其他设备

其他设备包括站内外连接线路设备，如进出站线路、站内联络线和机车走行线等。此外编组站还需设置供电、给水等保障设备和办公用房等附属设备。办理客货运输时还需设有客货运设备。

三、编组站的分类

（一）按照编组站在路网中的位置、作用和所承担的作业量分类

根据编组站在路网中的位置、作用和所承担的作业量，可分为路网性编组站、区域性编组站和地方性编组站。

（1）路网性编组站：位于路网、枢纽地区的重要地点，一般设在3条及以上主要铁路干线的交汇处，是承担大量中转车流改编作业，日均出入有调中转车在6 000辆以上，编组大量技术直达和直通列车的大型编组站，站型一般为单向纵列式或双向纵列式和混合式布置，驼峰设有自动或半自动控制设备。

（2）区域性编组站：是指位于铁路干线交汇的重要地点，衔接3个方向以上的铁路干线，承担较多中转车流的改编作业，编组较多技术直达和直通列车的中大型编组站。区域性编组站每昼夜解编货车4 000辆及以上，站型一般为单向横列式、单向纵列式或单向混合式布置，驼峰设有自动或半自动控制设备。

（3）地方性编组站：是指位于铁路干支线交汇处、铁路枢纽地区或大宗车流集散的港口、工业区的中小型编组站。主要承担中转、地方车流的改编作业，主要编组相邻编组站、区段站、工业站、港湾站间的直通、区段、小运转列车，每昼夜解编货车2 000辆及以上。站型一般为单向横列式、混合式布置，驼峰设有半自动或其他控制设备。

若在一个铁路枢纽内设置有2个或以上的编组站，则根据作业分工和作业量，可将其分为以下两类：

（1）主要编组站。主要担当路网上中转车流的改编任务，以解编直达、直通列车为主。

（2）辅助编组站。协助主要编组站作业，以解编地区小运转车流为主，个别情况也编组少量直达列车。

（二）按照调车设备的数量及调车驼峰的方向分类

（1）单向编组站：只有一个调车场，上、下行合用一套调车设备（包括驼峰、调车场、牵出线），其驼峰溜车方向一般朝向主要改编车流的运行方向（也称顺向）。

（2）双向编组站：有两个调车场，上、下行各有一套调车设备。一般情况下，两套调车设备的调车驼峰应朝向各自的上行和下行调车方向。

（三）按照编组站内车场的相互位置和数目分类

（1）横列式编组站：上、下行到发场与调车场并列配置。

（2）纵列式编组站：到达场、调车场、出发场等主要车场顺序纵向排列。

（3）混合式编组站：到达场与调车场纵列，出发场与调车场并（横）列。

四、编组站的布置图型

编组站的主要工作是进行列车的解编作业，而编组站内的到达场、驼峰、调车场、出发场是列车解编作业的主要场地，调车设备是编组站的核心设备。调车设备的数量与规模及各车场的相互位置构成了不同形式的编组站布置图型。

我国铁路编组站布置图的基本类型归纳起来有下列六种：单向横列式、单向混合式、单向纵列式、双向纵列式、双向混合式、双向横列式，如表3.2所示。其他类型都是在这些图型的基础上衍生的。

此外，我国铁路现场对编组站布置图习惯上有所谓“几级几场”的称呼。“级”是指同一调车系统中车场纵向排列形式（纵向层次），一级式就是车场横列，二级式就是到达场、调车场纵列，而三级式即到达场、调车场、出发场顺序纵列；“场”是指车场，车站有几个车场，就叫几场。

表 3.2　我国铁路编组站的基本类型及典型布置形式

单向	类型	单向横列式	单向混合式	单向纵列式
	典型布置形式	单向横列式一级三场	单向混合式二级四场 单向混合式二级五场	单向纵列式三级三场
双向	类型	双向横列式	双向混合式	双向纵列式
	典型布置形式	—	双向混合式二级四场 双向混合式二级五场	双向纵列式三级六场 双向纵列式三级八场

（一）单向横列式一级三场编组站布置图

图 3.23 所示为单向横列式一级三场编组站布置图。上、下行到发场并列在共用调车场的两侧，上、下行共用一套调车设备，这是单向横列式一级三场编组站图型的基本特征。办理上、下行无调中转列车的通过车场设在各自到发场外侧，无调中转货物列车使用到发场外侧靠正线的股道作业，改编列车则使用到发场内侧靠近调车场的股道。车列解编或转线作业不影响无调中转列车的接发作业，这样就增加了机动性，减少了交叉，也减少了定员、节省了开支。

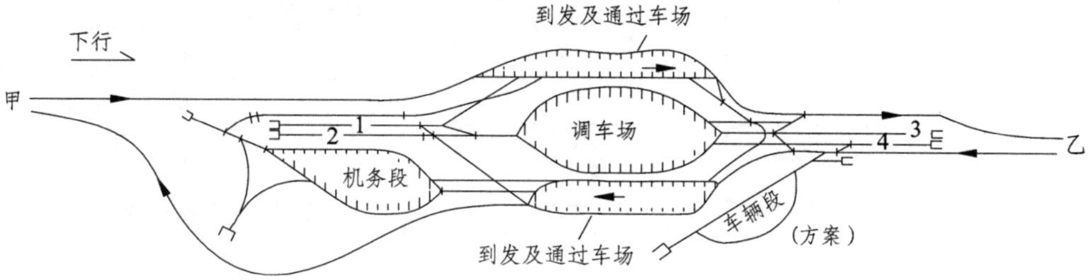

图 3.23　单向横列式一级三场编组站布置图

单向横列式一级三场编组站图型的优点是：站坪长度短，投资省；车场较少，布置紧凑，作业灵活，管理集中方便。

其主要缺点是：改编车流在站内折返走行距离长（见图 3.24），在站内往返走行停留，有调中转时间长，解编能力低。

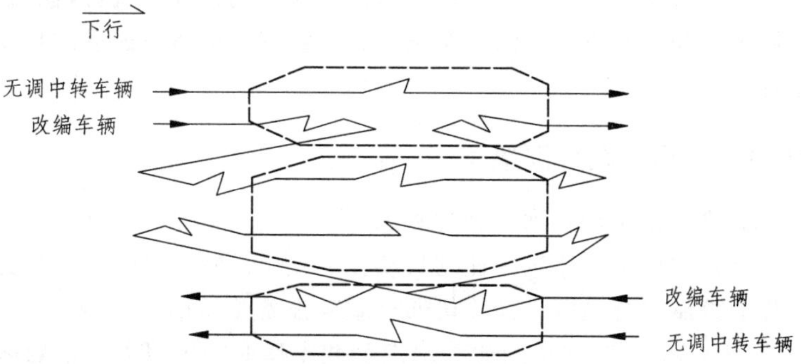

图 3.24　单向横列式一级三场编组站的作业流程图

（二）双向纵列式三级六场编组站布置图

图 3.25 和图 3.26 所示分别为典型的双向纵列式三级六场编组站的布置图和作业流程图。由图中可以看出，其特点是上、下行方向各有一套到达场、调车场、出发场，每套三个车场均依次纵列布置，并组成两个相应并列的独立系统。双向均为“流水式”作业，避免了一级三场一个方向解体转线折返走行距离长的缺点，使车站具有较大的解编能力和通过能力。该图型由于车场多、线路容量大，对于调整运行秩序和适应运量波动有较大的潜力和机动性。该型编组站采用机械化驼峰，其日均解编能力可达到 12 000 ~ 14 000 辆；若采用自动化驼峰，其日均解编能力最大可达到 20 000 辆。

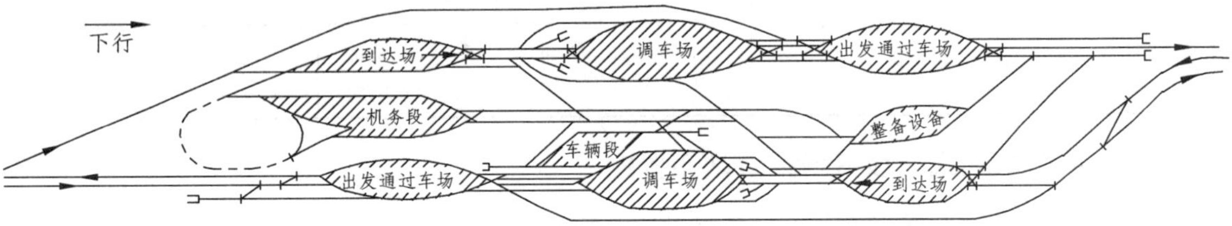

图 3.25　双向纵列式三级六场编组站布置图

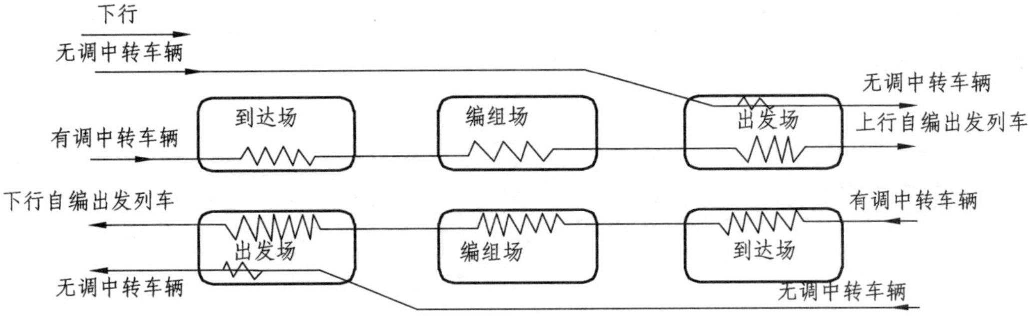

图 3.26　双向纵列式三级六场编组站的作业流程图

五、编组站综合自动化

编组站在铁路运输过程中担负着大量货物列车的解编作业。随着国民经济的迅速发展和铁路网的不断扩大，编组站的任务也日趋复杂，在技术设备和作业组织上都迫切需要不断地提高和更新，实现编组站作业综合自动化就成为各国不断努力与完善的目标。现代科学技术的成就，特别是电子学、自动控制理论和计算机技术的飞跃发展，为实现车辆溜放速度的自动调节和自动控制这一目标创造了条件。

（一）编组站综合自动化系统框架

编组站综合自动化系统，包括从列车到达到列车出发的全部站内作业过程的自动化，以及货车信息的收集、作业计划的编制和信息传递的自动化。整个系统可分为两大部分：作业控制系统和情报处理系统。作业控制系统是电子计算机通过基础设备（站场、信号、机车设备、测重、测长、测速、测阻及调速工具），对列车到达、出发和调车作业的进路以及推峰解体的调车速度和货车溜放速度进行实时控制的系统。情报处理系统的任务是由电子计算机编制车站的基本计划和作业计划，并将这些计划进行传递和下达，同时要对场内现车进行跟踪，随时将场内各股道上的现车情报及作业结果存储到计算机的相应文件内，以供取用。情报系统还要通过网络和相邻技术站进行到达和出发预确报的交换，以及货物报表的填制、整理和统计分析。

驼峰自动化是强化铁路编组站能力和效率的最有效措施之一，也是编组站综合自动化的主要内容和重要标志。驼峰调车作业的自动化，不仅能提高驼峰作业效率和编组站的改编能力，而且能保证作业安全，改善劳动条件和减轻劳动强度。

驼峰自动化主要包括：车辆溜放速度的自动调节和自动控制；车辆溜放进路的自动选排和自动控制；驼峰机车推送速度的自动调节和自动控制；摘接制动软管和摘钩作业的自动化等。

上述几项内容中最主要和最关键的是车辆溜放速度的自动控制，它是驼峰自动化的核心内容。

从国内外铁路运营的实践来看，编组站作业的综合自动化能使编组站的工作条件、作业效率、作业安全和工作质量得到很大的改善，这对于加强编组站的生产能力、全面提高编组站的运营管理水平均有良好的、显著的效果。如果能通过信息传输网络将其与全路电子计算中心连接起来，将为实现整个铁路运输管理自动化创造条件。因而它是铁路运输现代化的标志之一，也是我国铁路编组站的发展方向。

我国铁路最早进行编组站自动化研究和探索的是郑州北站，由于铁路科研部门近十几年来的不断探索，建成了两种类型的编组站自动化系统，分别是编组站综合自动化系统 SAM(Synthetic Automation of Marshalling Yard ）和编组站综合集成自动化系统 CIPS（ Computer Integrated Process System ）。

（二）编组站综合自动化系统（SAM）

SAM 系统是由铁道第一勘察设计院、西安铁路局、中国铁道科学研究院和原铁道部信息中心合作的铁道部重点科研项目。2008 年 1 月在新丰镇站正式投入使用并已验收通过。目前在新丰镇站和兰州北站等多个编组站安装使用。

SAM 系统从体系结构上可以分为三层：上层为调度层，包括编组站综合管理信息子系统（ SMIS ）和 TDCS 子系统；中层为指挥层，包括编组站集中控制子系统；下层为执行层，包括计算机联锁子系统、驼峰自动化子系统、停车器控制子系统、调机综合安全控制子系统和计算机监测子系统。

SAM 作为新一代编组站综合自动化系统，其提供的核心功能服务就是作业自动执行，即自动接收车站的阶段计划、调车作业计划、施工计划、调度命令等，收集控制设备的状态属性，解释命令、计划，运用智能算法及人工智能方法来完成计划及任务的最优分解、最佳路径选择，协调作业的先后关系，解决冲突，确定作业的最佳执行顺序、执行时机，作业异常处理及计划智能调整。

（三）编组站综合集成自动化系统（CIPS）

CIPS 由中国铁路专业信号控制公司——北京全路通信信号研究设计院研究开发。2007 年 4 月在成都北站正式投入使用。目前在成都北站和武汉北站等多个编组站安装使用。

CIPS 代表着当前铁路通信信号控制领域的高新技术。它包含有线和无线通信系统、调机自动化系统、驼峰自动化系统、计算机联锁系统、调车场停车器自动控制系统、视频监控系统、综合电源系统、综合防雷及电磁干扰防护系统、计算机监测及环境监控系统等。其总体设计思想和目标是：调度计划自动执行；调度决策指挥自动化；大幅度减员增效；集中控制；提高编组站整体效率，缩短车辆在编组站的作业周期；提高整体安全性；实时现车，作业实迹真实透明；信息资源的充分利用；提高系统整体随机应变能力，加强列车密集到达处理能力；调度决策指挥信息化与自动化有机结合；创建新一代编组站现代化模式。

CIPS 是编组站内整体的企业管理信息系统和自动化控制系统。CIPS 系统的核心是编组站信息化的改造。信息化就是要实现编组站货物信息流、车辆信息流、机车与调机信息流、作业过程信息流的集成再造，将编组站加工列车的作业如同对待“自动化工厂”的流水线一样，使整个“工厂”形成智能闭环系统，突出整体效益。CIPS 的最高境界是“无人工厂”，即编组站的工作完全由计算机自动完成，实现自动化，将作业效率提升至最高。

CIPS 不仅管理了编组站内决策层、管理层、调度层、执行层等各个岗位的所有专业信息，而且针对调度层的管理特点，自动决策安排调度计划；与自动控制系统相连接，直接控制自动化系统并接收处理反馈信息，并且根据反馈信息自动调整决策，从而实现了编组站内的全面信息化与自动化。

【思考题】

1. 什么是编组站？编组站的主要任务是什么？编组站的主要设备有哪些？
2. 驼峰是什么设备？其包括哪几个部分？它如何分类？
3. 我国铁路驼峰调车中常用的调速工具有哪些？
4. 驼峰自动化主要包括哪些内容？
5. 常见的编组站布置图有哪些？其主要作业流程是什么？
6. 上网查询，了解我国铁路有哪些大型编组站。
7. 上网查询资料，了解解编组站的基础岗位有哪些？职责是什么？

项目四　认知铁路车辆

【项目导入】

本项目中的主要学习任务是：了解铁路车辆的种类，熟记铁路车辆的各类标记，具备一定的车辆检修与运用的专业知识；了解铁路车辆的基本组成结构及其功能；了解车辆制动原理和车钩的不同状态；具备一定的车辆检修与运用的专业知识。

【知识目标】

1. 熟悉铁路车辆的类型和各种标记；
2. 熟悉铁路车辆的配属制；
3. 掌握铁路车辆的基本结构和基本技术参数；
4. 了解车辆制动原理和车钩的不同状态；
5. 熟悉我国现行的计划预防检修制度。

【能力目标】

1. 能识别常见的铁路车辆；
2. 能识别车辆标记所表示的意义；
3. 能区分车钩的不同状态；
4. 能认识铁路车辆的主要组成部件；
5. 具备一定的车辆检修与运用的专业知识。

任务一　认知铁路车辆的种类和标记

【任务描述】

在本任务中，我们将学习了解铁路车辆的种类和各种标记，了解铁路车辆的基本技术参数。

通过本任务的学习，要求学员能识别常见的铁路车辆，能识别车辆标记所表示的意义，并掌握铁路车辆的基本技术参数。

【知识学习】

铁路车辆是铁路运送旅客和货物的载运工具。它一般没有动力装置，运输过程中被编组成一列，由机车牵引才能沿线路运行输送旅客和货物。

微课视频：
铁路车辆分类

一、铁路车辆分类

铁路车辆按用途可分为货车、客车和特种车三大类；按轨距分为准轨车、宽轨车、窄轨车；

按产权所属关系分为路用车、企业自备车；按轴数可分为四轴车、六轴车和多轴车；按载质量分为 50 t、60 t、70 t、80 t 等几种。

（一）客　车

铁路客车除了乘坐旅客的车辆，还包括为旅客提供服务的车辆和特殊用途车辆。截至 2019 年年底，我国铁路客车拥有量达到 7.6 万辆（其中动车组有 3665 标准组、29319 辆）。

1. 乘坐旅客的车辆

包括硬座车、软座车、硬卧车、软卧车，如图 4.1 所示。这些车辆都设有旅客旅行必需的生活设施。

（a）YZ25K 型空调客车

（b）青藏高原型 YW25T 客车

图 4.1　乘坐旅客的车辆

（1）硬座车：旅客座位为半硬制品（如泡沫塑料）或木制品，相对的两组座椅中心距离在 1 800 mm 以下，座位布置为每排 5 座 2+3 排列，相邻两排面对面或背靠背，如图 4.2（a）所示。

（2）软座车：旅客座位及靠垫设有弹簧装置，相对的两组座椅中心距离在 1 800 mm 以上。软座车厢的座位每排 4 个，采取 2+2 布置，所有座位面朝一个方向，如图 4.2（b）所示。

（3）硬卧车：卧铺为上、中、下三层，铺垫为半硬制品（如泡沫塑料）或木制品，卧室为敞开式或半敞开式，一般相对的两组 6 个铺位形成一个隔间（不封闭）

（4）软卧车：卧铺为上、下二层，铺垫有弹簧装置，卧室为封闭式单间，单间定员不超过 4 人，一般每相对的 4 个铺位形成一个封闭的隔间，门可以关闭。

（a）硬座车内部

（b）软座车内部

图 4.2　客车内部

（5）合造车：一辆车上同时设有两种或两种以上用途的车内设备，如软硬座合造车、行李邮政合造车等。

（6）双层客车：设有上、下两层客室的座车或卧车。

（7）简易客车：设有简易设备的客车。

（8）代用客车：用货车改装的代替客车使用的车辆。

2. 为旅客服务的车辆

包括餐车、行李车，这些车辆都是为乘客长途旅行提供附带服务的车辆，不乘坐旅客，一般都有工作人员值班。

（1）餐车：供旅客在旅行中饮食就餐用的车辆。车内设有厨房、餐室及储藏室等设备，如图4.3（a）所示。

（2）行李车：运送旅客行李的车辆，如图4.3（b）所示。车内设有行李间及办公室等设备。

（a）餐车

（b）行李车

图 4.3　为旅客服务的车辆

3. 特殊用途车辆

包括邮政车、试验车、公务车、医疗车、文教车、轨道检查车、限界检查车等。这些车辆是因为一些特殊需要而制造、附挂在旅客列车内运行的车辆。

（1）邮政车：供邮政部门运送邮件的车辆，设有邮政间及邮政员办公室等设备，常固定编挂于旅客列车中。

（2）空调发电车：专给集中供电的空调车供电的车辆，车内设有柴油发电机组。

（3）公务车：供国家机关人员到沿线检查工作时办公用的车辆。

（4）医疗车：到铁路沿线为铁路职工及家属进行巡回医疗使用的车辆，车内设有医疗设备。

（5）卫生车：专供运送伤病员使用的车辆，车内设有简单的医疗设备。

（6）试验车：供铁路进行科学技术试验研究用的车辆，车内设有试验仪器设备。

（7）维修车：供检查和维修铁路线路设备的车辆，车内设有必要的维修检查装备。

（8）文教车：为铁路沿线职工进行文艺演出、文化教育和技术教育使用的车辆，车内设有必要的文娱和教育用器具及设备。

（9）宿营车：供列车上乘务人员休息使用的车辆。

此外还有轨道检查车、轨道探伤车、隧道摄影车、限界检查车、锅炉车等特殊用途的车辆。

（二）货 车

铁路货车是铁路用来运送货物的车辆。为了运送各种不同的货物，铁路货车又分为通用货车、专用货车和特种货车三种。截至2019年年底，我国铁路货车拥有量达到87.8万辆。

通用货车包括平车、敞车、棚车，这三种车辆可以装运多种货物，普通的散装、件装、袋装货物都可以装运，具有较好的通用性。这三大通用货车占铁路货车总数的 91%。专用货车包括罐车、冷藏车、家畜车、毒品车、水泥车、矿石车和集装箱专用车等。特种货车有长大平车、落下孔车、凹型车、钳夹车等。

1. 敞 车

敞车主要用来运送煤炭、矿石、钢材等不怕湿的货物，见图 4.4。必要时，在所装运的货物上面加盖防水篷布，也可以代替棚车装运怕湿的货物。敞车具有很大的通用性，是货车中数量最多的一种。

图 4.4　C70 型通用敞车

敞车按卸货方式的不同可分为两类：一类是适合于人工或机械卸车作业的通用敞车；另一类是适合于大型工矿企业、专用码头用翻车机卸货的专用敞车；对于装卸地点固定的散装货物，还可采用漏斗车或自翻卸货车。

2. 棚 车

棚车主要用来运送文教用品、日化用品、医药卫生用品、实验仪器设备等比较贵重的和怕晒、怕湿的货物，如图 4.5 所示，大多数棚车是通用型的，此外为了固定装运某种货物，有些棚车车内有一些附属设备，可以运送一些有特殊要求的货物。

3. 平 车

平车主要用来运送钢材、木材、汽车、机器等体积或质量较大、形状不规则的货物，如图 4.6 所示。有的平车装有活动墙板，这种平车可用来装运矿石等散粒货物。

图 4.5　P70 型通用棚车

图 4.6　N_{17} 型铁路平车

4. 冷藏车

冷藏车主要用来运送鱼、肉、水果、蔬菜等鲜活易腐货物，如图 4.7 所示。我国自行设计制造的机械冷藏车，每 5 辆一组，由 1 辆发电车和 4 辆货物车组成。

5. 罐 车

罐车主要用来运送油、酸、水等各种液体、液化气体及粉状货物，如图 4.8 所示。装运轻油、重油和酸、碱等货物的罐车在结构上是不完全相同的，每一种罐车只适宜运送一种货物，所以罐车的通用性较差。

图 4.7　冷藏车

图 4.8　铁路罐车

6. 特种货车

特种货车主要是指长大货车，还有一些装运坦克等特殊货物的车辆。长大货车（见图 4.9）是铁路运输使用的一种特种车辆，专用于装运各种长大重型货物，如大型机床、发电机、化工合成塔等。长大货车按其结构形式可分为长大平车、凹底平车（或称元宝车）、落下孔车和钳夹车等。由于这些车辆的载质量及自重较大，为适应铁路线路允许的轴重要求，需要较多的轮对分担车辆和货物的载荷，因此长大货车的轴数较多。

图 4.9　长大货车

（三）特种车

（1）救援车：列车发生颠覆或脱轨事故时，排除线路障碍物及修复线路故障使用的车辆。一般编成救援列车，包括起重吊车、修复线路的工具车、材料车、救援人员的食宿车等。

（2）检衡车：用于鉴定轨道衡性能的车辆，设有砝码或同时设有操作机器。

（3）发电车：设有驱动动力机械的发电设备的车辆。有单节的，也有由发电车、机修车及发电人员生活用车等组合编成的电站式车列，可称为电站车组，用于给列车供电，能作为铁路线上流动的发电厂。

（4）除雪车：用于扫除铁路线路上的积雪。车上装有专门的扫雪装置，一般由机车推动前进。

二、铁路车辆标记

为了满足运用、检修、管理和统计上的需要，铁路车辆均应按有关规定涂打车辆标记。车辆标记是指在车辆指定部位涂打的用于标明车辆配属、车种、车型、用途、编号、主要参数、方向、位置等的文字、数字和符号。车辆标记可分为运用标记、产权标记、检修标记。

微课视频：
铁路车辆标记

（一）运用标记

1. 车　号

车号一般由基本型号、辅助型号及车辆制造顺序号码三部分组成。

基本型号用汉语拼音的首字母表示，代表车辆种类，客车用两个字母表示，货车一般用一个字母表示，如表 4.1 所示。

表 4.1　车辆种类代号

货车			客车		
序号	车种	代号	序号	车种	代号
1	敞车	C	1	硬座车	YZ
2	棚车	P	2	软座车	RZ
3	平车	N	3	硬卧车	YW
4	集装箱平车	X	4	软卧车	RW
5	平车—集装箱共用车	NX	5	双层硬座	SYZ
6	罐车	G	6	双层软座	SRZ
7	矿石车	K	7	软硬座车	RYZ
8	毒品车	W	8	行李邮政车	XU
9	粮食车	L	9	硬卧行李邮政车	YWXU
10	水泥车	U	10	餐车	CA
11	小汽车双层平车	SQ	11	行李车	XL
12	特种车	T	12	邮政车	UZ
13	长大货物车	D	13	公务车	GW
14	保温车	B	14	卫生车	WS
15	家畜车	J	15	医疗车	YL
			16	试验车	SY
			17	维修车	WX
			18	文教车	WJ
			19	发电车	KD

辅助型号代表同一车型中的车辆在构造及设备方面的不同特点，用一位或者两位阿拉伯数字及汉语拼音字母表示，并标在基本型号的右下角，如 C_{62B} 中的 62B 就是辅助型号，表示敞车的质量系数和 B 类材质。

车辆制造顺序号码表示按预先规定的规则而编排的某种车型的顺序编号，用阿拉伯数字表示，用以区分同一类型的不同车辆，记在基本型号和辅助型号的右侧，如表 4.2 所示。

表 4.2　货车和客车的车型号码编码表

货车顺序号码				
顺号	车种	车号容量	车号范围	预留号
1	棚车	500 000	3000000 ~ 3499999	3500000 ~ 3999999
2	敞车	900 000	4000000 ~ 4899999	4900000 ~ 4999999
3	平车	100 000	5000000 ~ 5099999	5100000 ~ 5199999
4	集装箱车	50 000	5200000 ~ 5249999	5250000 ~ 5499999
5	矿石车	32 000	5500000 ~ 5531999	5532000 ~ 5599999
6	长大货物车	100 000	5600000 ~ 5699999	5700000 ~ 5999999
7	罐车	310 000	6000000 ~ 6309999	6310000 ~ 6999999
8	冷藏车	232 000	7000000 ~ 7231999	7232000 ~ 7999999
9	毒品车	10 000	8000000 ~ 8009999	
10	家畜车	40 000	8010000 ~ 8039999	
11	水泥车	20 000	8040000 ~ 8059999	
12	粮食车	5 000	8060000 ~ 8064999	
13	特种车	10 000	8065000 ~ 8074999	8075000 ~ 8999999
14	自备车	999999	0000001 ~ 0999999	
	备用	2000000	1000000 ~ 2999999	

客车顺序号码			
顺号	车种	车号范围	车号容量
1	合造车	100000 ~ 109999	10000
2	行李车	200000 ~ 299999	100000
3	邮政车	7000 ~ 9999	3000
4	软座车	110000 ~ 199999	90000
5	硬座车	300000 ~ 499999	200000
6	软卧车	500000 ~ 599999	100000
7	硬卧车	600000 ~ 799999	200000
8	餐车	800000 ~ 899999	100000
9	其他车	900000 ~ 999999	100000

例如，车号 C_{64T}4871235，其中 C 为基本型号，代表敞车；64T 为辅助型号，表示是载重 61 t、装有提速转向架的货车；4871235 是货车制造顺序号码。

车号 YZ_{25G}484790，其中 YZ 为基本型号，代表硬座车；25G 为辅助型号，表示是集中供电空调车；484790 是客车制造顺序号码。

2. 车辆性能标记

车辆性能标记是表示客货车辆的性能和构造尺寸的标记。货车的性能标记包括自重、载重、全长、换长等，通常标在货车车体两侧；客车的性能标记包括自重、载重、全长、换长、定员、容积（用在行李车、邮政车）等，通常涂打在车体两端，如图 4.10 所示。

（a）货车性能标记　　（b）客车性能标记

图 4.10　车辆性能标记

（1）车辆载重：即货物或旅客和行李包裹（包括整备品及乘务人员）的质量，即车辆允许的最大装载量，以 t 为单位，它表明车辆的装载能力。

（2）车辆自重：空车时车辆本身的质量，即车体和转向架本身及附于其上的所有固定设备和附件质量之和，以 t 为单位，保留一位小数。

（3）车辆容积：货车内部可容纳货物的体积，一般以车体内部长×宽×高（单位为 m）表示，罐车以 m^3 表示。

（4）车辆定员：客车应在乘客室内端墙上部和车体外端墙上标明可容纳的额定人数。

（5）车辆全长：在无纵向外力作用的情况下，车辆两端车钩在锁闭位时两钩舌内侧面间的水平距离，以米（m）为单位。

（6）车辆换长：换长是为了编组列车时统计工作的方便，将车辆全长换算成标准车的倍数来表示的长度。换算时以 11 m（或 14.3 m）为换算标准，换长单位为 1。

换长 = 车辆全长/11（或 14.3） m，计算结果保留一位小数，尾数四舍五入。

3. 车辆设备、用途标记

(MC) 表示可以参加国际联运的客货车。

(Ⓐ) 表示禁止通过机械化驼峰的货车。

(关) 表示有活动墙板且活动墙板放下时超过机车车辆限界的车辆（装卸货物后，必须关好活动墙板）。

(人) 表示设有车窗、床托等的棚车，可以运送人员。

(古) 表示具有拴马环或其他拴马装置的货车。

(超) 表示某部分结构超出车辆限界的货车。

(特) 表示可装运坦克及其他质量较大的特殊货物的车辆。

(卷) 表示车辆（部分敞车、矿石车等）两侧梁端部设有挂卷扬机钢丝绳的挂钩（牵引钩），以便进行卷扬倒车（利用卷扬机钢丝绳牵引车辆移动位置）。

4. 车辆定位标记

1）车辆方向的确定

铁路车辆在前后、左右方向是一个接近对称的结构，在对称轴上或在对称的部位上有许多结构相同或相近的部件。设置车辆方位就像在数学中给定坐标系一样，便于在设计、制造、检修、运用中确定同类型零部件在车辆中的位置。车辆的方位一般以制动缸活塞杆推出的方向为第 1 位，称为 1 位端；相反的方向为第 2 位，称为 2 位端，并在车辆规定的部位涂刷车辆方位标志，如图 4.11 所示。对于有多个制动缸的车辆，以手制动机所在一端为 1 位端，另一端为 2 位端。对于有转向架群、多个手制动机的长大货车，则以出厂时涂打的标记为准。

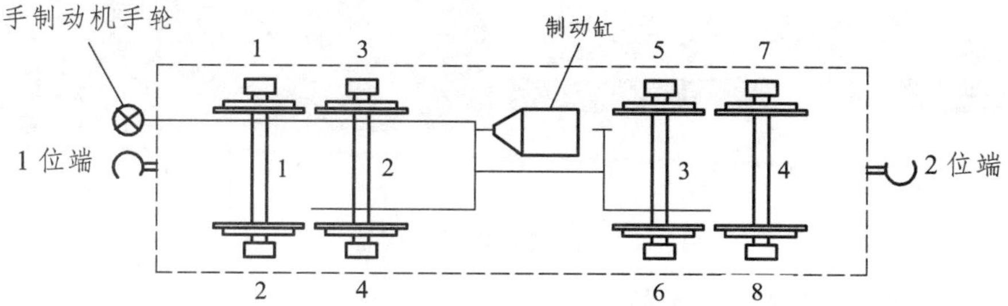

图 4.11　车辆方位示意图

2）零部件位置的确定

车辆的车轴、车轮、轴箱、车钩、转向架和其他零部件的位置，都是由第 1 位车端数起，顺次数到第 2 位车端；或者人站立在车辆的 1 位端，面向 2 位端，从 1 位端数起到 2 位端，左手端为 1、3、5、7 等奇数，右手端为 2、4、6、8 等偶数。

（二）产权标记

1. 国　徽

凡是参加国际联运的客车必须在侧墙中部外侧悬挂国徽，如图 4.12 所示。

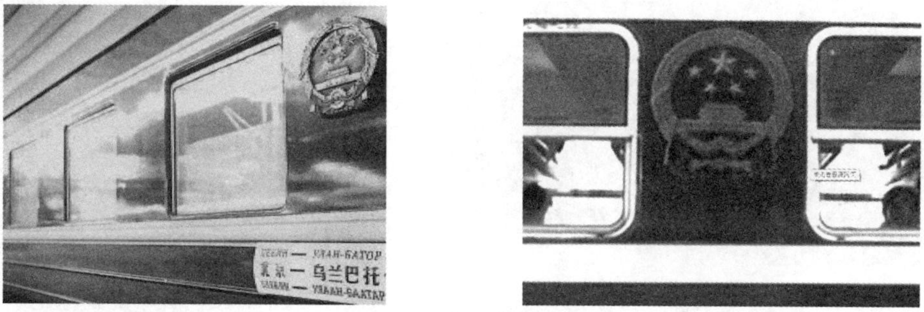

图 4.12　铁路车辆国徽

2. 路　徽

凡是产权归属中国国家铁路集团有限公司（简称“国铁集团”）的车辆，均应在侧墙或端墙适当的部位涂刷路徽（见图 4.13），表示“人民铁道”。路徽标记的图形和尺寸应符合国铁集团规定的标准。对于货车还应在侧梁适当部位安装产权牌。

（a）铁路路徽

学习资料：路徽的含义及诞生过程

（b）客车路徽

（c）货车路徽及产权牌

图 4.13　铁路路徽及产权标记

3. 路外厂矿企业自备车辆的产权标记

路外厂矿企业的自备车因运送货物或委托路内厂、段检修而需要在正线上行驶时，一般在侧墙上或其他相应部位用汉字涂打上“××企业自备车”字样，并注明企业所在地的特殊到站（见图 4.14）。

4. 配属标记

配属标记是表示车辆配属关系的标记。中国铁路规定，所有客车和部分货车分别配属给各个铁路局及其所属车辆段负责管理、使用和维修，并在车上涂打所配属的铁路局、段的简称。如图 4.15 所示的“西局西段”，表示西安铁路局西安客车车辆段。客车配属标记涂在车体两端墙外侧左下角，货车一般涂在侧墙外侧。

图 4.14　自备车辆产权标记

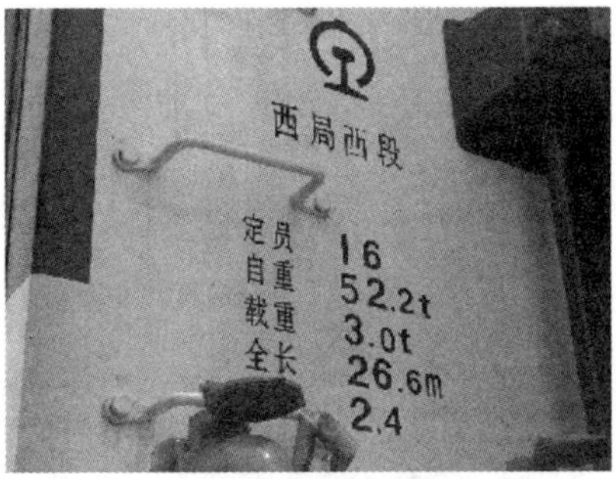

图 4.15　客车配属标记

5. 制造标记

新造客车、货车应安装金属的制造厂铭牌，其铭牌上包括制造厂厂名、制造年份、出厂日期、出厂序号以及出厂型号等内容。式样由各车辆制造单位自己确定，如图 4.16 所示。

图 4.16　车辆制造标记

（三）检修标记

车辆检修标记是车辆根据运用年月或走行千米所进行的周期性检修的标记。车辆进行检修时，须在规定的位置涂打检修单位的简称和本次及下次检修的日期，以便明确其检修责任。

1. 厂、段修标记

如图 4.17 所示，标记中，第一栏为段修标记，第二栏为厂修标记；左侧为下次检修年月，右侧为本次检修年月及检修单位简称。

2. 辅修标记

货车辅修标记涂打在厂、段修标记的下方或者右侧，并涂打“辅修”字样，且以表格的形式涂打，如图 4.18 所示。右上格及中间一格为本次检修月日以及承担该次检修的车辆段和列检所的简称，左上格为预定下次检修的月日，下面三格留待下次检修时填写。

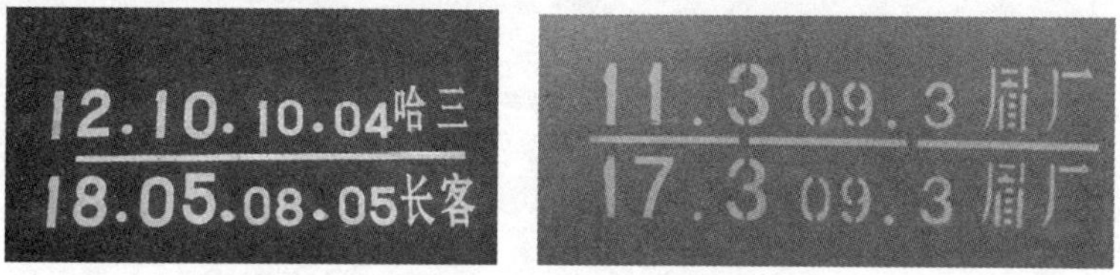

图 4.17　客车、货车厂段修标记

图 4.18　辅修标记

3. 摘车临修标记

货车发生临时故障需要从列车中摘下送到修车线上修理，应在车里的端墙上涂打摘车临修标记。例如：空车摘车修标记为 Z08.4.18 济，重车摘车修标记为ⓩ08.5.18 济，分别表示摘车修的年、月、日及站修所。

三、车辆主要技术参数

车辆技术参数是表明车辆结构上和运用上某些特征的一些指标，除了自重、载重、容积等已在前面做了说明外，还有以下几项：

（一）车辆的主要尺寸

（1）车辆全长：车辆两端两个车钩均处于闭锁位置时，钩舌内侧面之间的距离。

（2）车辆宽度与最大宽度：车辆宽度指车辆两侧的最外凸出部位之间的水平距离。车辆最大宽度指车辆侧面的最外凸出部位与车体纵向中心线之间的水平距离的两倍。

（3）车辆高度与最大高度：空车时，车体或罐体上部外表面至轨面的垂直距离为车辆高度。车辆最大高度指空车时车辆上部最高部位至轨面的垂直距离。

（4）车体内部主要尺寸：

① 车体内长：车体两端墙板内表面之间的水平距离。

② 车体内宽：车体两侧墙板内表面之间的水平距离。

③ 车体内侧面高：由地板上平面至侧墙上侧梁的上平面之间的垂直距离。

④ 车体内中心高：由地板上平面至车顶中央部内表面之间的垂直距离。

（5）全轴距：车辆最前位和最后位车轴中心线之间的距离。

（6）车辆定距：底架两端支承处，即两转向架心盘中心之间的距离，也称车辆销距。

（7）转向架固定轴距：同一转向架上的各轴，相互之间保持固定的平行位置，即同一转向架上的两相邻轮轴间的距离，称为转向架固定轴距。图 4.19 所示为车辆纵向尺寸参数。

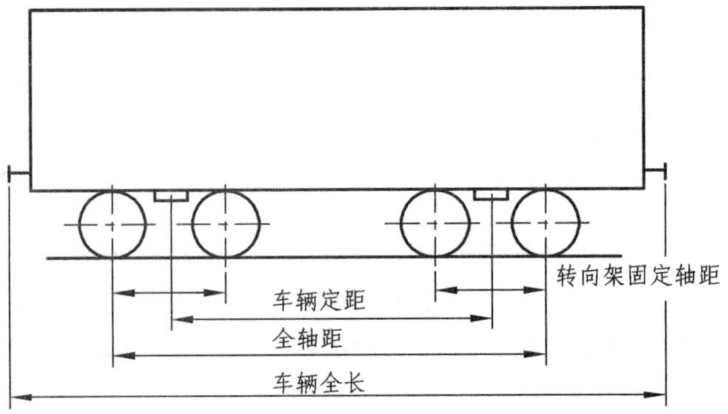

图 4.19　车辆纵向尺寸参数

（二）车辆的性能参数

（1）自重系数：车辆自重与设计标记载重的比值。在保证强度、刚度和使用寿命的条件下，自重系数越小，说明机车对运送单位质量货物所做的功越少，也就越经济，自重系数是衡量车辆设计合理性的一个重要指标。

（2）比容系数：设计容积与额定载重的比值。它可以衡量车辆装运某种货物时是否合理地利用了它的载重和容积（m^3/t）。

（3）比面积：货车地板面积与额定载重的比值（m^2/t）。比面积表示货车平均每吨载重量所占的地板面积。

（4）轴重：车辆总重（自重 + 载重）与全车轴数之比。轴重为车轴所允许承受的最大重力，其值一般不允许超过铁路线路及桥梁所允许承载的数值，而铁路线路允许的轴重则与钢轨型号、每千米线路上铺设的轨枕数量、线路上部结构的状态以及列车运行的速度等因素有关。我国铁路线路允许的最大轴重为 23 t（230 kN），重载铁路可达到 25 t（250 kN）。

（5）每延米轨道载重：车辆总重与车辆全长之比。其值不允许超过铁路线路及桥梁所允许承载的数值。目前，我国规定每延米轨道载重不得大于 8 t（80 kN）。

（6）最高试验速度：车辆在设计时，按安全及结构强度等条件所允许的车辆最高行驶速度。车辆实际运行速度还要考虑线路条件和天气状况，一般不超过构造速度。

【思考题】

1. 铁路车辆按用途分为哪几类？每类常用车种有哪些？
2. 铁路车辆的标记一般分为哪三种？车号由哪三部分组成？
3. 简述车辆自重、载重、容积、全长、换长、自重系数、轴重、车辆定距的含义。
4. 车辆的方向如何确定，哪里是 1 位端，哪里是 2 位端？
5. 请说出 C70 表示什么意义。什么是配属制度？
6. 请说出右图车体上车号中的数字和字母的含义。

任务二　认知铁路车辆的结构

【任务描述】

在本任务中，我们将了解铁路车辆的结构，认知车辆各个组成部分的功能和特点。

通过本任务的学习，要求学员掌握铁路车辆的结构，熟知车体、转向架、车钩缓冲装置、车辆制动装置和车内设备的功能和特点。

【知识学习】

铁路车辆种类繁多，但其结构大致相似，一般都由车体、转向架、车钩缓冲装置、制动装置及车内设备五个基本部分组成，如图 4.20 所示。多数车型没有车内设备，只有客车、机械冷藏车、特定用途的棚车根据需要设置一些车内设备。

1—车体；2—走行部（转向架）；3—车钩缓冲装置；4—制动装置；5—车辆内部设备。

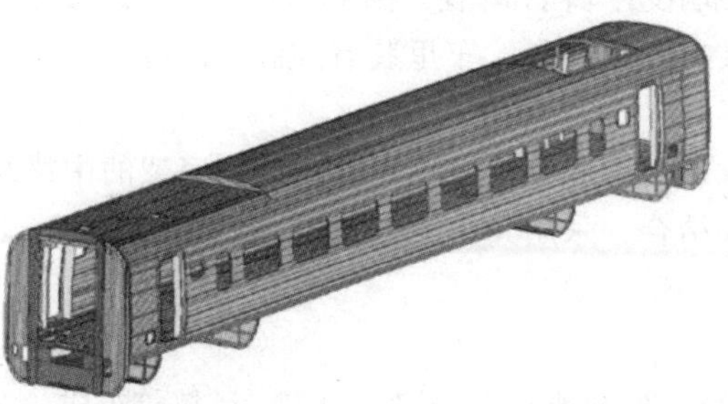

车体

转向架

车辆内部设备

制动装置

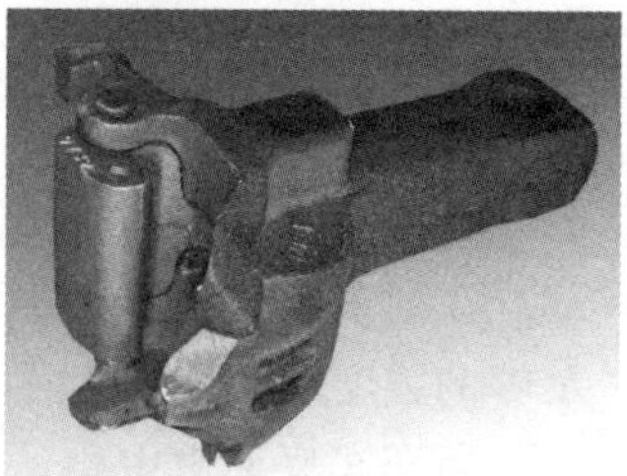

车钩缓冲装置

图 4.20　铁路车辆的结构

一、车　体

车体是乘坐旅客或装载货物的部分，又是安装与连接车辆其他组成部分的基础。目前车体以钢结构或轻金属结构为主。车体包括车底架、侧墙、端墙、车顶、地板等部分，如图 4.21 所示，其结构与车辆的用途有关。

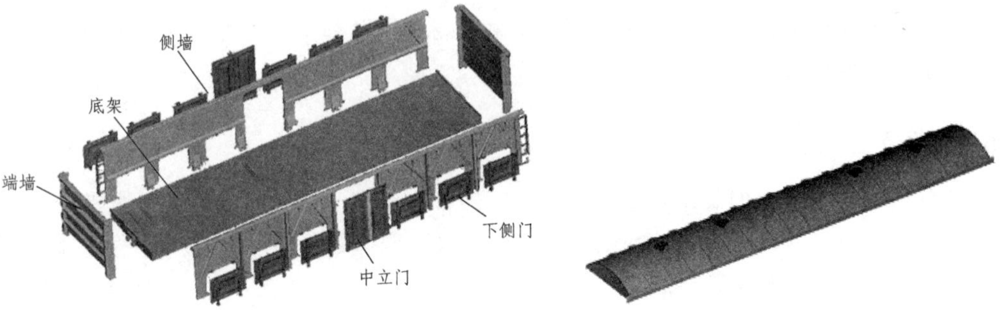

（a）敞车的侧墙、端墙等结构　　　　（b）棚车车顶

图 4.21　车体的结构

（一）货车车体

货车车体是供装载货物的部分，不同车种差别较大。

（1）平车：大部分平车车体只有地板，根据材质分为铁地板、木地板和竹地板等几种。有些平车带有低矮的侧板、墙板，可以活动，支撑起来固定后可围成一个四周封闭的空间。两用平车配有集装箱锁闭装置，可以方便而牢固地固定集装箱。

（2）敞车：车体由车地板、端墙和侧墙组成，侧墙设有车门及锁闭装置，自卸车、带有旋转车钩的敞车可不设置中门。

（3）棚车：车体由地板、侧墙、端墙、车顶组成，侧墙设有车门和车窗。棚车内部空间封闭、安全。

（4）冷藏车：车体外表涂成银灰色，墙板夹层装有隔热材料，车里装有加温、制冷、测温和通风装置。

（5）罐车：其外形为一个卧放的圆筒，具有较大的强度和刚度。罐车的罐体和底架的中梁结合在一起，有些罐车的罐体强度较高，直接与转向架结合，采用无中梁的结构。

（二）客车车体

客车车体采用薄壁筒形结构，由地板、侧墙、车顶、外端墙和内端墙、门窗、风挡等组成。客车车体要为乘客提供良好的乘车环境，需要具有较好的隔热、保暖、隔音减噪、通风采光等功能。

（三）车底架

车底架是车体的基础，它承受车体和所装货物的重力，并通过上、下心盘将重力传递给走行部。在列车运行时，它还承受机车牵引纵向力和列车运行中所引起的各种冲击力，所以必须具有足够的强度和刚度。

货车车底架由中梁、侧梁、枕梁、横梁及端梁等组成，如图 4.22 所示。

中梁位于车底架的中央，为车底架的骨干，两端是安装车钩缓冲装置的地方，是主要承受垂直载荷和纵向作用力的杆件。

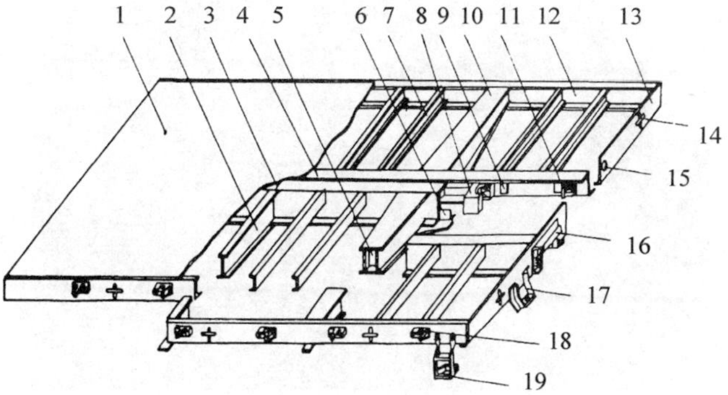

1—钢地板；2—大横梁；3—中梁隔板；4—中梁；5—枕梁隔板；6—心盘座钢；7—小横梁；8—后从板座；9—磨耗板；10—枕梁；11—前从板座；12—侧梁；13—端梁；14—绳栓；15—制动主管孔；16—冲击座；17—手制动轴托；18—下侧门搭扣；19—脚蹬。

图 4.22　C82B 型敞车底架

枕梁是车底架和转向架摇枕衔接的地方。在枕梁下部安装的上旁承和上心盘，分别与转向架摇枕上的下旁承和下心盘相对并将重力传递给走行部。

客车车底架的构造与货车车底架相似，客车两端必须设置通过台，所以它的两端各有一个通过台架。双层客车、凹形平车和双层集装箱专用车的底架下部做成凹形，这样双层客车上、下层都有 2 m 高，凹形平车也能装置较高的货物，双层集装箱装车后也不至于超高。

二、转向架

转向架是由机车车辆走行部的零部件和装置组装而成的独立部件，起支承车体、转向和制动的作用，并保证机车车辆在轨道上安全平稳地运行。车辆转向架主要由两组轮对、轴箱油润装置、侧架、摇枕、弹簧减振装置、基础制动装置及车体支承装置构成。货车转向架与客车转向架的结构差距很大，如图 4.23 所示。

微课视频：转向架

1—摇枕弹簧；2—侧架；3—轴箱；4—轮对；5—基础制动装置；6—下心盘；7—中心销；8—摇枕。

（a）转 K6 型货车转向架

1—空气弹簧；2—构架；3—轴箱；4—轴箱弹簧；5—油压减振器；6—轮对；7—基础制动装置。

（b）SW-220K 型客车转向架

图 4.23　转向架的组成

转向架根据使用轴数不同，分为二轴转向架、三轴转向架和多轴转向架。其中二轴转向架使用最为普遍。目前，我国常见的货车转向架有转 8、转 8A、转 8G、转 6、转 9 型等，主要用于速度 100 km/h 以下的货物列车；常见的客车转向架有 202 型、206 型、209T 型、209 TK 型、209 PK 型等，主要用于速度 120 ~ 160 km/h 的普通客车。近年来，为了满足提速的要求，我国又使用了一些新型转向架，包括用于速度 120 km/h 以上货物列车的转 K2、转 K3、转 K4、转 K5 和转 K6 型等货车转向架，以及用于速度 200 km/h 以上高速客车的 PW-200 型、CW-200 型、SW-220K 型（见图 4.23）等客车转向架。

（一）轮　对

轮对是由两个车轮紧密地压装在一根车轴上组成的，如图 4.24 所示。轮对承受车辆的全部重力，并以较高的速度引导车辆在钢轨上行驶，是车辆高速、安全运行的重要部件。

（a）客车轮对

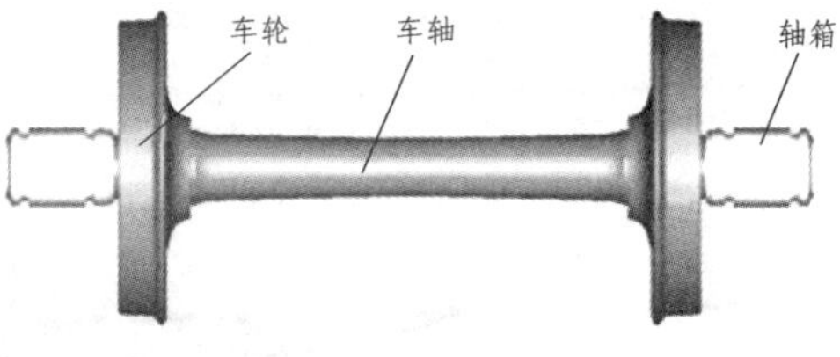

（b）货车轮对

图 4.24　轮对的外形及组成

1. 车　轴

按使用轴承的不同，车轴分为滑动轴承车轴和滚动轴承车轴。目前我国铁路车辆大部分采用滚动轴承及滚动轴承车轴；但也有极少数车辆使用滑动轴承车轴和滑动轴承（一般为重载车辆所使用）。滚动轴承车轴的结构如图 4.25 所示。轴颈用来安装轴承，轮座用来安装车轮。防尘板座为车轴与防尘板配合的部位，直径比轴颈直径大、比轮座直径小。轴身是两个轮座的连接部分。轴端螺栓孔是滚动轴承车轴安装轴端压板的孔。

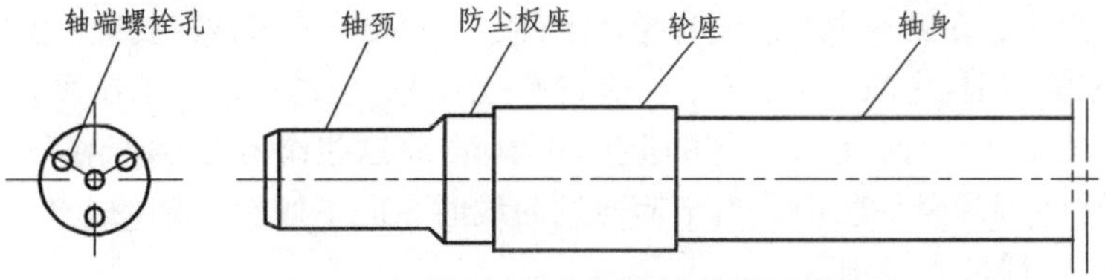

图 4.25　滚动轴承车轴的结构示意图

2. 车　轮

车轮按材质不同分为铸钢整体轮和辗钢整体轮两种，我国客车车轮标准直径为 915 mm，货车车轮标准直径为 840 mm，车轮结构如图 4.26 所示。

车轮与钢轨头部的接触面称为踏面。踏面做成一定的斜度，可使车辆的重心落在线路中心线上，以减少或避免车辆的蛇行运动，使轮对较顺利地通过曲线，减少车轮在钢轨上的滑行，同时在直线上运行时自动纠正两个车轮的位置，使车轮容易恢复到线路中央位置。踏面形状可分为锥形和磨耗型，一般的踏面斜度为 1∶20。

车轮内侧外缘凸起的部分叫轮缘。它的作用是防止轮对脱轨并起到导向作用，保持车轮在钢轨上运行不至脱轨。

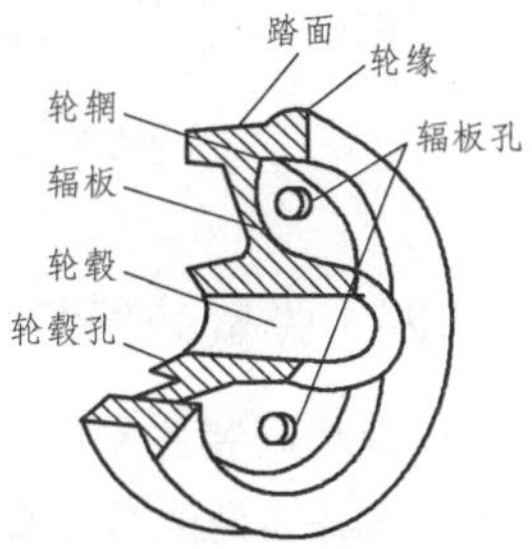

图 4.26　车轮的结构

（二）轴箱油润装置

轴箱油润装置的作用是：① 将轮对和侧架连接在一起；② 把车辆的重力传递给轮对，并使轴承在转动中不断得到润滑，以减少摩擦；③ 防止在高速运行条件下发生热轴、燃轴事故；④ 防止尘土、雨水等物质侵入轴承及轴颈等部分，保证车轮行车安全。

铁路车辆上有两种类型的轴箱装置，即滚动轴承轴箱和滑动轴承轴箱装置。现在大量采用的是滚动轴承轴箱。滑动轴承因阻力大、维修量大、燃轴事故多，已逐步淘汰。

滚动轴承轴箱由轴箱体、轴箱盖、滚动轴承等组成，如图 4.27 所示。在轴箱内加入适量的软干油，当车轴和轴承转动时，就能将油脂带到摩擦面，起到润滑作用。滚动轴承能减少运动阻力，减少燃轴事故，适合高速运行，还可以延长检修周期，缩短检修时间，加速车辆周转，节省油脂，降低运营成本。目前货车多采用无轴箱滚动轴承，因为它两端都带有密封装置，故可以不用轴箱，简化了结构。

（a）圆柱滚动轴承轴箱装置实物图

（b）353130A 型滚动轴承结构组装图

图 4.27　轴箱油润装置

（三）侧架和摇枕

侧架和摇枕是货车转向架的主要部件，如图 4.28 所示。侧架把转向架各零部件组成一个整体，它承受、传递各种作用力，在侧架中部还设有弹簧承台，用来安装弹簧减振装置。摇枕把左右两个独立的侧架连成一个整体。摇枕中间有下心盘，两旁铸有旁承座，它的两端支承在弹簧上，下心盘与装在车体枕梁下面的上心盘相配合，承受车体的重力和载荷并将这些作用力传递给两侧的摇枕弹簧。

下旁承装在摇枕两端的旁承座内，当车辆通过曲线时，向下倾斜一侧的上旁承和下旁承相接触，可以防止车体过分摇动和倾斜。

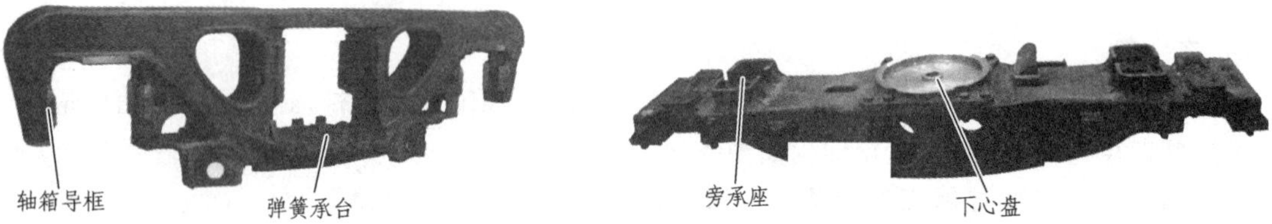

（a）侧架　　（b）摇枕

图 4.28　货车转向架构架

（四）弹簧减振装置

弹簧减振装置是缓和并减轻车辆在运行中来自垂直方向的振动和冲击力的装置，如图 4.29 所示。它能提高运行平稳性、乘坐的舒适性，延长车辆和线路的使用寿命。

二维动画：
弹簧减振装置的作用

图 4.29　客车 PW-200 型转向架的弹簧减振装置

货车转向架只在摇枕和侧架间装设减振钢弹簧，称为一系悬挂。客车转向架不但在摇枕和侧架间装设弹簧减振装置，而且在轴箱与侧架间也装设了弹簧减振装置，称为二系悬挂。车辆上弹簧的种类有钢弹簧、环弹簧、螺旋弹簧、空气弹簧、橡胶弹簧等。

为了更好地减轻振动，除了安装弹簧减振装置以外，还采用其他的减振设备，如我国客车转向架上采用的油压减振器，设有高度调整阀和差压阀。在高速客车、双层客车转向架上还装有空气弹簧。空气弹簧是利用装在橡胶容器中的压缩空气体积可变化的原理制成的。当橡胶容器受压时，里面的空气体积变小，外力撤销后，空气体积又恢复原状，从而达到缓和冲击和减振的作用。空气弹簧与一般刚性弹簧相比，具有良好的吸收高频振动和隔音性能并具有自重轻等优点，因此在高速客车上得到广泛应用。

三、车钩缓冲装置

微课视频：
车钩缓冲装置

车钩缓冲装置是用来连接列车中各车辆，使彼此之间保持一定距离，并且传递和缓和列车在运行、制动或在调车作业时所产生的纵向力和冲击力的装置。车钩缓冲装置安装在车底架中梁的两端，如图 4.30 所示。它包括车钩、缓冲器两部分。

（a）车钩连挂实物图

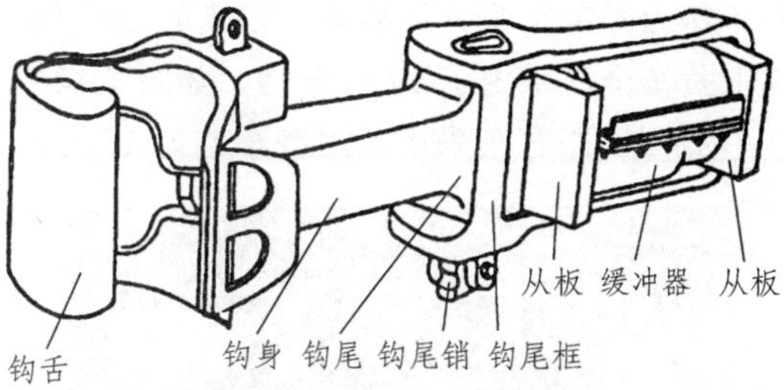

（b）车钩结构示意图

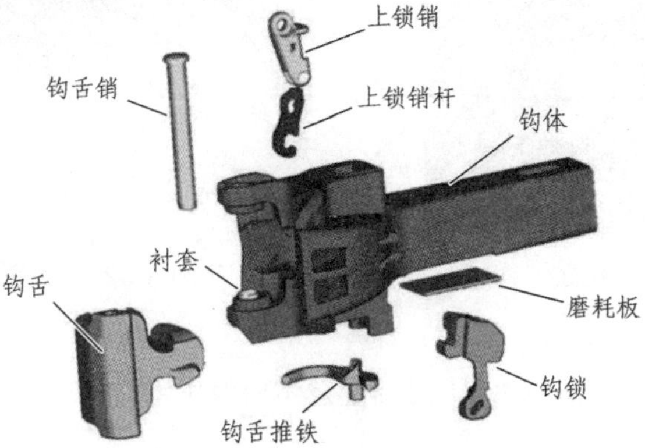

（c）车钩的零部件

图 4.30　车钩缓冲装置

当车辆受牵引力时，作用力的传递过程为：车钩→钩尾框→后从板→缓冲器→前从板→前从板座→牵引梁。当车辆受冲击时，作用力的传递过程为：车钩→前从板→缓冲器→后从板→后从板座→牵引梁。由此可见，车钩缓冲装置无论是承受牵引力还是冲击力，都要经过缓冲器将力传递给牵引梁，这样就有可能使车辆间的纵向冲击振动得到缓和与消减，从而改善了运行条件，保护车辆及货物不受损坏。

（一）车　钩

车钩是用来实现机车和车辆或车辆和车辆之间的连挂，传递牵引力及冲击力，并使车辆之间保持一定距离的车辆部件。

车钩由钩头、钩身、钩尾三个部分组成。车钩前端粗大的部分称为钩头，在钩头内装有钩舌、钩舌销、锁提销、钩舌推铁和钩锁铁，如图 4.31 所示。车钩后部称为钩尾，在钩尾上开有垂直扁锁孔，以便与钩尾框连接。钩头与钩舌通过钩舌销相连接，钩舌可以绕钩舌销转动。钩身是传递牵引力和冲击力的部位，钩尾是用来安装钩尾框的，钩舌的开闭可连挂和摘解车辆，并起传递牵引力的作用。

车钩按开启方式分为上作用式和下作用式两种。上作用式车钩装置的车钩提杆位于钩头上方；下作用式车钩装置的车钩提杆位于钩头下方。车钩按其结构类型分为自动车钩、密接式自动车钩等。所谓自动车钩，就是先将一个车钩的提杆提起后，再用机车拉开车辆，或与另一车辆车钩碰撞时，能自动完成摘钩或挂钩动作的车钩。密接式自动车钩多为高速铁路车辆所用。

我国货车采用的主型车钩有 13 号、13A 和 13B 型车钩。为了满足大秦线运煤万吨列车的特殊要求，我国还研制了 16 号、17 号车钩。16 号车钩为转动车钩，一般装在车辆的 1 位端；17 号车钩为固定车钩，一般装在车辆的 2 位端，两个车钩搭配使用。从 2005 年起我国新造 70 t 及以上货车全部采用了 17 号车钩，如图 4.32 所示。

我国铁路客车采用的主型车钩为 15 号车钩，其中 25T 型客车上用的车钩为密接式车钩。

图 4.31　车钩钩头实物图

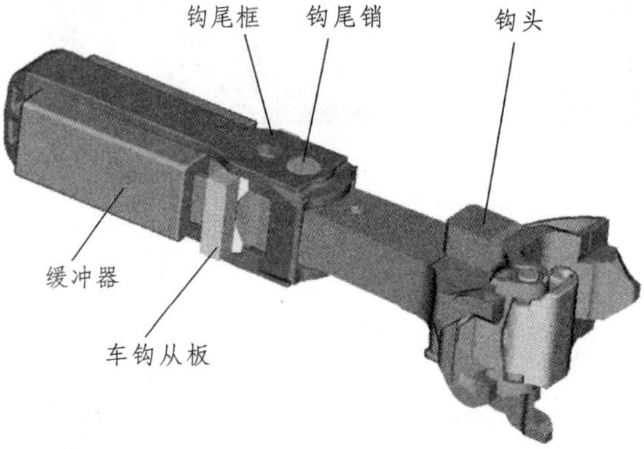

图 4.32　17 号车钩的三维图

1. 车钩的三态作用

当车钩的组成部件处于不同的作用位置时起着不同的作用，有闭锁、开锁、全开三种作用，称为车钩的三态作用。

（1）锁闭位置：两个车钩处于互相连挂的位置。钩锁铁 1 挡住钩舌 2 的尾部，使钩舌不能绕钩舌销 3 向外自由转动，这时钩锁铁的臀部 A 坐在钩舌推铁 4 的端部，称为锁闭位置，如图 4.33（a）所示。车钩处于锁闭状态时，连挂中的车辆不会自动分离。

（2）开锁位置：即钩锁铁 1 已被提起，钩舌 2 可以向外转开的位置，如图 4.33（b）所示。车钩处于开锁状态时，连挂的车辆即可分离。

（3）全开位置：即钩舌 2 已经处于完全向外转开的位置。当钩锁铁 1 处于开锁位置后，继续提升钩锁销，钩舌推铁将钩舌推至全开的位置，如图 4.33（c）所示。车钩处于全开状态时，相邻车辆即可连挂。

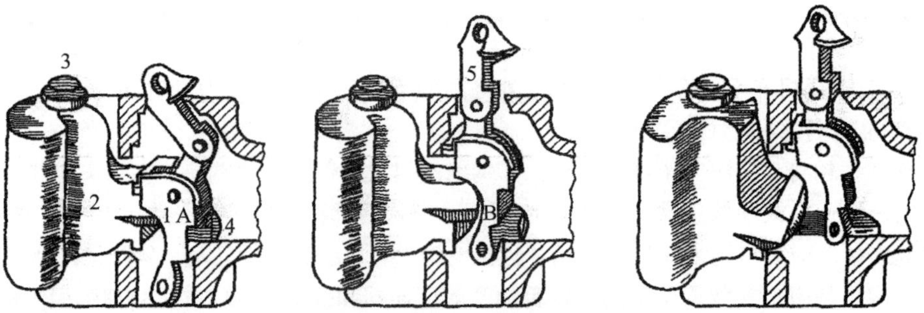

（a）锁闭位置　　（b）开锁位置　　（c）全开位置

图 4.33　车钩三态作用示意图

二维动画：车钩的三态作用

为了保证车辆连挂安全可靠和车钩缓冲装置安装的互换性，我国铁路机车车辆有关规程规定：车钩缓冲器装车后，其车钩钩舌的水平中心线距钢轨面在空车状态下的高度，客车为 880 mm（允许 + 10 mm、 – 5 mm 误差），货车为 880 mm（±10 mm）。两相邻车辆的车钩水平中心线最大高度差不得大于 75 mm。

2. 旋转式车钩

随着铁路重载运输的发展，对车辆原有技术装备提出了新的要求。试验表明，5 000 t 重载列车的冲击力比普通列车（3 500 t 左右）高出一倍以上。因此，重载列车车辆需要高强度的车钩和大容量、高性能的缓冲器。采用单元重载列车和组合列车运输时，列车牵引总质量可达到 10 000 t 以上，为了加快卸车速度，需要安装旋转式车钩，实现不摘车装卸。旋转式车钩的构造与普通车钩不同，如图 4.34 所示，它的钩尾开有锁孔，钩尾销与钩尾框的转动套连接；钩尾端面为一球面，顶紧在带有凹球面的前从板上；当钩头受到扭转力矩作用时，钩身连同钩尾销以及转动套一起转动。

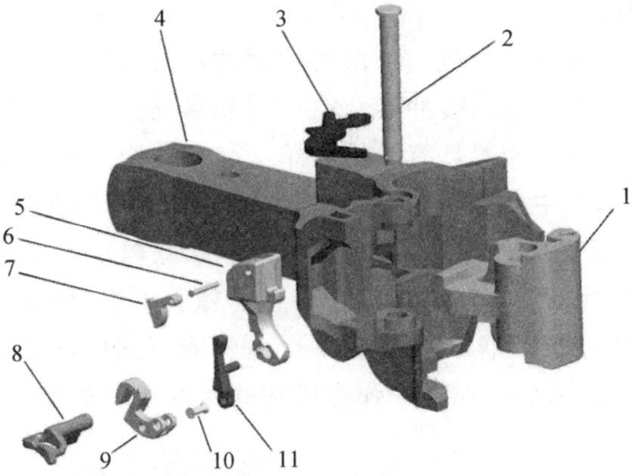

1—钩舌；2—钩舌销；3—钩舌推铁；4—钩体；5—钩锁铁；6—下锁销；7—下锁销杆；8—下锁销转轴；9—铆钉。

图 4.34　旋转式车钩的三维图

在运煤单元组合列车的车辆上，一端装设旋转式车钩，另一端装设固定式车钩，整列车上每组连接的两个车钩两两相互搭配。当满载煤炭的车辆进入卸煤区的翻车机位时，翻车机带动车辆以车辆纵中心线为旋转轴翻转，这时车体及转向架连同一端装有旋转式车钩的钩尾框一起相对于车钩中心线旋转 180°，将煤炭倾倒出来。而此时旋转式车钩由于受相邻车辆上与其连挂的固定式车钩约束而静止不动，被翻转车辆的另一端固定式车钩随同车底架绕车钩中心线旋转，并带动相邻车辆上与其连挂的旋转式车钩一起旋转。所以旋转式车钩可以使车辆翻转卸货时不摘钩连续作业，大大缩短了卸货作业时间，一辆 80 t 的敞车的卸车时间不超过 5 min，效率远远高于普通的机械和人力。

3. 密接式车钩

密接式车钩一般用于高速铁路和地下铁道的车辆。它体积小、质量轻，两车钩连挂后各方向的相对移动量很小，可实现真正的“密接”；同时，对提高制动软管、电气接头自动对接的可靠性极为有利。密接式车钩的外形及结构如图 4.35 所示。

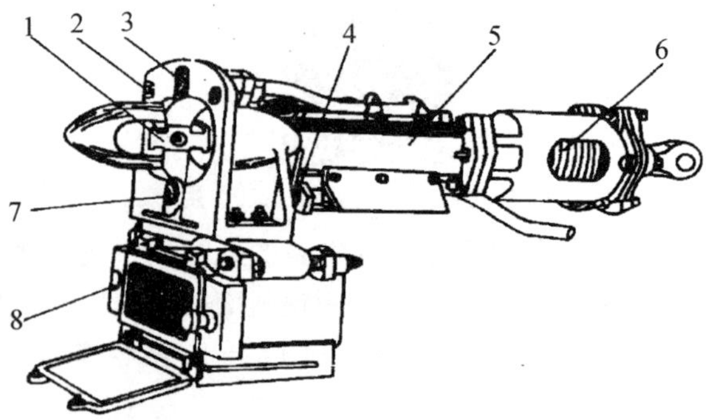

1—钩舌；2—解钩风管连接器；3—总风管连接器；4—截断塞门；5—钩身；
6—缓冲器；7—制动风管连接器；8—电气连接器。

图 4.35　密接式车钩

（二）缓冲器

缓冲器安装在车钩的后面，能缓和并减小车辆在连挂、起动、制动时产生的冲击力，从而减轻对车体结构和装载货物的破坏作用，提高列车运行的平稳性，延长车辆使用寿命。

缓冲器的工作原理是借助于压缩弹性元件来缓和冲击作用力，同时在弹性元件变形过程中利用摩擦和阻尼吸收冲击能量。

根据缓冲器的结构特性和工作原理，一般可将缓冲器分为弹簧式缓冲器、摩擦式缓冲器、橡胶缓冲器、摩擦橡胶式缓冲器、液压缓冲器及空气缓冲器等。目前应用最广泛的为摩擦式缓冲器和摩擦橡胶式缓冲器。这两种缓冲器具有结构简单、制造方便、成本低廉的优点。

目前我国铁路货车车辆上主要采用的摩擦式缓冲器有 2 号缓冲器、MT-2 型缓冲器[见图 4.36（a）]、MT-3 型缓冲器 [见图 4.36（b）]、ST 型缓冲器；摩擦橡胶式缓冲器有 MX-1 型、MX-2 型、HM-1 型摩擦胶泥组合式缓冲器和 HM-2 型摩擦弹性（橡胶）组合式缓冲器。

我国铁路客车使用 G1 型缓冲器（见图 4.37）、弹性胶泥式缓冲器、橡胶缓冲器。新造车上使用 G1 型缓冲器，25T 提速客车上全部使用弹性胶泥式缓冲器，见图 4.38。

（a）MT-2 型　　（b）MT-3 型

图 4.36　摩擦式缓冲器

图 4.37　G1 型缓冲器

图 4.38　KC15 型弹性胶泥式缓冲器

四、车辆制动装置

车辆制动装置是列车制动装置的基本单元，能实现车辆的制动作用和缓解作用。

我国机车车辆上安装的制动装置主要有：空气制动机或电空制动机、基础制动装置和手制动机。空气制动机又叫作自动制动机，是利用压缩空气产生制动力，一般作为列车制动用。手制动机是用人力进行制动，一般只用在调车时对个别车辆或车组实行制动。基础制动装置是将人力或空气制动机活塞推力转换为直接制动力的机械传递装置。

微课视频：
空气制动机

（一）空气制动机

1. 空气制动机的组成

空气制动机的部件，一部分装在机车上，另一部分装在车辆上，如图 4.39 所示。装在机车上的有空气压缩机、总风缸、制动阀等。由空气压缩机产生的压缩空气储存在总风缸内。列车中车辆的制动与缓解由机车司机操纵制动阀来实现。每辆车上的制动设备包括制动风管、分配阀或控制阀、副风缸、制动缸、折角塞门、截断塞门等。

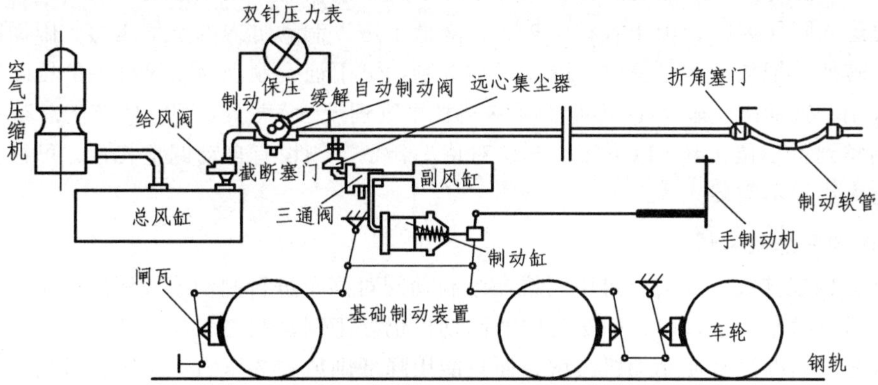

图 4.39　空气制动机结构示意图

1）制动风管

制动风管由制动主管、制动支管和制动软管组成。制动主管是安装在车底架下面的钢管，它贯通全车，是传送压缩空气的管路，司机通过机车上的自动制动阀（大阀）操纵此管中的空气压力变化，从而控制全列车各制动机产生应有的动作。它的两端装有折角塞门，折角塞门上装有制动软管，并用软管连接器与邻车的软管相连。制动软管能在列车通过曲线或各车辆间距变化时保证压缩空气的畅通。制动支管安装在每节车的下部，用 T 形接头连接于制动主管，是从制动主管引向本车制动部件的通路。截断塞门安装在制动支管上，用以开通或遮断制动支管的空气通路，它平时总在开放位置，只有当车辆上所装的货物按规定应停止制动机的作用或当制动机发生故障时，才将它关闭，以便停止该辆车的制动作用。通常把关闭了截断塞门、停止制动机作用的车辆叫作“关门车”。

2）远心集尘器

安装在制动支管上的截断塞门与三通阀之间，用于清除制动主管压缩空气带来的沙土、水分、锈垢等不洁物质，以保证压缩空气的清洁。

3）三通阀（分配阀或控制阀）

三通阀是车辆制动机中最重要的部件。它连接制动支管、副风缸和制动缸，用来控制压缩空气的通路，使制动机起制动或缓解作用。

4）副风缸

副风缸是储存压缩空气的地方。制动时，利用三通阀的作用将压缩空气送入制动缸起制动作用。

缓解时能从制动主管补充压缩空气；由人力拉动副风缸上的缓解阀，排出压缩空气，也能使车辆缓解。

5）制动缸

制动缸由缸体、活塞及活塞杆、缓解弹簧等组成。当压缩空气进入制动缸后，推动制动缸活塞，将空气的压力转变为机械推力，然后通过制动杠杆使闸瓦抱紧车轮而起到制动作用。当控制阀或分配阀排出制动缸内的压缩空气时，制动缸在缓解弹簧的作用下，恢复缓解位，基础制动装置在制动梁和闸瓦托吊的自重作用下，使闸瓦离开车轮而实现缓解作用。

6）降压风缸和空重车调整装置

在大型车辆上，如果不论空重状态都施加同样大小的制动力，对空车来说制动压力就太大，容易损坏车辆。用空重车调整装置来控制降压风缸与制动缸的通路，可以达到调整制动力的目的。

在装有空重车调整装置的制动机上，如果将空重车转换手把放在空车位置时，空重车转换塞门被打开，使制动缸与降压风缸连通。在这种情况下进行制动时，副风缸的压缩空气在进入制动缸的同时，也进入降压风缸，由于容积的扩大，降低了进入制动缸内的空气压力，因而产生较小的制动力；当转换手把放在重车位时，降压风缸与制动缸不通，制动时副风缸中的压缩空气经三通阀直接进入制动缸而产生较大的制动力。《铁路技术管理规程》规定，当一辆车的总重达到 40 t 以上时，应调整到重车位，40 t 以下按空车位对待。新型车辆设有自动调整装置，可根据车重自行调整制动力大小，不需要人为调整。

7）缓解阀和紧急制动阀

当机车和车辆连挂在一起时，可由司机操纵制动阀对列车进行制动或缓解。但是，当货物列车到达解体站后，机车摘下入段，而车列中的制动机仍处于制动状态。在这种情况下，就不可能用向制动主管充气的办法来使制动机缓解，而只能用降低副风缸的压力达到缓解目的。因此，在货车的副风缸上都装有缓解阀。使用时，拉动缓解阀，使副风缸的压缩空气经缓解阀排出，副风缸内的空气压力低于列车主管的空气压力，三通阀主活塞就动作，滑阀随其移动，使制动缸内的空气排出，闸瓦离开车轮而缓解。

2. 空气制动机的工作原理

空气制动机的工作原理如图 4.40 所示。

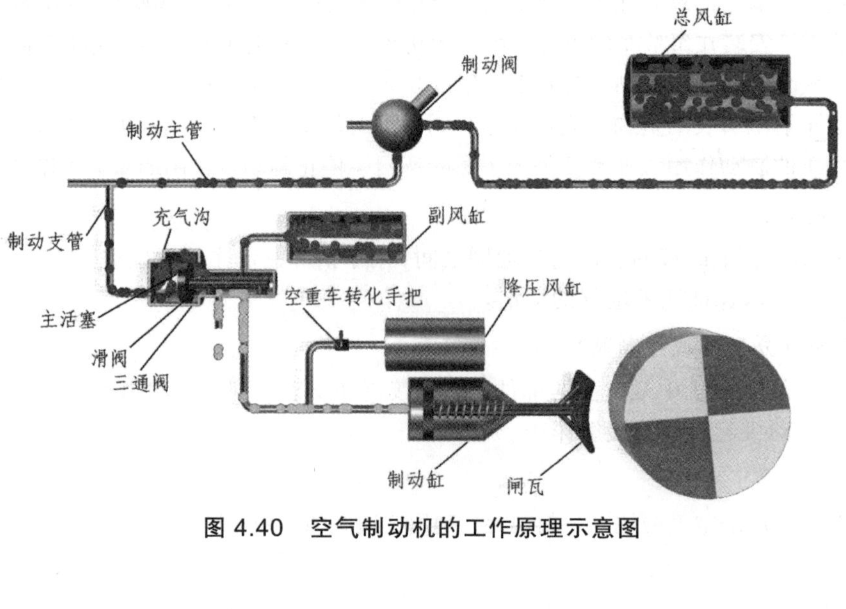

图 4.40　空气制动机的工作原理示意图

1）增压（充气）缓解作用

当制动阀手柄置于缓解位Ⅲ时，总风缸内的压缩空气经制动阀进入列车管（充风增压），并进入三通阀，将其中的（主）活塞推至右极端（缓解位）并经三通阀活塞套上部的“充气沟”进入副风缸，此时，制动缸经三通阀（缓解槽和排气孔）通向大气，如果制动缸原来在制动状态则可以得到缓解。

2）（减压）制动作用

当制动阀手柄置于制动位Ⅰ时，列车管经制动阀通入大气（排风减压），副风缸内的气压将三通阀（主）活塞推向左极端（制动位），从而打开了三通阀上通往制动缸的孔路，使副风缸内的压缩空气通往制动缸，产生制动作用。

3. 电空制动机

电空制动机是电控空气制动机的简称，是在空气制动机的基础上加装电磁阀等电气控制部件而形成的。其特点是制动作用的操纵用“电”来控制，但制动作用的原动力还是压缩空气。而且，在制动机的电控部分因故失灵时，它仍可实行“气控”（压缩空气控制），临时变成空气制动机。

4. 新型空气制动机

为了适应列车车辆向大吨位、高速度方向发展，空气制动机中的三通阀已不能适应需要。为此，我国铁路已大量生产、装用新型空气制动机。新型空气制动机除增设了一个工作风缸、用空气分配阀代替三通阀外，其余部分和上述空气制动机基本相同。

新型空气制动机具有制动作用迅速、灵敏度高、制动力强、便于检修等优点，无论在常用制动和紧急制动时都能缩短制动距离，有利于提高列车运行速度，列车前后车辆制动力比较一致，制动平稳，操纵方便，能确保行车安全。

（二）人力制动机

在每节车辆的1位端都装有一套人力制动机，可通过人力来使单节车辆或车组减速或停车。人力制动机的功能为：① 调车作业时，用于调速；② 列车在途中运行产生坡停时，用于制动；③ 当车辆停在站线上时，防止溜逸。

我国铁路货车的人力制动机大多是固定链条式手制动机，如图4.41所示。新型货车人力制动机主要有FSW型手制动机、NSW型手制动机（见图4.42）和脚踏式制动机（见图4.43）。客车手制动机主要有螺旋拉杆式手制动机、蜗轮蜗杆式手制动机。

图4.41 链条式手制动机

图 4.42　NSW 型手制动机

图 4.43　脚踏式制动机

（三）基础制动装置

基础制动装置设置在转向架上，是利用杠杆原理，将空气制动机或手制动机产生的力扩大适当倍数，再均衡地向各个闸瓦传递的装置。

基础制动装置的形式按设置在每个车轮上的闸瓦数量及其作用方式，分为单闸瓦式、双闸瓦式、多闸瓦式和盘形制动基础制动装置。客车多为双闸瓦式，货车多为单闸瓦式。多闸瓦式运用较少。

微课视频：手制动机及基础制动装置

1. 单闸瓦式

单闸瓦式基础制动装置简称单瓦式，也称单侧制动，即在车轮一侧设有闸瓦的制动方式，如图 4.44（a）所示。单侧闸瓦式制动装置适用于速度不高、吨位不大的车辆或有其他制动形式的机车。我国目前绝大多数货车都采用这种形式。闸瓦会因制动时与车辆踏面摩擦而变薄，致使制动力减弱而降低制动效率，为此必须经常调整制动缸活塞的行程。目前，在新造车上安装了闸瓦间隙自动调整器，使车辆在运行过程中可以自动调整制动缸活塞行程的大小，进而保证应有的制动力。

2. 双闸瓦式

双闸瓦式基础制动装置简称双闸瓦式，也称双侧制动，即在车轮两侧均装设闸瓦的制动方式，如图 4.44（b）所示。

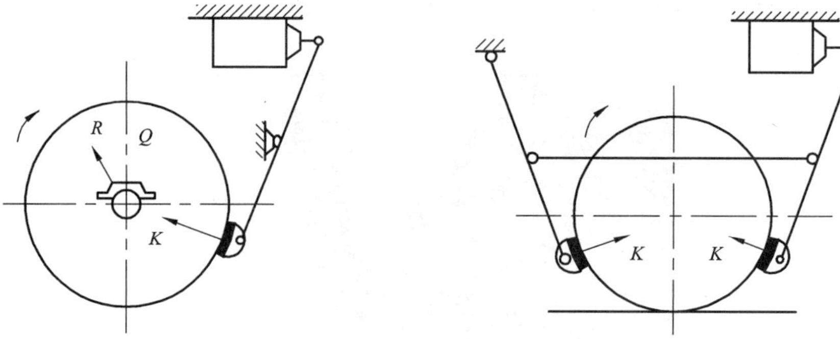

（a）单侧闸瓦式　　（b）双侧闸瓦式

图 4.44　单闸瓦式和双闸瓦式制动装置的工作原理示意图

3. 盘形制动

盘形制动是指制动时用闸瓦压紧制动盘而产生制动作用的制动方式，如图 4.45 所示。盘形制动的基础制动有两种类型：制动盘安装在车轴上的叫轴盘式，制动盘安装在车轮辐板上的叫轮盘式。

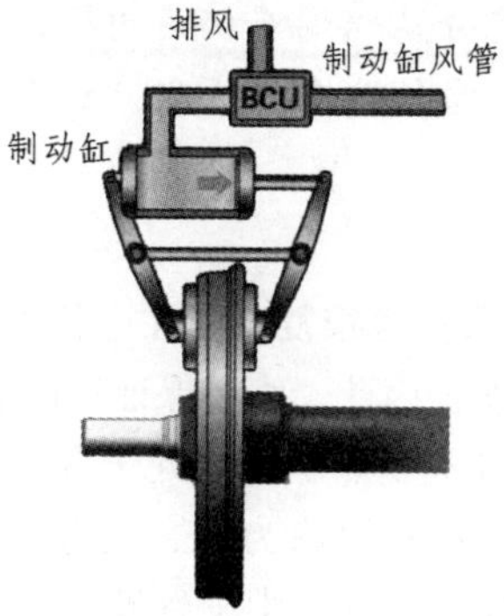

二维动画：
盘形制动装置的
工作原理

图 4.45　盘形制动装置的工作原理示意图

盘形制动基础制动装置的优势是：① 结构比较简单，可以缩小副风缸和制动缸的容积，节省压缩空气；② 各种拉杆和杠杆可以小型化，直接安装在转向架上，能减轻车辆自重；③ 不用闸瓦直接磨耗车轮踏面，可以延长车轮使用寿命；④ 制动性能比较稳定，可以减少车辆纵向冲动；⑤ 与制动缸同时安装在转向架上，制动时动作迅速，可以提高制动效率；⑥ 采用高摩擦系数的合成闸片，可增大制动力，缩短制动距离。

盘形制动的缺点是：① 由于不用闸瓦直接摩擦车轮踏面，踏面上的油污不能及时清扫，可能降低轮轨间的黏着系数；② 当车轮踏面有轻微擦伤时，不能像闸瓦式制动装置那样利用闸瓦的摩擦来消除擦伤。为了克服这些缺点，可增设踏面清扫装置。

【思考题】

1. 铁路车辆一般由哪几部分组成？车体的主要作用是什么？
2. 货车车底架一般由哪些梁组成？转向架由哪几部分组成？
3. 车辆走行装置的作用是什么？什么叫轮对？
4. 车钩缓冲装置的作用是什么？
5. 车钩缓冲装置受牵引力和冲击力时，力的传递顺序是怎样的？
6. 什么是车钩的三态作用？
7. 车辆制动装置的作用是什么？由哪几部分组成？
8. 空气制动机由哪些部件组成？
9. 简述空气制动机的工作原理。基础制动装置的作用是什么？
10. 右图所示是铁路车辆结构组成中很重要的部分，它叫什么？

任务三　认知铁路车辆的检修与运用

【任务描述】

在本任务中，我们将学习了解铁路车辆运用与检修的工作内容，了解铁路车辆检测“5T”系统的组成和功能。

通过本任务的学习，要求学员充分认识到车辆运用检修工作对铁路运输安全的重要性，掌握铁路车辆运用与检修的工作内容，熟悉铁路车辆检测“5T”系统的组成和功能。

【知识学习】

铁路车辆的数量十分庞大，运用条件也很复杂，在运行中不可避免地会发生各种损伤，如磨耗、裂纹、折损、变形、松弛及腐蚀等损伤。因此，为了保证铁路客货运输工作安全、不间断地运行，就要定期开展对车辆的运用检修工作，使运营车辆随时处于良好的技术状态，并延长车辆的使用寿命。

我国铁路车辆的检修制度以计划预防检修为主、状态修为辅，计划性预防检修分为定期检修和日常维修两大类。车辆运用维修工作实行“中国铁路国铁集团—铁路局集团公司—车辆段”大三级和“车辆段—运用车间—班组（作业场）”小三级管理。

一、车辆定期检修

微课视频：
铁路车辆检修

所谓定期检修，是指对运用中的车辆，根据其各个部件在正常使用条件下的磨耗规律，制定不同的检修周期和技术标准，到期进行检查、修理或更换。定期检修能有计划地使车辆恢复运用功能，使它的运用性能在整个检修周期内保持良好状态，并保证在下一个定期检修到来之前不出现重大故障。

（一）定期检修修程

1. 普通客车的定期检修修程

我国客车的定期检修修程分为厂修、段修、辅修三级修程，如表 4.3 所示。客车一般固定配属、固定编组，由所配属的车辆段负责运用、维护。表 4.3 所示的各级修程可根据客车质量情况，允许按照下列期限提前或延期施修：

表 4.3　客车定期检修周期表

<table>
<tr><th rowspan="2">序号</th><th rowspan="2">车　种</th><th colspan="3">检修周期</th></tr>
<tr><th>厂修（年）</th><th>段修（年）</th><th>辅修</th></tr>
<tr><td>1</td><td>国际联运车</td><td>4</td><td>1</td><td rowspan="6">6 个月</td></tr>
<tr><td>2</td><td>22 型、23 型客车</td><td>6</td><td>1.5</td></tr>
<tr><td>3</td><td>25 型客车</td><td>7.5</td><td>1.5</td></tr>
<tr><td>4</td><td>21 型及以前遗留的旧型车</td><td>8</td><td>2</td></tr>
<tr><td>5</td><td>代用客车</td><td>8</td><td>2</td></tr>
<tr><td>6</td><td>部属车</td><td>10</td><td>2.5</td></tr>
<tr><td>7</td><td>公务车、试验车、发电车、维修车、卫生车、文教车、特种车等不常用车</td><td>10</td><td>2.5</td><td></td></tr>
</table>

（1）厂修，表 4.3 内的 1、3 项所列的各种车型可提前或延期一年半， 4、5、6、7 项中所列的车型可提前或延期半年。凡是提前施行厂修的客车必须经铁路局批准。

（2）段修，可提前或延期 6 个月。

（3）辅修，可提前或延期 10 天。

2. 快速客车的定期检修修程

快速客车按走行千米检修，修程分为五级：A1、A2、A3、A4、A5。

A1——辅修：运行（30 ± 3）万千米或距上次 A1 级以上各修程时间超过 1 年。

A2——小段修：运行（60 ± 6）万千米或距上次 A2 级以上各修程时间超过 2 年。

A3——大段修：运行（120 ± 12）万千米或距上次 A2 级以上各修程时间超过 2 年（不常用客车为 2.5 年）。

A4——小厂修：运行（240 ± 24）万千米或距上次新造及大厂修时间，常用客车为 8 年，不常用客车为 10 年。

A5——大厂修：运行（480 ± 24）万千米或距上次 A4 级修程时间，常用客车为 8 年，不常用客车为 10 年。

3. 货车的定期检修修程

我国现行采用的货车定期检修修程分为厂修、段修、辅修三级修程，如表 4.4 所示。货车检修须按照现车检修周期标记扣修定检车，厂修、段修以月为准，辅修、轴检以月、日为准，辅修可错后 10 天，轴检可提前、错后 5 天。厂修、段修、辅修、轴检在一个月内同时到期时，只需进行高级修程。扣修的临修车辆距辅修到期在 10 天以内的，可提前进行辅修。

表 4.4　货车定期检修周期表

车种、车型		厂修	段修	辅修
棚车	P_{60} 型、P_{13} 型、P_{61} 型等普炭钢车	5 年	1 年	6 个月
	P_{65} 型、P_{65S} 型行包快运车	6 年	1 年	
	P_{62} 型	6 年	1.5 年	
	P_{70} 型	8 年	2 年	
	其他型耐候钢棚车	9 年	1.5 年	
敞车	C_{16} 型、C_{16A} 型、C_{62A} 型（车号为 44 字头开始）	5 年	1 年	6 个月
	C_{61Y} 型、C_{63} 型、C_{63A} 型、CF 型、C_{5D} 型	6 年	1 年	
	C_{62A} 型（车号为 45 字头开始）	6 年	1.5 年	
	C_{61} 型、C_{76A} 型、C_{76B} 型、C_{76C} 型	8 年	1 年	
	C_{70}、C_{80} 系列	8 年	2 年	
	其他型耐候钢敞车	9 年	1.5 年	

续表

车种、车型		厂修	段修	辅修
罐车	酸碱类罐车、液化石油气罐车、液氯罐车	4 年	1 年	6 个月
	其他型罐车	5 年	1 年	
	GF_{70} 型、GF_{70H} 型	8 年	2 年	
矿石车	K_{13}、K_{18}、K_{18F}、KF_{60} 等型普炭钢车	5 年	1 年	
	其他型耐候钢矿石车	8 年	1 年	
水泥车	U_{15} 型、U_{60} 型、U_{60W} 型	5 年	1 年	
	U_{61W} 型、U_{61WZ} 型	9 年	1.5 年	
冰冷车	普炭钢车	4 年	1 年	
	耐候钢车	6 年	1 年	
集装箱平车	X_{4K} 型	8 年	2 年	6 个月
	C_{6A} 型	6 年	1 年	
	其他型集装箱平车	6 年	1.5 年	
平车（含 NX 系列）、家畜车、粮食车、守车、长钢轨车、60 t 的凹型车		5 年	1 年	
毒品车		10 年	1 年	
1996 年以后生产的 D_{22G}、D_{12}、D_{70}、D_{10}（经轴承密封改造），D_{15B}、D_{28}		9 年	3 年	
厂修、段修的周期原为 9 年、1.5 年的不常用专用车，D_{9A}、D_{22A}、DK_{23}、DA_{21}、DA_{25}、DQ_{35}、D_{45}		10 年	2 年	
其他型不常用专用车、载重 90 t 以上的铁路货车，DL_{1}、DK_{36}、DK_{29}		8 年	2 年	

（二）定期检修内容

1. 厂　修

厂修一般在车辆工厂进行，是对车辆进行全面检查和彻底修理，并进行必要的现代化技术改造。对底架、车体钢结构和各梁、柱、板的腐蚀及变形根据厂修限度进行修理，将主要部件恢复原有性能，保持其应有的强度，以保证车辆在长期运行中技术状态良好。厂修后的车辆应能接近新造车辆水平。修竣后涂打相应的厂修标记。

2. 段　修

段修在车辆段进行，是对车辆进行全面检查、重点分析。着重分解检查车辆的转向架、车钩缓冲装置和制动装置等部件，消除故障隐患，修复损坏、磨耗的零部件；按规定更换磨损过限的零部件，防止故障扩大。段修后车辆的主要零部件的技术质量应能保证车辆在一个段修期内安全运行。修竣后涂打相应的段修标记。

车辆段作为铁路车辆运用的基层生产单位，大多设在货车集散量大的编组站或旅客列车到发数量较多的车站，根据所配属车辆种类和修车种类的不同，车辆段可分为客车车辆段、货车车辆段、客货混合车辆段和机械冷藏车车辆段。

3. 辅　修

辅修主要是对车辆的制动装置和轴箱油润装置进行检修，保持轴箱油润的良好状态，防止车辆燃轴。同时对其他部件进行辅助性修理，做到螺栓紧固、配件齐全、作用良好，以保证这些部件在运用中保持良好的状态。客车的辅修一般在客车整备所进行；货车的辅修在检修所（线）进行。

辅修后的车辆，其施修部分必须保证在辅修到期之前不发生故障。修竣后应涂打相应标记。

二、车辆日常检修

为了使车辆随时保持良好的技术状态，在定期检修之间的运用期内，还必须对车辆进行日常检查和维修。只有日常检修和定期检修配合起来，才能保证车辆的完好和正常运用。

（一）货车的日常检修

货车的日常维修工作由列车检修所和列车站修所等单位承担。列车检修所对经本站中转或到达本站的列车的所有车辆进行技术检查和修理，同时还负责扣留定检到期的车辆。列车站修所的任务是进行货车的摘车修理、轴检和辅修工作。为了车辆的良好运用和加速车辆周转，在日常维修中应尽量采取不摘车修理方式。

1. 货车站修所

货车站修所的基本任务如下：

（1）施行货车辅修、轴检和临修。

（2）修复破损程度较轻的事故车。

（3）整备配属专列货车。

2. 货车检修所

货车检修所是货车车辆运用维修的基地，它的主要任务是：

（1）负责所在车站货车的检查和维修，发现并处理车辆故障。

（2）扣留定检到期和过期货车以及需要摘车修理的技术状态不良车。

（3）维护运用货车的质量使其符合规定的技术标准，保证列车安全正点运行。

（二）客车的日常检修

客车和货车不同，它有固定的配属单位、固定的运行区间和固定的编组。所以客车的日常维修工作主要是利用旅客列车终到后、始发前在客车整备所进行，又称为库列检。另外。在运行途中利用停站时间由旅客列车检修所进行列车的技术检查。

1. 客车整备所

客车整备所的基本任务是：

（1）负责本属客车的定期维修和防寒、防暑整修。

（2）负责厂、段修客车的接送、技术状态的检查和备品的交接工作。

（3）负责本属客车的摘车临修。

（4）负责车辆、机具的维修和蓄电池的充电，对施行库列检作业的旅客列车进行列车制动机全部试验。

（5）对外属列车要认真处理乘务检车员交修的故障。

对本属客车检修后应达到客车出库质量标准，保证客车运行往返不发生责任事故。

2. 乘务检车员

乘务检车员实行固定人员、固定车组的包乘制，任务是随车巡视，并对规定的检修范围实行包检、保修，保证旅客列车安全运行到终点站。如中途遇到不能完成的不摘车修理故障时，应预报前方旅客列车检修所。

3. 旅客列车检修所

旅客列车检修所的任务是对旅客列车进行技术检查，并配合乘务检车员进行不摘车修理，排除故障，保证由该车站发出的列车技术状态良好。

三、铁路车辆检测系统

铁路车辆检测系统有 5 套子系统，统称为“5T”系统，分别是货车红外线轴温探测系统（THDS）、货车运行状态地面安全监测系统（TPDS）、货车滚动轴承早期故障轨边声学诊断系统（TADS）、货车运行故障动态图像检测系统（TFDS）、客车运行安全监控系统（TCDS）。

（一）货车红外线轴温探测系统（THDS）

车辆在运行时，承重轴承会由于摩擦而产生热量，轴承正常运转时，它所产生的热量会使其表面的温度趋于稳定值。当轴承内部出现故障时，会使其摩擦加剧，温度突升，达到一定程度时，便形成热轴，严重者导致切轴，使运行中的车辆颠覆，带来重大财产损失。

由列检所检车员用手触摸轴箱，对比轴温发现热轴的检测方法准确性较差，而且劳动强度大，所以，红外线轴温探测器检测轴温这一先进技术近年来得到迅速发展。

红外线是一种波长比可见光长的电磁波，在光谱上位于红色光的外侧，所以叫红外线。任何高于绝对零度（-273.15 °C）的物体，都能不同程度地辐射红外线。红外线轴温探测器就是根据温度高的物体辐射的红外线强、温度低的物体辐射的红外线弱这一原理制成的，通过车辆轴箱或轴承辐射的红外线强弱来分辨出其温度的高低。

20 世纪 80 年代以来，随着计算机技术及网络技术的广泛使用，在第一代红外线轴温探测器的基础上，研制出了第二代红外线轴温探测系统，其组成框图如图 4.46 所示。

第一层为探测站，负责数据的采集、处理和传输。

第二层为复试中心，它们与探测站构成一个小系统，一旦通信中断，可以独立进行工作，不会影响轴温监测工作。

第三层为铁路局监测中心，负责接收、整理、存储和管理由探测站或复试中心传输来的数据，同时对整个系统工作状态进行监测、指挥和控制，这一层是一个管理层次，可以随时了解铁路局管内各监测中心和探测站的状态，随时调阅有关数据。

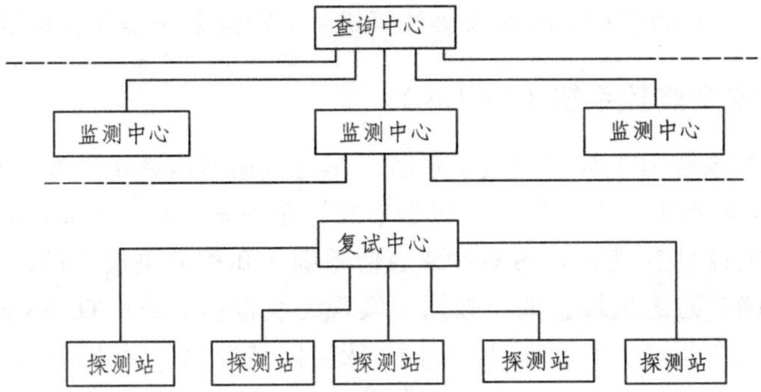

图 4.46　红外线轴温探测系统的组成

第四层为国铁集团查询中心，这是一个高级管理层次，可以实时监控全路红外线轴温探测系统的工作。

（二）货车运行状态地面安全监测系统（TPDS）

货车运行状态地面安全监测系统是以实时监测轮轨力为基础的列车状态监测与报警系统。该系统是用于实时监控列车运行状态、及时发现列车安全隐患、保障列车安全运行的监测与报警系统。该系统包括：列车脱轨安全预警模块、列车超偏载预警模块、蛇行失稳判别模块和车轮踏面擦伤识别模块。TPDS 的主要工作原理是：以自主研发的测力钢轨为轮轨力的基本检测单元，结合先进的信号放大和数据采集模块，组成车辆-轨道相互动态作用监测系统，实现对轮对和轨道相互作用力的连续测试，在此基础上，根据列车脱轨安全评判准则及车辆超偏载等的确定方法，判断列车运行状态，找出运行状态不良的车辆并给出分类报警信息。

（三）货车滚动轴承早期故障轨边声学诊断系统（TADS）

货车滚动轴承早期故障轨边声学诊断系统采用轨边声学探测技术及计算机诊断技术，对运行列车滚动轴承的振动声音信号进行采集分析。对轴承不同部位的故障预先建立复杂的数学模型，可以判断轴承内套、外套、滚柱等主要部位的裂纹、剥离、磨损、腐蚀等故障，从而实现了滚动轴承早期故障的在线诊断。

（四）货车运行故障动态图像检测系统（TFDS）

货车运行故障动态图像检测系统是一套集高速数字图像采集、大容量图像数据实时处理技术、精确定位技术、模式识别技术、智能化、网络化技术以及自动控制技术于一体的智能系统，其设计目的是对货车的隐蔽故障和常见故障进行动态检测。TFDS 的主要功能包括：

（1）自动测速、自动计轴计辆，适应车速：5 ~ 120 km/h。

（2）自动获取机车及车辆的标签信息，并自动提取车次、车号及车型等信息。

（3）自动识别并屏蔽客车。

（4）对货车关键部件（制动梁、转向架、车钩等）准确定位并抓拍图像。

（5）自动按转向架、制动梁、中间部和车钩四个部件进行图像的拼接，并通过列检终端计算机显示。

（6）能够自动生成列检所需要的各类作业台账。

（7）实现数据及图像的上传。

（8）自检功能：自动对防护门、图像采集计算机、车辆信息采集计算机及各个软件进行监控。

（五）客车运行安全监控系统（TCDS）

客车运行安全监控系统由车载实时监测系统、车地数据通信系统、地面数据库及专家系统组成。其中，车载实时监测系统一方面将车辆状态信息记录下来；另一方面可将紧急事件，如火灾、意外制动等通知司机或通过卫星或 GPS/GPRS 通信系统通知相关决策人员，为车辆状态修提供技术平台，并可进行车辆状态的远端查询，数据可实现无线自动下载。TCDS 的主要功能如下：

（1）防滑器工作状态监测、车电监测，车门、火灾险情监测，制动系统监测和轴承状态监测。

（2）在线监测诊断各车厢各监测对象的运行状态，实现在列车级集中显示、报警的功能。

（3）TCDS 的列车级主机能在线实时记录、存储各监测对象的过程数据、诊断报告、事件信息（黑匣子）等。

以上系统都可以在车辆段、铁路局和国铁集团实现查询，当把它们整合起来实现数据交互后就组成了“5T”体系。随着“5T”检测系统的大面积推广使用，每 500 km 左右只需要一个大型的车辆检修基地，每 250 km 左右只需要一个“5T”车辆运行安全监控站，从而减少了检车人员、提高了检测准确率、缩短了检测时间，大大加快了列车周转时间，提高了铁路运输能力，进而提高了铁路运输的经济效益，为我国现有的 200 km/h 高速铁路和 350 km/h 京沪高速铁路提供了技术支持。

【思考题】

1. 什么叫车辆定期检修？车辆段修的主要内容有哪些？
2. 计划预防修有什么优缺点？
3. 货车有几个修程？
4. 什么是现在客车？
5. 铁路车辆检测系统有哪 5 套子系统？
6. 红外线轴温探测系统由哪几个基本单元构成？
7. 上网查询，了解车辆日常维修的过程以及定期检修标志如何表达。

项目五　认知铁路机车

【项目导入】

本项目的学习任务是：了解铁路机车的种类，并能正确识别常见的机车种类；了解内燃机车和电力机车的工作原理，具备一定的专业知识，能认知电力机车的主要电气部件；对铁路机车的发展方向和机车新技术有所了解；熟悉各种机车运转制度，对机车的检修工作有一定的了解；学习并传承我国铁路精神文化。

【知识目标】

1. 认知铁路机车的分类和型号；
2. 掌握铁路机车轴列式；
3. 掌握内燃机车和电力机车的工作原理，了解机车新技术；
4. 掌握机车检修制度和机车运转制度。

【能力目标】

1. 能识别常见的铁路机车类型，了解各自特点；
2. 能识别电力机车电气部分的主要器件；
3. 熟悉各种机车运转制度。

任务一　认知铁路机车的分类和型号

【任务描述】

在本任务中，我们将学习铁路机车的分类和型号表示。

通过本任务的学习，要求学员对机车有基本的了解，能识别常见的机车类型和机车型号的含义。

【知识学习】

铁路运输主要有三种牵引形式，即蒸汽牵引、内燃牵引和电力牵引。蒸汽牵引从 20 世纪 60 年代开始，已逐渐被淘汰。内燃牵引和电力牵引具有功率大、热效率高、过载能力强的特点，能更好地实现多拉快跑，提高铁路的运输能力，所以发展很快。特别是电力牵引，它除了具有上述优点外，还能综合利用资源和不污染环境。

铁路机车是铁路运输的牵引动力。由于铁路车辆不具备动力装置，需要把客车或货车连挂成车列，由机车牵引沿着钢轨运行。在车站上，车辆的转线以及货场取送车辆等各项调车作业也要由机车完成。因此，为了完成客、货列车的牵引和车站的调车工作，铁路必须保证有足够数量且牵引性能良好的机车；同时还必须加强对机车的保养与检修工作，正确组织机车的合理运用等。

一、铁路机车的种类

（一）按用途分

机车按用途可以分为客运机车、货运机车、客货通用机车和调车机车，客运机车和货运机车都属于本务机车；由于客运和货运的发展方向不同，客运机车与货运机车的区别也越来越大，客货通用机车正逐步减少。

微课视频：机车的发展史及分类、特点

客运机车是指专门用来牵引旅客列车运行的本务机车，由于我国铁路客运向着高速化方向发展，所以客运机车具有起停快、速度高的特点。

货运机车是指专门用来牵引货物列车的本务机车，我国铁路货物运输向着重载化方向发展，所以货运机车具有马力大、功率大的特点。

调车机车是指专门在站内进行列车解体、编组、车辆取送、摘挂车辆等调车作业的机车，由于调车作业范围小、速度低、起停多，所以调车机车具有机动灵活、操作便捷的特点。

（二）按动力来源分

机车按动力来源可分为蒸汽机车、内燃机车和电力机车。

1. 蒸汽机车

蒸汽机车是通过蒸汽机把燃料的热能转换成机械能来牵引列车的一种机车，蒸汽机车包括锅炉、汽机和走行装置三个基本部分，另外还有将这三部分组成整体的车架以及用来供应机车用煤、用水的煤水车。

蒸汽机车的热效率太低，一般只有 9% 左右，而且煤、水的消耗量很大，需要大量的上煤、给水设备，且对环境有较大的污染，因此在现代铁路运输中，蒸汽机车已逐渐被其他新型机车所取代。

2. 内燃机车

内燃机车是由柴油机、燃气轮机通过传动装置驱动的机车，是自带能源的机车，也是我国铁路机车的主要类型。目前国产内燃机车的主要车型为东风系列（DF）内燃机车。

3. 电力机车

电力机车是一种非自给式机车，它是通过车顶上装的受电弓从外界获得电能，由电动机通过传动装置驱动的机车。电力机车是我国铁路机车的重要类型，是未来机车发展的主要方向。我国电力机车的主要车型是韶山（SS）系列电力机车及和谐（HX）系列电力机车。

（三）按走行装置形式分

机车按走行部形式分为车架式机车和转向架式机车两种。车架式机车采用连杆或万向轴成组驱动轮对，这种走行部具有结构简单、造价低等优点，但由于曲线通过能力的限制，动轴数一般限于 3 根，所以这种走行部仅用于小机车和调车机车。转向架式机车的走行部与车辆走行部相似，使用最为普遍。单节机车的转向架数一般为 2 台，也有 3 台甚至 4 台的，每台转向架的轴数为 2 ~ 4 根。其优点是固定轴距短，容易通过曲线，弹簧减振系统完善，有利于高速运行、检修方便等。

（四）按传动模式分类

机车按传动模式可以分为直流传动式机车、交流传动式机车和液力传动式机车。目前我国铁路机车的主流传动方式是交流传动方式。

二、我国铁路机车的型号与轴列式

（一）机车型号

一般用汉字表示机车的类型，例如用“东风”表示电传动内燃机车，用“东方红”表示液力传动内燃机车；也可用汉语拼音字母表示，如 DF 即为“东风”。进口内燃机车类型用汉语拼音字母“ND”和“NY”表示，其中 N 表示内燃机车，D 表示电传动，Y 表示液力传动。在汉字或拼音字母右下角的数字则表示该型机车投入运用的序号。

用汉字“韶山”表示国产电力机车，也可用汉语拼音字母表示，SS 即为“韶山”。在汉字或拼音字母右下角的数字则表示该型机车投入运用的序号，如 SS_1、SS_4 等。

和谐型电力机车（HXD）是引进国外技术在中国设计制造的交流传动重载货运电力机车。HXD 后面的数字表示不同制造公司所制造的机车，如 HXD1 为中车集团株洲电力机车公司制造，HXD2 为中车集团大同机车公司制造。

和谐型内燃机车（HXN）是引进国外技术在中国设计制造的交流传动重载货运内燃机车。HXN 后面的数字表示不同制造公司所制造的机车，如 HXN3 为中车集团大连车辆公司制造，HXN5 为中车集团戚墅堰机车公司制造。

（二）机车的轴列式

转向架式机车的轴列式表示规则为：以英文字母表示动轴数，A 即 1、B 即 2、C 即 3、D 即 4 等；注脚“0”表示每一动轴为单独驱动，无注脚表示动轴为成组驱动。如果三轴转向架内的中间轴为非动轴，两端轴为动轴，则该转向架的轴列式为 A1A，该型机车的轴列式为 A1A-A1A，其中字母 A 表示一根动轴，数字 1 表示一根非动轴，之间的“-”表示转向架之间无直接机械连接。例如，DF_{11} 型电传动内燃机车的轴列式为 C_0-C_0，表示该型机车有两台三轴转向架，单独驱动。

【思考题】

1. 总结我国的机车型号有哪几类，并举例说出 5 种机车型号。
2. 铁路机车按动力装置可分成哪几类，各有什么特点？
3. 机车轴列式的表达式及含义是什么？举例说明。
4. 登录相关网站查询资料，总结我国的机车型号有哪些。

任务二　认知内燃机车

【任务描述】

在本任务中，我们将了解内燃机车的种类和特点，了解内燃机车的工作原理及结构组成，了解内燃机车转动装置及制动装置的工作原理及主要部件，了解内燃机车新技术。

通过本任务的学习，要求学员能够识别常见的内燃机车类型，熟悉其特点及工作原理，知晓内燃机车工作原理及结构组成，掌握内燃机车转动装置及制动装置的工作原理，对内燃机车新技术有一定了解。

【知识学习】

1905 年，美国通用电气公司（GE）研制出了第一台内燃机车，采用一台英制 103 kW 的汽油机驱动直流发电机，供给车轴上的直流电动机。1910 年，由美国 GE 公司制造的世界第一台柴油机内燃机车问世。1923 年，德国人海尔曼·费廷格尔和克鲁肯贝格制造出了世界上第一台液力传动内燃机车。1924 年，第一台干线内燃机车在苏联问世，最高速度达 50 km/h。1925 年，美国制造出了第一台正式在铁路上使用的调车机车。1984 年，美国在 GM60 系列和 GEDaSh8x 系列机车上开始大量运用计算机控制，开启了内燃机车的计算机时代。

我国于 1958 年在大连机车厂仿照苏联内燃机车试制了巨龙型内燃机车，后经过改进设计，定型为东风型内燃机车。在 20 世纪 60 年代初，我国便自行设计制造了以东风型为代表的功率为 1 342 kW 第一代内燃机车，从 1969 年起开始生产以东风$_4$型、北京型为代表的第二代内燃机车。第二代内燃机车的功率比第一代内燃机车的功率大，而且可靠性、耐久性等综合性能也有了明显提高，并形成了适应各种不同用途的机车种类及型号。从 20 世纪 80 年代起，为了适应铁路运输的发展，通过学习、引进、消化国外先进技术，并与国外企业合作，我国从 1989 年起先后成功开发了多种技术水平更高的以东风$_8$B、东风$_{11}$型为代表的国产第三代内燃机车。第三代内燃机车的技术水平已经接近或达到了国际先进水平，采用了较多的国际先进机车新技术，功率更大，速度也更快，基本满足了干线货运列车的重载牵引及旅客列车的快速牵引要求。目前，我国正在研制开发第四代内燃机车，第四代内燃机车将采用计算机控制、交流传动、柴油机电子喷射等世界先进技术。

一、内燃机车的特点

内燃机车是以内燃机作为原动力的一种机车。内燃机车的热效率可达到 30% 左右。

内燃机车的优点是：

（1）热效率高、能耗低，热效率可以达到 30% ~ 35.5%，可以经济地利用石油资源。

（2）整备时间短，持续工作时间长，适用于长交路。

（3）用水量少，内燃机车用的冷却水是循环使用的，消耗很少，适用于缺水地区。

（4）初期投资比电力机车少，电力牵引必须组建牵引供电系统，因此电力牵引比内燃牵引总投资高 1.45 ~ 2.55 倍。

此外，内燃机车还具有乘务条件好、牵引性能好、起动加速快、具有可靠的电气制动等优点。

内燃机车的最大缺点是对大气和环境有污染。

二、内燃机车的工作原理

内燃机车的工作原理是：内燃机车的原始动力来源于柴油机，燃料在气缸内燃烧，所产生的高温高压气体在气缸内膨胀，推动活塞往复运动，连杆带动曲轴旋转对外做功，使燃料的热能转化为机械能；柴油机发出的动力传输给传动装置，通过对柴油机、传动装置的控制和调节，将适应机车运行工况的输出转速和转矩送到每个车轴齿轮箱去驱动机车动轮，机车动轮产生的轮周牵引力传递到车架，由车架端部的车钩变为挽钩牵引力来拖动或推送车辆。机车的运行方向可以通过转换开关来控制。

三、内燃机车的分类

内燃机车按传动方式的不同可分为电力传动内燃机车和液力传动内燃机车两种类型，按用于机车的内燃机种类可分为柴油机车和燃气轮机车，我们习惯上说的内燃机车都是指柴油机车。

我国内燃机车主要包括东风系列、东方红系列、北京型液力传动机车、ND 系列和 NY 系列以及和谐系列机车等类型，如图 5.1 所示。目前国产内燃机车的主要车型为东风系列（DF）内燃机车。

DF_{11} 型内燃机车

DF_{7} 型内燃机车

HXN3 型内燃机车

HXN5B 型内燃机车

图 5.1 我国部分型号的内燃机车

（一）电力传动内燃机车

内燃机车的能量传输过程是：由柴油机驱动主发电机发电，然后向牵引电动机供电使其旋转，并通过牵引齿轮传动驱动机车轮对旋转。电力传动内燃机车如果采用直流发电机和直流牵引电动机，就称为直-直流电传动内燃机车；如果采用交流发电机和直流牵引电动机，则称为交-直流电传动内燃机车。后者在技术、经济指标上要比前者先进一些。此外，还有一种更为先进的电传动方式，即采用交流发电机和交流牵引电动机的交流电力传动，按可控硅变频方式，可分为交-直-交和交-交两种形式，此类传动方式可以提高单节机车的功率，防止机车动轮打滑，是内燃机车的发展方向。

（二）液力传动内燃机车

在液力传动内燃机车上，原动力仍是柴油机，在柴油机和机车动轮之间装有一套液力传动装置。柴油机输出的功率通过液力传动装置，经万向轴分别传至每根动轴上的车轴齿轮箱，以驱动机车动轮转动。

四、内燃机车的组成

从内燃机车的工作原理可以看出，内燃机车的基本构造包括柴油机、传动装置、车体、转向架、车钩缓冲装置、辅助装置、制动装置、控制设备等部分，如图 5.2 所示。

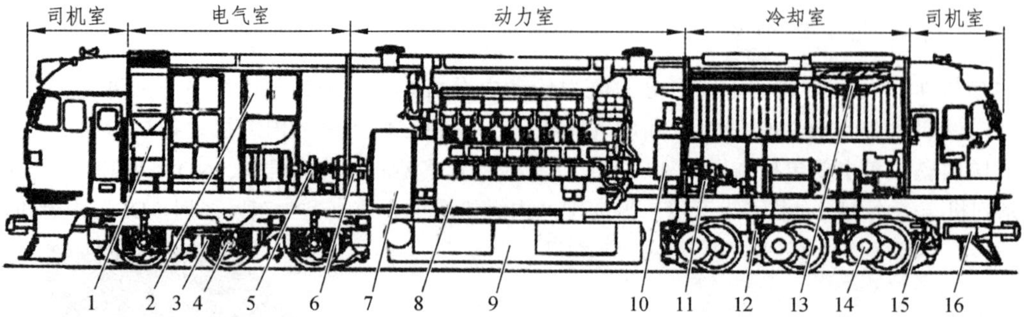

1—电阻制动装置；2—硅整流柜；3—牵引装置；4—走行部；5—起动变速箱；6—励磁机；
7—主发电机；8—柴油机；9—燃油箱；10—预热锅炉；11—静液压变速箱；
12—电机悬挂系统；13—冷却风扇；14—牵引电动机；
15—基础制动装置；16—车钩缓冲装置。

图 5.2　电传动机车的结构示意图

（一）车体

车体是内燃机车的外壳及骨架，是安装柴油机及其辅助设备的基础，起到保护机车上的人员和机器设备不受风沙雨雪的侵袭和防寒保暖的作用。车体按其承受载荷的情况，分为整体承载式和非整体承载式两种。现代大功率机车往往把车体侧壁、司机室、底架等组焊在一起成为一个整体承载的结构。车体一段由侧墙、顶棚、底架、内部隔墙和两端司机室组成，内部隔墙把车体分为第Ⅰ司机室、电气室、传动室、动力室、冷却室、辅助室、第Ⅱ司机室七个部分。为了便于乘务人员和检修人员工作，除司机室有侧门外，在动力室的两侧也有侧门，各室间隔墙均设有内门。为了便于装拆部件，除司机室外的各室顶部均做成活动顶盖。车体结构中还设置了防寒、防火、通风及良好的采光和照明设施。

车体的车架一般为矩形钢结构，由中梁、侧梁、枕梁、横梁等主要部分组成，上面安装柴油机等设备，下面由两个转向架支承，车架中梁前后两端的中下部装设有车钩、缓冲器。车架承受载荷大，并传递牵引力使列车运行，因此车架必须有足够的强度和刚度。

（二）柴油机

柴油机是内燃机车的动力装置。它将柴油燃烧后产生的热能转变为机械能，机械能通过传动装置传递到机车动轮上，从而驱动机车运行。

1. 柴油机的工作原理及工作特性

1）柴油机的工作原理

柴油机将气缸内的柴油燃烧产生的热能转变为由柴油机曲轴输出的机械能。柴油机的每一次工作循环就是一次能量转换过程，包括进气、压缩、燃烧膨胀、排气四个过程，如图 5.3 所示。

（1）进气冲程。在曲轴的驱动下，活塞由上止点向下止点运动，同时在配气机构的作用下，进气阀开启，排气阀关闭，新鲜空气由进气阀进入气缸，直至活塞移动到下止点。

（2）压缩冲程。在曲轴的驱动下，活塞由下止点向上止点运动，进、排气阀关闭，气缸内气体被压缩，其压力和温度不断上升，直至上止点，为柴油燃烧创造条件。

（3）燃烧膨胀冲程。当活塞接近上止点时，高压雾状燃油喷入气缸，燃油与气缸内的高温高压空气混合迅速燃烧，气体温度、压力迅速上升而膨胀，推动活塞下行，通过曲柄连杆机构使曲轴转动，将功率输出。

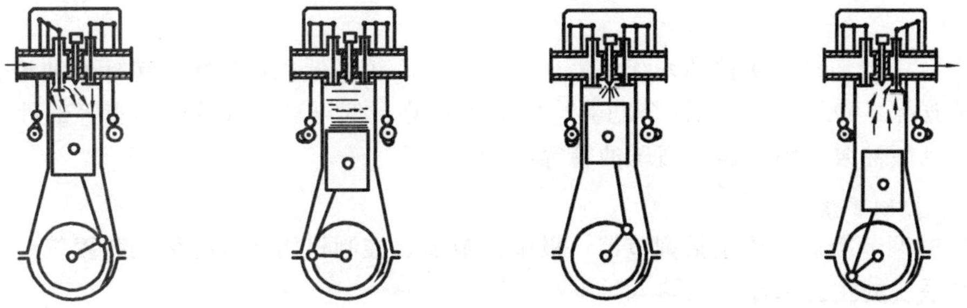

（a）进气冲程　　（b）压缩冲程　　（c）燃烧膨胀冲程　　（d）排气冲程

图 5.3　单缸四冲程柴油机的工作循环示意图

（4）排气冲程。在曲轴的驱动下，活塞由下止点向上止点运动，排气阀打开（进气阀关闭），气缸内经过膨胀做功的燃气由排气阀排出，直至活塞再次到达上止点，废气排净。

2）柴油机的工作特性

（1）柴油机有一个最低工作转速，低于这个转速，柴油机就不能工作，就不能使列车起动。

（2）柴油机的功率基本上与转速成正比，只有当柴油机达到额定转速时，才能发出额定功率。若采用直接驱动方式，机车只有在最高速度时柴油机功率才能得到充分利用，实际上，机车的运行速度是经常变化的，所以，柴油机的功率不能够得到充分利用。

为了使柴油机的功率得到充分发挥和合理利用，实现机车牵引特性的要求，内燃机车需要设置传动装置，将柴油机的扭矩、功率，即转速特性转换为内燃机车的牵引特性：① 机车起动和低速牵引时有较大的牵引力；② 列车起动后，当机车主控制手柄处于给定级位，柴油机转速、功率一定，列车运行阻力小于机车牵引力时（加速力为正值），机车速度沿牵引特性曲线提高（牵引力随之减小）；③ 当列车阻力大于机车牵引力时（加速度为负值），机车速度沿牵引特性曲线下降（牵引力随之增大），这种特性俗称为牛马特性。

2. 柴油机的分类

（1）根据柴油机完成一个工作循环的方式不同，分为二冲程柴油机和四冲程柴油机。

二冲程柴油机用于 DF 型、DF_2 型、DF_3 型内燃机车。

四冲程柴油机用于 DF_4 系列、DF_7 型、DF_8 型、DF_{11} 系列、BJ 型、DFH 系列内燃机车。

（2）按气缸的布置形式不同，分为单列式柴油机、V 型柴油机和 H 型柴油机。

（3）按柴油机转速的不同，分为高速柴油机、中速柴油机和低速柴油机，

DF_4 B 型内燃机车上采用的“16V240ZJB”型柴油机，如图 5.4 所示，表示它有 16 个气缸；分两排呈 V 字形排列，气缸内径为 240 mm；Z 表示增压，装有废气涡轮增压器和增压空气中间冷却器；J 表示铁路牵引用；B 表示产品改进变型符号。

图 5.4　16V240ZJB 型柴油机

3. 柴油机的辅助装置

柴油机的辅助装置包括：燃油系统、调节控制系统、进排气系统、机油系统、冷却水系统和预热系统。

1）燃油系统

燃油系统的作用是：根据柴油机的运转工况，适时、定量地向气缸供给具有一定压力的、充足的、清洁的柴油，并使柴油在气缸内良好地雾化，能够充分燃烧，保证柴油机的

正常工作。

燃油系统一般包括低压输油系统和高压供油喷射系统。低压输油系统包括燃油箱、燃油粗滤器、燃油输送泵（燃油泵）、燃油精滤器、燃油预热器、低压输油管及回油管等部件。高压供油喷射系统包括喷油泵、喷油器、高压油管等部件。

2）调节控制系统

柴油机的调节控制系统包括调节器、极限调节器、控制机构和调控传动装置等。其中调节器是调节控制系统的主要部件。

一般内燃机车采用的是转速-功率联合调节器，由控制部分、感应部分和执行部分组成。

控制部分：控制柴油机转速，以适应运行要求。

感应部分：直接感应柴油机外界负荷的变化以及机车牵引功率和辅助功率的变化。

执行部分：调节器是具体执行命令的机构，通过它与喷油泵发生联系，以改变每一循环喷入气缸内的燃油量。

3）进排气系统

进排气系统是向柴油机气缸内输送充足的、清洁的、具有一定压力的新鲜空气，排除气缸内燃烧膨胀后的废气。

进排气系统由空气滤清器、废气涡轮增压器、中间冷却器和进、排气管道等组成。

4）机油系统

柴油机在工作时，其曲轴、活塞、连杆等许多零部件的运动速度较高，各摩擦表面都会产生磨损，产生热量。

机油系统是向柴油机的各运动零部件的摩擦表面供给带有一定压力的、温度适宜的、洁净的机油，用以润滑柴油机的各零部件，减小其摩擦和磨损，同时冲洗摩擦表面的磨屑，带走摩擦产生的热量。

机油系统由机油泵、机油滤清器、机油热交换器及管路组成。

5）冷却水系统

柴油机工作时，与燃气直接接触的气缸、活塞等零部件受热强烈，如不适当冷却，会造成柴油机过热，使零部件的强度降低、机油的物理化学性质改变、润滑条件恶化、摩擦和磨损加剧。所以，机车柴油机通常采用强制循环冷却水系统，以保证柴油机的主要零部件在适当的温度状态下工作，并保持较高的新鲜空气密度和机油的黏度与品质，保证柴油机能够高效持久地工作。

冷却水系统分为高温水系统和低温水系统，由水泵、散热器、冷却风扇和膨胀水箱等组成。

6）预热系统

内燃机车柴油机启动或停机时，对柴油机的机油、燃油及冷却水的温度都有一定要求。润滑油、冷却水温度过低，不仅会使柴油机启动困难，而且会使运动零部件磨损严重，燃油雾化不良，影响燃烧质量。在严寒季节机车停留时，预热系统可以在柴油机启动前对柴油机的油、水进行预热，以保证柴油机能在规定的油、水温度下启动，或者在机车停留时间较长时使柴油机保持一定的油、水温度。预热系统由预热锅炉及预热水泵、相关管路等组成。

（三）传动装置

传动装置是为了将柴油机的功率传递到动轴上去驱动车轮而设置的。在内燃机车上，柴油机和机车动轮之间都装有传动装置，柴油机的功率是通过传动装置传递到机车动轮上去的，而不是由柴油机去直接驱动机车动轮。这是因为柴油机的工作特性不能直接满足机车牵引特性的要求。

内燃机车常用的传动方式有机械传动、液力传动和电力传动。机械传动方式因其功率受到限制，目前在铁路内燃机车中不再采用该方式。而液力传动方式操纵简单、可靠，特别适合于多风沙和多雨的地带，能使内燃机车节省大量钢材，但液力传动方式的传动效率仍比电力传动低，因此目前各国铁路的内燃机车已广泛采用电力传动。

电力传动即柴油机带动发电机发电，再供给牵引电动机驱动机车轮对运转。

电力传动可以分为三种：

（1）直-直电力传动：牵引发电机和电动机均为直流电机，柴油机带动直流牵引发电机，将直流电直接供给各牵引直流电动机去驱动机车动轮。

（2）交-直电力传动：柴油机带动三相交流同步发电机，发出的三相交流电经过大功率半导体整流装置变为直流电，供给直流牵引电动机去驱动机车动轮。

（3）交-交电力传动：分为交-直-交电力传动和交-交电力传动两种型式。

① 交-直-交电力传动：发动机带动三相同步交流牵引发电机，发出的交流电通过整流器到达直流中间回路，直流中间回路中恒定的直流电压通过逆变器调节其振幅和频率，再将直流电逆变成三相变频调压交流电压，供给交流牵引电动机去驱动机车动轮。目前这种型式的电力传动机车应用最为广泛。

② 交-交电力传动：发动机带动三相同步交流牵引发电机，发出的交流电送给变频装置直接变为三相变频交流电，供给交流牵引电动机去驱动机车动轮。

电力传动装置主要由主发电机、整流装置和牵引电动机等组成。当主发电机的转子（磁极）被柴油机带动而旋转时，形成旋转磁场，电枢绕组便切割磁力线而产生感应电势，发出三相交流电，该三相交流电经整流装置整流成直流电后供给牵引电动机，由牵引电动机将电能转变成机械能，并通过电枢轴上的主动齿轮传给机车动轮上的从动齿轮，使机车运行。

在电力传动内燃机车上，牵引电动机一般都采用直流串励电动机，因为这种电动机的转矩和转速能按照列车运行阻力和线路条件的变化自动进行调节。当机车上坡运行或负载加大时，这种电动机的转速能随着转矩的增大而自动降低，可以满足列车牵引的要求。

（四）转向架

内燃机车转向架的作用是：① 承受车体各部分的重力，在保证必要的黏着前提下，将轮轨接触处产生的轮轴牵引力传递给车架和车钩，牵引列车前进；② 产生必要的制动力，以便使机车在规定的制动距离内停车；③ 缓和来自线路不平顺的冲击和隔离振动，保证机车沿轨道运行并顺利通过曲线。

内燃机车的转向架主要由构架、弹簧装置、连接装置、轮对与轴箱、驱动机构、基础制动装置等部分组成，如图 5.5 所示。

各部分的作用为：

（1）构架：转向架的骨架，承受和传递垂向力及水平力。

（2）弹簧装置：用来保证一定的轴重分配，缓和线路不平顺对机车的冲击并保证机车的运行平稳性。

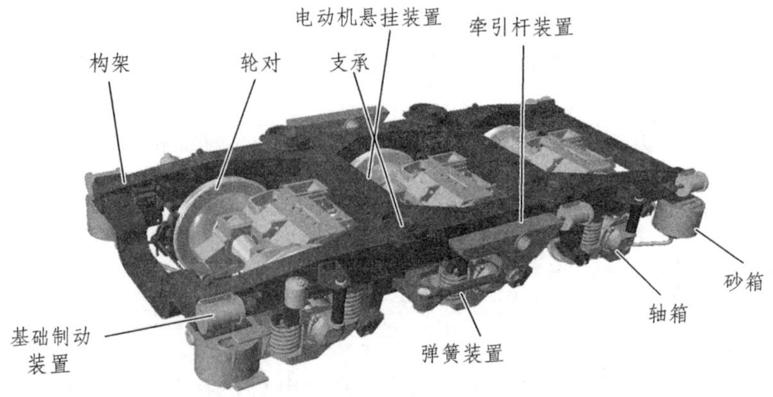

图 5.5　DF4 型内燃机车转向架

（3）连接装置：用以连接车体与转向架之间的垂向力及水平力（包括纵向力如牵引力或制动力，横向力如通过曲线时的横向作用力等），使转向架在机车通过曲线时能相对于车体回转。在较高速度的机车上，车体与转向架之间还设置了横动装置，使车体在水平横向成为相对于转向架的簧上质量，以提高机车在水平方向的运行平稳性。

（4）轮对和轴箱：轮对直接向钢轨传递机车重力，通过轮轨间的黏着产生牵引力或制动力，并通过轮对的回转实现机车在钢轨上的运行。轴箱是联系构架和轮对的活动关节，它除了保证轮对进行回转运动外，还能使轮对适应线路等条件，相对于构架上下、左右和前后活动。

（5）驱动机构：将机车动力装置的功率最后传递给轮对。电力传动内燃机车的驱动机构由减速齿轮箱等组成；液力传动内燃机车的驱动机构由万向轴、车轴齿轮箱等组成。

（6）基础制动装置：由制动缸传来的力，经杠杆系统增大若干倍后传给闸瓦或闸片，使其紧压车轮或制动盘，对机车进行制动。

（五）制动装置

为了提供必要的制动力，在内燃机车上设有：① 主要制动装置，如空气制动装置（制动机）和电阻制动装置；② 基础制动装置以及作为辅助制动手段的手制动机。

1. 主要制动装置

1）空气制动装置

空气制动是机车上的主要制动方式，空气制动装置主要由空气压缩机、总风缸、分配阀、制动缸、单独制动阀（即小闸）和自动制动阀（即大闸）等部件组成。当司机操纵小闸时，通过分配阀的作用能单独控制机车，使机车产生制动或缓解作用。

2）电阻制动装置

电阻制动是利用直流电机的可逆原理，在机车需要减速时，将机车转换为制动工况，此时牵引电动机转换为发电工况，并通过轮对将列车的动能变成电能，再通过制动电阻把电能转换为热能消耗掉，使机车速度降低而起到制动作用。如果将列车的动能转变为电能反馈到电网，供电网范围内的其他列车牵引使用，就形成了再生制动。从节能的角度来讲，再生制动是一种最为理想的制动方式。

电阻制动的特点是速度低时制动力小、速度高时制动力大。因此，电阻制动特别适合于在长大下坡道上进行恒功率制动，不但安全性比较高，可以缩短运转时间，提高区间通过能力，还可以大大减小车轮和闸瓦间的磨耗。而当进站停车速度降低到 15 km/h 以下时，电阻制动的制动力就很小了，因此必须和空气制动装置配合使用。

2. 基础制动装置

基础制动装置的作用是将制动缸的力经杠杆系统增大后传给闸瓦。基础制动装置可由若干制动单元组成。每一制动单元包括一个制动缸、一套杆件系统和闸瓦。制动缸内作用于活塞的压缩空气推力（或手制动机手轮上的力）经过一系列的杠杆增大一定倍数后，传递给各个闸瓦，使闸瓦压紧车轮，最后通过轮轨的黏着产生制动作用。

3. 辅助制动装置

在内燃机车每端的司机室内装有手制动机。当需要使用手制动时，转动手制动轮，就能使这一端转向架上的基础制动装置起到制动作用。

此外，为了控制和保护柴油机和电机等部件的正常工作，调节电路中的各种转换等，在机车上还设有各种电器，如控制电器、保护电器、测量电器以及机车辅助传动装置等。

五、内燃机车新技术

轴式为 C_0-C_0 的 HXN3 型和 HXN5 型内燃机车都是重载货运机车，最高运行速度提高至 120 km/h，牵引电机的输出功率为 4 410 kW（6 000 马力），牵引性能优越，黏着利用率高，起动加速度好，可靠性高。它们的柴油机节能好、排放低，是世界上最大功率等级的经济、环保型机车柴油机。

和谐型内燃机车采用大功率交-直-交传动方式，其牵引电动机为交流异步电动机，具有功率大、质量轻、结构简单、可靠性高、维护工作量小等特点；牵引变流器采用先进的大功率 IGBT 器件，控制性能优良，可靠性高；控制部分采用先进的计算机网络控制系统，数据传输量大，牵引及制动控制性能优良，设备状态监测与系统自诊断功能完善；其车体、转向架、车钩与缓冲器、轮对驱动系统以及制动系统均能充分满足牵引重载列车的需要。

HXN5 型内燃机车的整体技术已达到世界先进水平。图 5.6 所示为 HXN5 型内燃机车的主要设备布置示意图。

HXN5 型内燃机车的结构特点如下：

（1）车架采用双箱形梁结构，整体式燃油箱。燃油箱与车架做成一体，参与承载。这是我国内燃机车首次采用参与承载的整体式燃油箱，增加了车架的强度，减轻了机车的质量。

（2）转向架构架为钢板焊接的箱形结构。由中心销传递牵引力，焊装在车体底架的中心销插入安装在转向架构架上的牵引座，由牵引座向中心销传递纵向力；利用橡胶堆支承横向变形，车体相对于转向架可以弹性横动，这是速度达到 120 km/h 的转向架必备的功能。

（3）机车采用整体碾钢车轮、闸瓦制动、牵引电动机滚动抱轴承悬挂。

（4）设有 2 个独立的通风冷却系统：牵引电动机通风冷却系统和辅助室、逆变器、发电机组通风冷却系统。

（5）轴箱轴承为整体密封的圆锥滚子滚动轴承，轴箱用导框定位，三轴转向架中间轴 ± 15 mm 的自由横动量由轴箱与导框的横向间隙提供。

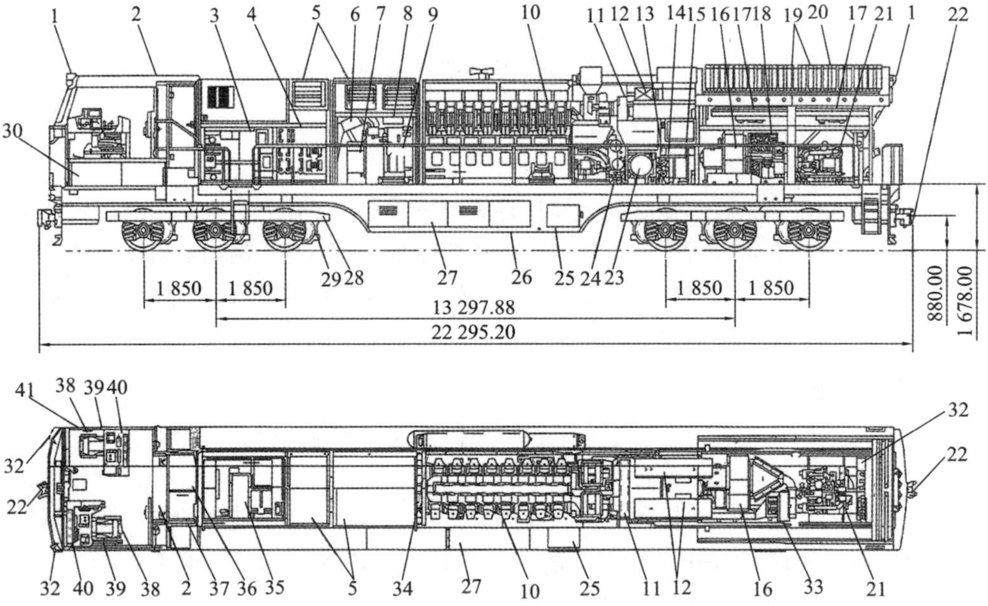

1—头灯；2—控制设备柜；3—牵引逆变器；4—功率装置柜；5—电阻制动装置；6—发电机组通风道；7—辅助发电机；8—CTS 起机转换开关；9—牵引发电机；10—柴油机；11—空气滤清器箱；12—膨胀水箱；13—低压燃油泵；14—预润滑机油泵；15—润滑油冷却器；16—牵引电动机通风机；17—冷却风扇；18—通风机滤清器箱装配；19—散热器百叶窗；20—散热器；21—空气压缩机组；22—车钩；23—润滑油滤清器；24—燃油滤清器；25—污油箱；26—燃油箱；27—蓄电池箱；28—转向架；29—牵引电动机；30—空调；31—标志灯；32—砂箱；33—排尘风机；34—总风缸；35—逆变/发电机组通风机；36—卫生间；37—行车安全设备柜；38—座椅；39—取暖器；40—操作台；41—制动柜。

图 5.6　HXN5 型内燃机车的主要设备布置示意图

【思考题】

1. 简述内燃机车的基本构造、特点和基本工作原理。
2. 内燃机车为什么必须设置传动装置？
3. 简述四冲程柴油机的工作原理。
4. 内燃机车的电力传动可以分为哪几种？
5. 上网查询，了解我国哪些铁路局应用内燃机车及其配属内燃机车的原因。

任务三　认知电力机车

【任务描述】

在本任务中，我们将了解电力机车的种类和特点，了解电力机车的工作原理及结构组成，了解电力机车转动装置及制动装置的工作原理及主要部件，了解电力机车新技术。

通过本任务的学习，要求学员能够识别常见的电力机车类型，熟悉其特点及工作原理，知晓电力机车工作原理及结构组成，掌握电力机车转动装置及制动装置的工作原理，对电力机车新技术有一定了解。

【知识学习】

1942 年，苏格兰人 R. 戴维森制造出了第一台标准轨距电力机车。1895 年，美国在巴尔的摩与俄亥俄州之间的 5.6 km 长的隧道区段上修建了直流电气化铁路。1903 年，德国的三相交流电力机车创造了 210 km/h 的高速纪录。1979 年，德国制造出了第一台 E120 型大功率、采用异步电动机驱动的交-直-交电力机车，开创了电力机车发展的新纪元。

我国最早使用电力机车是在 1914 年，是抚顺煤矿使用的 1 500 V 直流电力机车。我国电力机车的研制始于 1958 年，和电气化铁路的建设同步。1958 年 12 月 28 日，中国第一台干线铁路电力机车试制成功，命名为 6Y1 型。1966 年，由株洲电力机车厂与株洲电力机车研究所共同试制成功了 SS_2 型机车，并先后研制出 SS_3、SS_4、SS_5、SS_6、SS_7、SS_8、SS_9 型等交-直传动系列干线客货运电力机车以及它们的派生型 SS_{4B}、SS_{4C}、SS_{6B}、SS_{7B}、SS_{7C} 等。

从 20 世纪 70 年代末开始，我国铁路一直在进行中小功率变流机组的地面试验研究和大功率交-直-交电力机车的研制，并取得了重大进展。1996 年 6 月，我国首台交流传动电力机车 AC4000 型电力机车研制成功。截止到 2005 年，我国已研制生产了九方、澳星、天梭号、SSJ_3 型等交流传动电力机车并投入运行。

2003 年以来，为适应我国国民经济的高速发展，遵循“引进、消化、吸收、再创新”的技术路线，我国多家电力机车制造企业分别与德国、美国、法国、日本等国外公司进行技术合作，通过技术转让、联合设计等方式，成功引进了先进的动车组技术并转入国产化设计和生产，先后研制成功了 HXD1、HXD2、HXD3、HXD1B、HXD2B、HXD3B、HXD1C、HXN3、HXN5 等和谐系列交流传动机车。通过技术引进，我国电力机车制造企业成功掌握了机车总成、车体、转向架、牵引变压器、牵引变流器、网络控制系统、牵引电机、驱动装置、制动系统 9 大关键技术，以及受电弓、真空主短路器、高压（电压/电流）互感器、司机控制器、辅助设备/牵引电机通风机、空压机、机车空调、复合冷却塔、车钩缓冲器、车载卫生装置 10 项主要配套技术。2006 年以来，和谐型大功率交流传动 HXN3、HXN5 型内燃机车和 HXD 系列电力机车批量生产并投入运营，标志着我国铁路机车成功实现了由交-直流传动向交流传动的转化。对我国铁路重载、高速运输的发展起到了积极的推动作用，实现了铁路技术装备现代化的跨越式发展。

一、电力机车的特点

目前，电力机车在我国铁路机车中所占的比例越来越大，尤其是在重载运输中，几乎全部采用电力机车。

电力机车是利用电能，由电动机驱动运行的机车。电力机车本身不带原动机，靠接受接触网送来的电流作为能源，由牵引电动机驱动机车的车轮运行。电力机车具有功率大、热效率高、速度快、过载能力强和运行可靠等优点，而且不污染环境，特别适用于运输繁忙的铁路干线和隧道多、坡度大的山区铁路。

（一）电力机车的优点

（1）可广泛利用多种一次能源。电力机车的能源可以由热力、水力、天然气甚至地热、原子能、太阳能等转换而来，只要有相应的发电站，便可以利用相应的能量。

（2）功率大。由于在电力机车上没有产生能量的装置，也没有燃料储备，因而在同样的机车质量下，其功率要比自给式机车大。机车按单位质量所具有的功率称为机车的比功率，这是衡量机车技术水平的一个标志。目前电力机车的比功率一般达到 40 ~ 60 kW/t。

（3）速度快。由于电力机车功率大，因而可以获得较高的速度。目前，客运电力机车的运行速度已达到 160 ~ 200 km/h，货运电力机车也达到 120 ~ 140 km/h，电力牵引的高速动车组运行速度已达到 300 ~ 400 km/h。

（4）效率高。电力机车本身的效率为 80% ~ 85%。但考虑到整个电力牵引系统，其平均效率则不是固定的，它与供电系统的电能来源有关，在由水力发电站供电的情况下，电力牵引的效率可达到 60% ~ 70%。

（5）过载能力强。机车在起动、牵引重载列车和通过困难区段时，具有一定的过载能力是十分重要的。对于能量非自给的电力机车，其能量来自强大的供电系统，因此机车的过载能力仅受牵引电动机的限制，而牵引电动机的过载能力是较高的。

（6）运输成本低。电力机车的检修工作量小，维修周期长，每两次大修之间的运行里程数为蒸汽机车和内燃机车的 2 倍。由于电力机车运输能力的增加足以补偿电气化的初期投资，所以铁道电气化的长远经济效益好。

（7）司机劳动条件好，无烟气排放污染。电力机车不冒烟，不排废气，通过长大隧道时，乘务人员和旅客可免受烟气之苦，从而也为广大旅客创造了清洁的旅行条件。此外，电力机车可以将接触网电能再供给列车使用而不影响牵引功率，不用装设车下柴油发电机组，也不用发电车，提高了列车的舒适度和经济性。

（8）不受外界条件限制。在山区和高寒地区，电力机车的功率发挥得更好。

（二）电力机车的缺点

（1）对通信干扰较大，且必须组建牵引供电系统，因此初期修建费用较高。

（2）电力机车本身没有动力源，电能来自外部的电缆，如遇自然灾害、战争等不可抗力引发断电就无法运行，甚至可能引发事故。

二、电力机车的分类

电力机车从接触网上获取电能，接触网供给电力机车的电流有直流和交流两种。由于电流制式不同，所以电力机车的类型也不一样，基本上可以分为直-直流电力机车、交-直流电力机车、交-直-交流电力机车三类。

目前，我国电力机车的主要车型是和谐（HX）系列电力机车及韶山（SS）系列电力机车，如图 5.7 所示，我国和谐系列电力机车的主要技术参数见表 5.1。

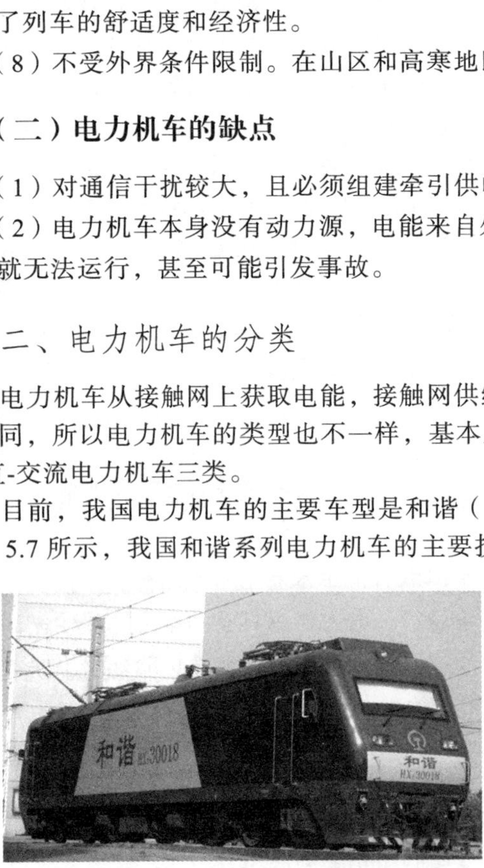

（a）和谐（HX）型电力机车

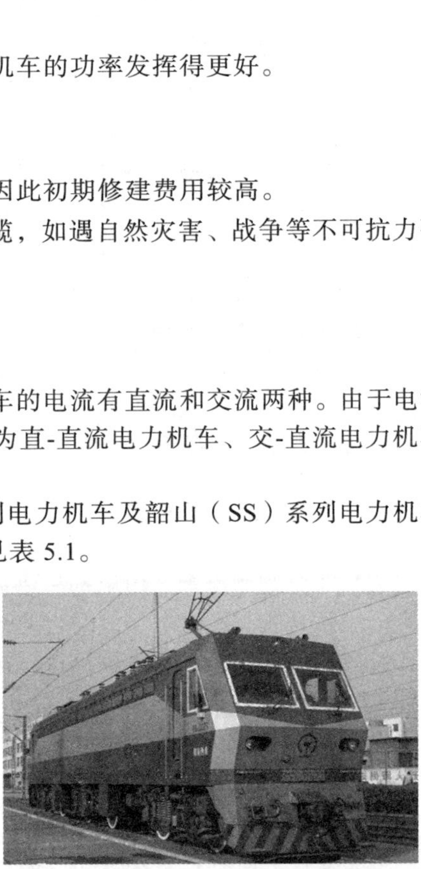

（b）韶山（SS）型电力机车

图 5.7　我国部分系列电力机车

表 5.1　我国和谐系列电力机车的主要技术参数

电力机车类型	HXD1	HXD2	HXD1B	HXD2B	HXD3B	HXD3	HXD1C
制造厂商	南车株机	北车同车	南车株机	北车同车	北车连车	北车连车	南车株机
轴重/t	23(25)	23(25)	25	23(25)	25	23(25)	23(25)
轴式	$2(B_0\text{-}B_0)$	$2(B_0\text{-}B_0)$	$C_0\text{-}C_0$	$C_0\text{-}C_0$	$C_0\text{-}C_0$	$C_0\text{-}C_0$	$C_0\text{-}C_0$
最大速度/(km/h)	120	120	120	120	120	120	120
牵引功率/kW	9 600	9 600	9 600	9 600	9 600	7 200	7 200
电制动功率/kW	9 600	9 600	9 600	9 600	9 600	7 200	7 200
起动牵引力/kN	700(760)	700(760)	570	584	570	520(570)	520(570)
持续牵引力/kN	494(532)	510(554)	422	454.7	493.7	370(400)	370(400)
最大电制动力/kN	461	470(510)	346	400	480	370(400)	370(400)
牵引恒功率速度范围/(km/h)	70～120 (65～120)	70～120 (65～120)	76～120	76～120	70～120	70～120 (65～120)	70～120 (65～120)
主传动系统	采用 3 300 V/1 200 A IGBT 元件 架控模式	采用 3 300 V/1 200 A IGBT 元件 轴控模式	采用 6 500 V/600 A IGBT 元件 轴控模式	轴控模式	采用 4 500 V/900 A IGBT 元件 轴控模式	采用 4 500 V/900 A IGBT 元件 轴控模式	采用 3 300 V/1 200 A IGBT 元件 轴控模式
辅助供电系统	采用集成在牵引变流器中的静止逆变器供电	采用独立的辅助变流器供电	采用集成在牵引变流器中的静止逆变器供电	采用独立的辅助变流器供电	采用集成在牵引变流器中的静止逆变器供电	采用独立的辅助变流器供电	采用独立的辅助变流器供电
基础制动装置	轮盘制动	踏面制动	轮盘制动	踏面制动	轮盘制动	轮盘制动	轮盘制动

三、电力机车的工作原理

电力机车的工作原理是：电力机车通过受电弓从接触网上获取电能，经机车上的相关电路供给机车牵引电动机，从而使牵引电动机产生转矩，将电能转变为机械能，经过齿轮的传递，驱动机车动轮转动。

（一）直-直流电力机车

直-直流电力机车采用直流制供电。牵引变电所内设有整流装置，它将三相交流电变成直流电后再送到接触网上，因此电力机车可直接从接触网上取得直流电供给直流串励牵引电动机使用，简化了机车上的设备。

（二）交-直流电力机车

交-直流电力机车采用交流制供电，目前世界上大多数国家都采用工频（50 Hz）交流制或 25 Hz 低频交流制。在这种供电制式下，牵引变电所将三相交流电改变成 25 kV 工业频率单相交流电后送到接触网上，电力机车靠其顶部升起的受电弓从接触网上取得单相工频交流电，通过主断路器，经牵引变压器降压，再经变流装置将交流电转换为直流电，供给直流串励牵引电动机，经齿轮传动装置实现列车的牵引运行，如图 5.8 所示。由于此供电方式的接触网电压比直流制时提高了很多，因此接触网导线的直径可以相对减小，从而减少了有色金属的消耗和初期建设投资。工频交流制在世界铁路上得到了广泛采用，世界上大多数电力机车都是交-直流电力机车。

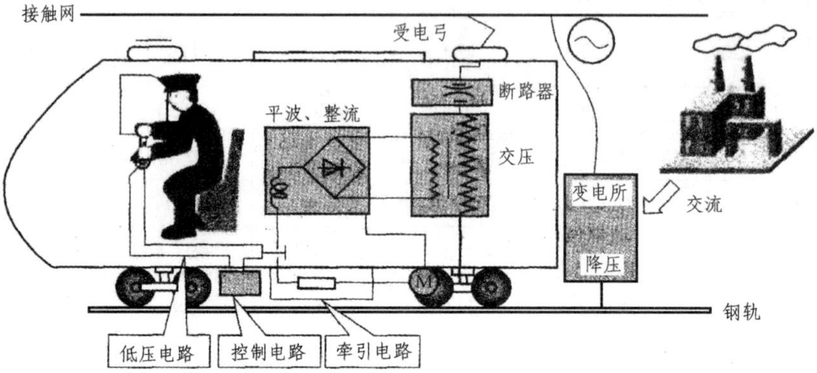

图 5.8　交-直流电力机车工作原理示意图

（三）交–直–交流电力机车

交-直-交流电力机车的受电弓将交流网压引入机车变压器一次侧绕组，经变压器二次侧绕组降压后，经整流将交流电转换为直流电，再通过逆变器将直流电变为电压和频率可调的三相交流电，供给电力机车的牵引电动机实现牵引运行。交–直–交流电力机车采用的是交流无整流子牵引电动机（即三相异步电动机），这种电动机在制造、性能、功能、体积、质量、成本、维护及可靠性等方面远比整流子电动机优越得多。因此，交-直-交流电力机车具有优良的牵引能力，是电力机车的发展方向。

四、电力机车的组成

从外部看，电力机车的车厢是一个长方形的壳体，由上部的车体和下部的走行装置组成。它的大部分机械、电气设备以及电器和电力电子装置都是安装在车体内的。走行部位于车体之下，主要是引导机车沿轨道运行，并把车体的载荷和重力传递给钢轨。也可以说，电力机车由机械部分、空气管路部分、电气部分组成（见图 5.9）。

（一）机械部分

机械部分包括以下装置：

（1）车体：用来安放各种设备，同时也是乘务人员的工作场所，它由底架、司机室、台架、侧墙和车顶等部分组成。

（2）转向架：是承受车辆自重和载重、引导机车在钢轨上行走的部件，由构架、弹簧悬挂装置、基础制动装置、轮对和轴箱、齿轮传动装置和牵引电动机悬挂装置组成。

（3）车体与转向架连接装置：既是车体与转向架之间的连接装置，又是活动关节，同时又承担各个方向力的传递作用。

（4）车钩缓冲装置：其作用和结构与车辆的车钩缓冲装置相同。

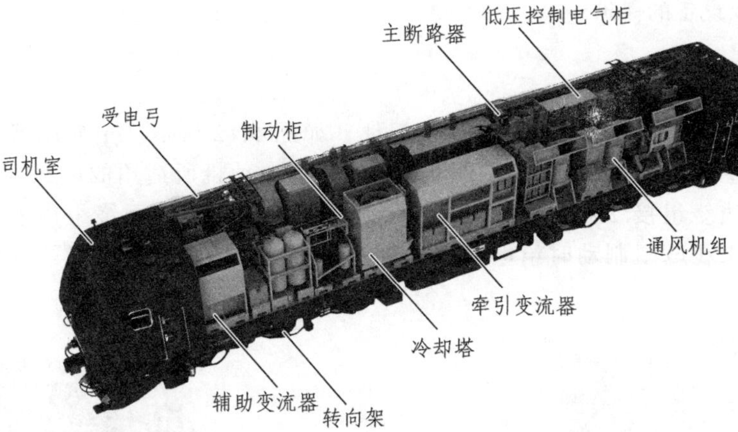

二维动画：
和谐型电力机车的
基本构造和工作原理

图 5.9　HXD1C 型电力机车的基本构造

（二）电气部分

电气部分是指机车上的各种电气设备及其连接导线，包括主电路、辅助电路、控制电路以及它们的保护系统。

1. 主电路

主电路是电力机车最重要的组成部分，它决定机车的基本性能，是电力机车上高电压、大电流的动力回路。它由牵引电动机以及与之相连接的电气设备和导线共同组成。在主电路中流过全部的牵引负载电流，其电压为牵引电动机的工作电压或者接触网的电压。

主电路中包括的电气设备主要有受电弓、主断路器、主变压器（即牵引变压器）、整流调压装置、电抗器、牵引电动机和制动电阻等。

1）受电弓

机车顶部一般装有两套单臂受电弓，如图 5.10 所示。受电弓紧压接触网导线滑行，从电网上取得电流。机车运行时只需升起一套受电弓，另一受电弓作为备用。接触网上送来的 25 kV 工频单相交流电就由此引入机车。

微课视频：受电弓

图 5.10　DSA350 型受电弓

2）主断路器

主断路器是机车的总电源开关和保护开关，用来接通或断开电力机车高压电路，如图 5.11 所示。当主电路发生短路、接地或整流调压电路、牵引电动机等设备发生故障时，它能自动切断机车电源，实现对机车上设备的保护。

3）主变压器

主变压器是交-直流电力机车上的一个重要部件，如图 5.12 所示。主变压器又称牵引变压器，它把从接触网上取得的 25 kV 的高压电降低为牵引电动机所适用的电压。变压器一般有 4 个绕组：1 个原边绕组接 25 kV 高压电；3 个副边绕组，其中牵引绕组用来向牵引电动机供电，励磁绕组用来在电阻制动时给电动机提供励磁电流，辅助绕组用来给机车的辅助电机供电。

图 5.11　主断路器

图 5.12　主变压器

4）牵引电动机

牵引电动机采用抱轴式半悬挂或空心轴传动全悬挂结构安装在转向架上，如图 5.13 所示。当牵引电机受电旋转时，通过电枢轴轴端的小齿轮带动轮轴上的大齿轮使轮轴转动。牵引电动机的转速不同，机车的运行速度就不同；电枢的转向改变，机车的运行方向也改变。

5）变流装置

变流装置是 SS_8 型电力机车的主要部件之一，它主要由大功率整流管、晶闸管和其他附件组成，如图 5.14 所示。

图 5.13　牵引电动机

图 5.14　变流装置

6）平波电抗器

由于牵引电动机本身的电感极小，不足以将整流后的电流滤平到所需要的范围。因此，在牵引电动机电路中串接一个增大电感的平波电抗器，以减小整流电流的脉动。

7）司机控制器

司机控制器是司机用来操纵机车运行的控制电器，如图 5.15 所示。司机利用它来控制电路中的低压电器，从而控制主电路中的电气设备。

图 5.15　司机控制器

8）调压开关

调压开关用来调节牵引变压器中副边牵引绕组的输出电压，从而使牵引电动机的端电压得以改变，以达到机车调速的目的。

2. 辅助电路

辅助电路是给电力机车上的各种辅助电机和辅助设备供电的电气回路。它的电源来自主变压器的辅助绕组，通过劈相机将单相交流电转变成三相交流电后，供给牵引通风机、油泵机组和空气压缩机等辅助电机以及取暖设备、电热玻璃等辅助设备使用，其工作电压一般为交流 380 V、220 V 或直流几百伏。

3. 控制电路

控制电路是由主电路和辅助电路中的各种电气设备的控制电器（包括各种控制开关、接触器、电空阀等）与电源、照明、信号等控制装置一起组成的一个电气控制系统，它一般采用低压直流电源，电压值为 50 ~ 110 V，所以又叫低压线路。

控制电路的作用是，使机车主电路和辅助电路中的各种电气设备按照一定的程序动作。

上述主电路、辅助电路、控制电路三个电路系统在电气方面一般是相互隔离的，但三者通过电磁、电空或机械传动等方式相互联系、配合动作，用低压电控制高压电，以保证操作的安全和实现机车的运行。

（三）空气管路系统

空气管路系统直接影响机车的工作可靠性和运行的安全性，是机车的重要系统之一。与其他类型机车相比，电力机车的空气管路系统更有其重要性，因为电力机车除了起动和制动都离不开空气管路系统外，受电弓的升降、主断路器的分闸和合闸等都要用到压缩空气。

空气管路系统也称风力系统，按照功能可以划分为四大部分：

（1）风源系统：负责生产、储备、调控压缩空气，为机车提供洁净、干燥、稳定的压缩空气。

（2）制动机管路系统：供给机车和车辆制动所需的压缩空气。

（3）控制管路系统：供给机车电气设备（主断路器、受电弓等）所需的压缩空气。

（4）辅助管路系统：供给机车撒砂装置、风喇叭和刮雨器等辅助装置所需的压缩空气。

五、电力机车新技术

和谐型交流传动电力机车 HXD1 型和 HXD2 型是八轴机车，轴式为 $2(B_0\text{-}B_0)$，轴功率为 1 200 kW，现已在运煤专线大秦线运行，单机牵引 1×10^4 t、双机牵引 2×10^4 t 重载列车。和谐型交流传动电力机车 HXD3 型是轴功率为 1 200 kW 的六轴机车，轴式为 $C_0\text{-}C_0$，可在繁忙干线单机牵引 5 000 t 重载列车。

以上三种电力机车均为重载货运机车，最高运行速度为 120 km/h。机车采用交-直-交传动方式，牵引电动机为异步电动机，具有功率大、质量轻、结构简单等一系列优点，采用先进的车载计算机网络控制系统，牵引及制动控制性能优良，设备状态监测与系统自诊断功能完善，采用再生制动，节能效果显著。随着和谐型大功率交流传动电力机车的批量生产并投入运行，将逐步取代 SS_4 型电力机车在重载牵引中的地位。

在设计制造 HXD1 型、HXD2 型、HXD3 型电力机车的基础上，2008—2009 年我国又进一步研制成功轴功率为 1 600 kW 的 HXD1B 型、HXD3B 型电力机车。这两种电力机车都是六轴机车，轴式为 C_0-C_0，轴重 25 t，单节机车功率达到 9 600 kW，是当今世界上单节功率最大的电力机车。

HXD3 型电力机车的主要设备布置如图 5.16 所示。机车全长约 21 m，机车轮周功率为 7 200 kW，最大起动牵引力为 570 kW，最高运行速度为 120 km/h。能在环境温度为 – 40 °C ~ + 40 °C、海拔高度在 2 500 m 以下的条件下工作。针对不同的线路情况，可以 3 台机车重联控制运行。

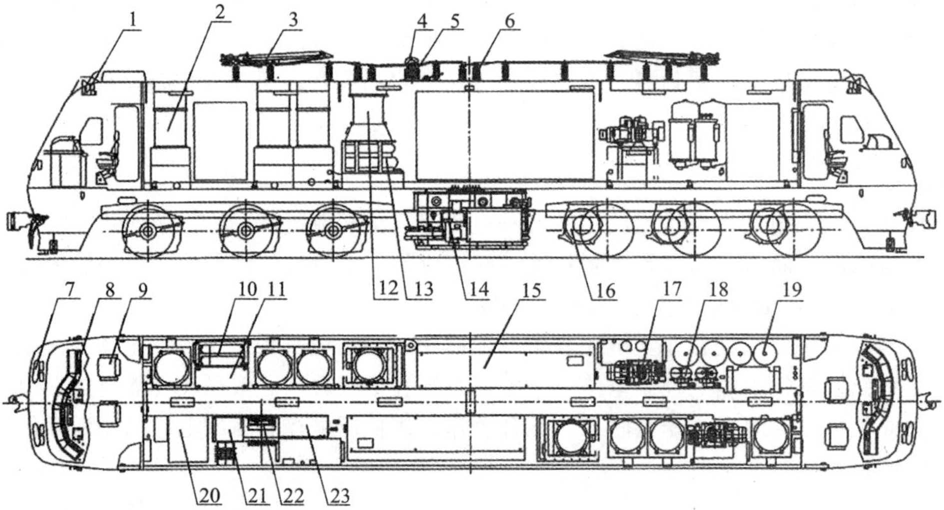

1—前照灯；2—牵引电动机通风机组；3—受电弓；4—主断路器；5—高压电压互感器；6—高压隔离开关；7—标志灯；8—操作台；9—司机室座椅；10—滤波柜；11—蓄电池充电器；12—复合冷却器通风机组；13—复合冷却器；14—牵引变压器；15—变流器；16—牵引电动机；17—空气压缩机；18—空气干燥器；19—总风缸；20—卫生间；21—综合通信柜；22—计算机及监控柜；23—控制电器柜。

图 5.16　HXD3 型电力机车的主要设备布置示意图

HXD3 型电力机车的基本构造和基本功能展示如图 5.17 所示。

二维动画：

HXD3 型电力机车简介

图 5.17　HXD3 型电力机车的基本构造和功能展示

HXD3 型电力机车的主要技术特点如下：

（1）机车总体设计采用高度集成化、模块化的设计思路。采用中间走廊，电气屏柜和各种辅助机组分功能对称布置在中间走廊的两侧；采用了规范化司机室，尽量考虑单司机值乘的要求。

（2）机车装有 2 台结构相同的三轴转向架，牵引力传递系统采用中央低位平拉杆推挽式牵引装置，具有黏着利用率高的特点。

（3）机车车体采用整体承载的框架式车体结构，有利于提高车体的强度和刚度，车体整体能够承受 3 400 kN 的静压力和 2 700 kN 的拉力而不产生永久变形。

（4）转向架采用滚动抱轴承半悬挂结构，二系采用高圆螺旋弹簧。

（5）采用独立通风冷却技术。牵引电动机采用由顶盖百叶窗进风的独立通风冷却方式；牵引变流器冷水和牵引变压器油冷采用水油复合式铝板冷却器，由车顶直接进风冷却；辅助变流器采用车外进风冷却的方式；另外还考虑了司机室的换气和机械间的微正压通风。

（6）采用计算机控制集成化气路的空气制动系统，机械制动采用轮盘制动。

（7）采用了新型双塔空气干燥器，有利于压缩空气的干燥，减少了制动系统阀杆的故障率。

【思考题】

1. 电力机车有何优点？电力机车主要由哪几部分组成？
2. 简述电力机车机械部分的结构组成和电气部分的结构部件。
3. 电力机车按照电流制式不同可分成哪几类？
4. 简述受电弓的功用。
5. 简述交-直型电力机车的工作原理。
6. 上网查询资料，了解我国铁路电力机车新机型。

任务四　认知铁路机车的检修和运用

【任务描述】

在本任务中，我们将了解机务段的任务与设备配置，了解机车的检修作业和整备作业的工作内容，了解机车的运转制度。

通过本任务的学习，要求学员掌握铁路机车检修和运用的工作内容，让学员明白机车检修、运用工作对铁路运输安全的重要性。

【知识学习】

机车的检修和运用是铁路运输工作的重要组成部分，也是铁路机务部门的基本任务。保质、保量地进行机车检修，确保机车的完好状态，经济、合理地运用机车，对安全、高效地完成铁路运输任务具有十分重要的意义。

一、机务段的任务与设备配置

机务段是设在铁路沿线负责机车检修和运用工作的基层生产单位，一般设在编组站或区段站上。机务段按所担当的任务可分为货运机车机务段、客运机车机务段和客货运机车混合机务段；

按机型可分为内燃机车机务段、电力机车机务段或混合机务段。为了便于机车整备和乘务员换乘，在机车交路的折返点还应设置机务折返段。

机务段和机务折返段设置的基本原则是：① 满足牵引列车的最大需要，并能充分发挥各项设备的能力和机车运用效率；② 机务段之间的距离长短，应考虑乘务员的连续工作时间和机车类型，并结合编组站、区段站的位置，尽可能长距离地设置。

国铁集团的所有机车都分别配属于各个机务段，并由机务段来组织和计划本段所属机车的运用和检修工作，同时机务段也负责组织机车乘务人员的工作。具体来说，机务段的任务是：

（1）在机车运用方面，负责计划和组织本段机车和乘务组完成邻接区段的列车牵引或固定在某个车站上担任调车工作，并对日常运用机车进行整备和日常保养。

（2）在机车检修方面，进行段修范围内的机车定期检修和日常维修工作，保证运用机车的良好状态。

因此，为了完成以上任务，机务段内必须配置相应的机车整备设备和机车检修设备。机车检修设备包括各种检修库及辅助车间等。机车整备设备包括机车整备线、加油站、上水管、上砂管、储存和发放油脂的设备以及化验、排水、照明设备等。机车整备设备的布置，应保证各项整备作业能平行或流水线式地进行，以缩短整备作业的时间，提高机车的运用效率。

机务段设有管理部门和生产车间。生产车间包括运用车间、检修车间、整备车间和设备车间。运用车间主要负责机车的运用与保养；检修车间主要负责机车段修范围内的定期修理及机车的日常维修；整备车间主要负责机车用的燃料、润滑油、水、砂等物资供应和机车的各种整备作业；设备车间主要负责机务段内的各种机械设备、水电动力设施的管理与维修。

设在机车交路折返点的机务折返段，一般没有配属机车，也不做检修工作，只供机车进行整备作业和折返前乘务人员临时休息之用。因此，在机务折返段上，只设机车整备设备，而不设检修设备。

二、机车的检修

微课视频：
机车的检修

机车经过一定时期的运用后，各部件都会发生磨耗、变形或损坏。为了保证机车的正常运用，延长使用期限，除了机车乘务员的日常检查和保养外，还必须进行各种定期检修。

机车的定期检修，除大修在机车厂进行以外，其余的检修一般都在机务段内进行。机车的类型不同，它们的检修周期和检修内容也各不一样，内燃机车和电力机车的检修周期一般根据机车的走行千米数确定，见表 5.2。

表 5.2　机车检修周期表

修程	检修周期			
	内燃机车	电力机车	调车、小运转机车	
			内燃	电力
大修	（80±10）万千米	160 万～200 万千米	8～10 年	不少于 15 年
中修	23 万～30 万千米	40 万～50 万千米	2.5～3 年	不少于 3 年
小修	4 万～6 万千米	8 万～10 万千米	4～6 个月	不少于 6 个月
辅修	不少于 2 万千米	1 万～3 万千米	不少于 2 个月	不少于 2 个月

由于机车担当的客、货运输任务不同，各地运用条件差异较大，各个铁路局还可根据规范要求，结合具体情况，制订本局电力机车各级修程的周期，并报国铁集团核准备案。通常情况下客运机车和在坡度不大的线路上运行的货运机车可以取走行千米的上限，在山区及困难地段运行的货运机车可以取走行千米的下限。检修周期确定以后，在日常工作中为确保机车的合理调配，小修千米或期限允许延长或缩短 20%；个别机车的中修千米或期限需要延长或缩短时，可根据机车的实际状态由机务段鉴定，报铁路局审查，再报国铁集团批准。

各种修程所包括的内容，在有关的规程中都有具体规定，一般来说，机车的大修是全面恢复性修理，大修后的机车基本上须达到新车的水平；中修的主要目的是修理走行部。小修主要是为了对有关设备进行测试和维修等；辅修是属于临时性的维修和养护。

当高级修程和低级修程同时到期时，只需进行高级修程，一般一个大修周期内会经历两次中修，一个中修周期内会经历一次小修，一个小修周期内会经历两次辅修。

为了进一步提高修理质量与效率，我国吸取国外经验，积极进行修制改革，目前，我国机车检测同车辆检测一样，也正在推广计划预防修理制度，并且在计划预防修的前提下，逐步实行状态修、换件修和主要零部件的集中修。建立和逐步完善现代化的机车运用和维修制度是我国未来一段时期内深化机务改革的重点工作。

三、机车的整备作业

机车在出段牵引列车或担任调车工作之前，必须要给机车供应必需的物资和做好各项准备工作，这就是机车的整备作业。

机车的类型不同，整备作业的内容也不一样。内燃机车和电力机车的整备作业项目见表 5.3。

表 5.3 内燃机车、电力机车的整备作业

需要供应的物资			需要做的准备工作		
项目	内燃机车	电力机车	项目	内燃机车	电力机车
燃料	√	—	机车转向	一般 单向√	—
水	√	—	机车擦拭	√	√
砂	√	√	检查	√	√
润滑油	√	√	给油	√	√
擦拭材料	√	√	机车乘务组交接班	√	√

（一）内燃机车的整备作业

（1）补足适用标号的燃料油。

（2）按规定补充各种润滑油脂、工作油和柴油机冷却水。

（3）按规定补足质量良好的机车用砂，并试验撒砂作用良好。

（4）了解接班机车的维修情况和机车技术状态。

（5）按作业程序、标准对机车进行检查、给油和自检自修作业；进行机车电气全面试验及制动机系统的机能试验。

（6）进行机车无线电话、机车自动信号、自动停车装置或安全监控装置试验，并将其置于正常工作状态。

（二）电力机车的整备作业

（1）了解接班机车的维修情况和机车技术状态。

（2）按规定补充各种润滑油脂和工作油。

（3）按规定补足质量良好的机车用砂，并试验撒砂作用良好。

（4）按作业程序、标准对机车进行检查、给油和自检自修作业；进行机车电气系统的高、低压试验和制动机系统的机能试验。

（5）进行机车无线电话、机车自动信号、自动停车装置或安全监控装置试验，并将其置于正常工作状态。

四、机车的运用

微课视频：
机车的运用

（一）机车交路

机车固定担当运输任务的周转区段，叫作机车交路（也叫牵引区段）。机车交路类型按牵引任务分为客机交路、货机交路、补机交路和小运转交路等；按牵引区段分为短交路、长交路和超长交路。短交路指一个往返交路由一班乘务组承担。长交路指一个单程交路由一班乘务组承担。超长交路指一个单程交路由两班乘务组承担。

（二）机车运转制度

机车运转制度是指机车在交路上从事列车作业的方式。

机车运转制度主要有肩回运转制、循环运转制、半循环运转制三种。

目前，我国铁路机车运转制主要采用肩回运转制和循环运转制，见图 5.18。

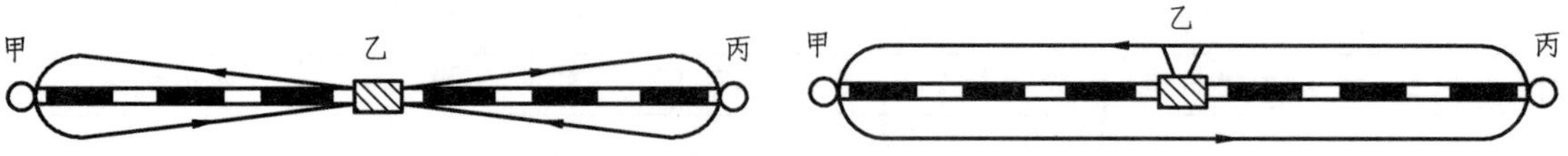

（a）肩回运转制　　　　（b）循环运转制

▨—— 机务段　　○—— 机务折返段

图 5.18　肩回运转制和循环运转制示意图

1. 肩回运转制

机车由机务段出发，从机务段所在站牵引列车到折返段所在站，进入折返段进行整备及检查，然后牵引列车返回机务段所在站，再进入机务段进行整备及检查。这种每往返一次就要进入机务段一次的运用方式就叫肩回运转制。采用这种运转制时，机车一般在 1、2 个牵引区段上往返运行。

在我国铁路区段上，担当牵引任务的机车多采用肩回运转制。肩回运转制又可分为单肩回、双肩回、多肩回等几种。图 5.18（a）所示为双肩回运转制示意图。机车的长短交路均可采用这种运转方式。

2. 循环运转制

机车从机务段出发，在一个牵引区段（如乙—甲间）往返牵引列车后回到机务段所在站（乙站），机车不入段，只在到发线上进行整备作业，然后仍继续牵引同一车列或换挂另一个已经准备好了的车列，运行到另一个牵引区段（如乙—丙间）的折返段所在站（丙站），再从该站牵引列车返回做往返连续运行，如图 5.18（b）所示。这样，机车在相邻两个区段上牵引列车循环运转，平时不进机务段，直到需要定期检修时才入段检修，这种运用方式叫作循环运转制。

采用肩回运转制时，机车要在段内进行整备，在车站不需要另设整备设备。采用循环运转制时，由于机车很少进入机务段，节省了整备时间，机车交路可以延长，使机车的牵引性能得到充分发挥，从而提高了机车运用效率，加速了机车周转。但是，循环运转制一般只有在上下行都有大量不需要改编的中转列车经过机务段所在站时才能采用。

（三）乘务制度和乘务方式

机车乘务制度是指机车乘务员使用机车的制度。

现行的机车乘务制度基本上可以归纳为以下几类：

（1）包乘制：每台机车配备 2～4 个固定的乘务组轮流值乘。

（2）轮乘制：机车由各个乘务组轮流值乘。

（3）轮包结合制：本段出发乘务员包乘，外段返回时轮乘。

（4）单司机值乘制：机车操纵作业过程中由一名司机单独完成。

包乘制的主要优点是机车乘务员对自己驾驶的机车非常熟悉，有利于机车的操纵和维修保养；但机车运用和乘务员的组织工作比较复杂，常会因为安排不当或运行秩序被打乱而影响机车的运用效率。

采用轮乘制时，机车乘务组值乘的机车是不固定的，这样可以有效地使用机车和合理安排乘务员的作息时间，以较少的机车或乘务组完成较多的运输任务。这种方式对乘务员的驾驶技术要求更高，对机车的质量和保养也要求更严。

单司机值乘又可分为单班单司机和双班单司机两种。单班单司机是指一个机车交路由一名司机担当机车操纵作业；双班单司机是指一个机车交路有两名司机在机车上换班轮流操纵作业。

机车乘务员的换班方式，即乘务方式，主要有调休折返制、中途换班制、定时换班制、外段驻班制、立即折返制和随乘制几种。

【思考题】

1. 什么是机车整备作业？内燃机车整备和电力机车整备都有哪些作业项目？
2. 简述机车的修程和主要检修内容。
3. 电力机车的检修周期是如何规定的？
4. 调车、小运转机车的检修周期是如何规定的？
5. 简述机车交路和机车运转制的主要方式。
6. 登录相关网站查询资料，了解机车交路的形式和铁路乘务制度。

课程思政：
“毛泽东号”精神

课程思政：
“铁牛号”精神

项目六　认知电气化铁路供电系统

【项目导入】

本项目的学习任务是：了解电气化铁路供电系统的基本构成与设备工作原理，了解电气化铁路供电系统运营与管理的流程与规程。

【知识目标】

1. 了解电气化铁路；
2. 掌握电气化铁路牵引供电系统的组成；
3. 掌握电气化铁路牵引变电所的构成及基本工作原理；
4. 了解电气化铁路接触网的结构组成；
5. 熟悉电气化铁路牵引供电系统的运营、管理流程。

【能力目标】

1. 熟知电气化铁路牵引供电系统的组成及供电方式；
2. 能够判别铁路线路的牵引供电方式；
3. 能够判别牵引变电所内一次设备与二次设备的工作状态；
4. 能够区分不同类型的接触网；
5. 掌握铁路供电系统的运营与管理流程。

任务一　认知电气化铁路

【任务描述】

在本任务中，我们将了解电气化铁路的发展历程，认知电气化铁路的优越性，了解电气化铁路的基本组成及其电流制。

通过本任务的学习，要求学员了解电气化铁路的发展历史，尤其是我国电气化铁路的发展情况和我国电气化铁路的基本特点，掌握有关电气化铁路供电系统的基本知识点。

【知识学习】

电气化铁路，是以电能作为牵引动力的一种现代化交通运输工具。由于它的牵引动力是电能，所以又称电力牵引。它与蒸汽牵引和内燃牵引不同的地方，是电力机车本身不带能源，必须由外部供给电能。

一、电气化铁路的基本组成和优越性

电气化铁路的基本组成包括电气化铁路供电系统、电力机车、铁路线路、车站、铁路通信信

号设施以及相应的运行、维修和管理单位（供电段、电务段、电力调度及其主管部门）。

电气化铁路是一种现代化的铁路运输形式，与内燃机车和蒸汽机车牵引的铁路相比，具有以下技术、经济上的优越性：

（1）能大幅度提高运输能力。电力机车速度快。由于电力机车以外部电能为动力，不需要自带动力装置，可以降低机车自重，这样，在每根车轴承担荷重相同的条件下，电力机车轴功率较大，具有牵引力大和持续速度较高的特点，从而大大提高了运输能力。

（2）节约能源，降低运输成本。电力牵引的动力是电能，从世界能源生产的发展来看，原油储量远少于煤炭、水力，而电气化铁路可使用二次能源（电力），通过全国电网（包括火电、水电、核电），能源有充分保证。因此，电力牵引是铁路运输最合理的牵引动力。电力牵引每万吨千米的能耗比其他牵引形式约低 1/3。

（3）有利于环境保护，并能增加铁路运输的安全可靠程度。电力机车无废气、烟尘，对空气无污染，另外，电力机车噪声较小，特别是在通过长大隧道时，其优点更为显著，这不仅改善了司机的工作条件和旅客的舒适度，而且对铁路沿线城市、郊区的污染也减到最低程度。

（4）提高列车运行的安全性。电力机车装有大功率的电气制动装置，可用于长大下坡的速度调整，从而可以大大提高列车运行的安全性。电力机车采用电气组件、部件、元件，由电力控制，可靠性高，寿命长。采用电子技术，可实现自动驾驶及遥测、遥控，可自动实时地对线路进行监测和分析，检测各种故障并进行显示，缩短故障排除时间和提高运行效率。

二、电气化铁路的发展历程及发展趋势

（一）电气化铁路的发展历程

世界上第一条电气化铁路出现于 1879 年。最初，电气化铁路修建于工矿线路和一些大城市近郊线路。到了 20 世纪 50 年代，一些工业发达国家为了完成急剧增长的运输任务以及与其他运输业竞争的需要，开始大规模地进行铁路现代化建设，其中包括牵引动力的现代化建设。此后，电气化铁路的建设速度不断加快，修建的国家逐渐增多。电气化铁路发展最快的时期是 20 世纪 60—70 年代，电气化铁路在全世界发展迅速，平均每年修建 5000 多千米。到 70 年代末，工业发达的西欧、东欧以及日本、苏联等国家的主要铁路干线均已完成电气化并已逐渐成网。80 年代末又出现一轮铁路电气化热，若干发展中国家，如中国、印度、南非、土耳其、巴西、智利等开始大力发展电气化铁路，尤其是进入 21 世纪以来，世界电气化铁路更是有了飞速发展，目前已有 68 个国家和地区修建了电气化铁路，并且进入高速电气化铁路建设的新时期，修建高速电气化铁路的国家越来越多，修建的里程也越来越长，特别是欧洲，已经突破了国界，向国际化、网络化发展。高速电气化铁路已经成为国家社会经济发展水平和铁路现代化的主要标志之一。

我国铁路电气化事业起始于 1956 年。1958 年我国开始修建电气化铁路，从一开始便直接采用了最先进的电压等级为 25kV 的单相工频交流电，为我国大规模发展电气化铁路奠定了良好的基础。1961 年 8 月 15 日，我国第一条干线电气化铁路——宝成线宝鸡至凤州段建成通车。1975 年 7 月 1 日，676 km 的宝成电气化铁路全线建成通车，它的建成在我国铁路建设史上产生了重大影响。进入 20 世纪 80 年代以后，随着改革开放的不断推进，我国的电气化铁路建设有了飞速的发展，到 1980 年底，相继建成了宝成线、阳安线、襄渝线襄樊至安康段、石太线石家庄至阳泉段、宝兰线宝鸡至天水段电气化铁路，在大秦线电气化工程中采用了一系列具有当时国际先进水平的设备和技术。20 世纪 90 年代是我国铁路发展的重要时期，也是我国电气化铁路发展的重要

时期，在这一时期内共建成开通了京郑线、干武线、成昆线、南昆线、焦枝线、宝成线等 10 条电气化铁路，而且还建成开通了我国第一条速度 200 km/h 的准高速铁路——广深电气化铁路。2001—2005 年是我国电气化铁路建设史上建成开通最多的 5 年，建成了沪昆、渝怀、秦沈客运专线等 5 000 多千米的电气化铁路，尤其是 2002 年 12 月 26 日开通营运的我国第一条电气化铁路客运专线——沪昆客运专线，使我国迈入了电气化铁路的新时代，2007 年 7 月 4 日，沪昆客运专线被国际联合会列入《世界遗产名录》。近十几年来，我国高速电气化铁路发展迅猛，2008 年 8 月 1 日京津高速电气化铁路开通运营，标志着我国电气化铁路进入了高速电气化时代；2009 年 4 月 1 日合武高速电气化铁路开通运营；2009 年 7 月 1 日，青藏铁路开通运营，它是中国第一条全程电气化铁路，是中国电气化铁路建设的重要里程碑；2009 年 12 月 26 日武广高速电气化铁路开通运营；2010 年 2 月 6 日郑西高速电气化铁路开通运营；2011 年 6 月 3 日京沪高速电气化铁路开通运营；2012 年 12 月哈大高速电气化铁路开通营运，至此我国电气化铁路总里程突破至 4.8 万千米，跃升为世界第一。从 2012 年至今，随着我国《中长期铁路网规划》的逐步落实，我国电气化铁路建设取得了突破性进展。2019 年 12 月 30 日京张高速电气化铁路开通运营，实现了我国电气化铁路自主设计建造从时速 35 km 到 350 km 的历史性飞跃。截至 2022 年年底，我国电气化铁路运营里程已达到 11 万千米以上，铁路网电气化率达到 74%，稳居世界第一。

（二）电气化铁路的发展趋势

1. 向高速化技术方向发展

高速化是铁路电气化技术发展的重要方向。加快电气化铁路的高速化，不仅可以提高运输效率和速度，还能进一步降低环境污染和能源消耗；同时，高速化技术的不断发展，还将推动电气化铁路技术的升级和完善。

2. 智能化技术的应用

智能化技术在铁路电气化领域也将得到广泛应用。智能化铁路系统能够实现列车的自动化运行和智能化安全控制。例如，设计速度 350 km/h 的京张高速电气化铁路就是我国第一条自主研发的智能化高速铁路。目前已经有不少铁路公司开始使用人工智能技术对铁路线路进行监测和分析，缩短故障排除时间和提高运行效率。

三、电气化铁路的供电系统和电流制

（一）电气化铁路的供电系统

电气化铁路的供电系统由一次供电系统和牵引供电系统组成。其中，电气化铁路的一次供电系统一般是指国家电力系统向电气化铁路供电的部分，也称为铁路的外部供电系统。一次供电系统主要包括发电厂、区域变电所和电力传输线，如图 6.1 中所示的发电厂（或区域变电站）以及三相交流高压输电线，这部分是电气化铁路的一次供电系统。在我国，电力系统通常以 110 kV 或 220 kV 的电压等级向电气化铁路供电。

而专门给电力机车供电的属于铁路部门管辖的供电系统，称为电气化铁路的牵引供电系统。它由牵引变电所和牵引网构成，如图 6.1 所示。牵引变电所沿电气化铁路分布，将电力系统的三相高压电转换成两个单相电，再通过两侧的接触网提供给电力机车作为牵引电能。牵引网由馈电线、接触网、回流线等组成，钢轨也是回流线的一部分。接触网是一种悬挂在电气化铁路线路上方，并和铁路轨顶保持一定距离的特殊形式的输电网。

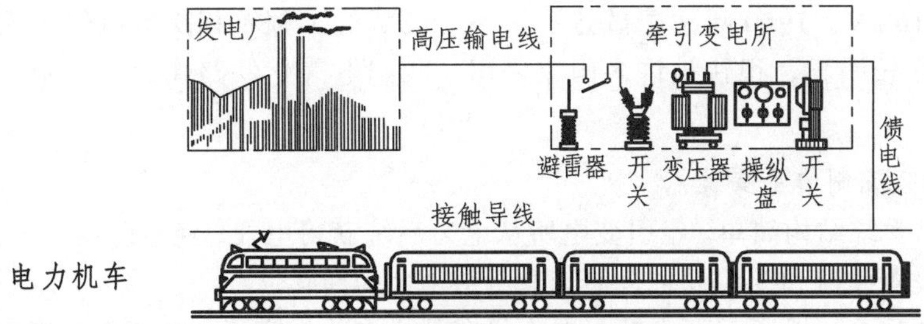

图 6.1　电气化铁路供电系统构成示意图

（二）电气化铁路的电流制

电流制是指牵引供电系统中牵引网的供电电流种类。电气化铁路供电采用何种电流制，关系到许多重大技术问题和铁路运输的经济效益，是每个采用电气化铁路的国家首先要考虑的问题。目前电气化铁路主要有以下 3 种电流制。

1. 直流制

牵引网的供电电流为直流时，称为直流制。电力系统将三相交流电送到牵引变电所，经降压、整流变成直流电，再通过牵引网供给电力机车使用。

直流制发展最早，目前有些国家的电气化铁路仍在应用，我国仅城市地下铁道、城市轻轨、城市电车、工厂矿山采用。直流制的供电电压有 600 V、750 V、1 200 V、1 500 V、3 000 V 等几种，城市电车一般为 600 V，地下铁道和城市轻轨一般为 750 V 或 1 500 V，矿山运输一般为 1 500 V。

直流制存在的主要问题是：直流牵引电动机的额定电压因受到换向条件的限制不能太高，因此供电电压较低，而要保证电力机车有足够的功率，供电电流就比较大。由于电流较大，需要导线截面积也大，这就增加了金属的消耗，线路损耗也加大，所以牵引变电所之间的距离较短，一般只有 20 ~ 30 km，变电所的数量相应增加，并且为完成整流任务而变得较复杂。由于这些缘故，许多国家已逐渐停止发展直流制电气化铁路。而对于工矿企业、城市电车、地铁和轻轨供电，由于距离较近，对供电的安全性要求较高，所以采用电压较低的直流制供电更具有优越性。

2. 低频单相交流制

牵引网的供电电流为低频单相交流时，称为低频单相交流制。牵引网的供电电流频率为 $16\frac{2}{3}$ Hz，供电电压为 11 ~ 15 kV，电力机车采用交流整流子式牵引电动机。

与直流制相比，低频单相交流制的主要优点是供电电压提高，供电电流较小，导线截面减小，牵引变电所之间的距离可相应增加到 50 ~ 70 km。低频单相交流制是继直流制之后出现的，目前在一些欧洲国家仍在应用，美国采用 25 Hz、11 kV 的低频单相交流制。这些国家之所以采用低频单相交流制，是因为当时这些国家有低频的工业电力，并且低频交流的整流相对容易，低频交流的电抗也较工频小。当电力工业采用 50 Hz 的标准频率后，低频单相交流制的发展就受到了限制。

3. 工频单相交流制

我国电气化铁路采用工频单相交流制，额定电压为 25 kV。

牵引网的供电电流为工频单相交流时，称为工频单相交流制。工频单相交流制最早出现在匈牙利，电压为 16 kV。1950 年法国试建了一条 25 kV 的工频单相交流电气化铁路。由于这种电流制的优越性比较明显，很快被许多国家采用。我国电气化铁路建设一开始就采用了这种电流制。

1）工频单相交流制的主要优点

（1）牵引供电系统结构简单。牵引变电所从电力系统获得电能，经过降压后直接供给牵引网，不需要在变电所设置整流和变频设备，使变电所结构大为简化。

（2）供电电压提高。既可保证大功率电力机车的供电，提高了电力机车的牵引定数和运行速度，又可使牵引变电所之间的距离延长，导线截面减小，建设投资和运营费用显著降低。

（3）交流电力机车的黏着性能和牵引性能良好。通过电力机车上变压器的调压，牵引电动机可以在全并联状态下工作，从而防止轮对空转，提高了运用黏着系数。

（4）交流制的地中电流对地下金属的腐蚀作用小，一般可不设专门的防护装置。

2）工频单相交流制存在的主要问题

（1）单相牵引负荷在电力系统中易形成负序电流。

（2）牵引负荷是感性的，功率因数低。

（3）牵引电流为非正弦波，含有丰富的谐波电流。

（4）牵引网中的工频单相电流对沿线通信线路造成较大的电磁干扰。

【思考题】

1. 简述电气化铁路的优越性。我国电气化铁路都经历了哪些发展历程？
2. 简述我国电气化铁路供电系统的基本组成。
3. 简述工频单相交流制的特点。
4. 上网查询资料，了解电气化铁路的未来发展趋势。

任务二　认知牵引供电系统

【任务描述】

在本任务中，我们将了解电气化铁路牵引供电系统的组成和供电方式。

通过本任务的学习，要求学员掌握电气化铁路牵引供电系统的组成和供电方式，了解我国电气化铁路牵引供电系统的特点和供电方式。

【知识学习】

牵引供电系统是专门给电力机车供给电能的电力网络，它是电气化铁路的重要组成部分。牵引供电系统本身并不产生电能，而是将国家电力系统的电能降压转换后供给电力机车。

微课视频：电气化铁路供电系统

一、牵引供电系统的构成

牵引供电系统由牵引变电所和牵引网构成，如图 6.2 所示。

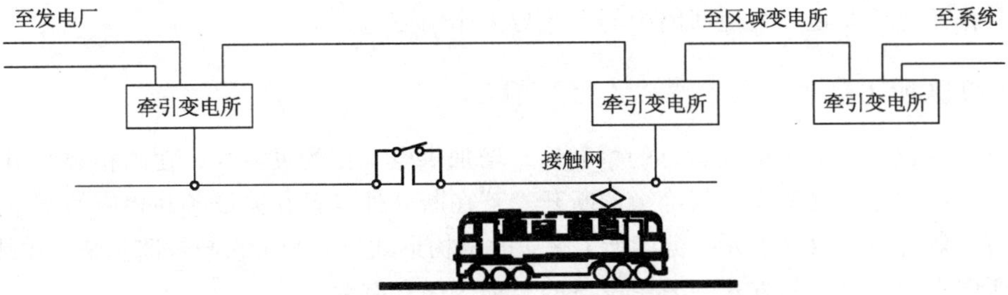

图 6.2 电气化铁路牵引供电系统构成示意图

从图 6.2 中可以看出，牵引供电回路是：牵引变电所→馈电线→接触网→电力机车→钢轨和大地→回流线→牵引变电所。其中流通的电流称为牵引电流。

（一）牵引变电所

牵引变电所沿电气化铁路分布。

牵引变电所的作用是将电力系统的 110 kV（或 220 kV）的交流电变换为 27.5 kV（或 55 kV）的交流电，然后以 27.5 kV（或 55 kV）的电压等级向牵引网供电。

牵引变电所的主要设备是牵引变压器（又称主变压器），通常设置两台结构和接线完全相同的牵引变压器，一台运行，一台备用。

（二）牵引网

习惯上，把馈电线、接触网、钢轨、回流线叫作牵引网。

1. 馈电线

馈电线是连接牵引变电所牵引母线和接触网的架空线。馈电线除了把牵引变电所变换后的电能送到接触网上外，还要向附近车站、机务折返段、开闭所等送电，所以馈电线的数目较多，距离也可能较长。馈电线一般为大截面的钢芯铝绞线。

2. 接触网

接触网是牵引网的主体，是悬挂在电气化铁路线路上方，并和铁路轨顶保持一定距离的链形或单导线的输电网。电力机车的受电弓通过与接触网滑动接触取得电能。我国电气化铁路（接触网）采用工频单相交流制，接触网的额定电压为 25 kV。

由于接触网分布广、结构复杂、运行条件差，所以不仅日常维修工作量大，故障也较多，对牵引供电的可靠性影响极大。

3. 轨 道

在非电力牵引的情形下，轨道只作为列车的导轨。电气化铁路的轨道除了作为列车的导轨外，还需要完成导通回流的任务，是牵引供电回路的组成部分。电气化铁路的轨道具有导电性能，由于钢轨与大地不绝缘，流过电力机车的负荷电流经过钢轨和大地、回流线回到牵引变电所。

4. 回流线

连接轨道和牵引变电所中主变压器接地相之间的导线称为回流线，它也是牵引供电回路的组成部分，其作用是把轨道、大地回路中的电流导入牵引变电所。

（三）分区所（亭）

在电气化铁路上，为了提高运行的可靠性，增加供电工作的灵活性，在两相邻牵引变电所供电的两供电分区的分界处常用分相绝缘器断开。若在断开处设置开关设备和相应的配电装置，则组成分区所（亭），如图 6.3 所示。分区所（亭）的结构形式有多种，它与铁路运量、单线和复线、牵引变电所向牵引网供电的方式、采用设备的类型等因素有关。

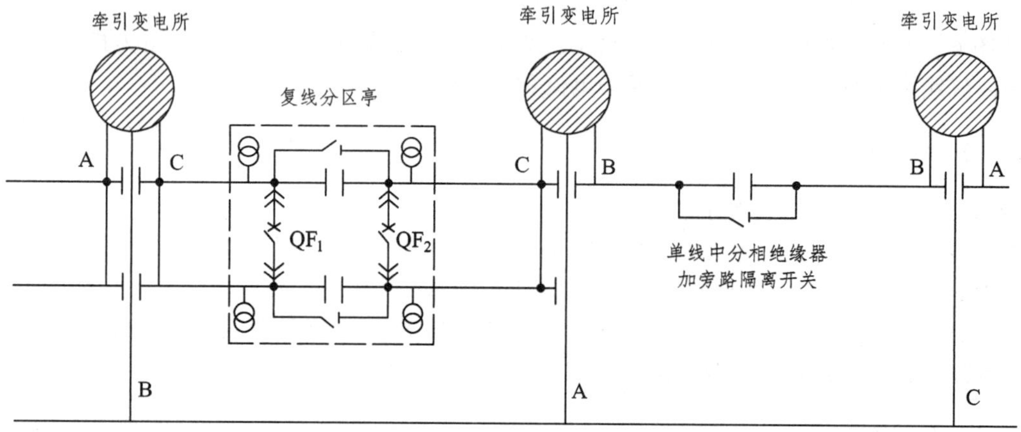

图 6.3　单、复线分区亭

在单线单边供电的电气化区段，相邻两供电臂之间仅设分相绝缘器即可，并设旁路隔离开关以便实现临时越区供电。

在复线电气化区段和单线电气化区段双边供电时，一般设置分区亭，在分区亭内用断路器将同一供电分区的上、下行接触网或相邻两供电分区的接触网在末端连接起来，相邻两供电臂间设分相绝缘器和与之并联的隔离开关（或断路器）。

分区亭的作用可简述如下：

（1）使同一供电分区的上、下行接触网并联工作或单独工作。当并联工作时，分区亭内的断路器闭合以提高接触网的末端电压；单独工作时，断路器打开。

（2）单边供电的同一供电分区上、下行接触网（并联工作）内发生短路事故时，由牵引变电所中的馈线断路器和分区亭中的断路器配合动作，切除事故区段，缩小事故范围。非事故区段仍可照常工作。

（3）当某牵引变电所主变压器发生事故中断供电时，可闭合分区亭中与分相绝缘器并联的隔离开关（或断路器），由相邻牵引变电所向事故牵引变电所的供电分区临时越区供电。

（四）开闭所

某些远离牵引变电所的大宗负荷，如枢纽站、电力机务段等，接触网按作业及运行的要求需要分成若干组，需要多条供电线路向这些接触网分组供电。若直接从牵引变电所向这些接触网分组供电，不但会增加变电所的复杂程度，而且将大量增加馈电线的长度，造成一次投资过大。为此，一般采取在大宗负荷附近建立开闭所的办法来解决，如图 6.4 所示。

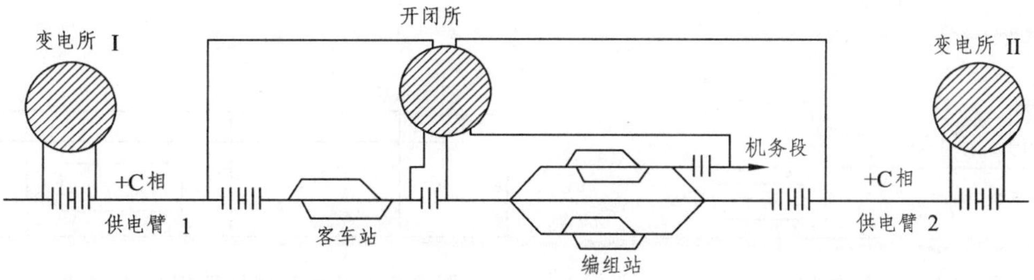

图 6.4　开闭所

开闭所即单相开关站，其中只有配电设备而无牵引变压器，仅用于接受和分配电能。为保证开闭所供电的可靠性，一般从相邻两供电分区上引入两路电源，互为备用。

开闭所的作用可简述如下：

（1）开闭所不进行电压变换，只起扩大馈线回路数的作用，相当于配电所。

（2）在 AT 供电方式中，将长供电臂分段，事故时可缩小事故范围，提高供电的可靠性。

（3）保证枢纽站（场）装卸作业和接触网分组检修的灵活性、安全性。

（4）降低牵引变电所的复杂程度。

（五）自耦变压器站（AT 所）

工频单相交流电气化铁路采用自耦变压器（AT）供电方式时，在铁路沿线每隔 12 km 左右设置自耦变压器和相应的配电装置，即设置 AT 所。AT 所的作用之一便是将牵引变电所供来的 55 kV 电压经自耦变压器 AT 降为接触网的 25 kV 电压等级，然后向接触网供电。

二、牵引供电系统的供电方式

交流牵引供电系统的供电方式主要有 4 种：直接供电方式，BT（吸流变压器）供电方式，AT（自耦变压器）供电方式和 CC（同轴电缆）供电方式。目前电气化铁路一般采用 BT、AT 供电方式。

（一）直接供电方式

这是一种最简单的供电方式。在线路上，机车供电由接触网和钢轨、大地直接构成回路，对通信干扰不加特殊防护措施，如图 6.5 所示。电气化铁路最早大都采用这种供电方式。这种供电方式最简单，投资最省，牵引网阻抗较小，电能损耗也较低，供电距离一般为 30 ~ 40 km。电气化铁路的单相负荷电流由接触网经钢轨流回牵引变电所，由于钢轨和大地不是绝缘的，一部分回流由钢轨流入大地，因此对通信线路产生感应影响，这是直接供电方式的缺点。它一般用在铁路沿线无架空通信线路或通信线路已改用地下屏蔽电缆区段，必要时也可将通信线路迁到更远处。

带回流线的直接供电方式是在接触网支柱上架设一条与钢轨并联的回流线，称为负馈线（NF），如图 6.6 所示。利用接触网与回流线之间的互感作用，使钢轨中的回流尽可能地由回流线流回牵引变电所，减少了电气空间，因而能部分抵消接触网对邻近通信线路的干扰，但其防干扰效果不及 BT 供电方式。这种供电方式可在对通信线路防干扰要求不高的区段采用，能进一步降低牵引网阻抗，供电性能更好一些，但造价稍高。目前我国京广线、石太线均采用此种供电方式。

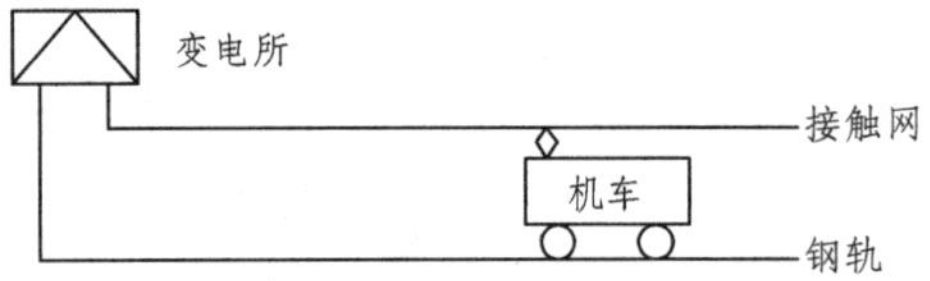

图 6.5　直接供电方式

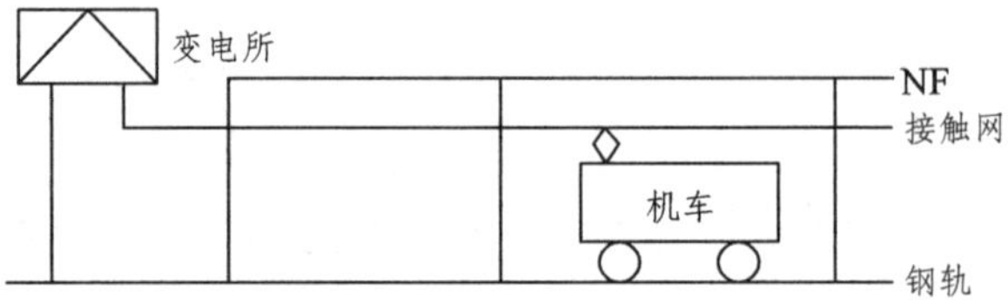

图 6.6　带回流线的直接供电方式

（二）BT 供电方式

BT 供电方式是在牵引网中架设吸流变压器-回流线装置的一种供电方式，目前在我国电气化铁路中应用较广。吸流变压器的变比是 1 : 1。它的一次绕组串接在接触网中，二次绕组串接在专为牵引电流流回牵引变电所而特设的回流线（NF）中，故称之为吸流变压器-回流线供电方式，如图 6.7 所示。在两个吸流变压器中间用吸上线将钢轨和回流线连接起来，构成电力机车负荷电流由钢轨流向回流线的回路。两个吸流变压器之间的距离称为 BT 段，一般 BT 段长为 2 ~ 4 km。BT 供电方式的工作原理是：由于吸流变压器的变比为 1 : 1，当吸流变压器的一次绕组流过牵引电流时，在其二次侧绕组中强制回流通过吸上线流入回流线。由于接触网与回流线电气空间的距离很近，流过的电流大致相等，方向相反，因此对邻近通信线路的电磁感应绝大部分被抵消，从而降低了对通信线路的干扰。这种供电方式由于在牵引网中串联了吸流变压器，致使牵引网的阻抗比直接供电方式增加大约 50%，能耗也较大，供电距离也较短（单线一般为 25 km 左右，双线一般为 20 km 左右），投资也比直接供电方式大。

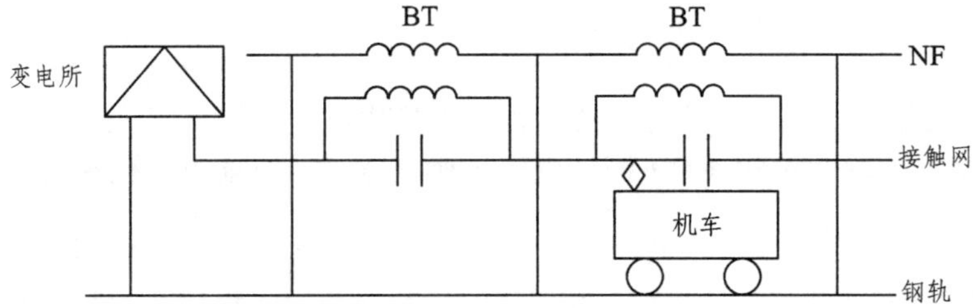

图 6.7　BT 供电方式

（三）AT 供电方式

AT 供电方式是 20 世纪 70 年代才发展起来的，它既能有效地减轻牵引网对通信线路的干扰，又能适应高速、大功率电力机车的运行，故很多国家都有应用。这种供电方式每隔 10 km 左右在接触网与正馈线之间并入一台自耦变压器，其中点与钢轨相连。自耦变压器将牵引网的供电电压提高了一倍，而供给电力机车的电压仍为 25 kV，其工作原理如图 6.8 所示。电力机车由接触网受电后，牵引电流一般由钢轨流回，由于自耦变压器的作用，从钢轨流回的电流经自耦变压器绕组和正馈线（AF）流回变电所。当自耦变压器的一个绕组流过机车电流时，其另一个绕组感应出电流供给电力机车，自耦变压器供电方式的牵引网阻抗很小，约为直接供电方式的 1/4，因此电压损失小，电能损耗低，供电能力大，供电距离长，可达 40 ~ 50 km。由于牵引变电所间的距离加大，从而减少了牵引变电所数量，也减少了电力系统对电气化铁路供电的工程投资。这种供电方式一般用在重载、高速等负荷大的电气化铁路上。由于牵引负荷电流在接触网和正馈线中方向相反，因而对邻近的通信线路干扰很小，其防干扰效果与吸流变压器-回流线供电方式相当。

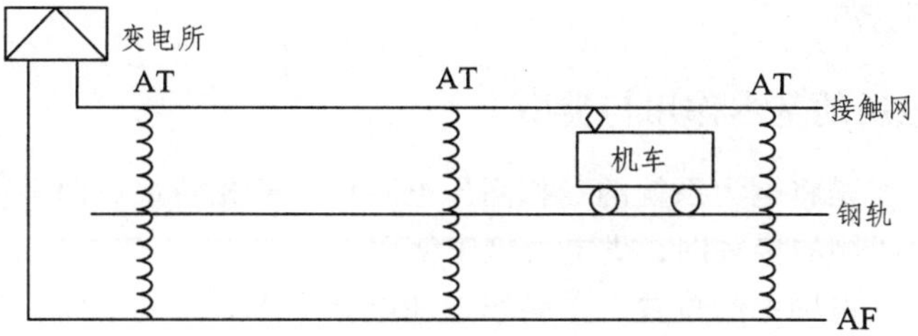

图 6.8　AT 供电方式

（四）CC 供电方式

CC 供电方式是一种新型的供电方式。它的同轴电力电缆（CC）沿铁路线路埋设，内部芯线作为供电线与接触网连接，外部导体作为回流线与钢轨相接，每隔 5 ~ 10 km 做一个分段，如图 6.9 所示。CC 供电方式的优点是：馈电线与回流线在同一电缆中，间隔很小，而且同轴布置，使得互感系数增大；同轴电力电缆的阻抗比接触网和钢轨小得多，因此牵引电流和回流几乎全部从同轴电力电缆中流过；电缆芯线与外层导体电流相等，方向相反，二者形成的磁场互相抵消，对邻近的通信线路几乎无干扰；阻抗小，供电距离长。但是，由于同轴电力电缆造价高，投资大，目前我国铁路仅在一些特别困难的地段采用。

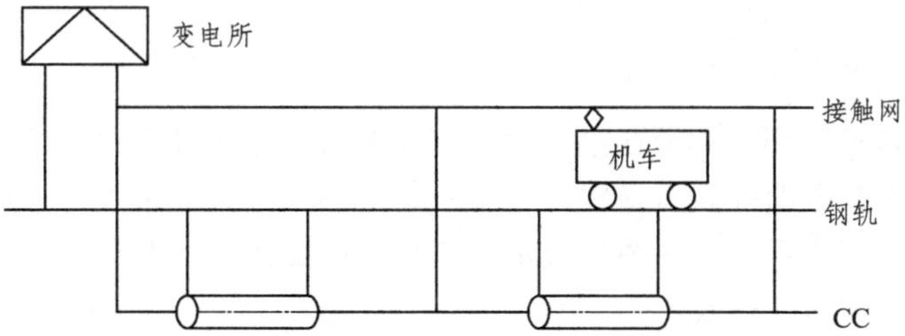

图 6.9　CC 供电方式

【思考题】

1. 简述我国电气化铁路牵引供电系统的构成，我国牵引供电系统的供电方式是什么？
2. 牵引供电系统的牵引网由哪几部分组成？

任务三　认知牵引变电所和接触网

【任务描述】

在本任务中，我们将了解牵引变电所的作用、基本类型和工作原理，了解牵引变电所的主要设备；了解接触网的工作原理、供电方式和悬挂类型。

通过本任务的学习，要求学员知晓牵引变电所的作用、基本类型和工作原理，熟悉牵引变电所的主要设备；知晓接触网的工作原理、供电方式和悬挂类型。

【知识学习】

一、牵引变电所

（一）牵引变电所的基本作用与类型

牵引变电所的作用是将电力系统的三相高压电降压、分相转换成两个单相电，通过馈电线分别供给两侧的接触网，供电力机车使用。

牵引变电所按其在电网中的位置、重要程度和电源引入方式的不同，可分为：中心变电所、通过式变电所、分接式变电所。如图 6.10 所示，其中 1QB、7QB 为中心变电所；3QB、5QB 为通过式变电所；2QB、4QB、6QB 为分接式变电所。

微课视频：
牵引变电所

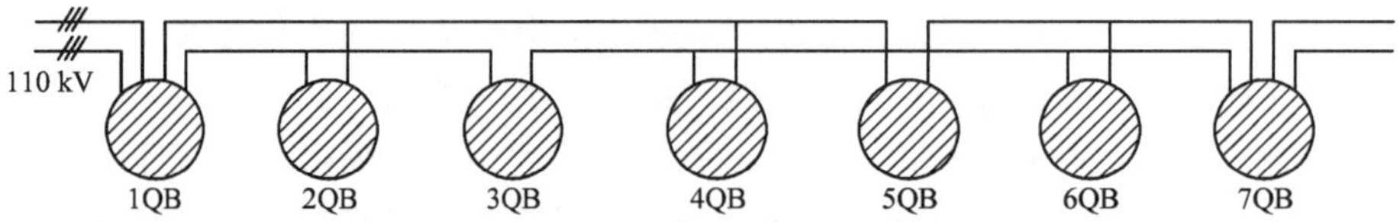

图 6.10　牵引变电所高压输电线的引入方式

根据所采用的牵引变压器类型的不同，牵引变电所通常分为单相牵引变电所、三相牵引变电所和三相-两相牵引变电所。

（二）牵引变电所的电气主接线

牵引变电所（包括开闭所和分区亭）的电气主接线是指由断路器、隔离开关、互感器、避雷器、主变压器、母线和电缆等高压一次设备按一定的顺序连接起来用于接收和分配电能的电路。主接线图一般用单线图表示。单线图是表示三相相同的交流电气装置中一相连接顺序的图，当三相不完全相同时，则用多线图表示。

（三）牵引变电所的主要设备

1. 一次设备

牵引变电所一次设备包括牵引变压器、互感器、高压断路器、高压隔离开关、高压负荷开关、高压熔断器等。

1）牵引变压器

牵引变电所的主要设备是牵引变压器（又称主变压器）。为了提高牵引供电系统的可靠性，牵引变电所一般设置两台牵引变压器，每台牵引变压器都能单独承担全部负荷。正常运行时，一台工作，另一台作为检修或故障时的备用。

牵引变压器的额定电压，一次侧为 110 kV（或 220 kV）；二次侧为 27.5 kV，比接触网额定电压 25 kV 高 10%；AT 供电方式的牵引变压器二次侧额定电压为 55 kV 或 2 × 27.5 kV。

牵引变压器主要由铁心、绕组、绝缘材料组成。铁心用于构成变压的磁路；绕组构成变压器的电路；绝缘材料有绝缘纸板、变压器油等，它们起绝缘作用。变压油除起绝缘作用外，还起冷却的作用。

2）互感器

互感器是一种特殊用途的变压器，又称仪用互感器，是配电系统中不可缺少的重要设备。根据电气量变换的差别，仪用互感器可分为电压互感器（简称 TV）和电流互感器（简称 TA）两大类。仪用互感器的主要用途是：与仪表配合测量线路上的电流、电压、功率和电能，与继电器配合对线路及变配电设备进行定量保护（例如短路、过电流、过电压、欠电压等故障的保护）。为了配合仪表测量和继电器保护的需要，电压互感器将系统中的高电压变换成标准的低电压；电流互感器将高压系统中的电流或低压系统中的大电流变换成标准的小电流（5 A 或 1 A）。由于采用了仪用互感器，测量仪表和继电器均可接在仪用互感器的二次侧与系统的高电压隔离，从而保证了操作人员和设备的安全；同时，由于仪用互感器二次电压和二次电流均为统一的标准值，使测量仪表和继电器的制造得以标准化，从而简化了制造工艺，降低了成本。所以仪用互感器在变、配电网络的测量、保护及控制系统中得到了广泛应用。

3）高压断路器

高压断路器是高压配电装置中的重要电器，其用途是使高压电路在正常情况下接通或断开，以及在事故情况下自动切断故障电路，使设备恢复正常运行。

高压断路器按灭弧介质的不同主要有真空断路器、六氟化硫（SF6）断路器和少油断路器等。

4）高压隔离开关

高压隔离开关也称刀闸，是建筑供配电系统中使用最多的一种高压开关电器。高压隔离开关是一种没有灭弧装置的控制电器，因此严禁带负荷进行分、合闸操作。由于它在分闸后具有明显的断开点，因此在操作断路器停电后，将它拉开可以保证被检修的设备与带电部分可靠隔离，产生一个明显可见的断开点，既能缩小停电范围，又可保证人身安全。

5）高压负荷开关

高压负荷开关主要用于配电系统中关合、承载、开断正常条件下（也包括规定的过载系数）的电流，并能通过规定的异常（如短路）电流的关合。也就是说，高压负荷开关可以合、分正常的负荷电流以及关合短路电流（但不能开断短路电流）。因此，高压负荷开关受到使用条件的限制，不能作为电路中的保护开关，通常高压负荷开关必须与具有开断短路电流能力的开关设备配合使用，最常用的方式是高压负荷开关与高压熔断器相配合，正常的合、分负荷电流由负荷开关完成，故障电流由熔断器来完成开断。

6）高压熔断器

高压熔断器是最早被采用的，也是最简单的一种保护电器。它串联在电路中使用。当电路中通过过负荷电流或短路电流时，利用熔体产生的热量使它自身熔断，切断电路，以达到保护的目的。

高压熔断器主要由金属熔体、连接熔体的触头装置和外壳组成。金属熔体是高压熔断器的主要元件，熔体的材料一般有铜、银、锌、铅和铅锡合金等。熔体在正常工作时，仅通过不大于熔体额定电流值的负载电流，其正常发热温度不会使熔体熔断；当过载电流或短路电流通过熔体时，熔体便熔化断开。

2. 二次设备

牵引变电所的二次设备包括保护装置、故障探测装置以及控制、信号、测量装置和自用电系统等。

1）保护装置

牵引供电系统在运行中可能会出现各种故障和不正常运行情况，如短路、断线、接地、过负荷等。其后果是损坏电气设备，中断供电，影响铁路运输。保护装置即为此而设，当被保护设备发生故障或出现不正常状态时，保护装置将按预定程序动作，使断路器跳闸或发出信号。

2）故障探测装置

接触网发生故障，会中断供电，影响铁路运输，因此要求迅速排除故障。接触网沿铁路线架设，供电臂长达 20 多千米，一旦出现故障又无明显破坏痕迹，将很难查找，为了迅速查找故障，设置了故障探测装置，如电抗型故障探测装置和吸上电流比型故障探测装置。

3）控制装置、信号装置、测量装置

为了对高压电气设备进行操作监视，牵引变电所还设置了控制装置、信号装置和测量装置。

控制装置的控制方式包括调度所远方控制、调度所内控制和在操作机构处当地控制三种。

信号装置是显示电气设备工作状态的装置，其显示方式有灯光、吊牌和音响。显示的信号包括位置信号、事故信号、预告信号等。

测量装置：为了监视变电所的运行状态，需要对一些电量进行测量，按照《规程》的规定，牵引变电所设有高压侧电压、电流、功率的测量装置和低压侧电压、电流和馈电线电流的测量装置。为了计量，在高压侧安装了有功电度表和无功电度表。

4）自用电系统

牵引变电所设有自用电系统，包括交流自用电系统和直流自用电系统。交流自用电负荷有检修用的动力、照明、蓄电池充电、主变压器通风、操动机构加热等。牵引变电所的高压电气设备的控制、信号、保护、自动装置、事故照明等都采用直流供电，由直流自用电系统提供。

此外，为保证电气化铁路设备和运营的安全，牵引变电所还配备了必要的避雷和接地装置。

二、接触网

微课视频：接触网

接触网是架设在铁路线路上空，向电力机车供给电能的特殊形式的输电线路。接触网额定电压为 25 kV，采用的是工频单相交流制（工频指工业标准频率，即 50 Hz），最低电压不低于 21 kV，当行车速度为 140 km/h 时，应保持 23 kV。

接触网担负着把从牵引变电所获得的电能直接输送给电力机车使用的重要任务。因此接触网的质量和工作状态将直接影响电气化铁路的运输能力。

（一）接触网的供电方式

接触网的供电方式有单边供电、双边供电和越区供电。单边供电和双边供电为正常的供电方式。

1. 单边供电

单边供电方式即供电臂只从一端的变电所取得电流的供电方式，如图 6.11 所示，当分区亭的隔离开关打开时即为单边供电，无论电力机车运行至什么位置，其电流均由一个牵引变电所供给。

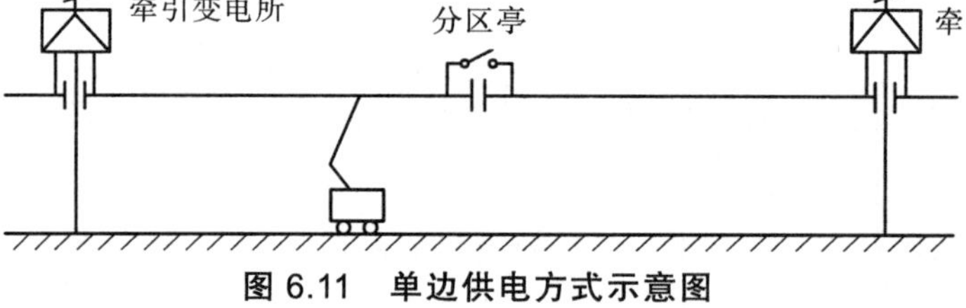

图 6.11　单边供电方式示意图

电力机车取用的电流来自一个牵引变电所，牵引变电所的倒闸操作、馈线保护都比较简单，故目前普遍采用。

2. 双边供电

供电臂从两端相邻的变电所取得电流的供电方式，称为双边供电，如图 6.11 所示，当分区亭的隔离开关闭合时即为双边供电，无论电力机车运行至什么位置，其电流均由相邻的两个牵引变电所共同供给。

双边供电时，电力机车从两个牵引变电所取流，所以每条馈电线的电流相对较小，从而减小了牵引网的电压损失和电能损失，有利于改善牵引网的电压水平，降低运营成本，而且牵引变压器的负荷较均匀；同时，由于电力机车两边的供电电流方向相反，故可以减小对通信线路的电磁感应影响。双边供电的主要缺点是牵引变电所的倒闸操作、馈线保护比较复杂，而且当两个牵引变电所的电压有差异时，可能出现穿越电流或不平衡电流，从而产生附加的电能损失。

3. 越区供电

越区供电是一种非正常供电方式（也称事故供电方式）。当某一牵引变电所因故障不能正常供电时，故障变电所担负的供电臂经分区亭开关设备与相邻的供电臂接通，由相邻牵引变电所进行临时供电，如图 6.12 所示。因越区供电增大了相邻牵引变电所主变压器的负荷，对电器设备安全和供电质量影响较大，因此，只能在较短时间内实行越区供电，它是避免中断铁路运输的临时性措施。

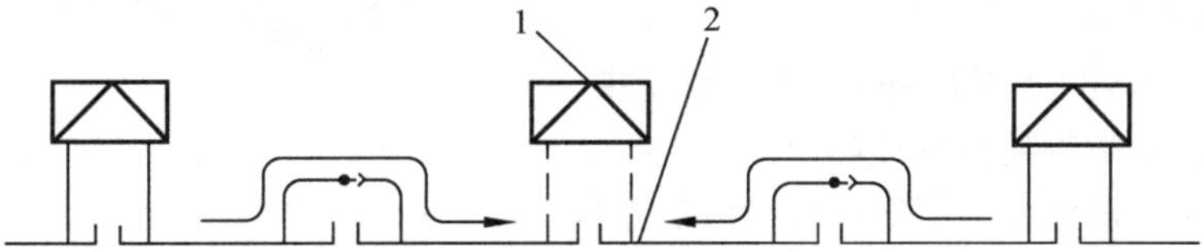

1—故障牵引变电所；2—越区供电分区。

图 6.12 越区供电示意图

（二）接触网的悬挂类型

在一条接触网线路上，无论是在区间还是站场上，为了满足供电方面和机械方面的要求，总是将接触网分成若干长度一定且相互独立的分段，这就是接触网的锚段。接触网的悬挂类型就是针对接触网的每个锚段而言的。接触网的悬挂类型较多，一般根据其结构不同分成简单接触悬挂和链形接触悬挂两大类。

1. 简单接触悬挂

简单接触悬挂是由一根或两根平行的接触线直接固定在支持装置上的接触悬挂形式，它的特点是无承力索，接触线直接悬挂在支持装置上。简单接触悬挂在实际运营的铁路线路上很少应用。

2. 链形接触悬挂

链形接触悬挂是一种运行性能较好的接触网悬挂形式。它的特点是接触线通过吊弦悬挂在承力索上，承力索通过钩头鞍子或悬吊滑轮悬挂在支持装置的腕臂上，使接触线在不增加支柱的情况下增加了悬挂点，通过调整吊弦长度使接触线在整个跨距内对轨面的高度基本保持一致，减小了接触线在跨距中的弛度，改善了弹性，增加了悬挂重力，提高了稳定性，可以满足电力机车高速运行取流的要求。

链形悬挂分类方法较多，按悬挂链数的多少可分为单链形、双链形和多链形（又称三链形）。目前我国采用单链形悬挂，如图 6.13 所示。

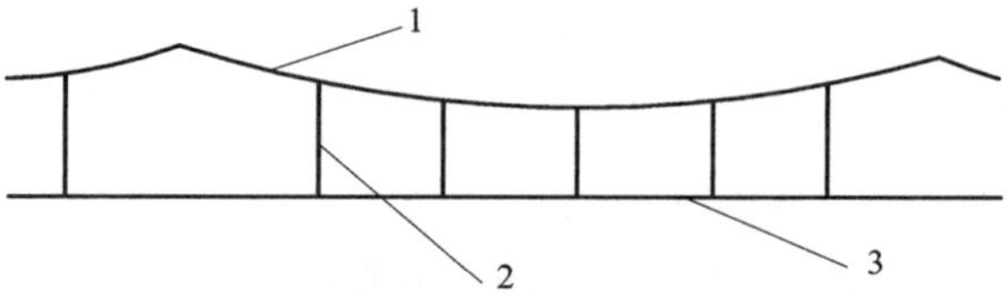

1—承力索；2—吊弦；3—接触线。

图 6.13　单链形接触悬挂示意图

（三）接触网的组成

接触网由支柱与基础、支持装置、定位装置和接触悬挂等部分组成，如图 6.14 所示。

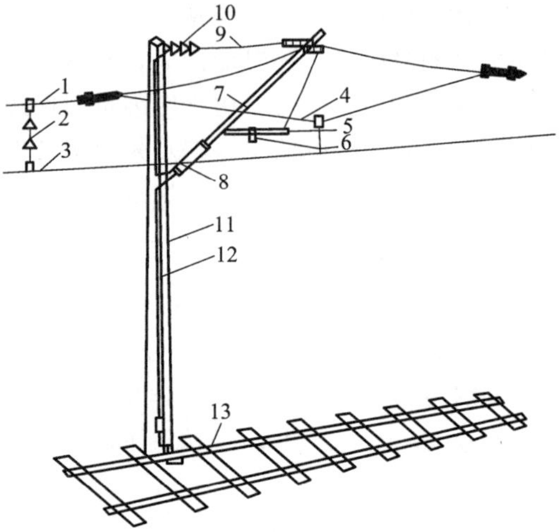

1—承力索；2—吊弦；3—接触线；4—弹性吊弦；5—定位管；6—定位器；7—腕臂；8—棒式绝缘子；9—水平拉杆；10—悬式绝缘子；11—支柱；12—地线；13—钢轨。

图 6.14　接触网的组成

1. 支柱与基础

支柱与基础的作用是：承受接触悬挂、支持装置和定位装置的全部负荷，并将接触悬挂固定在规定的位置和高度上。

我国铁路接触网采用预应力钢筋混凝土支柱和钢柱，基础是针对钢支柱而言的，即钢支柱固定在下面的钢筋混凝土制成的基础上，由基础承受支柱传给的全部负荷，并保证支柱的稳定性。预应力钢筋混凝土支柱与基础制成一个整体，下端直接埋入地下。

2. 支持装置

支持装置包括腕臂、水平拉杆、悬式绝缘子串、棒式绝缘子及其他建筑物的特殊支持设备。支持装置的作用是：支持接触悬挂，并将其负荷传给支柱或其他建筑物。支持装置的形式根据接触网所在区间、站场不同而有所不同。

3. 定位装置

定位装置包括定位管和定位器、支持器及其联结零件。其作用是：固定接触线的位置，保证接触线在受电弓滑板运行轨迹范围内与受电弓不脱离，使接触线磨耗均匀，并将接触线的水平负荷传给支柱。

4. 接触悬挂

接触悬挂包括接触线、承力索、吊弦和联结零件。接触悬挂的作用是：将从牵引变电所获得的电能传输给电力机车。

1）接触线

接触线是接触网中重要的组成部分之一。电力机车在运行中，其受电弓滑板直接与接触线摩擦，并从接触线上获得电能（受电弓是电力机车的受流装置，接触线与受电弓之间的可靠接触是保证电力机车良好取流的重要条件）。所以，接触线截面积的选择应满足牵引供电计算的要求。接触线一般制成两侧带沟槽的圆柱状，其沟槽是为了便于安装线夹并按技术要求悬吊固定接触线位置而又不影响受电弓滑板的滑行取流。接触线下面与受电弓滑板接触的部分呈圆弧状，称为接触线的工作面。

2）承力索

接触网承力索的作用是通过吊弦将接触线悬挂起来。承力索还可以承载一定的电流以减小牵引网阻抗，降低电压损耗和能耗。

3）吊弦

吊弦是链形悬挂中的重要组成部件之一。在链形悬挂中，接触线通过吊弦悬挂在承力索上。吊弦按其使用位置是在跨距中、软横跨上还是隧道内，有不同的类型。

5. 绝缘子

绝缘子的作用是：悬吊或支承接触悬挂和支持结构，并对接地体保持电气绝缘。

接触网上所用的绝缘子一般为瓷质悬式绝缘子和棒式绝缘子。绝缘子性能的好坏，对接触网能否正常供电影响很大。它承受着接触悬挂和支持结构的重力及因气候影响产生的机械荷载，因此要求绝缘子有足够的电气绝缘强度，能承受一定的机械载荷和能经受不利环境和大气的影响。

6. 中心锚结

中心锚结是设在锚段的适当位置将接触悬挂固定的装置。在两端装有补偿器的锚段里，必须加设中心锚结。中心锚结的作用是：① 防止补偿器向一侧滑动，特别是在有坡度的线路上，设置中心锚结更有必要；② 缩小事故范围，当中心锚结的一侧接触线发生断线时，不至于影响另一侧的接触网，且易于排除故障、恢复运行。其布置原则是：尽量使中心锚结两端张力相等，直线区段中心锚结设在锚段中部；曲线区段、曲线半径相同的整个锚段仍设在锚段中部；当锚段处于直线和曲线共有区段且曲线半径不等时，应设在靠曲线多、半径小的一侧。

7. 接触网线岔

接触网线岔由一根限制管、两个定位线夹和固定限制管的螺栓组成，其结构是用一根限制管将相交的两支接触线上下相互贴近，限制管的两端用定位线夹和螺栓固定在下面那根接触线上。如果是非正线相交，一般是交叉点距中心锚结或硬锚结近者在下面；若是和正线相交，正线在下面，上面的接触线应能在限制管和下面接触线间活动。

8. 锚段关节

接触网悬挂中的承力索和接触线在延续到一定长度后，为了满足机械受力方面的要求及方便施工，必须将接触网分成若干长度一定且相互独立的分段，这些分段叫锚段。两个相邻锚段的衔接部分称为锚段关节。

在锚段关节处，两锚段的接触悬挂是并排架设的。对它的基本要求是：当机车通过时，应保证受电弓能平滑地由一个锚段过渡到另一个锚段。

根据锚段关节所起的作用，可分为非绝缘锚段关节、绝缘锚段关节及电分相锚段关节。根据所含跨距数可分为二跨、三跨、四跨、五跨、七跨及九跨式锚段关节。

9. 补偿装置

补偿装置又称补偿器，它设在锚段两端，能自动补偿接触线或承力索内的应力，它是自动调整接触线或承力索张力的补偿器及其制动装置的总称，由补偿滑轮、补偿绳、杠杆、坠砣杆和坠砣组成。其作用是：温度变化时，线索受温度影响而伸长或缩短，由于补偿器坠砣的重力作用，可使线索沿线路方向移动而自动调整线索张力，使张力恒定不变，并借以保持线索的弛度从而满足技术要求。任何情况下坠坨距地面的高度不得小于 200 mm。

10. 分段绝缘器

分段绝缘器的作用是：在电气化铁路区段各车站的装卸线、机车整备线及电力机车库线等处所，为了保证工作人员的作业方便及人身安全，将接触网在电的方面分成独立的区段。

分段绝缘器安设在上述独立区段的两端，其结构既能保证供电的分段，又能使受电弓平滑地通过该设备。分段绝缘器大多应配合隔离开关使用，当隔离开关打开时，分段绝缘器两端之中的独立区段断电，便于在该独立区段中进行装卸或停电作业。

11. 分相绝缘装置

分相绝缘器的作用是：将接触网上不同相位的电能隔离开，以免发生相间短路，并起机械连接作用，使接触网成为一个整体。分相绝缘装置包括分相绝缘器和有关分相绝缘器的线路标志。分相绝缘器设在两供电臂连接的地方，如牵引变电所、分区亭等处。

分相绝缘器一般由三块相同的玻璃钢绝缘件组成。每块玻璃钢绝缘件长 1.8 m、宽 25 mm、高 60 mm，其底面制成斜槽，以增加表面距离。玻璃绝缘件之间的接触线无电，称为中性区，中性区的长度按照规定不小于 18 m。这一规定是考虑到电力机车双弓升起时不至于短接不同相位的接触线为限。在分相绝缘器处配置隔离开关，以便越区供电。

为了不缩短中性区长度和避免接触线供电相间短路，确保分相绝缘器的功能，电力机车通过分相绝缘器时，目前只能是断电滑行通过。因此，在分相绝缘器的两端，上行和下行方向均应设立“断”、“合”标示牌，用以通知司机在机车通过分相绝缘器时先断开机车的主断路器，通过分相绝缘器后，再重新合上主断路器。这是为了防止受电弓通过中性区时拖带电弧烧损绝缘器件和接触线或造成其他事故。

12. 软横跨与硬横跨

软横跨是多股道站场的接触悬挂的横向支持设备，如图 6.15 所示。它由电气化铁路两侧的支柱和挂在支柱上的横向承力索以及上、下部固定绳及支持和联结零件组成，其中横向承力索是软横跨受力的主要构件。软横跨分为绝缘式软横跨、电分段式绝缘软横跨等几种。

硬横跨是电气化铁路上广泛采用的接触悬挂支持设备，其硬横梁两端被分别固定在钢柱或钢筋混凝土支柱上，如图 6.16 所示。

图 6.15　软横跨

图 6.16　硬横跨

软横跨与硬横跨相比各有优缺点。软横跨可以跨越较大站场和较多的股道，其投资较少。而硬横跨具有结构稳定、抗振动、抗风性能好且具有较好的刚度，能改善弓网受流、降低离线率等优点。

13. 限界门

限界门位于铁路、公路等交道口的两侧，用于限制超高车辆通过，防止触电伤人。限界支柱采用 8 m 的钢筋混凝土锥形柱，防护桩采用 100 mm×100 mm×1 600 mm 的混凝土桩。一般应以线路中心公路两侧各 12 m 为支柱限界，再以公路路宽外 0.5 ~ 1 m 处确定坑位。坑深以地面起计算，保证支柱实际坑深 1.8 m。

14. 接触网支柱的侧面限界

接触网支柱的侧面限界是指支柱靠线路一侧至线路中心线的距离。设置侧面限界是为了确保行车的安全。支柱侧面限界任何时候不得小于 2 440 mm，机车走行线可降为 2 000 mm，曲线区段适当加宽，直线中间支柱一般取为 2 500 mm，软横跨支柱一般取为 3 000 mm，软横跨支柱位于站台时，为便于旅客行走，一般取为 3 000 mm。

【思考题】

1. 简述牵引变电所的基本类型和工作原理。
2. 什么是牵引变电所的电气主接线？
3. 牵引变电所内的一次设备及其作用有哪些？
4. 牵引变电所内的二次设备及其作用有哪些？
5. 牵引变电所内的高压配电装置有哪些？
6. 简述接触网的组成结构、特点及作用。
7. 接触网有哪些悬挂类型？接触网链形悬挂有什么优势？
8. 何为 BT 供电方式？
9. 上网查阅，了解铁路供电基础岗位有哪些？职责分别是什么？

任务四　认知牵引供电系统的运营管理

【任务描述】

在本任务中，我们将了解电气化铁路牵引供电系统运营管理的基本体制与内容，认知牵引变电所设备的检修作业方式和接触网的检修作业方式。

通过本任务的学习，要求学员熟悉电气化铁路牵引供电系统运营管理的基本体制与内容，掌握牵引变电所设备的检修作业方式和接触网的检修作业方式。

【知识学习】

铁路运输组织工作高度集中，各个工作环节密切相连，因此，电气化铁路牵引供电系统必须实行规范、统一、严格、分级管理的运行管理体制，才能保证铁路运输的安全。

一、牵引供电系统的运营管理体制

铁路运输工作高度集中，各个工作环节密切相连，因此，电气化铁路牵引供电系统必须实行规范、统一、严格的运营管理体制，才能保证铁路运输的安全。

（一）供电段的任务、设置及运营管理

1. 供电段的任务

供电段是铁路电气化区段设置的基层运营管理单位，其主要任务是保证牵引供电设备安全可靠地供电。

供电段的具体任务是：① 负责管内牵引变电所、分区所、开闭所、自耦变压器所、调度所、接触网工区的行政领导（有时也包括电力工区、变配电所）；② 管内供电设备的运营管理、维修测试、故障抢修，设备材料供应和部分零件检修配制、绝缘油的化验和处理、电气仪表和继电保护的调试和校验、远动系统的调试和校验、检修新技术设备的研制、试用和推广等。

2. 供电段的设置

供电段的管辖范围一般规定为 300 ~ 400 km。供电段的设置位置应考虑远期电气化的发展因素，一般应设置在远期电气化供电区域中心的枢纽站或区段站上，便于上级及时调度、领导和指挥；另外，当发生重大供电事故时，供电段本部能及时向上级汇报，及时制定抢修方案，尽快进行抢修，及时恢复供电，也便于与地方、地区协作，并方便职工生活。

3. 供电段的运营管理

供电段实行三级管理（段本部、领工区、接触网工区和电力工区）。供电段的运营管理与接触网、牵引变电所等供电系统的运营管理方式密切相关。接触网及沿线吸回装置等的维护检修及事故抢修由分布在沿线的各接触网工区负责，一般一个工区管辖单线正线 30 ~ 40 km，双线区段为单线的 1/2 ~ 2/3。每 3 ~ 4 个工区设一个领工区，领工区只对下属单位行使行政管理和技术指导，组织维修计划的实施。段本部检修车间提供配件和组织事故抢修；牵引变电所的运营由其值班员承担，而设备的定期检修、测试和事故检修由段本部检修车间负责。供电段的管辖能力主要取决于在现场的检测能力及发生事故时组织抢修的反应能力。一般一个供电段管辖 10 ~ 15 个牵引变电所。牵引变电所的预防性检测一年一次。

（二）供电段生产车间的设置和任务

1. 生产车间的设置

供电段的生产车间应根据检修工艺流程、专业化协作条件、各检修分间的内在联系以及分间面积、采光、防震、防火、防爆、采暖通风、给排水、“三废”处理、气象条件等因素，按照小而专的原则设置。其组合原则是：使检修工艺流程顺畅，避免相互交叉干扰，联系密切的分间尽量靠近。

电修间是电气设备解体、组装分间，其检修前后的测试、排灌油作业分别由试验间、油处理间承担，而其线圈的维修和制作由电机间负责，故试验间、电机间、油处理间应与电修间毗邻。产生有害气体的车间可集中也可单独布置，若集中组合布置时，应布置在外侧的一端以利排气通风。对采光要求较高的分间应选择自然采光良好的处所。仪表、继电器间、化验间的精密仪表要求防震、防潮，一般置于办公楼内，而且应远离锻工间、机工间等。锻工、木工间产生烟尘，应置于主导风向的下方。与上述各分间均有联系的分间，如工具发放等，应设置在适中位置。材料库（棚）应在检修间附近，条件允许可布置成院落式。危险品库应在材料库附近有适当距离的一角。南方地区气温高、夏季长，车间应有良好通风，主要车间应避免日晒。北方地区气温低、冬季长，车间应采暖保温，生产车间尽量集中以利供热保温。

2. 生产车间的主要作业

生产车间的主要作业内容是：

（1）电修间：承担段管内配电变压器、吸流变压器、互感器及 27.5 kV 级开关等恢复性大修及套管的烘干处理，承担全段电气设备的定期修理；派员对管内牵引变电所的变压器、互感器等进行预防性测试及事故处理。

（2）电机间：承担变压器、互感器和电机等的线圈绕制和浸漆工作及段内电机类电气设备的定期检修。

（3）试验间：承担管内电气设备的耐压试验和特性试验，即高压试验和变压器试验两部分。高压试验部分可进行 35 kV 及以下各种电气设备、电工器材的耐压试验、介质损失角测定等工作，亦可对防护用具、操作绝缘杆件进行检查试验，以确保设备质量和运行安全。变压器试验部分主要进行变压器的空载、短路试验，测定变比、介损、接线组别，测定直流电阻、套管泄漏等电气性能，以判断其检修质量。试验间还负责对段管内各牵引变电所电气设备的预防性定期测试，鉴定供电设备的运行质量，提出维修要求。

（4）油处理间：承担管内绝缘油的净化处理及电气设备回段检修时绝缘油的回收及发放。在日常运营中还对现场充油设备的绝缘油进行经常质量监视、取样化验和补充。绝缘油的净化处理主要是去掉油中水分和杂质。绝缘油经过一段时间后均会因空气中湿气侵入而受潮，其绝缘性能下降，介电强度受到严重影响，在一定温度下还将加速劣化。

（5）绝缘油库：储存和保管新油、旧油及处理后的油，其储油量应保证自然消耗油的补充和事故情况下的备用。

（6）仪表、继电器间：承担管内各牵引变电所、分区所、开闭所、自耦变压器所等的测量表计及继电保护设备的检验、测试和检修工作。

（三）牵引供电调度的管理体系

牵引供电调度是电气化铁路运行管理的重要组成部分，是牵引供电系统运行的指挥中心，它的基本任务是：正确指挥牵引供电系统的安全运行，保证牵引供电设备的检修；正确、迅速、果断地指挥牵引供电设备故障的处理。

铁路供电调度直接负责牵引供电系统的调度指挥。铁路供电调度除自成体系外，还与其他一些部门发生关系，在路内与行车调度、机车调度关系密切，在路外与电力系统调度有联系。牵引供电系统的停电送电、故障查找等都要与行车调度、机车调度及时联系，以便得到他们的配合和支持。必要时，相互间还以书面命令形式联系。牵引变电所的电源进线调度权归电力系统，一般企业自备变电所的电源进线由电力系统直接指挥，而电气化铁路牵引变电所不由电力系统直接指挥，因此电力系统调度要与铁路供电调度联系；属于电力系统调度的设备运行操作，以命令的形式下达给铁路供电调度，再由铁路供电调度下达给牵引变电所执行，两次调度之间应签有调度协议，明确相互间的关系，以保证牵引供电系统的统一调度指挥。

二、牵引变电所的检修作业方式

牵引变电所电气设备的检修作业分为五种：

（1）高压设备停电作业——在停电的高压设备上进行的作业以及在低压设备和二次回路上进行的需要高压设备停电的作业。

（2）高压设备带电作业——在带电的高压设备上进行的作业。

（3）高压设备远离带电部分的作业（简称远离带电部分的作业，下同）——在作业人员与高压设备带电部分之间保持规定的安全距离的条件下，在高压设备上进行的作业。

（4）低压设备停电作业——在停电的低压设备上进行的作业。

（5）低压设备带电作业——在带电的低压设备上进行的作业。

三、接触网的检修作业方式

由于接触网所处工作环境及供电的特殊性，投入运行后的接触网，其设备结构、零件等必然要受到各种自然条件变化的影响，加上电力机车受电弓沿接触线高速摩擦滑行，使接触网经常处在振动、摩擦、电热及构件本身的物理变化的影响之中，故接触网技术状态极易发生变化。为了使电力机车安全可靠、良好地取流，就应确保接触网的技术状态和供电质量，这样就必须对运行中的接触网进行经常性的检测、调整和维修。

接触网检修作业的方式分为：停电检修作业、间接带电检修作业和远离作业三种方式。

（1）停电检修作业：就是在接触网不带电而且接地的情况下进行检修的作业方式。

（2）间接带电检修作业：就是借助绝缘工具间接在接触网带电设备上进行的作业。

（3）远离作业：是指距离接触网带电部分 1 m 以外的附近非带电设备上进行的检修作业。

在接触网检修作业中，通常采用第（1）种和第（3）种作业方式。

接触网的停电检修作业是利用“天窗”时间进行的，要求必须在列车运行图中规定的“天窗”时间内完成作业。

“天窗”是指为满足接触网安全运行的需要，确保接触网设备的正常检修，电气化铁路区段在列车运行图中专门预留了保证接触网设备停电检修的时间。

“天窗”作业方式分为：

（1）垂直天窗作业：即双线电气化铁路区段，上、下行接触网同时停电进行的接触网作业。

（2）V 形天窗作业：即双线电气化铁路区段，上、下行接触网只是上行或下行停电进行的接触网作业。

【思考题】

1. 简述牵引供电系统的运营管理体制。
2. 简述牵引变电所设备的检修作业方式。
3. 简述接触网的检修作业方式。
4. 供电段有哪些生产车间，都进行什么样的技术作业？
5. 上网查询，了解铁路电力部门运营管理的特点和发展方向。

项目七　认知铁路信号与通信设备

【项目导入】

本项目的学习任务是：了解铁路信号设备的组成和基本原理；熟知铁路信号车站联锁设备的性能与运用以及铁路信号区间闭塞的性能与运用；掌握列车运行控制系统的组成及功能；掌握铁路列车调度指挥系统和分散自律调度集中系统的原理及组成；了解铁路专用通信设备的种类及其作用；学会正确运用铁路通信信号设备；学习并传承铁路精神文化。

【知识目标】

1. 了解故障-安全原则的基本要求；
2. 掌握铁路信号的分类及显示意义；
3. 掌握铁路信号基础设备的种类及工作原理；
4. 理解联锁关系，了解联锁设备的功能及层次结构；
5. 掌握 CTCS 系统的组成，了解 CTCS-2 级和 CTCS-3 级系统之间的区别；
6. 掌握 TDCS 的组成和功能，了解 CTC 和 TDCS 有何不同。

【能力目标】

1. 熟悉各类信号机类灯光显示的含义；
2. 能够绘制简单的轨道电路组成示意图，并能根据图解释轨道电路的工作原理；
3. 能够运用联锁设备进行基本操作；
4. 熟悉半自动闭塞的正常办理流程；
5. 能够利用控制中心下达一条列车计划。

任务一　认知铁路信号

【任务描述】

在本任务中，我们将铁路信号的定义和分类，了解铁路信号的故障-安全原则以及铁路信号未来的发展趋势。

通过本任务的学习，要求学员掌握铁路信号的定义和分类，牢记铁路信号故障-安全原则，理解铁路信号对保证铁路运输安全和高效的重要性。

【知识学习】

铁路运输的特点是列车必须沿着一定的轨道运行，而且运行速度高、载重量大、制动距离长，因此必须采取一定措施确保铁路运输的安全和效率。长期实践证明，铁路信号与通信系统对保证行车安全、提高运输效率、改善运输人员劳动条件等方面起着非常重要的作用。随着科学技术的发展，尤其是计算机技术、网络技术、现代通信技术的发展，铁路信号与通信系统在铁路运输中担负着越来越重要的作用,其发展水平已经成为铁路现代化的重要标志，是实现铁路行车向高速度、高密度和重载方向发展的重要保证。

一、铁路信号的定义与分类

（一）铁路信号的定义

微课视频：
铁路信号的定义与分类

铁路信号，广义上是保证行车安全、提高区间和车站通过能力以及编组站编解能力的自动控制及远程控制技术与设备的总称。它由铁路信号基础设备和铁路通信信号系统组成。铁路信号基础设备包括信号装置、轨道电路、转辙机、继电器等，它们构成了铁路通信信号系统的基础。铁路通信信号系统包括车站联锁、区间闭塞、列车运行控制、行车调度指挥控制、驼峰调车控制、道口信号和信号集中监测等系统。

铁路信号的作用是：传递指挥行车的命令，保证列车运行与调车作业安全，有效提高铁路运输效率，降低运输成本，改善行车人员的劳动条件。

铁路信号是计算机技术、现代通信技术和控制技术在铁路运输生产过程中的具体应用，是实现列车有效控制、提高铁路通过能力、向运输人员提供实时信息的必备手段，是列车提速与发展高速铁路的关键技术之一。随着信息技术和网络技术的发展，铁路信号和通信已由过去铁路运输的“眼睛”和“耳朵”变成了铁路的“中枢神经”，发挥着越来越重要的作用。

（二）铁路信号的分类

铁路信号在狭义上是指用于指示列车运行及调车工作的命令，是由铁路信号设备，如信号机、信号表示器和信号标志所发出的信息。在行车和调车工作中，通过铁路信号设备的颜色、形状、位置和声音等向乘务人员及与行车有关的人员指示列车运行条件、前方路况、列车设备状态以及行车命令等信息，行车和调车人员必须按照信号显示的要求去执行，才能确保铁路运输安全、提高生产效率。

根据铁路信号所借助载体的物理特征，铁路信号可分为视觉信号和听觉信号两种。

1. 视觉信号

视觉信号是以物体或灯光的颜色、形状、位置、数目或数码显示等特征表示的信号，如信号机、信号牌、信号灯、信号旗等设备显示的信号，都是视觉信号。

视觉信号分为固定信号、移动信号和手信号三大类。

在固定地点安装的铁路信号设备显示的信号叫固定信号，如图 7.1 所示。固定信号是铁路通信信号的重要组成部分，在我国铁路上，依据运营要求，固定信号采用下列基本信号：

（1）要求停车的信号，一般叫作“禁止信号”或“停车信号”。

（2）要求注意或减速运行的信号、准许按规定速度运行的信号，则称为“进行信号”或“允许信号”。

微课视频：手信号

用手拿信号灯、信号旗或用手势显示的信号叫手信号，如图 7.2 所示；临时设置的信号牌、信号灯等叫移动信号。固定信号是铁路信号的主要信号，移动信号和手信号作为补充和辅助。

图 7.1　固定信号机

图 7.2　手信号

视觉信号的基本颜色及其含义是：红色即是停车；黄色即是注意或减速运行；绿色则是按规定速度运行，如图 7.3 所示。

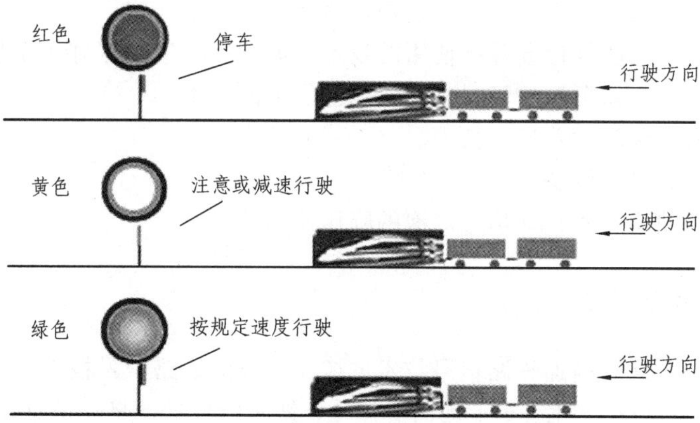

图 7.3　视觉信号的基本颜色及其含义

在固定信号的显示中，除了采用红、黄、绿三种基本颜色以外，还采用月白色和蓝色。蓝色是“容许信号”或“禁止调车信号”；月白色则是“引导信号”或“准许调车信号”。

视觉信号根据其使用范围还可分为昼间信号、夜间信号及昼夜通用信号。在昼间遇降雾、暴风雨雪及其他情况，致使停车信号显示距离不足 1 000 m、注意信号或减速信号显示距离不足 400 m、调车信号及调车手信号显示距离不足 200 m 时，应使用夜间信号。隧道内只采用夜间信号或昼夜通用信号。

2. 听觉信号

听觉信号是不同声响设备发出的以声音的强度、频率、长短和数目等特征来表示的信号，如号角、口笛、响墩发出的信号及机车、轨道车鸣笛等发出的信号，都是听觉信号。听觉信号传递距离近、易于消逝、容易受到干扰，多用于站内调车等情况。

二、铁路信号的故障-安全原则

铁路信号系统应具备必要的安全性和可靠性，以保证行车和车站作业安全。

铁路信号故障是指在规定的时间内和规定的条件下，信号设备规定的功能（部分和全部）受到限制或丧失。安全性是指在规定的时间内和规定的条件下，有关设备不发生危险状态的概率。可靠性是指设备在规定的时间内和规定的条件下，完成规定功能的能力。

微课视频：
铁路信号显示规定

影响铁路运输安全的因素主要有两方面：① 路外因素，包括人为因素和自然因素；② 路内因素，包括设备不良和违章作业。铁路信号的重要作用之一是保证列车运行的安全，而这种安全的实现总是把“系统故障时让列车停止运行”作为首要方针。铁路规定，信号系统出故障时，信号显示变为让列车停止运行的红灯作为安全侧，这是传统的铁路信号安全技术的一个重要特点。也就是说，当铁路信号系统内部发生故障时，信号系统应以特殊的方式做反应并导向安全侧，即给出不危及行车安全的信号，如立即关闭信号，给出禁止信号，禁止列车驶入信号机防护的空间等，以确保行车安全。

在继电信号设备中，故障-安全的实现是以具有非对称性错误特性的信号继电器和闭路原理为基础，以实现信号设备整体性的故障-安全。这是铁路信号安全技术的第二个特点。

实现故障-安全原则的具体措施主要有：

（1）为防止人为的错误操纵而开发的各种联锁及闭塞技术。

（2）发生故障后使功能软化或降级使用的技术，如自动闭塞中绿灯坏而改亮黄灯的技术。

（3）应急顶替技术，如电源故障时利用蓄电池供电的技术。

（4）检测、报警和预防性养护的技术。

（5）冗余技术，如多重设备。

（6）器件的降额使用技术，如信号灯泡的降压使用等。

三、铁路信号的发展趋势

随着信息技术的发展和高速铁路信号技术的应用，当前铁路信号技术发展的总体趋势是：通信信号一体化、车站区间一体化、车上地面一体化；铁路信号日益呈现信息化、网络化、智能化、综合化、现代化；发展基于通信的列控系统；技术标准统一，系统化设计，模块化产品。

（一）多种先进技术集成的趋势日益明显

随着信息技术的不断快速发展，3C 技术（计算机、通信、控制）和 3G 技术（GPS、GIS、GSM）等新技术在铁路信号中大量应用。根据不同的运输需求，可将列车占用检查、列车精确定位、列控信息无线传输、列车运行控制、列车进路控制、调度集中等先进技术集成到列车运行控制系统中。

（二）控制模式发生重要转折

铁路信号的控制模式正在逐渐从传统的以地面信号设备作为控制对象、开环控制方式、信息单向传输向以列车为控制对象、闭环控制方式、信息双向传输转变。

（三）信息化、综合化的趋势日益明显

随着 TDCS、CTC、驼峰综合自动化、GSM-R 综合移动通信系统、列控系统、电务管理信息系统的应用，信号系统正在形成行车调度及列车运行控制实时数据网和管理信息网，综合实现行车控制、

调度指挥、运输管理、行车安全、客货服务等方面的信息共享。信息化是铁路运输行业现代化的标志。

（四）高可靠性技术日趋成熟

随着铁路信号控制系统的日益计算机化、网络化、电子化，系统广泛采用高可靠性技术，如双机热备、2×2 取 2、3 取 2 等冗余措施被普遍采用，智能诊断、自动判别、故障报警、自动转换实现了高可靠性，这是铁路信号广泛采用计算机技术、电子技术后带来的明显优势。目前，高可靠性技术在铁路信号中的应用日益成熟。

【思考题】

1. 简述什么是铁路信号。举例说明铁路信号的作用。
2. 简述铁路信号的分类，说出它们的显示意义。
3. 视觉信号和听觉信号各有哪些优缺点？
4. 简述铁路信号故障-安全原则的基本要求，举例说明信号设备是如何实现故障-安全原则的。
5. 上网查询资料，了解铁路信号技术的发展趋势。

任务二 认知铁路信号基础设备

【任务描述】

在本任务中，我们将学习继电器、轨道电路、信号机以及转辙机等信号基础设备的组成和工作原理，了解各种信号机的作用和显示含义、转辙机的作用和基本结构。

通过本任务的学习，要求学员掌握继电器在控制电路中的作用、轨道电路的工作原理、各种信号机的作用和显示含义、转辙机的作用和基本结构，学会正确运用铁路通信信号设备，以适应铁路运输发展的要求。

【知识学习】

在铁路通信与信号系统中，铁路信号基础设备是十分重要及关键的技术装备，是保证铁路运输安全、提高运输能力和效率的基础。铁路信号基础设备包括信号装置、轨道电路、转辙机、继电器等，它们是构成铁路信号系统的基础。

一、信号装置

信号装置按照发出信号的机具能否移动分为：固定信号装置和移动信号装置。

在固定地点安装的信号设备就是固定信号装置，固定信号装置是铁路信号基础设备的重要组成部分。而临时设置的信号牌、信号灯以及用于手信号的信号旗等则属于移动信号装置。

固定信号装置包括信号机、信号表示器和信号标志。为了指示列车运行和调车作业，铁路部门必须根据需要设置各种信号机、信号表示器和信号标志，它们是各种信号系统中不可缺少的组成部分。信号机用来形成信号显示、防护进路、指示列车和调车车列的运行条件，具有严格的防护意义。信号表示器和信号标志用来对信号机的显示进行某些补充说明，对行车人员传达行车或调车意图，没有防护意义。

（一）信号机

1. 信号机的分类

1）按信号机的构造分类

按照信号机的构造，地面信号机可分为色灯信号机和臂板信号机。目前臂板信号机已淘汰。

色灯信号机是用灯光的颜色、数目及亮灯状态表示信号含义的信号机，具有昼夜显示一致、占用空间小等特点，但需要可靠的交流电源。

色灯信号机按构造又分为透镜式、组合式和 LED 式信号机。

透镜式色灯信号机采用透镜组将光源发出的光线聚成平行光束，故称为透镜式。其结构简单、安装方便、控制电路所需电缆芯线少，所以得到广泛采用。透镜式色灯信号机按机构的结构又分为二显示和三显示两种，另外也有单显示的信号机构。

组合式信号机是为了提高在曲线上的显示距离而研制的新型信号机。其灯泡发出的光通过滤色片变成色光，经非球面透镜聚成平行光束，再由偏光镜折射偏散，能保证信号在曲线线段上显示的连续性。其机构采用组合形式，一个灯位为一个独立单元，配一种颜色，使用时可根据需要进行组合，故称为组合式信号机。

LED 信号机的机构大小同透镜式色灯信号机，其机构由铝合金材料构成，质量大大减轻，便于施工安装，密封条件好，信号点灯单元由 LED 发光二极管构成，使用寿命长，可以做到免维护。

2）按信号机的安装方式分类

按照信号机的安装方式，信号机可分为高柱信号机、矮型信号机、信号托架和信号桥。

高柱信号机的信号机构安装在信号机柱上，一般用于显示距离要求较远的场合，如图 7.4 所示。高柱信号机具有显示距离远、观察位置明确等优点。因此，为了保证安全，提高效率，进站、正线出站、接车进路、通过、预告、驼峰等信号机必须采用高柱信号机。

矮型信号机一般设于位于建筑接近限界下部外侧的线路基础上，一般用于显示距离要求不远的场合，如图 7.5 所示。

图 7.4　高柱信号机

图 7.5　矮型信号机

因受限界限制，不能安装信号机柱时，则以信号托架和信号桥代替。信号托架为托臂形结构建筑物，信号桥为桥形结构建筑物，分别如图 7.6（a）、（b）所示。

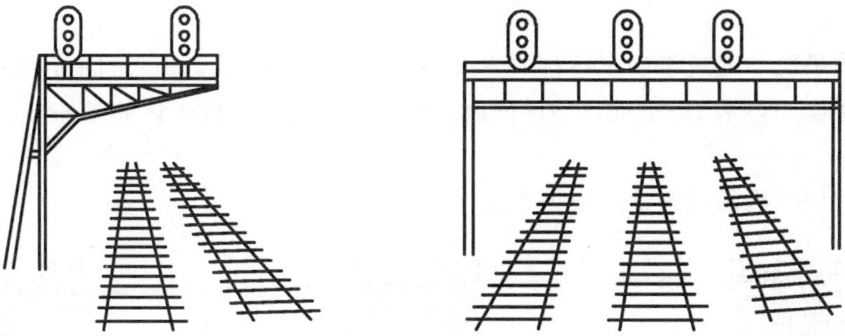

（a）信号托架　　　　（b）信号桥

图 7.6　信号托架和信号桥

3）按信号机的用途分类

信号机按用途可分为进站、出站、通过、进路、预告、接近、遮断、驼峰、驼峰辅助、复示、调车信号机，如图 7.7～图 7.11 所示。其中进站、出站、进路、通过、驼峰、调车等信号机能独立构成信号显示，称为主体信号机。预告和复示信号机不能独立存在，而是附属于主体信号机，称为从属信号机。预告信号机从属于进站信号机、所间区间的通过信号机和遮断信号机。复示信号机从属于进站、进路、出站、驼峰、调车等信号机。另外还有设于铁路平交道口的道口信号机。

图 7.7　进站信号机

图 7.8　出站信号机

图 7.9　调车信号机

图 7.10　遮断信号机

图 7.11　预告信号机

2. 信号机的设置

固定信号机的设置地点，由电务部门会同车务、机务等有关部门共同确定。

1）设置地点

地面固定信号机一般设于列车运行前方线路的左侧位置或所属线路的中心线的上空。在特殊情况下，如因地形、地物的影响或场地的限制，在保证不会使司机误认的条件下，经铁路局批准，也可设于右侧。

车站内固定信号机的设置地点根据车站作业而定。

微课视频：进站信号机的设置和作用

微课视频：出站信号机的设置和作用

微课视频：通过信号机的设置和作用

（1）进站信号机：设于车站入口最外方、距进站道岔尖轨尖端（或警冲标）不少于 50 m 处（见图 7.12），但不宜超过 400 m；否则，咽喉区过长会影响车站的通过能力。

（2）出站信号机：设于发车线警冲标内方，发车进路起点、股道端部，距第一组道岔对向的岔尖 2.65 m 或顺向道岔的警冲标 3.5 ~ 4 m 处（见图 7.12）。

二维动画：进站信号机的作用和设置位置

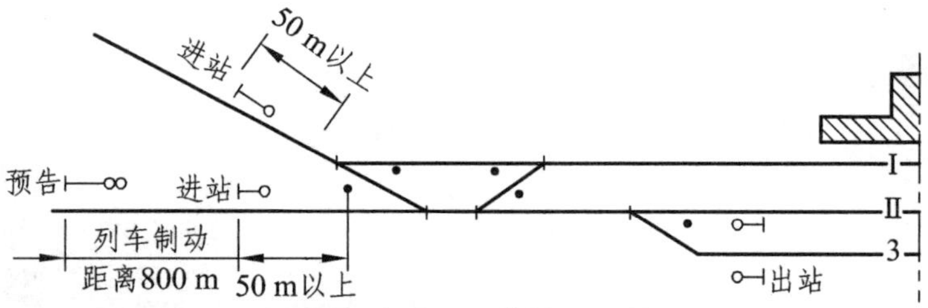

图 7.12　进站、出站、预告信号机的设置位置

（3）通过信号机：设在每个闭塞分区的入口处，即自动闭塞区段的闭塞分区分界处（见图 7.13），以及非自动闭塞区段的所间区间的分界处（见图 7.14）。

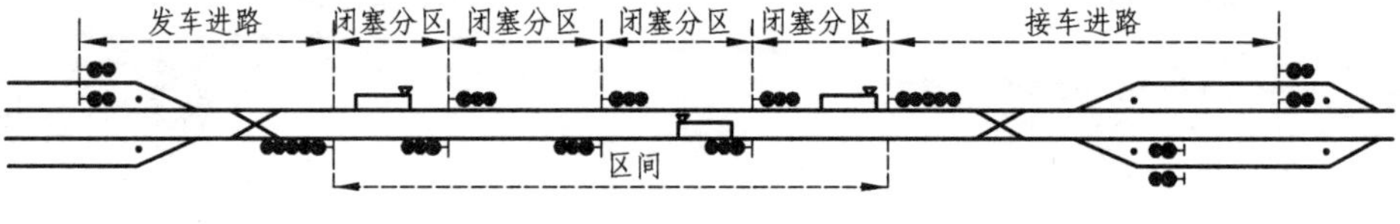

图 7.13　自动闭塞区段的通过信号机设置位置示意图

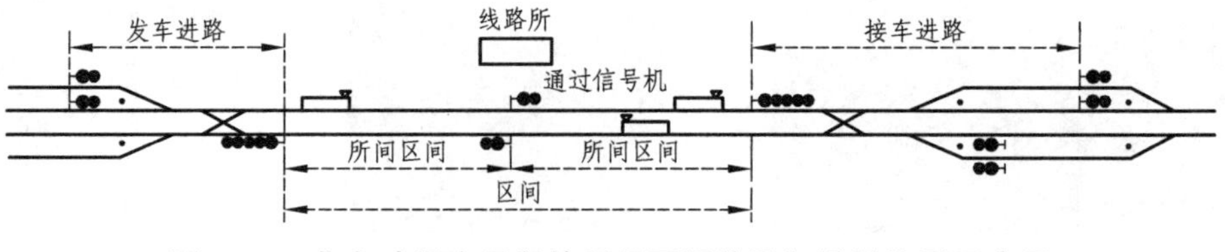

图 7.14　非自动闭塞区段的所间区间信号机设置位置示意图

（4）遮断信号机：设于需要防护的道口、桥梁、隧道的前方，设置位置距其防护地点不得少于 50 m。

（5）预告信号机：设于主体信号前方，一般设于非自动闭塞区段。

（6）复示信号机：是当进站、出站、通过信号机受地形、地物影响达不到规定的显示距离时，在其前方设置的信号机。

（7）驼峰信号机：设在驼峰调车场的驼峰顶部，指示机车进行推峰作业。

（8）调车信号机：咽喉区的调车信号机的设置参照其最近的道岔，距最近的道岔对向的岔尖 2.65 m 或顺向道岔的警冲标 3.5 ~ 4 m。

2）固定信号机的建筑限界

任何信号机不得侵入铁路建筑限界。固定信号机最突出的边缘距正线和准许接发超限货物列车的站线线路中心不少于 2 440 mm，距一般到发线的线路中心不少于 2 150 mm，否则在线路上运行的列车或调车车列会与线路旁的信号机发生碰撞。

3）固定信号机的高度

为了提高信号机的显示距离，固定信号机一般采用高柱信号机。例如，进站、接车进路所采用的五灯位信号机为 11 m；出站兼调车所采用的四灯位信号机为 10 m；通过信号机采用的三灯位信号机为 9 m（其中有 2 m 埋于地下）；到发线的出站信号机和咽喉区的调车信号机可以采用矮型信号机，距轨面高度大约 1.1 m。

3. 信号机的作用

信号机用来防护站内进路、防护区间、防护危险地点，具有严格的防护意义。

（1）进站信号机：指示列车能否由区间进入车站以及进入车站的有关条件，保证接车进路的正确和安全可靠，起到防护车站及接车进路的作用。

（2）出站信号机：用来防护发车进路和区间，指示列车能否向区间发车；出站信号机可同时兼作调车信号机。

（3）调车信号机：用于指示调车机车能否越过该信号机进行调车作业，防护调车进路。它分为尽头式调车信号机、咽喉区调车信号机两大类；尽头式调车信号机可以指示停在尽头线或专用线的车列回到车站集中区；而咽喉区调车信号机是为了完成车列的转线作业而设置的。

（4）进路信号机：指示能否由车站的一个车场进入另一个车场，分为接车进路信号机、发车进路信号机。

（5）通过信号机：防护自动闭塞区段的闭塞分区和非自动闭塞区段的所间区间，指示列车能否进入该信号机所防护的闭塞分区或所间区间。

（6）遮断信号机：为防护平交道口（铁路与公路的平面交叉点）、桥梁、隧道以及塌方落石等危险地点而设置的信号机，当有危及行车安全的情况发生时，指示列车停车。遮断信号机采用方形背板，平时不着灯不起信号作用。

（7）预告信号机：设于主体信号机前方，作用是预告主体信号机的显示，预先告诉司机主体信号机的状态，以防止冒进绝对信号。一般设于非自动闭塞区段。

（8）复示信号机：是当进站、出站、通过信号机受地形、地物影响达不到规定的显示距离时，在其前方设置的信号机。复示信号机采用方形背板，灭灯时不起信号作用。

（9）驼峰信号机：设在驼峰调车场的驼峰顶部，指示机车进行推峰作业。

4. 信号机的显示

色灯信号机一般采用灯光的颜色、数目来表达信号的含义，简单、明了，易于辨认，并且显示距离远，是目前使用最多的信号机类型。信号机的灯光颜色主要有红、黄、绿三种基本颜色和月白、蓝色两种辅助颜色，分别表示为：红色——禁止越过。黄色——减速运行。绿色——按规定速度运行。月白色——表示允许调车或引导信号。蓝色——表示禁止调车或容许信号。此外还有一些信号灯采用两种灯光组合或闪灯的形式表达特殊的含义。

信号机有关闭和开放两种状态。将信号机经常保持显示状态作为信号机的定位。信号机定位的确定应考虑行车安全、提高运输效率或信号显示自动化等因素。例如，进站、出站信号机对行车安全起着极其重要的作用，规定以显示停车信号——红灯为定位。

1）进站信号机

进站信号机是采用黄、绿、红、黄、月白五个灯位的色灯信号机。

进站信号机显示下列信号（四显示自动闭塞区段除外）：

一个绿色灯光——准许列车按规定速度经正线通过车站。

一个黄色灯光——准许列车经道岔直向位置进入站内正线准备停车。

两个黄色灯光——准许列车经道岔侧向位置进入站内到发线准备停车。

二维动画：
四显示自动闭塞区段
进站信号机显示含义

一个红色灯光——不准列车越过该信号机。

一个绿色灯光和一个黄色灯光——进路信号机在开放状态，出站信号机在关闭状态，准许列车经道岔直向位置进入站内越过次一架已经开放的信号机准备停车。

一个红色灯光和一个月白色灯光——引导信号，准许引导接车。

2）出站信号机

出站信号机的灯光配列有不同的情况：在半自动闭塞区段，为红、绿、月白三种基本灯位；在自动闭塞区段，增设一个黄灯灯位。绿灯和黄灯显示与区间闭塞方式有关。

出站信号机显示下列信号：

（1）在非自动闭塞区段：

一个红色灯光——停车，不准列车越过该信号机。

一个绿色灯光——准许列车由车站出发。

两个绿色灯光——准许列车由车站出发开往次要线路。

（2）在三显示自动闭塞区段：

二维动画：
四显示自动闭塞区段
出站信号机显示含义

一个绿色灯光——准许列车由车站出发，表示运行前方至少有两个闭塞分区空闲。

一个黄色灯光——准许列车由车站出发，表示运行前方有一个闭塞分区空闲。

一个红色灯光——停车，不准列车越过该信号机。

两个绿色灯光——准许列车由车站出发，开往半自动闭塞区间。

在兼作调车信号机时，一个月白灯光——准许越过该信号机调车。

（3）在四显示自动闭塞区段：

一个绿色灯光——准许列车由车站出发，表示运行前方至少有三个闭塞分区空闲。

一个绿色灯光和一个黄色灯光——准许列车由车站出发，表示运行前方有两个闭塞分区空闲。

一个黄色灯光——准许列车由车站出发，表示运行前方有一个闭塞分区空闲。

3）通过信号机

（1）在三显示自动闭塞区段：通过信号机灯光配列为黄、绿、红三个灯位，三种显示，两列列车间以间隔三架通过信号机运行。

一个绿色灯光——准许列车按规定速度运行，表示运行前方至少有两个闭塞分区空闲。

一个黄色灯光——要求列车注意运行，表示运行前方有一个闭塞分区空闲。

一个红色灯光——列车应在该信号机前停车。

（2）在四显示自动闭塞区段：通过信号机灯光配列为绿、红、黄三个灯位，增加绿、黄显示共四种显示，两列列车间以间隔四架通过信号机运行。

4）调车信号机

调车信号机为两种显示：

点亮月白灯——准许调车车列超过该信号机。

点亮蓝灯——禁止调车，调车车列不得越过该信号机。

二维动画：调车信号机显示含义

5）遮断信号机

遮断信号机为单显示信号机：

点亮红灯——不准列车越过该信号。

遮断信号机不着灯时，不起信号作用。

（二）信号表示器

信号表示器是对行车人员传达行车或调车意图，或对铁路信号进行补充说明的器具，它没有防护意义，仅仅作为信号机的补充说明。信号表示器的种类很多，常用的有道岔表示器、脱轨表示器、发车线路表示器、进路表示器、发车表示器、调车表示器、车挡表示器。

1. 发车线路表示器

发车线路表示器用于设线群出站信号机时，作为线群出站信号机的补充说明。如图 7.15 所示，在每一发车线警冲标内方适当地点设有发车线路表示器，当线群出站信号机在开放的条件下，哪个发车线上的发车线路表示器亮一个月白色灯光，即表示在该线路停留的列车可以发车。不允许发车的线路，所属该线路的发车线路表示器不能点亮。

二维动画：发车线路表示器的作用

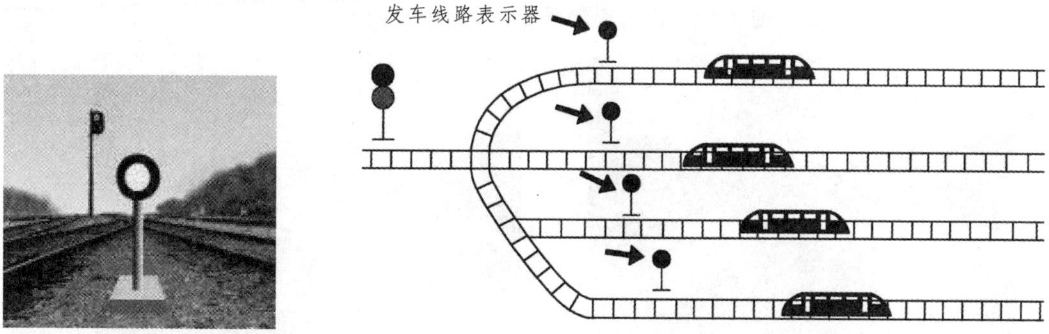

（a）实物图　　　　（b）原理示意图

图 7.15　发车线路表示器

发车线路表示器可用于驼峰调车场，作为调车线路表示器，显示一个月白色灯光，表示准许调车。

2. 进路表示器

进路表示器是当有两个及两个以上发车方向时设在出站信号机的机柱上，补充说明具体的发车方向。

3. 发车表示器

发车表示器设在旅客站台上，可直接显示发车信号，便于机车司机瞭望，不着灯时不起作用，显示月白色灯光时表示车站人员准许发车。发车表示器如图 7.16 所示。

图 7.16　发车表示器

4. 道岔表示器

在发车进路上的手动道岔和非联锁区向联锁区的入口处的电动道岔旁，均装有道岔表示器，用来反映道岔所处的状态，以便于扳道员确认进路，也方便调车人员办理调车作业。道岔表示器有两种显示：

（1）昼间无显示，夜间是紫色灯光——表示道岔位置通向直向，如图 7.17 所示。

（2）昼间为中央划有一条鱼尾形黑线的黄色鱼尾形牌，夜间为黄色灯光——表示道岔位置开通侧向，如图 7.18 所示。

（a）昼间

（b）夜间

图 7.17　道岔表示器（道岔开通直向）

（a）昼间

（b）夜间

图 7.18　道岔表示器（道岔开通侧向）

5. 脱轨表示器

脱轨表示器一般用来防护正在进行装卸、施工、检修的车辆和人员，脱轨表示器的显示方式如下：

（1）昼间为带白边的红色长方牌，夜间为红色灯光——表示线路在遮断状态。

（2）昼间为带白边的绿色圆牌，夜间为月白色灯光——表示线路在开通状态。

6. 车挡表示器

车挡表示器设置在线路终端的车挡上，昼间为一个红色方牌；夜间显示一个红色灯光，表示线路的尽头不可越过，如图 7.19 所示。安全线及避难线可不设置车挡表示器。

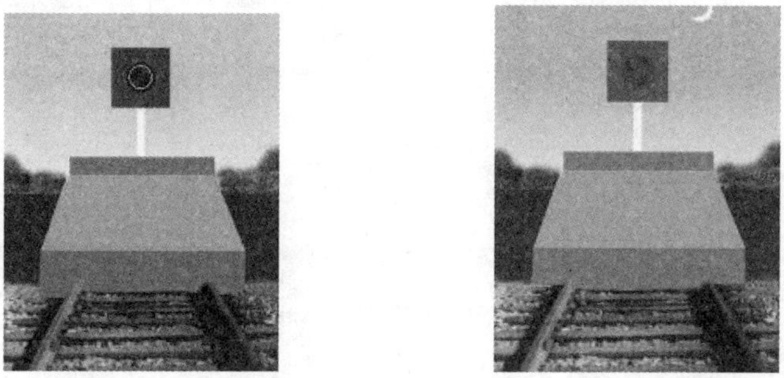

（a）昼间　　　　（b）夜间

图 7.19　车挡表示器

（三）信号标志

信号标志设在铁路沿线，用来表明线路所在地点的某种情况或状态，以便司机和其他有关行车人员能够及时、正确地进行作业。常见的信号标志包括警冲标、站界标、预告标、司机鸣笛标。

警冲标：设在道岔处，用于指示列车停车位置。

司机鸣笛标：设在道口、大桥、隧道或视线不良地点的前方 500～1 000 m 处。司机见到这种标志时，应当鸣笛示意。

作业标：设在施工线路及其邻线距施工地点两端 500～1 000 m 处，司机见到此标志时须提高警惕并长声鸣笛。

二、轨道电路

轨道电路是以铁路线路的两根钢轨作为导体，两端加以机械绝缘（或电气绝缘），接上送电和受电设备所构成的电气回路。它用来监督铁路线路是否有车占用、线路是否完整以及将列车运行与信号显示等联系起来，即通过轨道电路向列车传递行车信息。轨道电路是铁路信号的重要基础设备，它的性能直接影响行车安全和运输效率。

二维动画：轨道电路的组成、原理、作用

（一）轨道电路的组成及基本原理

最简单的直流轨道电路的组成及基本原理如图 7.20 所示。

轨道电路的基本原理如下：

（1）当轨道电路区段空闲时，电流从轨道电路电源正极经过钢轨进入轨道继电器，再经另一股钢轨回到电源负极，这时因轨道继电器通电生磁，衔铁吸起，使其后接点断开、前接点闭合，前接点闭合接通了信号机的绿灯电路，使信号机着绿灯。

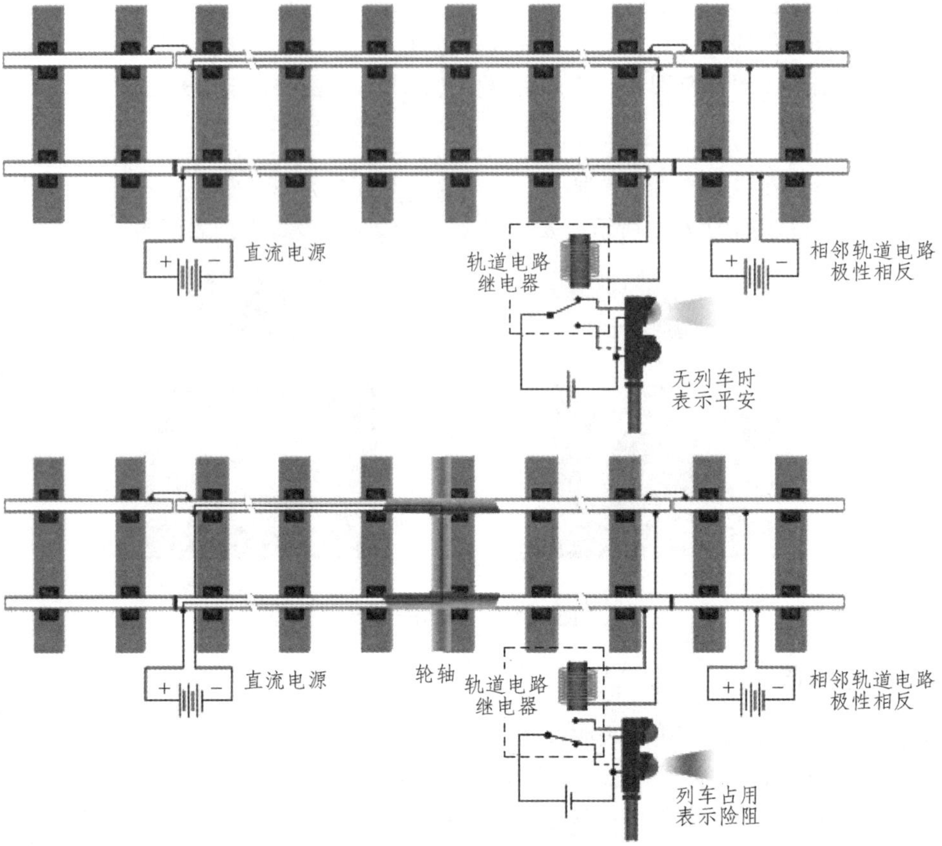

图 7.20　直流轨道电路的结构及工作原理示意图

（2）当轨道电路区段有车占用时，由于轮对的电阻很低，轨道电路被短路，轨道继电器衔铁被释放，其后接点闭合接通了信号机的红灯电路，信号机点亮红灯，表示轨道有车占用。钢轨折断时的情况与有车占用时相同。可以看出，采用这种轨道电路，当轨道电路的任何部分发生故障时，均能导致轨道继电器失磁落下，使信号机点亮红灯，从而保证了行车安全。

目前铁路现场普遍采用的是交流轨道电路，其工作原理和直流轨道电路相同，只是送电端的轨道继电器可采用交流继电器或带整流器的直流无极继电器。

（二）轨道电路的作用

（1）可以检查和监督股道是否有车占用，防止错误地办理进路、开放信号；可以检查和监督道岔区段有无机车车辆通过，防止在机车车辆经过道岔时扳动道岔。

（2）可以检查和监督轨道上的钢轨是否完整，当某一轨道电路区段的钢轨折断时，轨道继电器也将因无电而释放衔铁，防护这一段股道的信号机也就不能开放。

（3）传递行车信息。例如，为列车运行提供行车命令，还为列车运行自动控制系统直接提供控制列车运行所需要的前行列车位置、运行前方信号机状态和线路条件等有关信息，以决定列车运行的目标速度，控制列车在当前运行速度下是否停车或减速等。

（三）常用轨道电路简介

1. 交流连续式轨道电路

交流连续式轨道电路是闭路式轨道电路，采用交流连续供电方式，钢轨中传送的是 50 Hz 交流电，接收端接整流式轨道继电器，送电端设轨道变压器，将交流 220 V 电压降压后，经限流电阻送至钢轨，受电端从钢轨接收到电压经中继变压器升压，使轨道继电器吸起。这种轨道电路仅适用于非电力牵引区段。

2. 25 Hz 相敏轨道电路

25 Hz 相敏轨道电路采用 25 Hz 交流电供电，两根钢轨既是牵引电流的回流通道，又是轨道电路信号电流的传输通道。25 Hz 相敏轨道电路能防护牵引电流的基波、谐波干扰，以保证轨道电路设备安全可靠地工作。

25 Hz 相敏轨道电路的接收设备可采用交流二元二位感应继电器或微电子相敏轨道电路接收器。由于微电子相敏轨道电路接收器的性能优于交流二元二位感应继电器的性能，因此，目前现场大量推广使用 25 Hz 微电子相敏轨道电路。

在电气化区段，25 Hz 相敏轨道电路必须采用扼流变压器，它安装于轨道电路机械绝缘节两侧的轨道电路送电端和受电端。25 Hz 相敏轨道电路应用于非电气化区段时不需要安装扼流变压器。

三、转辙机

如图 7.21 所示，转辙机是道岔转辙装置的核心和主体，它与外锁闭装置和各类杆件等其他装置共同完成道岔的转换和锁闭，从而使道岔具有两种不同的开通位置（开通直股或侧股）、锁闭道岔尖轨（和可动心轨）、反映道岔位置。转辙机对于保证行车安全、提高运输效率、改善行车人员的劳动强度起到了非常重要的作用。

图 7.21　道岔上的转辙机

（一）转辙机的作用

如图 7.22 所示，转辙机的作用如下：

（1）转换道岔的位置，根据需要转换至定位或反位。

（2）道岔转至所需位置而且密贴后，实现锁闭，防止外力转换道岔。

（3）正确反映道岔的实际位置，道岔的尖轨密贴于基本轨后，给出相应的表示。

（4）道岔被挤或因故处于“四开”（两侧尖轨均不密贴）位置时，及时给出报警及表示。

二维动画：
电动转辙机的工作原理

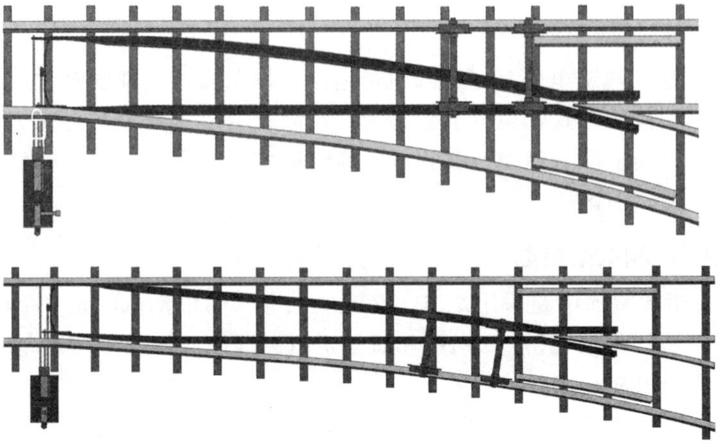

图 7.22　电动转辙机的工作原理

（二）对转辙机的基本要求

（1）作为转换装置，应具有足够大的拉力，以带动尖轨做直线往返运动；当尖轨受阻不能运动到底时，应随时通过操纵使尖轨回复原位。

（2）作为锁闭装置，当尖轨和基本轨不密贴时，不应进行锁闭；一旦锁闭，应保证不致因车通过道岔时的震动而错误解锁。

（3）作为监督装置，应能正确反映道岔的状态。

（4）道岔被挤后，在未修复前不应再使道岔转换。

（三）转辙机的分类

转辙机的分类方式有多种，下面介绍主要的三种分类。

1. 按动作能源和传动方式分类

按动作能源和传动方式，转辙机可分为电动转辙机、电动液压转辙机和电空转辙机，如图 7.23 所示。

（a）电动转辙机

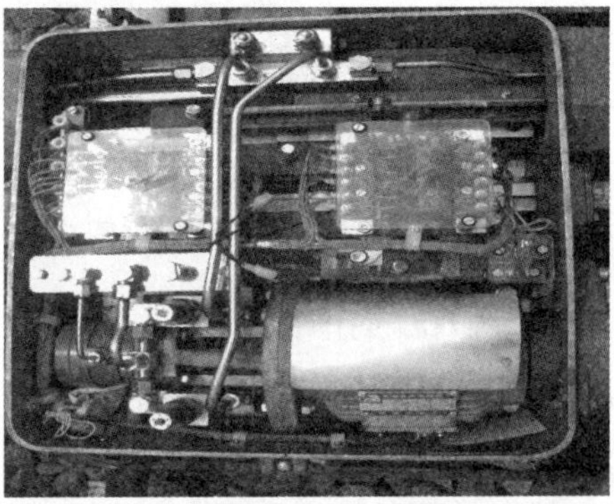

（b）电液转辙机

图 7.23　转辙机实物图

电动转辙机由电动机提供动力，采用机械传动的方式。铁路上使用的转辙机多数都是电动转辙机，包括我国铁路大量使用的 ZD6 系列转辙机、S700K 型电动转辙机和 ZD(J)9 型电动转辙机。

电动液压转辙机简称电液转辙机，由电动机提供动力，采用液力传动的方式。ZY(J)系列转辙机即为电液转辙机。

电空转辙机由压缩空气作为动力，由电磁换向阀控制。ZK 系列转辙机即为电空转辙机。

2. 按供电电源不同分类

按供电电源不同，转辙机可分为直流转辙机和交流转辙机。

直流转辙机采用直流电动机，工作电源是直流电。ZD6 系列电动转辙机、ZY 系列电液转辙机、电空转辙机都是直流转辙机。

交流转辙机采用三相交流电源或单相交流电源，由三相异步电动机或单相异步电动机（现大多采用三相异步电动机）作为动力。目前推广的提速道岔用的 S700K 型电动转辙机和 ZYJ7 型电液转辙机均为交流转辙机。

3. 按锁闭道岔的方式分类

按锁闭道岔的方式，转辙机可分为内锁闭转辙机和外锁闭转辙机。

内锁闭转辙机依靠转辙机内部的锁闭装置锁闭道岔尖轨，属于间接锁闭方式，如 ZD6 系列等大多数转辙机均采用内锁闭方式。内锁闭方式的锁闭可靠程度较差，列车对转辙机的冲击大。

外锁闭转辙机虽然内部也有锁闭装置，但主要依靠转辙机外部的外锁闭装置锁闭道岔，将密贴尖轨直接锁于基本轨，斥离尖轨锁于固定位置，属于直接锁闭方式。用于提速道岔的 S700K 型电动转辙机和 ZYJ7 型电液转辙机均采用外锁闭方式。外锁闭方式锁闭可靠，列车对转辙机几乎无冲击。

（四）主要转辙机简介

1. ZD6 系列电动转辙机

ZD6 系列电动转辙机主要由电动机、减速器、摩擦连接器、转换锁闭装置、自动开闭器、挤切销和移位接触器等部件组成，由动作杆和表示杆连接道岔尖轨，如图 7.24 所示。

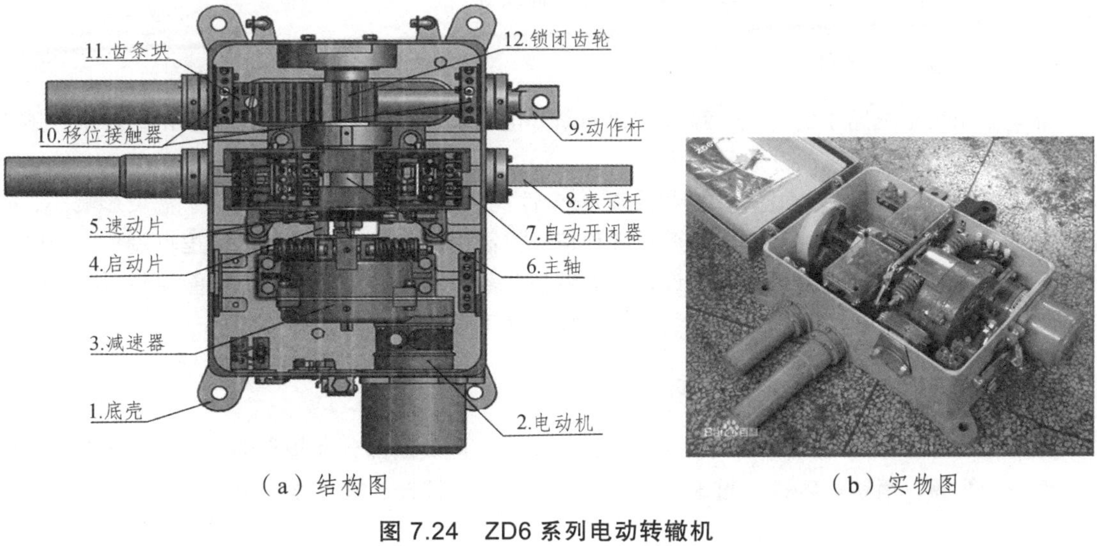

（a）结构图　　（b）实物图

图 7.24　ZD6 系列电动转辙机

电动机为电动转辙机提供动力。减速器降低转速，以变换为较大转矩。摩擦连接器防止道岔转换过程中尖轨被阻后电机烧坏和机件受损。转换锁闭装置将旋转运动改变为直线运动以带动道岔尖轨位移，并完成最后的内部锁闭。自动开闭器反映道岔的位置，在转换过程中自动接通和断开电动机电路。挤切销和移位接触器用来在挤岔时保护转辙机内部部件不受损害，同时向车站值班员报警。安全接点（又称遮断器）的作用是确保维修人员的安全，只有当插入手摇把、断开电动机电路时才能进行检修或人工变换道岔位置。

2. S700K 型电动转辙机

S700K 型电动转辙机主要由外壳、动力传动机构、检测和锁闭机构、安全装置、配线接口五大部分组成，如图 7.25 所示。其结构先进，工艺精良，不但解决了长期困扰信号维修人员的电机断线、故障电流变化、接点接触不良、移位接触器跳起和挤切销折断等惯性故障，而且可以做到“少维护，无维修”，符合中国铁路运营的特点和发展方向。

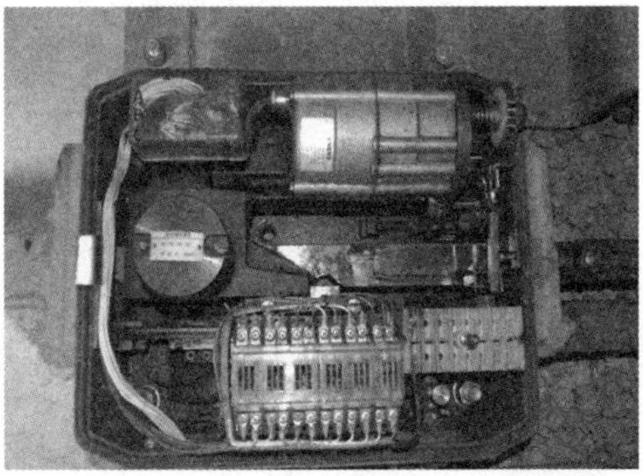

图 7.25　S700K 型电动转辙机实物图

为了满足列车提速后的行车安全和提高运输效率的要求，道岔转换装置必须做到高安全、高可靠、长寿命、少维护。ZD6 型电动转辙机不能满足这样的要求，它的直向过岔速度只允许为 120 km/h。因此，必须采用 S700K 型电动转辙机、ZYJ7 型电动液压转辙机或 ZD(J)9 型电动转辙机。它们的共同特点是：① 采用外锁闭，尖轨及心轨的动态安全由外锁闭保证；② 两根尖轨由联动改为分动；③ 尖轨、心轨均采用两点牵引，可实现全程密贴以及全程夹异物检查，确保了列车运行安全；④ 采用三相异步电动机，故障少、寿命长。

四、继电器

继电器是一种电磁开关，是铁路信号系统中使用广泛的一种电气元件，也是电气集中联锁设备中的主要元件。在采用计算机之前，铁路信号控制普遍使用继电器，通过继电器可以控制道岔的转换、信号机的开放和关闭以及进路的锁闭与解锁等。

（一）继电器的作用

继电器相当于电路中的开关，可以接通和断开电路。通过继电器可以控制道岔的转换、锁闭和解锁进路、控制信号机的开放和关闭等

因为继电器具有良好的开关性能和故障-安全性能，抗雷击性能强，无噪声，温度影响小，能控制多回路等特点，因此用继电器构成的各种信号控制电路能完成严密的联锁逻辑关系，能以较小的电信号控制执行电路中的大功率设备，能够控制数个对象和数个回路，也能控制远距离的对象。目前继电器已经成为列车自动控制与远程控制必不可少的器件。

（二）继电器的结构和工作原理

如图 7.26 所示，继电器从结构上共分为两大部分，即线圈部分和接点部分。其中线圈部分包括：铁心、线圈、衔铁、轭铁、重锤片；接点部分包括：拉杆、接点座、接点片、接点弹片。

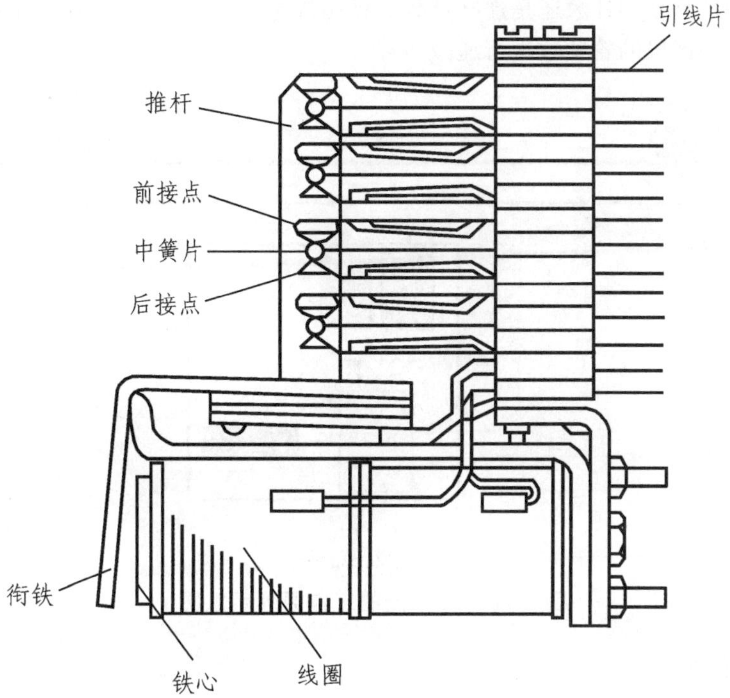

二维动画：继电器的结构和工作原理

图 7.26 继电器的结构和工作原理示意图

继电器的工作原理是：利用线圈通电，使铁心磁化，产生对衔铁的吸力，使衔铁被吸向铁心，由衔铁通过拉杆带动的动接点也随着与前接点闭合，这叫“继电器吸起”；当线圈断电，铁心失磁后，铁心失去对衔铁的吸力，衔铁离开铁心，动接点也随着与前接点分开、与后接点闭合，这叫“继电器落下”。

五、计轴器和应答器

（一）计轴器

计轴器是对列车通过铁路线路某一点（计轴点）的车轴数量进行计数的检测设备。在一个区段的两端设置计轴点，其目的有两个：一是通过核对两计轴点的车轴数是否相等，可以检查计轴点之间线路是否空闲；二是通过记录列车通过计轴点的时间，可以判定列车的运行速度。计轴器实物图如图 7.27 所示。

图 7.27 计轴器实物图

1. 计轴器的组成

计轴器由传感器、计数比较器等部分组成。当车辆轴数的信息需要远距离传输时，计轴器还需采用传输设备。

2. 计轴器的基本工作原理

计轴设备利用轨道传感器、计数器来记录和比较驶入和驶出轨道区段的轴数，以此确定轨道区段的占用或空闲。计轴器的工作原理如图 7.28 所示：当列车出发，车轮进入轨道传感器作用区时，计算机开始计轴，轮对经过传感器磁头时，向计算机传送轴脉冲，计算机开始计数，判定运行方向，确定对轴数是累加计数还是递减计数。铁路规定：凡是进入防护区段的轮轴数进行加轴运算，凡是离去防护区段的轮轴数进行递减运算。

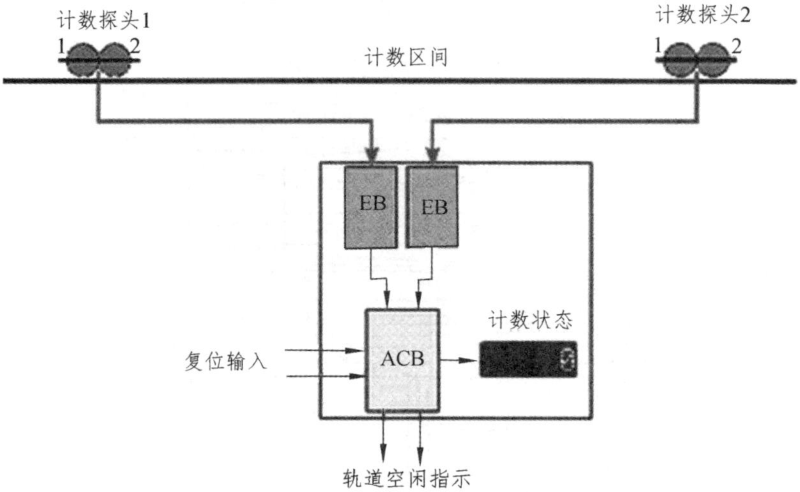

图 7.28　计轴器的工作原理示意图

（二）应答器

应答器是一种用于地面向列控车载设备传输信息的传输设备，分为固定（无源）应答器和可变（有源）应答器。应答器能向车载子系统发送“报文”信息，既可以传送固定信息，也可连接轨旁单元传送可变信息。应答器实物图如图 7.29 所示。

图 7.29　应答器实物图

应答器设备向列控车载设备传送以下信息：

（1）线路基本参数，如线路坡度、轨道区段等参数。

（2）线路速度信息，如线路最大允许速度、列车最大允许速度等。

（3）临时限速信息：当由于施工等原因需要对列车运行速度进行限制时，向列车提供临时限速信息。

（4）车站进路信息：根据车站接发车进路，向列车提供“线路坡度”“线路速度”“轨道区段”等参数。

（5）道岔信息：给出前方道岔侧向允许列车运行的速度。

（6）特殊定位信息，如升降弓、进出隧道、鸣笛、列车定位等。

（7）其他信息，如固定障碍物信息、列车运行目标数据、链接数据等。

【思考题】

1. 常见的固定信号机有哪些？
2. 固定信号机采用的灯光颜色有哪些？其意义是什么？
3. 固定信号机的设置位置如何规定？作为固定信号机补充的信号表示器有哪些？
4. 简述轨道电路和继电器的作用及工作原理。
5. 简述转辙机的作用及分类。
6. 根据一份站场平面布置图，分析车站内信号机的布置及作用。

任务三　认知车站信号联锁设备

【任务描述】

在本任务中，我们将了解联锁的概念，了解车站信号联锁设备的任务和控制方式，了解6502电气集中联锁设备的组成及功能，了解计算机联锁设备的基本原理、组成和功能。

通过本任务的学习，要求学员掌握车站信号联锁设备的任务和控制方式，了解6502电气集中联锁设备的组成及功能，掌握计算机联锁设备的基本原理、组成和功能。

【知识学习】

车站信号联锁设备是重要的铁路信号基础设备，用于完成车站内建立进路、转换道岔、开放信号以及解锁进路等作业，实现道岔、信号、进路之间的联锁关系，以保证行车安全，提高作业效率。车站信号联锁设备早期采用继电集中联锁，目前多采用计算机联锁。

一、联锁与联锁设备概述

（一）进路与联锁的概念

车站内有许多线路，它们用道岔连接着。列车和调车车列在站内运行所经过的径路，称为进路。按各道岔的不同开通方向可以构成不同的进路，如图7.30所示。

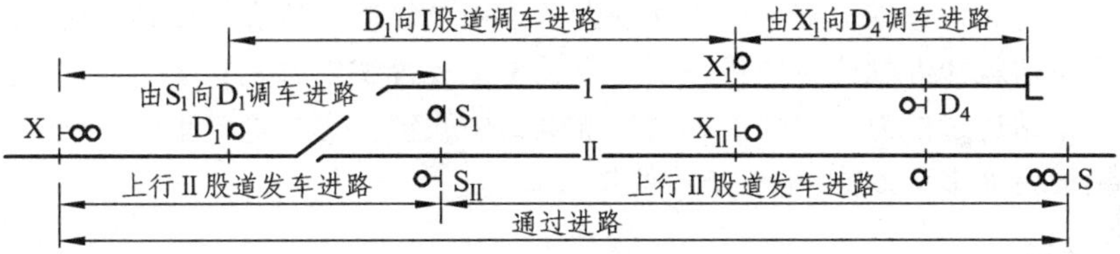

图7.30　进路示意图

只有进路处于安全状态时，列车或调车车列才能进入进路。因此，每条进路的始端必须设置信号机来防护，列车和调车车列必须依据信号的开放来通过进路。

两条进路有相互重叠或交叉的部分，不能以道岔位置来区分时，这两条进路互为敌对进路；防护这两条进路的信号机，互为敌对信号机。

上述信号、道岔、进路之间的这种相互制约关系，称为联锁关系，简称联锁。

二维动画：进路的定义、分类和状态

微课视频：联锁的意义

（二）联锁的基本内容

联锁的基本内容：

（1）防止建立会导致机车车辆冲突的进路。进路上各区段空闲时才能开放信号。如果进路上有车占用却开放信号，则会引起列车、调车车列与原停留车冲突。

（2）必须使列车或调车车列经过的所有道岔均锁闭在与进路开通方向相符合的位置。进路上有关道岔在规定位置时才能开放信号。信号开放后，其防护的进路上的有关道岔必须被锁闭在规定位置，而不能转换。如果进路上有关道岔开通位置不对却能开放信号，则会引起列车、调车车列进入异线或挤坏道岔。

（3）必须使信号机的显示与所建立的进路相符。敌对信号未关闭时，防护该进路的信号机不能开放；否则列车或调车车列可能造成正面冲突。信号开放后，与其敌对的信号也必须被锁闭在关闭状态，不能开放。

（三）联锁设备

核对和检查铁路车站进路、道岔和信号机之间相互联系、相互制约联锁关系的自动控制系统，就是车站联锁控制系统，也称为车站信号联锁设备，简称联锁设备。

联锁设备由各种车站信号设备组成，它的任务就是对车站联锁区域内的信号机、道岔、轨道电路等基本信号设备按照规定的要求进行实时控制，以保证列车或调车车列在站内的作业安全。

联锁设备分为非集中联锁和集中联锁两大类，非集中联锁设备已逐渐被淘汰，集中联锁又分为继电集中联锁和计算机联锁。

1. 继电集中联锁

继电集中联锁是在信号楼或车站值班室内集中控制信号机和道岔的联锁设备。在继电集中联锁设备中实现联锁的元件是继电器，由于联锁设备采用色灯信号机和电动转辙机，操作人员只需在控制台上按压按钮就能办理或解锁进路，而且采用了逐段解锁方式，从而缩短了进路建立和解锁时间，提高了车站通过能力。习惯上人们把继电集中联锁称之为电气集中联锁，我国铁路车站的继电集中联锁设备大多为 6502 电气集中联锁设备。

2. 计算机联锁

计算机联锁是一种运用微型计算机对车站值班员的操作命令及现场表示信息进行采集并进行逻辑运算处理，从而实现对信号机及道岔等进行集中控制的车站联锁设备。计算机联锁是一种更为高效和安全的联锁设备，随着计算机技术的发展，继电集中联锁设备正逐步被计算机联锁设备取代，尤其是新建和改造车站已经全部采用计算机联锁设备。

二、6502 型电气集中联锁设备

（一）设备组成

6502 电气集中联锁设备由室外设备和室内设备两部分组成，如图 7.31 所示。

室外设备主要有信号机、转辙机、轨道电路和电缆线路。室外主要采用透镜式色灯信号机给出各种信号显示。转辙机主要应用内锁闭方式的 ZD6 型直流电动转辙机、钩式外锁闭方式的 S700K 型三相交流电动转辙机或 ZYJ-7 型电液转辙机，用来转换和锁闭道岔并监督道岔位置。轨道电路在非电气化区段一般采用工频交流连续式 480 型轨道电路，在电气化区段采用 25 Hz 相敏轨道电路，用来监督线路是否完整、区段是否空闲。室内信号设备与室外信号设备之间采用各种信号电缆作为控制线路。

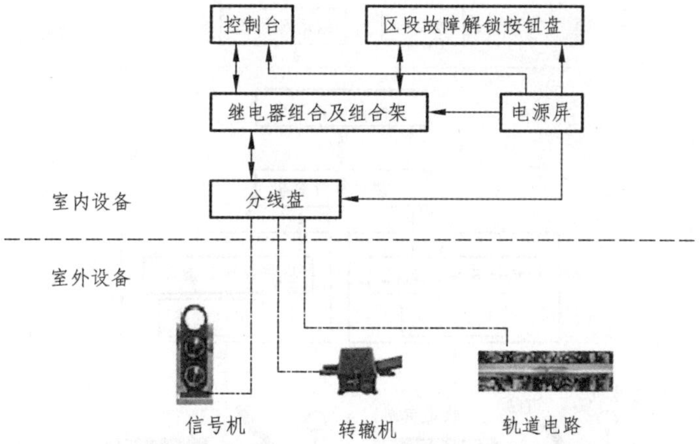

图 7.31 6502 电气集中联锁设备的组成

室内设备是指在信号楼内的设备，主要有控制台、区段人工解锁按钮盘、继电器组合架、电源屏和分线盘。控制台用于控制和监督道岔、进路和信号机。设有控制台的信号楼或行车室就是车站的控制中心。区段人工解锁按钮盘是辅助设备，特殊情况下才使用。继电器组合架是实现联锁控制的核心设备，用于安放控制和监督用的各种继电器。电源屏能不间断地给整个 6502 电气集中联锁提供各种交、直流电源。分线盘是室内外电缆连接的地方。

（二）设备功能

6502 电气集中联锁设备主要完成联锁控制功能和显示报警功能。

1. 联锁控制功能

（1）进路控制：操纵人员通过按压相关的进路按钮可以自动选排出符合操纵意图的进路，并实现对进路的自动锁闭，车列经过进路时，随着车列的占用出清，能够实现逐段自动解锁。

（2）道岔控制：排列进路的过程中与该进路相关的道岔在顺序启动后可以同时自动转换，前一条进路选出即可排列下一条进路。进路建立的过程中道岔一直锁闭，直到进路解锁。此外，对任一集中控制的道岔均可进行单独操纵、单独锁闭、单独解锁。

（3）信号控制：排列进路时随着进路的自动锁闭，防护该进路的信号会自动开放，而且控制车列运行的控制信号会自动关闭。信号一旦关闭后，不经人为操纵不会自动重复开放。

2. 显示及报警功能

通过控制台可以提供各种操作的提示、车列运行位置的显示、信号设备动作及状态的表示。此外，当发生挤岔、灯丝断丝、保险熔断、电源切换等故障及列车接近时，设备会自动提供报警信号，以便及时处理。

上述室内外信号设备构成了车站联锁的完整控制系统，使 6502 电气集中联锁设备具有较完善的联锁控制功能，从而保证了车站的作业安全。

三、计算机联锁设备

（一）计算机联锁的基本原理

计算机联锁控制的基本原理如图 7.32 所示。

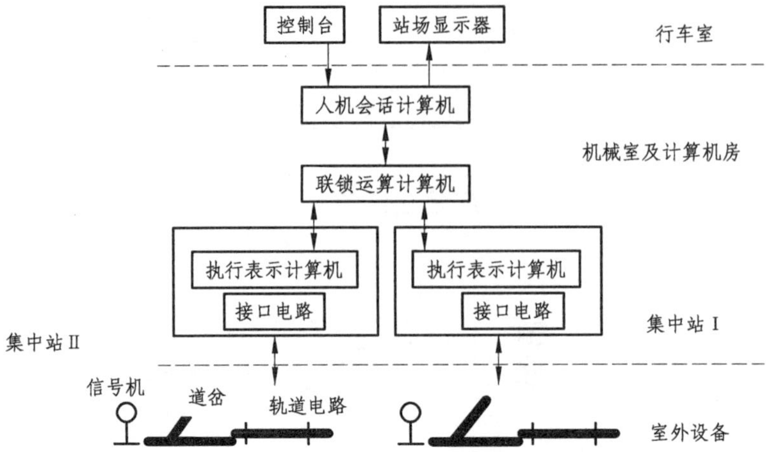

图 7.32　计算机联锁的基本原理框图

计算机联锁控制系统实现联锁控制，主要经过信息输入、联锁运算和信息输出三个环节。计算机一方面通过操作输入通道和接口接收由操作设备（控制台）产生的操作信息；另一方面通过状态输入通道和接口采集室外信号设备的状态信息，将上述两种开关量的动作变为二进制代码送入计算机；信息代码进入计算机以后，计算机按照联锁程序的要求对输入的信息进行分析处理和复杂的逻辑运算（也称为联锁运算），其结果形成了对信号设备的控制信息和各种表示信息；控制信息通过输出通道和接口控制道岔转换和信号变换显示，表示信息则通过表示输出通道和接口控制显示器的显示。

（二）计算机联锁系统的硬件组成

计算机联锁系统主要由人-机对话设备、联锁控制计算机系统、输入/输出通道与接口、继电器结合电路及其监控对象（信号机、道岔、轨道电路）等部分组成。

1. 联锁控制计算机系统（简称主机）

主机是计算机联锁系统的核心，它要完成所有信息的处理、接口的管理及与外部设备的信息交换。由于计算机联锁系统接收和处理的信息多而且复杂，为了保证运算的质量和速度，目前应用的各种型号的计算机联锁设备均采用多机系统，即将人-机对话、联锁运算、系统监测等功能分别用不同的计算机来处理。所以，计算机联锁系统（主机）是由几个子系统组成的，一般包括上位机（也称操作表示机或控制显示机或监视控制机）、下位机（也称联锁处理机）、电务维修机（也称监测机）等。而且，为了提高系统的可靠性，上位机采用双机冗余控制，联锁处理机采用双机热备、三机表决或 2 × 2 取 2 冗余控制。

2. 人-机对话设备

计算机联锁系统大多采用操作、表示合一的界面，显示器显示状态，鼠标输入命令，音箱提供语音报警。电务维修机上还有供电务维修人员维护监测使用的键盘、鼠标、显示器及打印机等。

3. 输入/输出通道与接口

输出/输出通道与接口是连接主机与外部设备的纽带。在计算机联锁系统中，主机一方面通过人-机接口接收值班员的操作命令，同时为显示设备提供各种表示信息；另一方面，通过与监控对象之间的输入通道和接口采集现场设备的状态信息，经过逻辑运算后，形成控制命令，通过与监控对象之间的输出通道和接口控制现场的信号设备。

4. 继电器结合电路

由于铁路信号对系统的安全性要求非常高，目前国内的计算机联锁系统受到软、硬件技术水平的限制，还不能完全取消继电器控制设备，控制、监督室外信号设备的最后一级执行部件仍然采用继电器。一般计算机联锁系统所采用的继电器数量为6502电气集中联锁的1/3左右。

（三）计算机联锁设备的基本功能

随着现代计算机控制技术的发展，计算机联锁设备的功能已远远超过继电集中联锁设备，许多功能是继电集中联锁设备无法实现的。下面介绍计算机联锁设备的功能。

1. 联锁控制功能

计算机联锁设备具有6502电气集中联锁设备的所有功能，主要包括：

（1）对进路的控制：能够实现进路的自动选排、锁闭及解锁。

（2）对信号的控制：能够实现信号的自动开放、关闭及防止信号因故关闭后的自动重复开放。

（3）对道岔的控制：能够实现对道岔的单独操纵、单独锁闭及单独封锁。

2. 显示功能

由于采用大屏幕显示器，计算机联锁系统能够提供非常直观、清晰、形象的各种显示。

（1）站形显示：在显示器上，平时用蓝色的线条显示出车站的站形，当道岔位置改变时，显示器上的道岔开通方向会随之改变。进路锁闭时，相关的线条变为白色；有车占用时，相关的线条变为红色。

（2）现场信号设备状态显示：显示器上不但能清晰地显示道岔的位置，还能显示轨道区段和信号机的各种状态。

（3）按钮操作提示：值班员按下某一按钮后，在显示器上有相应的提示，以确认操作动作是否正确。

（4）系统的工作状态、故障报警显示：在屏幕上，不但能够显示系统的工作状态，而且当系统发生故障时，显示器上还有报警提示。

3. 记录储存和故障诊断功能

计算机联锁系统最突出的优点是储存容量大，具有较强的记忆功能，系统不但能够及时提供当前的信息，而且还能提供历史信息。

（1）自动记录功能：计算机联锁系统能够随时自动记录值班员的操作、现场信号设备的动作、车列的运行情况。上述所有信息均可保存不少于48 h或1个月（甚至更长的时间），需要查询设备的动作或分析系统的故障时，可随时调用记忆期限内任意时刻的各种信息。

（2）提供图像作业再现功能：计算机联锁系统不但能保存信息，而且可以将记忆期限内任一时间的作业情况重新再现。根据需要可以选择快进、步进和正常三种再现速度。

（3）集中监测报警功能：计算机联锁系统一方面能够自动监测系统自身运行的状况，另一方面，在室外信号机、道岔或轨道电路等信号设备发生故障或参数异常时，能及时给出报警提示，以便及时处理。

4. 结合功能

由于计算机联锁系统可以与调度集中、计算机监测、列车运行控制等远程自动化系统直接进行数据交换和信息传送，因此可以灵活地与其他系统结合，以实现多网合一，节省设备。

（四）国内计算机联锁设备的发展概况

目前，我国计算机联锁设备发展非常迅速，主要应用的计算机联锁设备有：中国铁道科学研究院通号所研制的 TYJL-II 型、TYJL-TR9 型、TYJL-2000 型、TYJL-ADX 型计算机联锁系统；通号总公司研究设计院研制的 DS6-11 型、DS6-20 型、DS6-K5B 型计算机联锁系统；北京交大微联科技有限公司研制的 JD-IA 型、EI32-JD 型计算机联锁系统；CASCO 公司研制的 VPI 型、iLOCK 型计算机联锁系统。

新建铁路、客运专线、煤运专线、高速铁路均采用计算机联锁系统；基建、更新改造和大修工程积极成段发展计算机联锁系统，以便有利于 CTC 和 TDCS 的发展。今后新建的 120 km/h 以上的主要干线以 2×2 取 2 冗余计算机联锁系统为主，限制双机热备型计算机联锁系统的发展。

全电子化计算机联锁系统是一种新型的铁路车站自动控制设备，采用全电子执行单元直接控制室外的信号设备，实现了无接点、全电子化，提高了设备的集成化和信息化水平，简化了控制环节，节省了设备的投资。

【思考题】

1. 什么叫联锁？试叙述联锁的基本关系和应满足的技术条件。
2. 联锁设备有哪些室内、室外设备？它们是如何连接的？
3. 简述计算机联锁设备的基本原理、作用及技术优势。
4. 上网查询资料，了解我国目前计算机联锁设备的发展状况。

任务四 认知区间闭塞设备

【任务描述】

在本任务中，我们将了解区间闭塞、半自动闭塞、自动闭塞各自的原理和优缺点，了解它们的办理条件和流程。

通过本任务的学习，要求学员掌握区间闭塞、半自动闭塞、自动闭塞各自的原理和优缺点，掌握它们的办理条件和流程。

【知识学习】

区间闭塞设备是为了保证区间行车安全、按照一定的方法组织列车在区间运行、提高运输效率的系统。

一、区间闭塞和闭塞设备的概念

闭塞区间指的是两个车站（或线路所）之间的铁路线路。根据区间线路的数目，闭塞区间分为单线区间、双线区间和多线区间（如三线区间）。在单线铁路上，为了防止一个闭塞区间内同时进入两列对向运行的列车而发生正面冲突，以及避免两列同向运行的列车（包括复线区间）发生追尾事故，铁路部门规定，闭塞区间两端车站值班员在向该区间发车前必须办理行车联络手续，这一手续叫作行车闭塞，也称区间闭塞。用于办理行车闭塞的设备叫闭塞设备。

区间闭塞的基本原则是：在同一区间（闭塞区间）只准许一列列车运行，一旦列车占用区间，则不准许其他列车驶入。

二、区间闭塞的方法

车站向区间发车时，必须确认区间无车，在单线区间还必须防止两站同时向一个区间发车。为此要求按照一定的方法组织列车在区间的运行，一般称为行车闭塞法。我国铁路在正常情况下大都采用空间间隔法组织列车运行。空间间隔法就是把铁路线路划分为若干个区间（闭塞分区），同一区间（或闭塞分区）、同一时间内只允许一趟列车运行，以此控制两列运行列车之间保持一定距离。

行车闭塞法大致经历了：电报或电话闭塞→路签或路牌闭塞（人工闭塞）→半自动闭塞→自动闭塞的发展过程。

目前我国铁路的基本行车闭塞方法主要有半自动闭塞、站间自动闭塞和自动闭塞。单线区段一般采用半自动闭塞或站间自动闭塞，双线区段多采用自动闭塞。

当基本闭塞设备因故不能使用时，应根据列车调度员的命令采用电话闭塞作为代用闭塞方法，电话闭塞是由相邻两站值班员以电话记录的方式办理闭塞的一种行车方法，它以路票作为列车占用区间的凭证。

三、半自动闭塞

（一）半自动闭塞设备（以单线为例）

采用半自动闭塞的区间两端车站上各设一台闭塞机、一段轨道电路和出站信号机，它们之间用通信线路相连接，用来控制出站信号机并实现相邻车站之间办理闭塞，如图 7.33 所示。

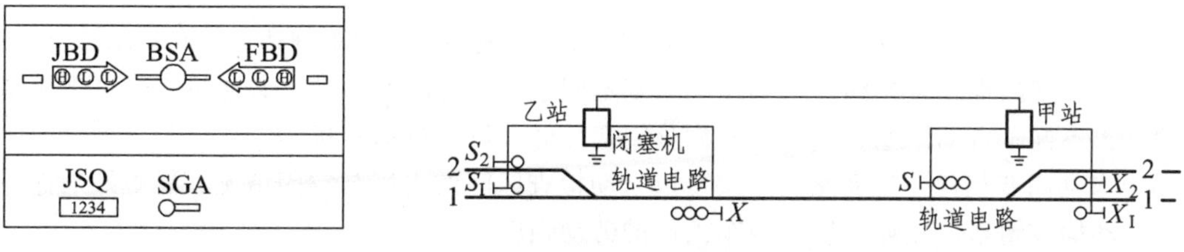

（a）操纵箱面板示意图　（b）半自动闭塞设备的锁闭关系示意图

图 7.33 半自动闭塞设备及锁闭关系示意图

闭塞机包括电源、继电器、操纵按钮、表示灯和电铃等。BSA：办理闭塞时用。SGA：故障时使闭塞机复原。FUA：办理复原时用。接、发车表示灯（JBD、FBD）：反映闭塞机目前状态及区间情况。

微课视频：半自动闭塞的定义与办理

二维动画：半自动闭塞的办理

二维动画：半自动闭塞机认知

轨道电路应设在车站进站信号机内方适当地点，用以监督列车的出发和到达，并使双方闭塞机的接发车表示灯有相应的表示。专用轨道电路的长度一般不少于 25 m。

出站信号机是指示列车能否由车站开往区间的信号机，它受到闭塞机和车站联锁设备的双重控制。

（二）半自动闭塞的基本原理

半自动闭塞的基本原理如图 7.33 所示。半自动闭塞是通过装在区间两端车站控制室内的半自动闭塞机与两车站相对方向的出站信号机之间实现相互控制的一种闭塞设备。以出站信号机的开放（线路所通过信号机的开放）作为列车占用区间的凭证，出站信号机不仅满足站内的联锁关系，而且要受本站闭塞机的控制。只有区间空闲并经对方站同意，且由区间两端车站值班员共同办理规定的闭塞手续后，才能办理发车进路并开放出站信号机。列车进入区间后，区间即进入闭塞状态，在列车到达对方车站以前，两站相对方向的出站信号机都不能开放，从而保证了一个区间里的一条线路上同一时间内只能运行一列列车。办理时，发车站的车站值班员需要先使用闭塞电话与邻站联系，人工办理闭塞，再排列进路开放出站信号机；列车出发后，出站信号机自动关闭。

（三）半自动闭塞的主要优缺点

采用半自动闭塞时，由于出站信号机受到对方站闭塞机的控制，因而在保证行车安全方面有一定的优越性。但是，当铁路的运量不断增大、要求进一步提高区间通过能力时，半自动闭塞就有其局限性；而且，当区间线路发生故障，如钢轨折断时，半自动闭塞设备不能做出反应并由故障导向安全。

四、自动站间闭塞

由于半自动闭塞设备在区间未设轨道电路，列车在区间发生丢车不能及时发现，影响行车安全，故开发出自动站间闭塞。

自动站间闭塞是在半自动闭塞区段增加了区间检查设备，采用区间检查设备与车站联锁设备结合，自动检查区间占用或空闲，当列车发出时自动构成闭塞，列车到达、区间空闲后自动复原。这是半自动闭塞的现代化方向。自动站间闭塞不同于半自动闭塞，其不必通过人工办理闭塞和到达复原；也不同于自动闭塞，其区间不划分闭塞分区，不通过信号机。

与半自动闭塞相比，自动站间闭塞可以自动检查区间的占用与空闲情况，能更好地保障行车安全，自动构成闭塞，减轻了接发列车人员的劳动强度

区间检查设备包括计轴器和长轨道电路两种。

长轨道电路采用传输距离长、抗干扰能力强的 25 Hz 相敏轨道电路；上、下行接近区段的轨道电路和中间的长轨道电路构成三点检查，只有列车到达车站并全部出清区间、完成列车进路的三点检查后，半自动闭塞才能复原。

采用计轴器的原理是：在区间两端车站设置计轴点，对驶入区间和驶出区间的列车轴数进行记录，并经过传输线路将各自的轴数送到对方车站进行校核。当两端车站记录的轴数一致时，就认为列车完整到达，区间空闲，可以使闭塞机复原。

五、自动闭塞

自动闭塞是由运行中的列车自动完成闭塞作用的一种闭塞制式。自动闭塞的原理是：将站间

区间划分为若干个闭塞分区，在每个闭塞分区入口处设置通过信号机进行防护；在整个自动闭塞分区内的钢轨上装设轨道电路（或计轴器），轨道电路（或计轴器）能够正确反映列车的运行情况和钢轨情况，并将这些信息及时地传给通过信号机显示出来，向接近它的列车指示运行条件，这就使行车安全有了“可靠保证”。这种方式将闭塞分区的占用情况自动通知给追踪列车，并随着列车的运行自动变换通过信号机的显示，在列车运行过程中自动完成闭塞作用，无须人工参与，故称为自动闭塞。

（一）自动闭塞的优点

自动闭塞和半自动闭塞相比，有以下优点：

（1）由于两站间的区间允许续行列车追踪运行，就大幅度提高了行车密度，显著提高了区间通过能力。

（2）由于不需要办理闭塞手续，简化了办理接发列车的程序，因此既提高了通过能力，又大大减轻了车站值班员的劳动强度。

（3）由于通过信号机的显示能直接反映运行列车所在位置以及线路状态，因而确保了列车在区间运行的安全。

微课视频：自动闭塞的定义、种类和用途

（二）自动闭塞的分类

1. 双向自动闭塞和单向自动闭塞

自动闭塞按行车组织方法可分为单线双向自动闭塞、双线单向自动闭塞和双线双向自动闭塞。

在单线区段，既要运行上行列车又要运行下行列车。为了调整双方向列车的运行，在线路两侧都要装设通过信号机，这种自动闭塞称为单线双向自动闭塞。

在双线区段，以前多采用单方向运行的方式，即一条铁路线只允许上行列车运行，而另一条铁路线只允许下行列车运行。为此，对于每条铁路线仅在一侧设立通过信号机，这样的自动闭塞称为双线单向自动闭塞。

为了充分发挥铁路线路的运输能力，在双线区段的每条线路上都能双向运行列车，这样的自动闭塞称为双线双向自动闭塞。反方向一般按站间闭塞行车。

双线单向自动闭塞只防护列车的尾部，而单线和双线的双向自动闭塞必须对列车的尾部和头部两个方向进行防护。为了防止双向列车的正面冲突，平时规定：正方向通过信号机亮灯，反方向通过信号机灭灯。只有在需要改变运行方向而且区间空闲的条件下，由车站值班员办理一定的手续后才能允许反方向的列车运行。所以单线双向自动闭塞和双线双向自动闭塞必须设置改变运行方向的电路。

2. 三显示自动闭塞和四显示自动闭塞

自动闭塞按通过信号机的显示制式可分为三显示自动闭塞和四显示自动闭塞。

三显示自动闭塞区段的通过信号机采用三显示机构，自上而下是黄、绿、红三种颜色的灯光配列，如图 7.34 所示，它能预告列车运行前方两个闭塞分区的状态。其中红灯表示运行前方闭塞分区不空闲；黄灯表示运行前方只有一个闭塞分区空闲，减速运行；绿灯表示运行前方至少有两个闭塞分区空闲，可以按规定的速度运行。

二维动画：三显示自动闭塞原理

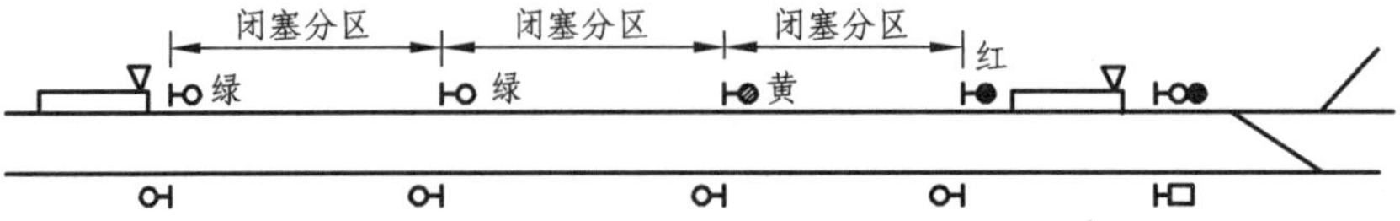

图 7.34　三显示自动闭塞示意图

然而，在列车速度和行车密度不断提高的情况下，在一些繁忙的客货混运区段，各种列车的运行速度和制动距离相差很大，三显示自动闭塞难以满足运营要求，于是出现了四显示自动闭塞。四显示自动闭塞是在三显示自动闭塞的基础上增加绿黄灯显示，如图 7.35 所示，它能预告列车运行前方三个闭塞分区的状态。信号机构仍采用三显示，自上而下依次是绿、红、黄。绿灯和黄灯同时点亮时，表示运行前方有两个闭塞分区空闲；绿灯点亮时，表示运行前方有三个及以上闭塞分区空闲；黄灯和红灯的显示意义与三显示自动闭塞一致。

二维动画：
四显示自动闭塞原理

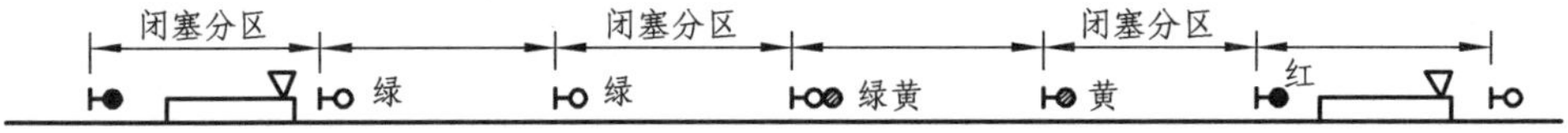

图 7.35　四显示自动闭塞示意图

（三）移频自动闭塞

移频自动闭塞是目前我国应用最为广泛的自动闭塞，也是今后自动闭塞的发展方向。

1. 移频自动闭塞的概念

移频是一种调频方式，应用移频信息的自动闭塞称为移频自动闭塞。移频自动闭塞以钢轨作为通道，采用移频信号的形式传输低频控制信号，自动控制区间通过信号机的显示，以指示列车运行。它以移频轨道电路为基础，选用频率参数作为控制信息，采用频率调制的办法，把低频信号搬移到较高频率的载频上去，形成振幅不变、频率随低频信号作周期性变化的移频信号。

2. 移频自动闭塞的工作原理

在移频自动闭塞区段，移频信息的传输是按照运行列车占用闭塞分区的状态，迎着列车的运行方向，自动地向前方闭塞分区传递的。下面以图 7.36 所示为例，说明四显示移频自动闭塞的工作原理。

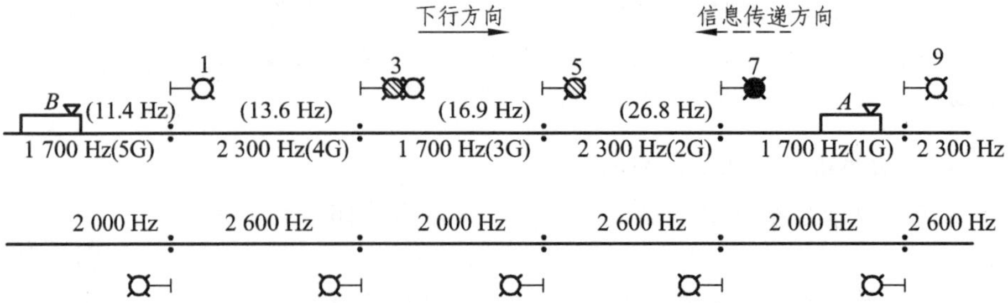

图 7.36　四显示移频自动闭塞的工作原理示意图

图中，下行线有两列列车 *A*、*B* 运行，*A* 列车运行在 1G 分区，*B* 列车运行在 5G 分区。由于 1G 有列车占用，防护该闭塞分区的通过信号机 7 显示红灯，这时 7 信号点的发送设备自动向前方闭塞分区 2G 发送 26.8 Hz 调制的、中心载频为 2 300 Hz 的移频信号，当 5 信号点的接收设备接收到该移频信号后，使通过信号机 5 显示黄灯，此时 5 信号点的发送设备自动向前方闭塞分区 3G 发送以 16.9 Hz 调制的、中心载频为 1700 Hz 的移频信号，当 3 信号点的接收设备接收到该移频信号后，使通过信号机 3 显示绿灯；同样，3 信号点的发送设备又自动向前方闭塞分区 4G 发送 13.6 Hz 调制的、中心载频为 2 300 Hz 的移频信号，当 1 信号点的接收设备接收到此移频信号后，使通过信号机 1 显示绿灯，1 信号点的发送设备又自动向前方闭塞分区 5G 发送 11.4 Hz 调制的、中心载频为 1700 Hz 的移频信号。

这样，就可以根据列车占用闭塞分区的状态，自动改变地面信号机的显示，准确地指挥列车运行，实现自动闭塞，后续列车 *B* 可以根据前方通过信号机的显示安全行车。

3. ZPW-2000A 型自动闭塞系统简介

我国铁路曾经采用过的 4 信息、8 信息、18 信息移频自动闭塞以及引进的 UM71，都是移频制式。ZPW-2000A 型自动闭塞也是移频自动闭塞，ZPW-2000A 型自动闭塞是对 UM71 进行了重大改进后形成的，它除了采用单片机和数字信号处理技术外，还解决了调谐区断轨检查、谐振单元断线、调谐区死区长度以及拍频干扰等技术难题，是目前性能最为先进的制式。我国铁路既有线单线多为半自动闭塞，双线多采用 ZPW-2000 系列移频自动闭塞，客运专线和高速铁路多采用 ZPW-2000 系列自动闭塞或移动闭塞。

二维动画：ZPW-2000A 型无绝缘轨道电路

ZPW-2000A 型无绝缘自动闭塞系统有电气-电气绝缘节（JES-JES）结构和电气-机械绝缘（JES-BA//SVA′）结构两种。两者电气性能相同。现以后者为例予以介绍，其系统构成如 7.37 所示。

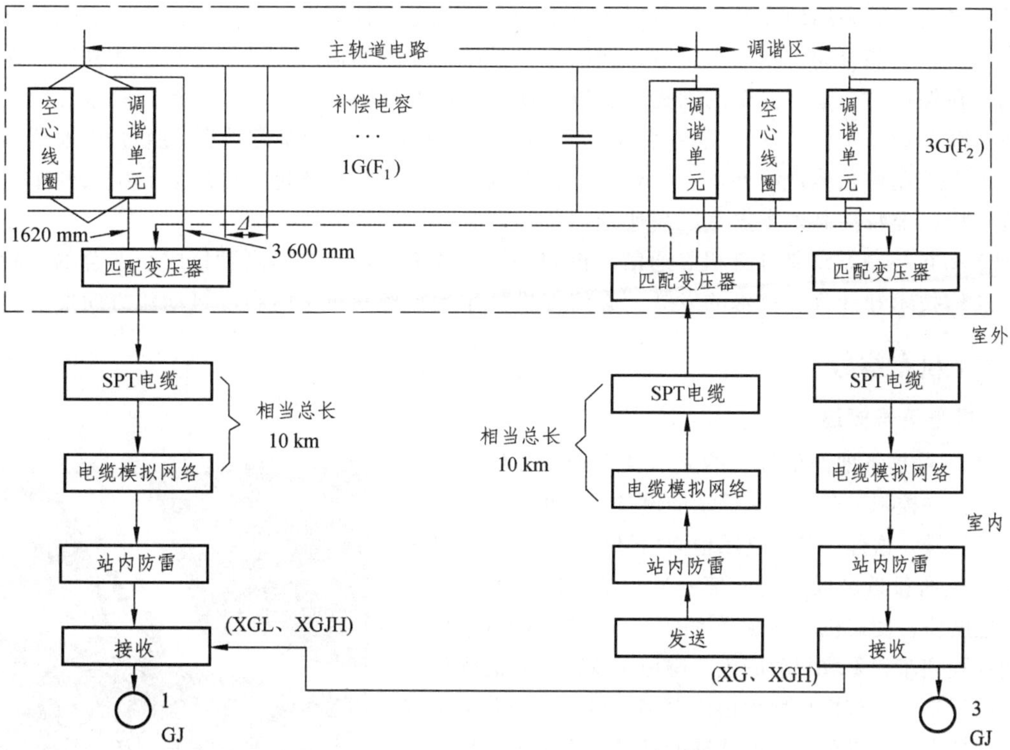

图 7.37　ZPW-2000A 型自动闭塞系统

【思考题】

1. 什么是闭塞？闭塞的基本方式是什么？
2. 简述半自动闭塞和自动闭塞的基本原理。
3. 在移频自动闭塞中，低频信号起什么作用？它与信号机有怎样的对应关系？
4. 简述什么情况下办理取消复原，举例说明如何办理。
5. 简述什么情况下办理事故复原，举例说明如何办理。

任务五　认知列车运行控制系统

【任务描述】

在本任务中，我们将了解机车信号的分类和显示方式，了解我国列车运行控制系统（CTCS）的基本组成、功能和运用。

通过本任务的学习，要求学员掌握机车信号的分类和显示方式，熟悉我国列车运行控制系统（CTCS）的基本组成、功能和运用。

【知识学习】

一、列车运行控制系统概述

列车运行控制系统（简称列控系统）是用于控制列车运行速度，保证行车安全和提高运输能力的控制系统，它利用地面发送设备向运行中的列车传送各种信息，用以保证行车安全，并可提高行车效率，它能自动控制列车运行，即以技术手段对列车的运行方向、运行间隔和运行速度进行控制，在保证列车运行安全的前提下，以最佳运行速度驾驶列车。列车运行控制系统的地面设备和车站联锁设备主要实现联锁控制功能，并生成列车控制所需的基础数据，通过车-地信息传输通道将地面控制信息传送给列车，经列车运行控制系统的车载设备进行处理后，生成列车速度控制曲线，用以监督控制列车安全、高速地运行。

列车运行控制系统是计算机、通信、控制等信息技术与信号技术高度集成与融合的产物。随着当今通信技术和计算机技术的发展，必将促进列车运行控制技术向高度自动化方向发展。

（一）机车信号

1. 机车信号概述

机车信号是将地面信号机的显示及各种条件信息传递到机车上，并控制机车信号机显示的设备。机车信号也称为机车自动信号。这种设备能复示地面信号机的显示，可以预先通知司机所接近区间的地面信号显示情况以及列车运行的允许速度值，使司机能够在恶劣的气候条件下确认信号，从容地驾驶列车和采取制动措施，避免了冒进信号的危险，从而保证行车安全和提高列车运输效率。目前，随着机车信号可靠性的提高，机车信号已从辅助信号转为主体信号。

图 7.38　机车信号

机车信号（见图 7.38）是一种单方向的控制设备，只能由地面向机车发送信号，而不能反方向地由机车向地面发送信息。

2. 机车信号的分类

按照地面向机车传递信息方式的不同，机车信号可以分为连续式和接近连续式两种类型。

连续式机车信号是在整个线路上能连续不断地反映线路状态和运行条件的机车信号，适用于自动闭塞区段。它利用闭塞分区的轨道电路向机车传递信息。因此，在整个运行区间的线路上，连续式机车信号能连续不断地把前方地面信号机的显示情况反映给司机，大大改善了机车乘务人员的劳动条件。

接近连续式机车信号是在固定地段连续地反映地面信号显示的机车信号，主要应用于非自动闭塞区段。它是在进站信号机外方 1 200 m 的接近区段内以及站内的接、发车进路和股道处设置的地面发送设备，向机车传递信息。因此，机车从进入接近区段开始，就可以连续接收到地面信号机的显示信息，反映进站信号机、出站信号机的显示情况。

3. 机车信号的显示

机车信号的显示方式有色灯式和数字式。

数字式机车信号的显示：机车信号机直接显示允许列车运行的速度值，一般它表达三个速度值——目标速度、允许速度和实际速度。列车必须严格按照机车信号给出的速度值运行，机车信号视为主体信号。

（二）自动停车装置

机车自动停车装置可与机车信号结合使用，也可单独使用。

装设机车信号同时装设自动停车装置的机车，当使用机车信号时，自动停车装置部分应自动转为工作状态。

列车自动停车装置的主要部件有信息接收设备、电空阀、动力切除装置、音响报警设备、警惕手柄和控制电路等。

自动停车装置的关键部件是由电磁控制的紧急制动放风阀，统称电空阀。电空阀的输入端接收来自机车信号设备停车信息的电信号；输出端控制列车制动软管的放风阀门。

当机车信号机的显示由一个绿色、一个黄色、一个双半黄色灯光变为一个半黄半红色灯光，或由一个半黄半红色灯光变为一个红色灯光，以及机车进入无码区段时，应及时发出音响警报。当单独使用自动停车装置时，在预告信号机至进站信号机和进站信号机至出站信号机之间，应发出周期性音响警报。司机听到音响警报后，如果在 7 s 内不按压警惕手柄，此时，自动停车装置上的电空阀就会自行开启，使列车制动主管迅速排风减压而施行强迫停车。

列车自动停车后，机车司机必须办理解锁，方能继续运行。

实践证明，自动停车装置对于行车安全起到了很重要的作用。在我国应用中的机车上，它与机车信号和列车无线调度电话成了机车不可缺少的“三大件”。

（三）列车运行速度控制系统

随着社会经济的发展，铁路运输的任务越来越繁重，行车速度和密度大大提高，保证运输安全的问题也就越来越突出。既有的机车信号及列车运行监控装置不能保证提速列车的安全，必须发展列车运行速度控制系统。

1. 列车超速防护系统

列车超速防护系统采用“人机联控，人控优先”的工作方式。司机在驾驶过程中始终处于主导地位，当列车正常运行时，系统不干涉司机的操作，一旦列车实际速度超过允许值时，给司机发出音响报警；若司机失去警惕，在规定的时间里未采取减速或制动措施，列车速度继续升高，当列车运行速度超过最大限制速度时，超速防护设备实施强迫制动，使列车停在显示红灯的地面信号机或停车标前方。

该系统对列车运行速度的监督有阶梯式控制方式和模式曲线控制方式。阶梯式控制方式由机车信号提供地面分界点处的速度、列车实际速度、目标距离等信息。在一个闭塞分区内只监控一个速度等级，列车的允许速度为该区段的入口速度，机车信号显示器给出目标速度，要求列车在区段的出口端必须保持或降低到此速度；本区段的出口速度就是下一区段的允许速度，如果列车超过这个出口速度，设备将开启超速防护作用，立即施行制动。这种滞后型的速度控制方式，要求自动闭塞必须设置保护区段，因此，在地面设置两个红灯的闭塞分区，以防止列车追尾，确保行车安全。

2. 列车自动运行控制系统

将列车超速防护系统进一步发展就成为列车自动运行系统，列车自动运行系统能对列车运行速度自动调整（加速或减速）。除了具有自动调速功能外，列车运行自动控制系统还具有定点停车、自动开关车门、自动列车广播等功能。列车自动运行控制系统用于高速铁路和城市轨道交通。

（四）列车运行监控记录装置

20 世纪 90 年代，由我国铁路科技人员和管理工作者针对我国铁路技术和运输组织特点，研制并在全路列车上推广使用了列车运行监控记录装置（简称监控装置，也被俗称为“列车黑匣子”），建立了一套使用管理体系，取得了显著的保障行车安全的效果，也带动了相关技术和管理工作的发展。

1. 监控装置的设备构成

监控装置由一个安装于机车机械间的主机和分设于前后两端司机室的显示器组成。装置的基本控制和记录功能由主机实现，显示器完成运行提示及实现司机操作的人-机对话。

监控装置实现控制，需要运行指令、列车设备的状态和列车所在地线路设施状况三方面随时变化的信息，这些信息均被制成数据库预先存储在监控装置的主机中，并在列车运行到对应地点时被随时调用。

2. 监控装置的功能

（1）列车运行速度监控功能。它可以防止列车越过关闭的地面信号，防止列车在任何区段运行时速度超过机车车辆的构造速度、线路允许的最高速度和对应于不同规格的道岔限制速度。如果出现列车运行超速的倾向，监控装置将自动控制实施制动，进行减速或停车。这一功能对列车的运行速度和行驶限定区域进行了严格的控制，成为安全行车的保障。

（2）运行提示功能。它可以随时显示列车运行所在地点的里程坐标、距前方地面信号机的距离及信号机的种类，它以对比方式显示监控装置的上限速度和实际速度；当机车信号显示状态变更时进行语音提示；当列车运行接近监控装置的控制上限速度时发出警告。这一功能缓解了司机的精神压力，改善了劳动强度，使司机操纵列车更加自如。

（3）运行记录功能。列车在运行中，每当机车信号、运行速度或监控装置的控制上限速度、列车制动管压力、运行控制级位等变化时，监控装置均将时间、所在地点坐标、变化的数值以及司机对应的操作情况进行一次记录。由于记录的内容基本包含了列车运行中各种设备的状态变化，一旦发生事故，这些记录必然成为事故原因分析的依据。平时，通过对这些记录进行整理、检索，实现了对司机日常作业的科学考核和对主要设备质量状态的客观跟踪，促进了司机作业的规范化和操纵水平的提高。

二、CTCS

为了进一步提高运输效率，实现对列车间隔和速度的自动控制，保证行车安全，2003 年 10 月，铁道部参照欧洲列车运行控制系统（简称 ETCS）制定了《中国列车控制系统（CTCS）技术规范总则（暂行）》（以下简称《CTCS 技术规范》）和相应的 CTCS 技术条件。

《CTCS 技术规范》中的 CTCS 是 Chinese Train Control System 的缩写，即中国列车运行控制系统。《CTCS 技术规范》以分级的形式满足不同线路的运输需求，在不干扰机车乘务员正常驾驶的前提下有效地保证了列车运行的安全。

（一）CTCS 系统的基本功能

（1）安全防护：在任何情况下防止列车超过允许速度。防止列车超速运行；防止列车超过进路允许速度；防止列车超过线路结构规定的速度；防止列车超过机车车辆构造速度；防止列车超过临时限速及紧急限速；防止列车超过铁路有关运行设备的限速；防止列车溜逸。

（2）人机界面：以字符、数字及图形等方式显示列车运行速度、允许速度、目标速度和目标距离；实时给出列车超速、制动、允许缓解等表示以及设备故障状态的报警；具有标准的列车数据输入界面，可根据运营和安全控制要求对输入数据进行有效性检查。

（3）检测功能：包括开机自检功能和运行中动态检查功能，能够记录设备的关键数据以及关键动作，并提供监测接口。

（二）CTCS 系统的应用等级

针对我国铁路不同的线路、不同的传输信息方式和闭塞技术，CTCS 系统划分为 5 个等级，依次为 CTCS-0 级、CTCS-1 级、CTCS-2 级、CTCS-3 级和 CTCS-4 级，以满足不同线路的速度需求。

CTCS-0 级用于部分既有线，由通用式机车信号和运行监控记录装置构成。

CTCS-1 级用于 160 km/h 以下的区段，由主体机车信号和加强型运行监控记录装置组成。它是在既有设备的基础上强化改造，增加点式设备，达到机车信号主体化要求的列车运行安全监控系统。

CTCS-2 级用于提速干线和高速新线，是采用车-地一体化设计、基于轨道电路传输信息的列车运行控制系统，适用于各种限速区段，地面可不设通过信号机，机车乘务员凭车载信号行车。

CTCS-3 级用于提速干线、高速新线或特殊线路，它是基于无线传输信息并采用轨道电路等方式检查列车占用情况的列车运行控制系统。

CTCS-4 级用于高速新线或特殊线路，它是完全基于无线传输信息的列车运行控制系统。地面可取消轨道电路，不设通过信号机，由 RBC（地面无线闭塞中心）和车载验证系统共同完成列车定位和完整性检查，实现虚拟闭塞或移动闭塞。

1. CTCS-0 级和 CTCS-1 级列车运行控制系统

160 km/h 以下线路可采用 CTCS-0 级或 CTCS-1 级列控系统。我国 160 km/h 以下既有线路均以地面信号机作为指挥列车的行车凭证，利用联锁和自动闭塞设备，配合车载“机车信号 + 监控装置”构成 CTCS-0 级列控系统，加上司机的人工介入，CTCS-0 级列控系统可以满足使用要求。通过增加应答器替代司机人工介入的操作，基本形成了 CTCS-1 级列控系统的框架模式：“主体机车信号 + 监控装置 + 应答器”。

2. CTCS-2 级列车运行控制系统

我国既有线第六次大提速时主要采用了 CTCS-2 级列控系统。目前我国铁路动车组列车上都装备了 CTCS-2 级列控车载设备，在 200 ~ 250 km/h 的客运专线上也采用了 CTCS-2 级列控系统。

CTCS-2 级列控系统是基于轨道电路和点式信息设备传输列车运行许可信息，并采用目标距离模式监控列车安全运行的列车运行控制系统，它由地面系统与车载设备组成，如图 7.39 所示。

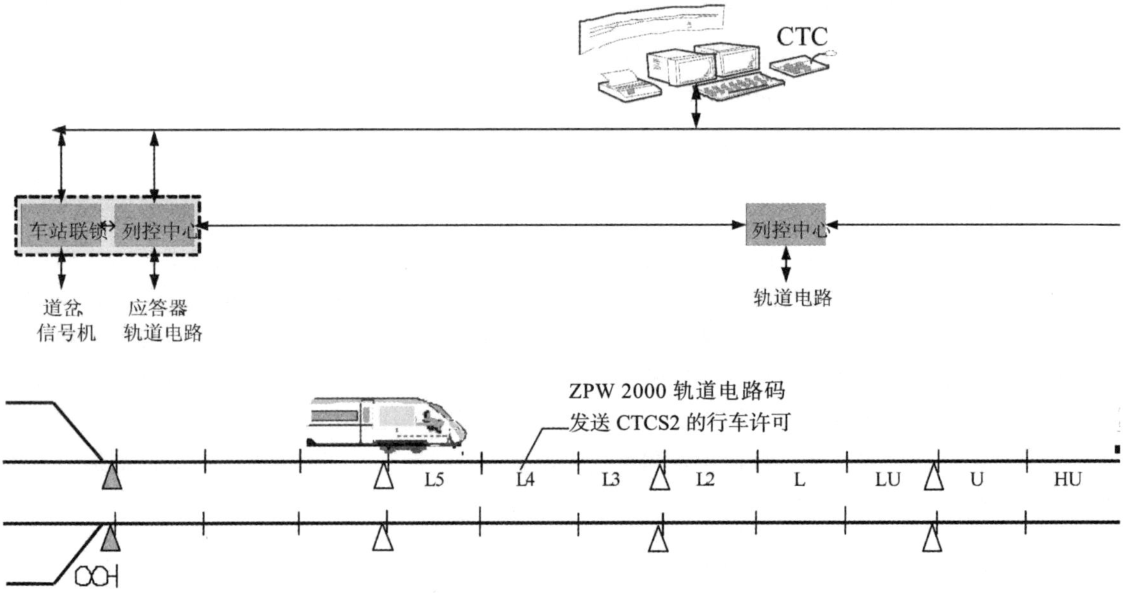

图 7.39　CTCS-2 级列控系统运行示意图

1）地面系统

在 CTCS-2 级列控系统中，轨道电路实现列车占用检查及完整性检查，并连续向车载设备传送空闲闭塞分区数量等信息。应答器向车载设备传输定位信息、线路参数、进路参数、临时限速和停车等信息。列控中心具有轨道电路编码、应答器报文储存和调用、区间信号机点灯控制、站间安全信息（区间轨道电路状态、中继站临时限速信息、区间闭塞和方向条件等信息）传输等功能，根据轨道电路、进路状态及临时限速等信息产生行车许可，通过轨道电路及有源应答器将行车许可传给列控车载设备。

2）车载设备

车载设备根据地面设备提供的信号动态信息、线路参数、临时限速等信息和动车组参数，按照目标-距离模式生成控制速度，监控列车安全运行。

车载设备的主要功能是：列控数据采集，静态列车速度曲线的计算，动态列车速度曲线的计算，缓解速度的计算，列车定位、速度的计算和表示，运行权限和限速在 DMI 上的表示；运行权限和限速的监控；在任何情况下防止列车无行车许可运行，防止列车超速运行，防止列车溜逸；列车超速时，车载设备的超速防护具备声光报警、切除牵引力、动力制动、空气常用制动、紧急制动等措施；车载设备发生故障时，及时报警提醒机车乘务员并对故障设备进行必要的隔离；司机行为的监控、反向运行防护、CTCS-2 信息的记录。

3. CTCS-3 级列车运行控制系统

CTCS-3 级列控系统是基于无线传输信息并采用传统方式检查列车占用的列车运行控制系统。它面向提速干线、高速新线或特殊线路，基于无线通信的自动闭塞或虚拟自动闭塞，它可以叠加在既有干线信号系统上。CTCS-3 级列控系统适用于各种限速区段，地面可不设通过信号机，司机凭车载信号行车，可满足客运专线和高速运输的需求；采取目标距离控制模式和准移动闭塞方式，同时具有 CTCS-2 级列控系统的功能。

CTCS-3 级列控系统如图 7.40 所示，它包括地面设备和车载设备。

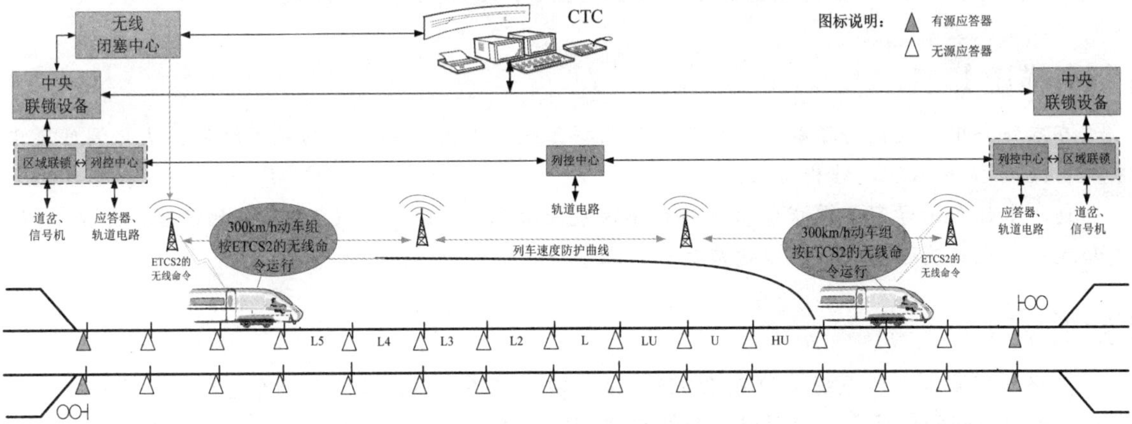

图 7.40　CTCS-3 级列控系统运行示意图

1）地面设备

地面设备由移动闭塞中心（RBC）、列控中心（TCC）、ZPW-2000（UM）系列轨道电路、应答器（含 LEU）、GSM-R 通信接口设备等组成。

RBC 根据轨道电路、联锁进路等信息生成行车许可，并通过 GSM-R 无线通信系统将行车许可、线路参数、临时限速传输给 CTCS-3 级车载设备，同时通过 GSM-R 无线通信系统接收车载设备发送的位置和列车数据等信息。

TCC 接收轨道电路的信息，并通过联锁系统传送给 RBC；同时，TCC 还具有轨道电路编码、应答器报文储存和调用、站间安全信息传输、临时限速等功能，满足后备系统的需要。

应答器向车载设备传输定位和等级转换信息以及传送线路参数和临时限速等信息，满足后备系统的需要。应答器传输的信息与无线传输的信息的相关内容含义保持一致。

2）车载设备

车载设备由车载安全计算机（VC）、GSM-R 无线通信单元（RTU）、轨道电路信息接收单元（TCR）、应答器信息接收模块（BTM）、记录单元（JRU/DRU）、人-机界面（DMI）、列车接口单元（TIU）等组成。

车载安全计算机根据地面设备提供的行车许可、线路参数、临时限速等信息和动车组参数，按照目标距离连续速度控制模式生成动态速度曲线，监控列车安全运行。

【思考题】

1 什么是机车信号？机车信号分几种？
2. 什么是列车超速防护？它的主要功能是什么？
3. 简述目标距离模式曲线是如何形成的。
4. 简述各级列车控制系统如何实现对列车的控制。
5. 简述 CTCS-2 级和 CTCS-3 级列控系统之间的区别。
6. 简述各级 CTCS 系统的设备组成及功能。
7. 上网查询资料，了解 CTCS 的发展过程。

任务六　认知列车调度指挥系统和调度集中系统

【任务描述】

在本任务中，我们将了解铁路列车调度指挥系统 TDCS 的组成、功能和运用，认知调度集中系统 CTC 系统的原理、结构与功能。

通过本任务的学习，要求学员掌握列车调度指挥系统 TDCS 和 CTC 系统的原理、组成、功能和运用，能正确运用它们，以适应岗位需求。

【知识学习】

铁路列车调度指挥系统（简称 TDCS）是实现铁路各级运输调度对列车运行透明指挥、实时调整、集中控制的现代化信息系统。分散自律调度集中系统（简称 CTC）是以 TDCS 为平台，实现分散自律、智能化、高安全、高可靠的新一代调度集中控制系统。

TDCS 能为调度人员提供先进的调度指挥和处理手段，及时提供丰富、可靠的信息和决定依据，提高其应变能力。CTC 系统除了具有 TDCS 的功能外，主要是完成遥控功能，即自动或由行车调度员在调度所远距离集中控制本区段内各站的信号机和道岔，办理接、发车进路。

一、铁路列车调度指挥系统 TDCS

铁路列车调度指挥系统 TDCS（Train Operation Dispatching Command System）是覆盖全路的调度指挥管理系统，是以现代计算机技术、计算机网络技术、通信技术、多媒体技术、数据库技术为基本技术手段，改造传统落后的铁路调度方式，实现铁路各级运输调度对列车运行实行透明指挥、实时调整、集中控制的现代化信息系统。

TDCS 的应用，实现了铁路运输组织的科学化、现代化，增加了运能，提高了效率，减轻了调度人员的劳动强度，改善了调度指挥的工作环境。以 TDCS 为平台，组建分散自律、智能化、高安全、高可靠的新一代 CTC，是实现铁路高速以及减员增效的跨越式发展的根本保证。

（一）TDCS 的网络结构及系统构成

1. TDCS 的网络结构

TDCS 由国铁集团调度指挥中心的 TDCS、铁路局的 TDCS、车站调度子系统三层机构有机地组成，实现全路调度指挥自动化和现代化，如图 7.41 所示。

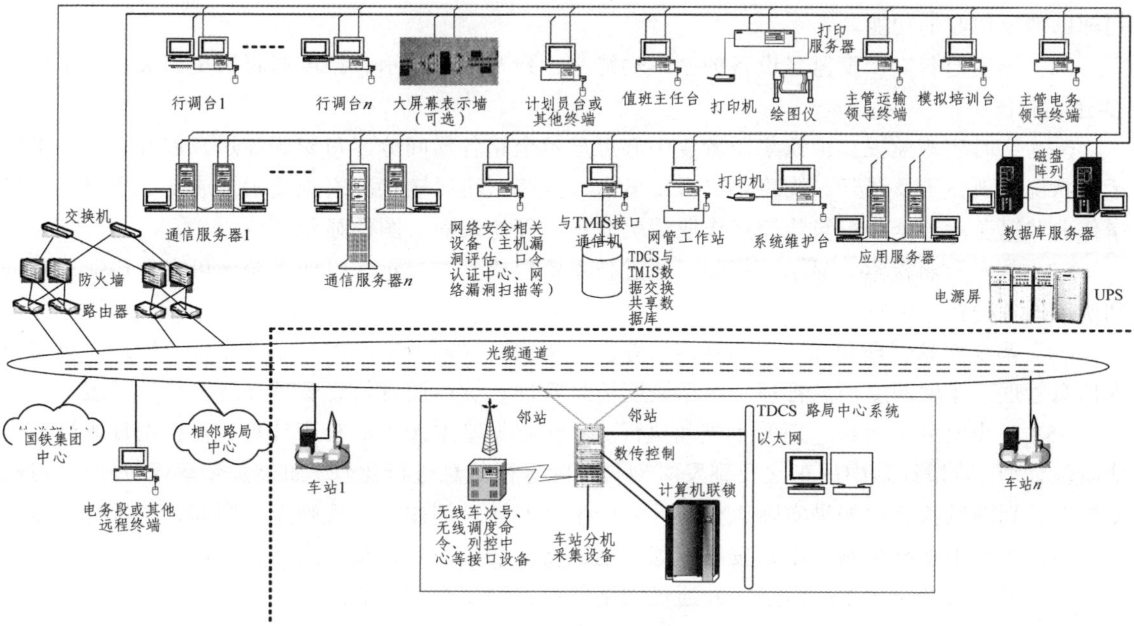

图 7.41　TDCS 的组成

（1）核心层：由国铁集团 TDCS 和国铁集团 TDCS 至各铁路局的广域网构成，是整个 TDCS 广域网的中枢，各节点关键部分和功能采用合理的冗余配置以保证其安全、可靠。国铁集团 TDCS 至各路局 TDCS 之间均采用双专线连接。两条专线分别连接两套设备，选用两条物理路由，最大限度地保证了 TDCS 核心层不中断。

（2）区域层：由铁路局 TDCS 组成的网络构成，主要负责汇聚接入层各信源点采集的信息并上传至铁路局、国铁集团，同时把国铁集团、铁路局下达的阶段计划、调度命令等信息传至相关接入层的受信点。

（3）接入层：由铁路沿线信源点（各站、场、段）组成的网络构成，包括区段、枢纽和分界口的 TDCS。

上述三层结构中，主要的系统间接口有：基层网与路局中心的接口，路局中心与国铁集团中心的接口，相邻路局中心之间的接口，TDCS 与 TMIS（铁路运输管理信息系统）的接口，TDCS 与现有其他系统的接口。

2. TDCS 的系统构成

我国铁路调度指挥是以行车调度为核心，以站段为基础，实行铁路局和国铁集团两级调度管理的体制。TDCS 由调度指挥中心和车站子系统组成。

调度指挥中心设备包括数据库服务器、应用服务器、通信前置服务器、GSM-R 通信服务器、大屏幕投影系统（或表示墙系统）、网络设备、电源设备、防雷设备、网管工作站、系统维护工作站、调度员工作站、值班主任工作站、计划员工作站、综合维修工作站等。

车站子系统是基层信息采集系统，主要设备包括车站分机、车务终端、网络设备、电源设备、防雷设备、联锁系统接口设备和无线系统接口设备等。

（二）TDCS 的功能

TDCS 提供多功能调度监督、大屏幕宏观监视、调度管理信息系统、运输技术资料库等一系列辅助调度作业的功能。

（1）调度监督。调度监督设备的基本功能是：列车跟踪显示；调度监督历史回放；列车计划/实迹运行图绘制。

（2）实时宏观监视。国铁集团调度中心可显示全路各局间分界口宏观显示及展开、主要干线运输状况宏观显示及展开、线路列车密度显示、全路枢纽运输状况宏观显示及展开、全路港口口岸作业状况显示、全路煤炭装卸点作业情况显示，其他视图、图像显示。

（3）技术资料检索、显示、打印。通过技术资料检索、显示、打印系统，可方便快捷地查询到所需的各种技术资料。

（4）调度信息管理和统计。调度信息管理是指铁路局调度中心的行车调度信息管理、机车调度信息管理、车辆调度信息管理、客运调度信息管理、货运调度信息管理和运输统计报表。

（5）三小时列车运行计划的生成和执行。系统根据基本图生成日班计划，再根据日班计划生成阶段计划。阶段计划中的车次及到发时刻与实际运行信息进行比较，如果实际运行与计划一致，则按照计划继续执行；如果实际运行与计划产生了差异，例如，出现晚点，则对计划进行调整。调整后的计划下达给车站，车站按新计划排列进路，开放信号，接、发列车，通过系统自动采集列车到发时刻以及车次跟踪信息，并通过网络传送到调度指挥中心。

二、调度集中系统 CTC

调度集中（Centralized Traffic Control，简称 CTC）全称为调度集中控制，是控制中心对某一调度区段的信号设备进行集中控制，对列车进行直接指挥、管理的技术设备。

（一）CTC 系统的基本原理

CTC 系统在车站设立了自律机，按照列车运行调整计划和《车站行车工作细则》正常接发列车以及协调列车与调车作业的冲突，实现列车与调车作业的统一控制，这一原则叫作“分散自律”控制原则。

调度中心根据运输实际情况，编制列车运行调整计划，并适时地将调整计划下达给各个车站的自律机，由车站自律机根据列车运行调整计划自动生成列车进路操作指令，并根据车次号追踪结果，适时地将进路操作命令传送给联锁系统执行，实现了车站作业和远程调度指挥。有人值守车站还能接收车站调车作业计划，无人值守车站接收 CTC 中心调车作业计划，在不影响列车的前提下自动生成调车进路操作命令并下达给联锁系统执行，以实现调车作业和列车作业协调进行，解决列车作业和调车作业的矛盾。车站自律机体现了既受 CTC 系统中心集中控制又按各车站调车作业情况自行处理的机理。

（二）CTC 系统的结构与功能

我国铁路 CTC 系统由铁路局调度中心子系统、车站子系统两级构成。系统采用通用的互联网体系结构，调度中心通过交换机将中心各种设备连接成一个局域网，各车站交换机将车站设备连接成一个局域网。通信网络将中心局域网和各车站局域网连成一个广域网。

1. 铁路局调度中心子系统的组成及功能

铁路局调度中心子系统由调度中心应用系统和调度中心服务系统两部分组成。

1）调度中心服务系统

调度中心服务系统主要由调度中心总机房设备构成，它提供应用系统后台服务，主要包括数据库服务器、应用服务器、通信服务器、GSM-R 通信接口服务器、CTC/TDCS 接口服务器、系统维护工作站、网络管理工作站、电源设备及防雷设备。

应用服务器是后台服务系统的核心，负责整个系统的数据收发、数据处理以及数据存储等工作；完成运行图的自动调整，向 CTC 所有工作站提供行车表示信息、列车编组信息、车次号跟踪信息、列车报点信息等。

2）调度中心应用系统

调度中心应用系统主要提供铁路局调度中心各相关工种的操作界面和培训功能。主要设备包括：调度员台、助理调度/操作员台、综合维修调度台、值班主任台、计划员台、培训台、打印机、绘图仪等。

列车调度员工作站是列车调度员的工作平台，主要实现监控管辖区段范围内列车运行位置、指挥列车运行的功能。例如，调整和下达列车阶段计划，维护实迹运行图，下达调度命令以及与相邻区段列车调度员交换信息。

助理调度/操作员工作站主要实现 CTC 中心人工进路操作控制、闭塞办理、非正常处理等功能，同时还实现无人车站的调车作业计划的编制、调整和指挥以及在自律约束条件下调车进路的人工办理等相关功能。

综合维修工作站主要用于设备日常维护、天窗修、施工以及故障处理方面的登、销记手续办理，并具有设置临时限速及区间、股道封锁等功能；完成维修调度命令的编制、下达以及审批等功能。实际中根据调度台作业的繁忙情况来决定是否设置综合维修调度工作站，对于不繁忙的调度，可将其功能合并在列车调度员工作站上。

2. 车站子系统的结构与功能

CTC 系统的车站部分完成进路选排、冲突检测、控制输出等核心功能。车站子系统采用局域网结构，与铁路局调度中心和邻站通过广域网连接，包括车站运转室设备和车站机械室设备。

1）车站值班员工作站

值班员工作站设置于车站运转室内，一般采用双显示器，并采用双机热备模式。其功能主要包括：① 日计划、班计划、车站调车计划、阶段计划、调度命令的调阅与签收；② 本站的站场显示和相邻车站的站场显示，区间的运行状态显示；③ 行车日志的自动记录、存储、打印；④ 监视和控制本站自律机的计划执行和进路办理；⑤ 本站非正常情况的报警。

2）车站信号员工作站

车站信号员工作站一般在较大车站设置。信号员工作站的功能主要包括：① 用户登录和权限管理；② 本站的站场显示和相邻车站的站场显示，区间的运行状态显示；③ 调车作业单的查询；④ 进路控制、道岔控制、人工解锁、设备封锁等按钮的直接控制。

3）车站站调工作站

站调工作站设于车站站调楼内，供车站调度员使用，设备为单套。其主要功能包括：① 提供本站及相关车站的站场显示和车次显示；② 调阅相关车站的行车日志，编写调车作业通知单并发送给车场值班员。

三、智能调度集中系统

智能调度集中系统以现有调度集中系统为基础，结合“智能铁路”的发展需求，在列车运行自动调整、进路和命令安全卡控、行车信息数据平台、行车调度综合仿真和 ATO 功能应用等方面进一步优化完善，提升了调度集中系统智能化水平，可实现列车自动调整。

列车运行自动调整功能根据不同的事件和环境提供不同的调整策略，调整后计划符合相关约束条件，可极大地提高调度指挥的有效性和针对性，减轻调度人员的工作强度，降低调度人为失误带来的风险，具有可用性和便捷性。

（一）自动调整原则

（1）系统可根据不同的场景，以及预先设置的调整策略，为调度员提供需人工确认的智能调整方案，实现列车运行计划的快速和智能化调整。

（2）系统建立列车交路、最小折返时间和股道运用等关键信息数据库，为实现系统列车运行计划智能调整功能提供相关基础数据。

（3）系统建立与限速速度值关联的高铁列车运行计划智能调整策略和模型，在临时限速区域，根据具体条件采用改变或不改变列车运行顺序和停靠站点的原则，实现列车运行计划快速智能调整。

（4）系统建立有晚点车次、总晚点时间、股道运用等综合调整模型，针对设备故障、自然灾害、非正常停车等影响列车正常运行秩序的情况，采用整体晚点时间最少或影响车次最少等目标的方案，选择列车待避车站、股道调整等措施，实现后续列车计划智能调整。

（5）系统通过建立高铁线路和调度管辖区域接续关系模型，为实现运行列车的晚点预测提供基础。

（6）系统通过建立高铁列车计划调整专家知识库，对不同因素造成的晚点和调整方案进行归类，实现调整案例和经验的积累。

（7）系统建立有列车群体或个体不同优先等级的加权策略，具备人工设置优先级功能。系统应根据优先等级进行自动调整。

（8）系统应提供自动调整回撤功能，可回退至自动调整方案应用调整前的状态。

（二）自动调整逻辑

1. 区域封锁

（1）在区间封锁或列车区间故障情况下，系统按列车运行等级顺序或不改变列车运行的先后顺序等策略，后续所有列车就近在封锁区间前方车站临时待避，待避股道可根据车站站细数据、列车类型、列车待避关系、办理客运业务等因素进行自动选择。对于已经进入封锁区间的列车，由人工进行调整。

（2）在车站股道封锁或列车站内股道故障情况下，系统应按列车运行等级顺序或不改变列车运行的先后顺序等策略，对于因股道封锁影响到的列车，调整到其他未封锁且具备接车条件的股道进行接发车作业。

（3）在车站全站封锁情况下，系统应不改变列车运行的先后顺序，未进入封锁车站后方区间的列车在封锁车站前的车站就近待避，待避股道可根据《行细》《站细》等有关管理规定和列车类型、列车待避关系、办理客运业务等因素进行自动选择，已进入封锁车站前方区间的列车应调整为机外停车。

（4）在异物侵限，接触网故障、岔区停电，风雨雪场景下，调度员设置影响的区域，并选择对该区域进行临时限速或封锁，如需影响的区域进行封锁，系统调整策略与封锁处理逻辑相同。

2. 区域限速

（1）在区间限速情况下，系统具备设置限速的里程范围、限速值和限速起止时间的功能。在限速生效的时间段以内，系统应根据相应的限速值或人工预设的运行时分自动调整所有途经限速区域列车在该区间的运行时分，列车运行的先后顺序以及停站不做改变。

（2）在车站站内限速情况下，系统具备设置限速的股道、限速值和限速起止时间的功能。在限速生效的时间段以内，系统应根据相应的限速值或人工预设的运行时分自动调整所有途经限速区域的通过列车在该车站的通过时刻及后续区间的运行时分，列车运行的先后顺序以及停站不做改变。

（3）在列车运缓情况下，系统课提供两种调整策略，策略一为后续列车在临近运缓列车后方限速运行，策略二为运缓车在前方车站待避，保障后续列车按计划正常运行。

（4）在异物侵限、风雨雪场景下，调度员设置影响的区域，并选择对该区域进行临时限速或封锁，如需对风雨雪影响的区域进行临时限速，系统调整策略与区间/车站限速处理逻辑相同。

3. 运行折返

（1）在区间折返情况下，因折返期间该方向区间其他列车无法通行，按照区间封锁对待。系统按列车运行等级顺序或不改变列车运行的先后顺序等策略，后续所有列车就近在折返区间前方车站临时待避，待避股道可根据车站站细数据、列车类型、列车待避关系、办理客运业务等因素进行自动选择。对于已经进入折返区间的列车，由人工进行调整。

（2）在车站终到晚点折返时，系统应在满足最小折返作业时间前提下，缩短折返作业时间，减少后续列车的晚点时间，并对后续列车进行相应的调整。

（3）在车站折返接车股道临时调整时，原则上系统应将发车股道调整为接车相同股道。

4. 列车晚点

（1）在列车晚点情况下，系统可根据技术作业时间标准，压缩停车时间。

（2）在列车晚点情况下，系统可根据基本图运行线的先后次序对列车运行计划进行自动调整。

【思考题】

1. 什么是调度集中？简述调度集中的设备组成。
2. 什么是调度监督？它与调度集中有何区别？
3. 简述 TDCS 的构成和功能。TDCS 如何实现列车实时追踪？
4. 简述 CTC 和 TDCS 有何不同。
5. 在 CTC 区段，调车进路如何排列？

任务七　认知铁路专用通信系统

【任务描述】

在本任务中，我们将学习了解我国铁路专用通信系统的组成、功能和运用，了解铁路专用通信系统的发展现状和趋势。

通过本任务的学习，要求学员掌握驼峰信号设备和铁路专用通信系统的组成、功能及运用，了解铁路专用通信系统的发展现状和趋势。

【知识学习】

微课视频：
铁路专用通信系统

铁路是庞大的综合性企业，铁路运输生产必须在分散的基础上实现高度的集中统一指挥，因而必须设置性能完善的现代化通信系统，把各个车站和部门单位联系起来，实现统一集中领导，正常组织生产，以保证行车安全，提高运输效益。铁路通信按传输方式可分为有线通信和无线通信两大类。按服务区域可分为长途通信、地区通信、区段通信和站内通信等。按业务性质不同可分为公用通信、专用通信及数据传输等。

铁路专用通信系统一般是指专门用于组织、指挥铁路运输及生产的专用通信设备。这些设备专用于某一目的，接通一些指定用户，一般不与公务通信的电报、电话网连接。

铁路专用通信系统是铁路通信系统的重要组成部分，是铁路内部最主要的业务通信网。它直接用于指挥列车运行，为铁路运输生产第一线服务。

一、铁路主要专用通信设备

铁路的专用通信设备包括区段通信设备、站场通信设备及会议电视设备等。

（一）区段通信设备

区段通信设备包括调度电话（干线列车调度电话、局线列车调度电话、货运调度电话、电力调度电话等）和其他业务专用电话（如各站、养路、水电、电务、车务、扳道、桥隧守护、站间行车等电话）。

调度电话是专门用于指挥运输生产的，不得在与行车无关的部门设置，也不得介入地区电话网、长途电话网。目前调度电话除站间行车（闭塞）电话为直通电话外，其他业务专用电话一般纳入临近地区程控数字交换机，实现小站自动拨号，或者采用程控共线电话或综合数字专用通信系统。

铁路基层单位分布在铁路沿线，为了满足系统内部车站、工区、领工区等各基层单位之间的业务联系需要，设置了各种专用电话。各车站电话分机设在车站值班员室、货运室、通信工区、信号工区、给水所、公安派出所等处所。

（二）站场通信设备

站场通信是专为铁路站场内运输人员指挥行车作业和调车作业及联系车站日常运输组织工作使用的。站场通信设备包括站场专用电话、扳道电话、车站扩音对讲设备、站场扩音设备、站场无线电话等。

站场电话系统一般以站场值班室为中心设置集中机。目前铁路现场使用的集中机主要有模拟、程控、数字等制式，但已逐步推广使用综合数字通信系统，以取代老式的集中机。

站场扩音对讲设备供行车作业及调车作业使用，以完成接发列车，列车技术检查及编组场的列车解体、溜放和编组作业。

客运广播是为客运作业设置的，已在全路推广使用的客运自动广播系统是利用计算机进行控制的，应用语音合成技术，可进行全自动、半自动、人工及应急广播，可同时播出 1 ~ 8 种节目，广播区可以任意组合、调整，丰富了信息量，减轻了广播员的劳动强度。

（三）会议电视设备

会议电视是利用电视技术和设备通过传输信道在多地进行开会的通信方式，这种方法采用同一信道同时传输图像、语音数据等信息，可以增加会议临场气氛。会议电视还可以通过电子白板、书写电话、传真机等与其他会场与会者进行研讨与磋商，可应用于远程会议、远程监控等。

目前全路已开通国铁集团—铁路局会议电视系统。

二、GSM-R

GSM-R（GSM for Railway）的中文全称为铁路移动通信系统标准，是一种专门为铁路设计的专业无线数字通信系统，是基于 GSM 系统技术平台，针对铁路通信列车调度、列车控制、支持高速列车等特点，为铁路运营提供定制的附加功能（群呼、组呼、优先级别、强插、强拆等功能）的一种经济高效的综合无线通信系统，从集群通信的角度来看，GSM-R 是一种数字式的集群系统，能提供无线列调、编组调车通信、应急通信、养护维修组通信等语音通信功能。

GSM-R 由六个子系统组成：交换子系统、基站子系统、运行与维护子系统、通用分组无线业务子系统、终端子系统及移动智能网子系统，并通过交换子系统中的网关移动交换中心实现与其他通信网络的电路或业务的互联互通，通过通用分组无线业务系统中的网关 GPRS 业务支持节点实现与其他数据信息网络的分组或业务的互联互通。

GSM-R 可以构成既含有面状覆盖又含有链状覆盖的网络，既可用于地区性的覆盖也可用于全国性的覆盖。例如，沿铁路线采用链状覆盖，车站及枢纽地区采用面状覆盖。为了满足铁路对传输的高可靠性要求，链状覆盖一般采用双重冗余的重叠小区结构，每 2 个基站重叠覆盖一个小区；面状覆盖采用多小区（或多扇区）蜂窝结构，每个基站覆盖一个小区，当然也可以采用重叠覆盖小区结构。

（一）GSM-R 的功能特点

GSM-R 以 GSM 平台为基础，因此除了 GSM 所具有的越区切换、漫游等特性外，GSM-R 还具有如下专有的特性：

（1）功能寻址：便于固定（移动）用户拨号呼叫列车上移动用户的一种方式。

（2）基于位置的寻址：便于列车上移动用户（如司机）呼叫固定用户（调度员）的一种方式。

（3）语音广播服务：可用来在指定区域（可跨多个小区）内广播消息或发布紧急呼叫。区域的定义和选择可动态设定，从而具有极大的灵活性。

（4）语音组呼服务：移动或固定用户拨打组呼 ID 号，可与指定区域内的小组成员建立呼叫。

（5）增强的多级优先与强占权：铁路紧急呼叫或列车自动控制等许多通信应用，都要求网络无论处于何种负载状况下均能迅速建立呼叫。如果在一个无线电小区发生拥塞（所有无线电频率和业务信道均被占用），可立即切断低优先权的呼叫而优先建立高优先权的呼叫。

（二）GSM-R 的铁路特色功能

（1）列车控制系统：是以 GSM-R 作为传输手段的列车自动防护/列车自动控制系统，甚至可以实现列车自动操作（驾驶）。

（2）铁路维护通信：利用 GSM-R 建立铁路沿线维护人员的业务联络通信并能够根据维护人员的职能和所在的场所很快地确定他们的位置。

（3）列车诊断：如果列车发生故障，诊断数据将通过 GSM-R 传输到下一个维修中心。使维修站能够及时为维修做好相关准备，因而大大缩短维修时间。

（4）旅客服务：包括列车时刻信息、在线售票服务。基于列车自动控制和 GSM-R 的列车时刻信息服务，能够随时为旅客和乘客提供列车的动态位置和时刻信息；基于 GSM-R 连接的售票机可提供在线售票服务。

（5）货运跟踪服务：利用一个带有 GPS 接收器的简单 GSM 模块，可指示该货车（集装箱）的精确位置，可实时掌握所运货物的确切位置，并可将这一数据发送给相关客户。

三、地区电话设备和长途电话设备

地区电话设备是用于一个城市或地区范围内各铁路单位之间公务联系的电话，也称为地区电话，是由自动电话机和自动电话交换机组成的自动电话设备。

自动电话交换机即自动总机，目前应用程控数字交换机，它采用微电子技术及计算机和软件技术，具有大量服务功能，如缩位拨号、定时叫醒、呼叫转移、遇忙回叫、三方和多方通话等。

铁路干线长途电话用于国铁集团与铁路局以及各路局之间的公务联系。局线长途电话则用于路局之间的公务联系。

长途电话在全路已采用光纤数字通信的传输制式，光纤数字通信具有通信容量大、中继距离长、节省有色金属、通信质量好、保密性强等突出优点。

【思考题】

1. 铁路主要的专用通信设备有哪些？各用于什么场合？
2. GSM-R 有哪些主要功能？其组成和各部分的作用是什么？
3. 上网查询资料，了解铁路专用通信设备的发展趋势。

任务八 认知铁路电务部门

【任务描述】

在本任务中，我们将了解铁路电务部门的组织机构及职能。

通过本任务的学习，要求学员熟悉铁路电务部门的组织机构及职能，为将来适应岗位要求做好准备。

【知识学习】

铁路电务部门按照其职能可分为运营、科研、设计、工程、工业等部门。下面就各部门的组织机构及职能简要说明。

一、铁路电务运营部门

铁路电务运营部门负责保证铁路通信信号设备的正常运用及维护工作。铁路通信信号维护工作实行铁路局（集团公司）、电务段两级管理。国铁集团运输局基础部直接领导集团内各业务处（通信处、信号处、技术处），并对各铁路局电务处及其下设各业务科（信号科、通信科、综合科、

LKJ 科、安全科）进行业务指导。各铁路局电务处除了直接领导处内各业务科外，还要对各电务段进行业务指导。电务段长直接领导段内各业务科、车间（现场、检修、中修、电子设备、车载设备）、工区。电务段各业务科对各车间、工区进行业务指导。

电务处是铁路局（集团公司）实施电务专业管理的主管部门，主要承担更新改造工程、大中维修、安全管理、施工管理、生产调度、技术管理、质量管理、通信工作、设备动态检测、电务信息技术维护等管理职责。

铁路电务运营部门的基层单位是电务段，它负责信号设备的日常维修及中修。电务段的管辖范围由铁路局集团公司根据信号设备的布局和维修生产的需要等条件确定。电务段是电务专业管理的责任主体。

目前，我国已建成多条客运专线，信号系统集成和运营维护工作成为电务部门面临的重要工作任务，已逐步形成了科学合理的面向客运专线的运营管理模式和维修体制。

二、铁路电务科研部门

铁路电务科研部门包括中国铁道科学研究院通信信号研究所、北京全路通信信号研究设计院、各铁路局的科研所以及铁路高等院校，它们从事开发和研究通信信号的新产品、新系列、新制式。

三、铁路电务设计部门

铁路电务设计部门主要包括北京全路通信信号研究设计院，第一、二、三、四、五勘察设计院的通号处，电化工程局设计院，各铁路局电务处的大修设计室，它们负责铁路新线建设和既有线改造、大修信号工程的设计。

四、铁路电务工程部门

铁路电务工程部门包括中国通信信号集团公司所属各工程公司、各铁路工程局电务工程处等。主要职责是负责铁路新线建设或既有线改造的信号设备施工。

五、铁路电务工业部门

铁路电务工业部门包括中国铁路通信信号总公司所属的各通信工厂、信号工厂、电缆厂，以及各铁路局的电务工厂等。它们负责生产通信信号设备和器材。

【思考题】

1. 简述铁路电务部门的组织机构及职能。
2. 上网查阅资料，了解铁路电务基础岗位有哪些？职责分别是什么？

课程思政：
“小东”精神

课程思政：
永不生锈的螺丝钉

项目八　认知铁路运输组织

【项目导入】

本项目的学习任务是：掌握旅客运输组织、货物运输组织、行车组织等方面的知识内容。要求学员在理论学习与实践练习中，逐步掌握本项目的所有知识内容，完成本项目的知识目标和能力目标；培养认真严谨、遵章守纪的职业素养；学习并传承我国铁路精神文化。

【知识目标】

1. 掌握旅客列车的分类、特点以及车次；
2. 掌握旅客运送过程和握行李包裹运输的主要流程；
3. 掌握货物运输的种类和特点；
4. 掌握整车货物运输过程的三大流程；
5. 了解超重、超限货物的运输条件以及危险货物和鲜活货物的分类；
6. 了解列车运行图的格式与分类以及通过能力的概念；
7. 了解车站接发列车作业的程序；
8. 了解调车作业方法以及牵出线调车和驼峰调车的作业方法；
9. 了解车站工作日常计划的内容；
10. 了解货运计划、技术计划和运输方案的内容；
11. 掌握我国铁路调度指挥的原则，了解列车调度员的工作内容；
12. 了解保证铁路安全运输的基本措施。

【能力目标】

1. 能够正确处理旅客运送过程中各环节的主要问题；
2. 能够正确签订铁路货物运输合同，能够正确办理行李包裹的运输；
3. 能够正确处理整车货物运输的发送、途中、到达作业中出现的问题；
4. 能够在合理的条件下选择使用集装箱来运输货物；
5. 能够绘制简单的单线连发列车运行图；
6. 熟悉车站接发列车作业流程；
7. 具备铁路运输安全意识，能够采取正确的措施来保证运输安全；
8. 能够在工作中严格按照工作要求和标准执行工作任务。

铁路运输组织是指铁路部门综合运用机车、车辆、线路、车站、通信信号等设备设施组织列车开行，安全、正点地把旅客、货物送到目的地的过程。铁路运输生产过程中的每一个环节的工作以及整个生产过程的计划、组织与指挥都属于铁路运输组织的工作范围。它包括客运组织、货运组织和行车组织三个方面。

任务一　认知旅客运输组织

【任务描述】

在本任务中，我们将了解铁路旅客运输的工作性质和组织原则，学习铁路客运相关知识，如旅客列车的种类及车次、旅客运输过程，了解列车和车站客运设施与设备，掌握客运服务工作的方法。

通过本任务的学习，要求学员能够熟悉铁路旅客运输过程，熟悉旅客列车的种类及车次了解列车和车站客运设施与设备，掌握客运服务工作的流程和方法等铁路客运相关知识。

【知识学习】

一、旅客运输组织概述

旅客运输是铁路运输的一个重要组成部分。旅客运输的基本任务是最大限度地满足广大人民群众旅行的需要，安全、迅速、便捷、舒适、经济地运送旅客、行李、包裹和邮件，保证旅客在旅行途中舒适愉快并得到文化生活上的优质服务。

（一）铁路旅客运输的工作性质和组织原则

铁路旅客运输是为广大人民群众旅行的需要服务的。它要求铁路既要质量良好地完成旅客运输任务，又要经济、合理地使用客运机车车辆和其他技术设备。为此，必须在生产实践和科学研究的基础上，根据具体情况规定正确的客运组织原则。

（1）旅客运输的主要服务对象是广大旅客，其次是行李、包裹和邮件。

（2）旅客列车的编组一般是固定的，其始发、终到站以及到、发和途中运行的时刻也是固定的。

（3）旅客车辆（包括餐车、行李车）一般都是按照铁路局的规定固定配属于各客运车辆段。

（4）旅客运输计划只有年度的客运量计划和客运机车及客车车底运用计划，平时只依据节假日客流调查资料所编制的重点节假日计划，来调整年度的客运量计划和机车车辆运用计划。

（5）客运站的位置要求紧靠城市，并且要与市内运输及其他各种交通工具有密切的配合。

（6）选择旅客列车的重量标准、速度和密度时，要进行综合比较。

（二）铁路旅客运输计划

编制旅客运输计划的目的是为了充分挖掘运输潜力，组织旅客均衡运输，提高客运服务质量，保证旅客安全、迅速、准确、便利地旅行，更好地满足人民群众旅行的需要。

旅客运输计划的主要内容包括：

（1）客运量（旅客运输量的简称），是运输企业在一定时期内运送的全部旅客人数。

（2）旅客周转量，是指在一定时期内，运输企业所完成的旅客人千米数。

（3）旅客平均运程，是指运送的每一位旅客的平均运输距离。

（三）客流计划

客流是指铁路在某一方向上、一定时间内旅客的流量和流向。客流可以按不同特性进行分类，如果按旅行距离可分为长途、中途和短途客流。我国铁路采用的是按旅行距离结合铁路局管辖范围的分类方法，将客流分为直通、管内两种客流。

（1）直通客流：旅行距离跨及两个及以上铁路局（集团公司）的客流为直通客流。一般来说此种客流旅行距离较长，要求列车服务标准高，旅客注重舒适度和快速性。

（2）管内客流：旅行距离在一个铁路局（集团公司）范围以内的客流称为管内客流。一般来说旅行距离较短，旅行时间要求能早出晚归、方便快捷。

客流计划是旅客运输计划的重要组成部分，在每次编制新的列车运行图确定旅客列车开行方案前，一般首先要在国铁集团的集中统一领导下，先由铁路局编制客流图，国铁集团组织各局将直通客流资料进行交换并汇总。然后各局分析客流调查和统计资料，与过去几年同期实际资料相比，并进行预测，推算出计划期客流量，即可编制全部客流计划。

（四）旅客列车的种类及车次

旅客列车按照列车的编组内容、旅行速度和运行要求的不同，主要分为动车组旅客列车、特快旅客列车、快速旅客列车、普通旅客列车、旅游列车、临时列车等，如表 8.1 所示。

表 8.1　列车的种类和车次

序号	列车分类	车次范围	序号	列车分类	车次范围
一	旅客列车		二	行包专列	
1	高速动车组旅客列车	G1～G9998	1	行邮特快专列	X1～X198
	其中 跨局	G1～G5998	2	行包快运专列	X201～X998
	其中 管内	G6001～G9998	三	货物列车	
2	城际动车组旅客列车	C1～C9998	1	直达货物列车	80001～87998
	其中 跨局	C1～C1998			10001～19998
	其中 管内	C2001～C9998		其中 货运五定班列	80001～81748
3	动车组旅客列车	D1～D9998		其中 快运货物列车	81751～81998
	其中 跨局	D1～D3998		其中 煤炭直达列车	82001～84998
	其中 管内	D4001～D9998		其中 石油直达列车	85001～85998
4	直达特快旅客列车	Z1～Z9998		其中 始发直达列车	86001～86998
5	特快旅客列车	T1～ T9998		其中 空车直达列车	87001～87998
	其中 跨局	T1～T4998		其中 技术直达列车	10001～19998
	其中 管内	T5001～T9998	2	直通货物列车	20001～29998
6	快速旅客列车	K1～K9998	3	区段货物列车	30001～39998
	其中 跨局	K1～K6998	4	摘挂列车	40001～44998
	其中 管内	K7001～K9998	5	小运转列车	45001～49998
7	普通旅客列车	1001～7598	6	超限货物列车	70001～70998
	（1）普通旅客快车	1001～5998	7	万吨货物列车	71001～72998
	其中 跨三局及其以上	1001～1998	8	冷藏列车	73001～74998
	其中 跨两局	2001～3998	9	军用列车	90001～91998
	其中 管内	4001～5998	10	自备车列车	60001～69998
	（2）普通旅客慢车	6001～7598	11	抢险救灾列车	95001～97998
	其中 跨局	6001～6198	四	单机和路用列车	
	其中 管内	6201～7598	1	单机	50001～52998
8	通勤列车	7601～8998		其中 客车单机	50001～50998
9	临时旅客列车	L1～L9998		其中 货车单机	51001～51998
	其中 跨局	L1～L6998		其中 小运转单机	52001～52998
	其中 管内	L7001～L9998	2	补机	53001～54998
10	旅游列车	Y1～Y998	3	试运转列车	55001～55998
	其中 跨局	Y1～Y498	4	轻油动车、轨道车	56001～56998
	其中 管内	Y501～Y998	5	路用列车	57001～57998
11	动车组检测车	DJ5501～DJ5598	6	救援列车	58101～58998
12	回送出入厂客车车底列车	001～00298	车次中字母的读音：G—高，C—城，D—动，Z—直，T—特，K—快，L—临，Y—游，DJ—动检，F—返，X—行		
13	回送图定客车车底列车	在车次前冠以“0”			
14	因故折返旅客列车	原车次前冠以“F”			

铁路部门把各种旅客列车按其性质、种类和运行方向用一定数字编定车次。所以，车次是某一列车的简明代号，它能表示：① 列车的种类——是客车还是货车，如是客车还可判明是直通的还是管内的；② 列车的等级——是快车还是慢车，如是快车还可区分是特快、快速、普快等；③ 列车的去向——是上行还是下行。在我国，以向首都北京、支线向干线或指定方向为上行，车次编定为双数；反之为下行，车次编定为单数。我国铁路旅客列车的车次编号由国铁集团统一规定执行。主要旅客列车种类及车次编号见表 8.1。

（五）客运站设备

客运站是铁路旅客运输的基层生产单位，专门办理旅客运输业务，是客运部门与旅客之间联系的纽带。客运站有以下设备：

（1）旅客站房，包括客运用房、技术作业用房、车站行政用房、驻站单位用房、职工生活用房和建筑设备用房等。其中，客运用房是旅客站房的主体，站房的主要出入口、售票处、行李房和候车室等又是客运用房的主要组成部分，如图 8.1 所示。

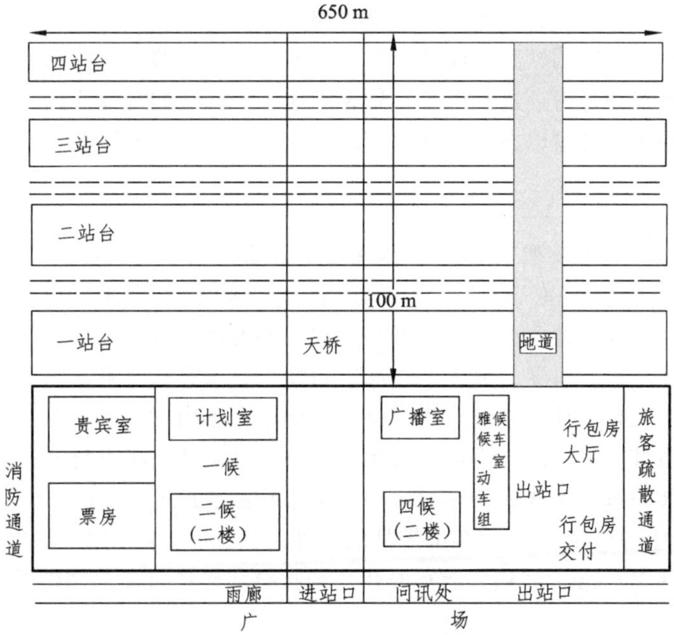

图 8.1　客运车站平面示意图

（2）站场，是列车通过和停靠的场地，也是旅客和行包的集散地点。站场内应设置站线、旅客站台、跨线设备和检票口等设施，满足安全、合理地组织旅客和行包运输两方面的需要。根据作业的要求，客运站需设有正线、旅客列车到发线、机车走行线与机车等待线、客车摘挂车辆停留线、公务车停留线和整车行包装卸线等。

（3）站前广场，是客运站与城市交通联系的地带，包括车行道、停车场和旅客活动用地等。

除此之外，为了保证客车技术状态的良好，在配属有大量旅客列车车底的客运始发、终到站，或有大量长途旅客列车的折返站，以及有大量市郊旅客的始发、终到站上，设置客车整备所，以便对客车进行洗刷、消毒、检查、修理和整备。为了顺利完成各项作业，客车整备所应具有线路、客车外部洗刷设备、客车整备库（棚）、消毒设备和车底转向设备。

二、铁路旅客运输过程

铁路旅客运输过程主要包括图 8.2 所示的几个环节。

售票 → 候车 → 检票 → 旅客上车 → 列车服务 → 旅客下车 → 出站

图 8.2　铁路旅客运输过程

（一）售　票

车票是旅客乘车的凭证。目前铁路售票方式有站内窗口人工售票、代售点售票、电话订票、互联网售票（铁路 12306 网络平台）和自动售/取票机自动售票。

铁路车票分为客票和附加票两部分。客票包括软座客票、硬座客票。附加票包括加快票、卧铺票、空调票。附加票是客票的补充部分，除儿童外，不能单独使用。为了方便旅客，简化发售手续，提高售票速度，铁路还专门印制了各种联合票以及临时填制的区段票和代用票。

微课视频：铁路旅客运输过程

2020 年 6 月 20 日，我国铁路全面推行电子车票。电子车票与纸质车票具有同等效力，售票时不再打印车票，旅客凭身份证进站乘车。旅客可在 12306 查询行程信息，也可以在自助服务机上打印行程单。需要报销的可以在一个月内打印报销凭证（纸质车票）。

（二）候　车

候车室是旅客休息和等候乘车的场所。候车室一般实行凭票进入候车（也可凭身份证进入候车）。候车室工作人员要主动、热情、诚恳、周到地为旅客服务，搞好清洁卫生，及时通告列车到、开和检票进站时间，加强安全和旅行常识的宣传，做好广播、引导、卫生、饮水、购物、娱乐等延伸服务。

课程思政：“158”精神

为了维护车站的良好秩序，确保运输安全，方便旅客进出站、上下车，一般在旅客进入候车室之前需对旅客的随身携带品进行检查。旅客不得携带国家禁止或限制运输的物品、危险品、动物等进站上车。此外，每一个成人旅客只可免费携带物品 20 kg，儿童（包括免费儿童）10 kg，外交人员（持外交护照者）40 kg；旅客携带品的外部尺寸，每件长、宽、高之和不得超过 160 cm；对杆状物品不得超过 200 cm。残疾人旅行时代步的折叠式轮椅可免费携带，不计入上述范围。

（三）检　票

为了维护车站秩序，保证旅客安全，防止旅客乘错车，车站对进站的旅客和人员持有的车票要进行检票。

电子车票普及后，旅客乘车时可直接凭购票时的身份证件进站候车、乘车，在自动闸机处刷身份证件即可进入候车室或站台。普速列车旅客上车时，由列车员将其身份证件放到手持机上读取车票信息，验证后上车。

课程思政：公益慢火车

（四）旅客上、下车

上、下车极易发生事故，为确保旅客安全，客运人员应有秩序地组织旅客上、下车，做好进出站引导工作，派人值守检票口、天桥口、地道口及进站或出站通路交叉地点，严禁旅客钻车和横跨股道。对老、弱、病、残、孕等行动不便的旅客应提供帮助，督促购物旅客及时上车，保证旅客安全。

（五）列车服务

旅客旅行大部分时间是在列车上度过的，列车服务工作的好坏直接影响到铁路的声誉、形象。列车乘务人员应主动、热情、文明、礼貌地为旅客服务，妥善照顾旅客乘降，及时安排旅客席位，保持车厢内的清洁卫生，维护车内秩序，做好广播宣传、餐饮和开水供应工作，保障旅客人身财产安全，保证列车运行安全。

列车服务工作由列车乘务组担当。列车乘务组包括客运人员（列车长、列车员、广播员、行李员、餐车服务员等）、公安乘警（乘警长、乘警等）和车辆乘务员（检车长、检车员、车电员等）。列车乘务组在列车长的统一领导下，相互密切配合，共同做好列车服务工作。

（六）出　站

旅客到达目的车站，出站时，在出站口自动闸机处刷身份证件即可出站。中途换乘的旅客，可以出站后再进入候车室或通过换乘通道直接进入候车室。

三、行李、包裹运输

（一）行李、包裹的范围

微课视频：
行李、包裹运输

1. 行李范围

行李是指旅客乘车时携带的物品，如包裹、箱子等。

为了保证行车安全、贯彻国家有关运输政策，行李中不得夹带国家禁止、限制运输的物品、危险品。

行李每件最大质量为 50 kg，体积以适于装入行李车为限，但最小不小于 0.01 m^3。

2. 包裹范围

包裹是指适合在旅客列车行李车内运输的小件货物。每件包裹的体积、质量的规定与行李相同。包裹分为四类：

（1）一类包裹：自发刊日起 5 天以内的报纸；中央、省级政府宣传用非卖品；新闻图片和中、小学生课本。

（2）二类包裹：抢险救灾物资、书刊、鲜或冻鱼类、肉、蛋、奶类、果蔬类。

（3）三类包裹：不属于一、二、四类包裹的物品。

（4）四类包裹：一级运输包装的放射性同位素、摩托车；泡沫塑料及其制品；国务院铁路主管部门指定的其他需要特殊运输条件的物品。

注意，为保证安全，有些物品是不能按包裹运输的，如危险品。

（二）行李、包裹的运送

1. 托　运

旅客或托运人向车站要求运输行李或包裹称为托运。

旅客托运行李时，必须出示有效证件（市郊定期客票除外）和行李托运单。旅客凭客票在乘车区段内，可从任何营业站托运至另一营业站，但每张客票仅限托运一次（残疾人用车除外）。

旅客托运包裹时，应提出包裹托运单。托运某些特殊物品时，还应提交规定部门签发的运输证明，例如托运金银珠宝、货币、证券，应提交中国人民银行的正式文件或当地铁路公安局（处）或公安分局（分处）的免检证明。

行李、包裹的运输方式分为保价运输和不保价运输，旅客或托运人可选择其中一种运输方式，并在托运单上注明。参加保价运输的行李、包裹，需交纳保价费。车站对保价运输的行李、包裹可以检查其声明价格与实际价格是否相符，如旅客或托运人拒绝检查，则不能按保价运输办理。

2. 承　运

车站行李员应对要求托运的行李、包裹进行必要的检查。当检查完毕后，认为符合运输条件，即可办理承运手续，填制行李或包裹票（行李、包裹票一式 5 页，其中丙页为领货凭证），收运杂费。

3. 运　送

运送行李、包裹时，应先行李、后包裹，做到行李随人走、人到行李到。所以，行李应随旅客所乘列车装运或提前装运，包裹应按其类别的顺序及性质统筹安排运输，保证行李、包裹在一定期限（即行李、包裹运到期限）内运至到站。

行李、包裹运到期限以运价里程计算，从承运日起，行李 600 km 以内为 3 天，超过 600 km，每增加 600 km 增加 1 天，不足 600 km 也按 1 天计算。包裹 400 km 以内为 3 天，超过 400 km，每增加 400 km 增加 1 天，不足 400 km 也按 1 天计算。

由于不可抗力等非承运人责任发生的停留时间加算在运到期限内。

逾期运到的行李、包裹，承运人应按逾期天数及所收运费的百分比向收货人支付违约金，违约金最高不超过运费的 30%。

4. 到达、保管、交付

行李随旅客所乘坐的列车运至到站，旅客即可领取。包裹由托运人在发站办理托运手续后，告知收货人按时领取，同时承运人在包裹到达后也应及时通知收货人领取。铁路对到达的行李、包裹免费保管 3 天（行李从运到日起，包裹从发出通知日起）；逾期到达的行李、包裹免费保管 10 天。超过免费保管期限时，按超过日期天数核收保管费。

旅客或收货人领取行李、包裹时，凭行李、包裹领取凭证领取。如领取凭证未收到或丢失，必须提交本人身份证、物品清单和担保人的担保书，承运人对所提交的单、证和担保人的担保资格认可后，由旅客或收货人签收办理交付。

【思考题】

1. 铁路旅客运输的基本任务是什么？
2. 什么是客流，客流如何分类？
3. 简述旅客列车的分类和特点以及旅客列车的车次。
4. 旅客的运送过程有哪些环节？
5. 行李的范围和包裹的分类是如何规定的？请简述行李包裹的办理流程。
6. 上网查询，了解铁路客运基础岗位有哪些？职责分别是什么？

任务二　认知货物运输组织

【任务描述】

在本任务中，我们将了解铁路货物运输的种类、条件，了解发送、途中、到达等运输组织和作业的方法，了解集装箱运输和特殊条件货物运输的一些基本知识，了解“中欧班列”取得的成就和对“一带一路”的促进作用。

通过本任务的学习，要求学员知晓铁路货物运输的种类、条件，熟悉发送、途中、到达等运输组织和作业的方法，掌握集装箱运输和特殊条件货物运输的一些基本知识，了解“中欧班列”取得的成就和对“一带一路”的促进作用，增强民族自豪感。

【知识学习】

铁路货运组织是铁路运输组织工作的一个重要组成部分，安全、迅速、经济、便利地完成货物运输，是铁路货物运输的基本任务。铁路货物运输在大宗货物运输和中长距离货物运输领域中具有传统优势。由于铁路货运工作涉及面广、政策性强、办理复杂，做好货物运输组织工作，对于国家经济建设、国防建设和人民生活都具有十分重要的意义。

一、货物运输组织概述

（一）货物运输的种类

根据托运人托运货物的数量、性质、形状和运输条件等，结合我国铁路技术设备条件，铁路货物运输分为整车、零担和集装箱运输三类。

微课视频：货物运输种类

1. 整车货物运输

一批货物的质量、体积或形状需要使用一辆及以上货车运输的，应按整车托运。整车货物运输费用较低，运送速度较快，安全性能好，承担的运量也较大，是铁路的主要运输方式。

需要冷藏、保温或加温的货物，规定限按整车办理的危险货物，易于污染其他货物的污秽品，蜜蜂，不易计算件数的货物，未装容器的活动物（铁路局规定在管内可按零担运输的除外），一件货物质量超过 2 t、体积超过 3 m^3 或长度超过 9 m 的货物（经发站确认不致影响中转站和到站装卸车作业的除外），都应按整车托运。

2. 零担货物运输

凡是不够整车运输条件的，即一批货物的质量、体积或形状都不需要单独使用一辆货车来运输的，应按零担货物托运。按零担托运的货物，一件货物体积最小不得小于 0.02 m^3（一件质量在 10 kg 以上的除外），每批不得超过 300 件。

零担货物运输具有运量零星、批数较多、到站分散、品种繁多、性质复杂、包装条件不一、作业复杂等特点。零担运输在铁路总运量中所占的比重虽然不大，但占据了铁路货物运输的大部分工作。目前铁路部门已停止办理零担中转业务，零担业务量大幅下降。

3. 集装箱运输

托运人托运的货物符合集装箱运输条件的，可使用铁路集装箱或自备集装箱装运，按集装箱托运。

集装箱运输具有保证货运安全、简化货物包装、提高装卸效率、加速车辆周转、便于组织“门到门”运输等优点，是一种现代化的运输方式，是铁路运输的发展方向。目前铁路集装箱运输业务只能在指定的车站办理，集装箱运输应按《铁路集装箱运输办法》的有关规定办理。

（二）按一批托运的条件

铁路货运工作中的所谓“一批”，就是指承运货物和计算运输费用的一个单位，“一批”是指使用一张运单和一份货票，按照同一运输条件运输的货物。按一批托运的货物，必须是托运人、收货人、发站、到站和装卸地点相同（整车分卸货物除外）。具体规定是：

（1）整车货物以每车为一批，跨装、爬装和使用游车的货物，每一车组为一批。

（2）零担货物和使用集装箱运输的货物，以每张货物运单为一批。使用集装箱运输的货物，每批必须是同一箱型，至少一箱，最多不得超过铁路一辆货车所能装运的箱数。

（3）易腐货物与非易腐货物，危险货物与非危险货物（另有规定者除外），根据货物的性质不能混装运输的货物，运输条件不同的货物，一般不得按一批托运。

（三）货物运到期限

货物运到期限是铁路在现有技术设备和运输组织水平的条件下，将货物运送一定距离所需要的时间。铁路承运的货物，应在规定的运到期限内运至到站，这是铁路运输的基本职责之一。

货物运到期限是指从发站承运货物的次日起，至到站卸车完毕时止或货车调到卸车地点、货车交接地点时止的时间。

货物运到期限是由下列 3 部分时间组成的：

（1）货物发送期间为 1 天。

（2）货物运输期间：每 250 运价千米或其未满为 1 天；按快运办理的整车货物每 500 运价千米或其未满为 1 天。

（3）特殊作业时间，如：

微课视频：货物运到期限

① 运价里程超过 250 km 的零担货物和 1 t、5 t 型集装箱货物，另加 2 天；超过 1 000 km 另加 1 天。

② 一件货物质量超过 2 t、体积超过 3 m^3 或长度超过 9 m 的零担货物另加 2 天。

③ 整车分卸货物，每增加一个分卸站，另加 1 天。

④ 准、米轨间直通运输的整车货物，另加 1 天。

货物运到期限起码天数为 3 天。

运价里程是根据货物运价里程表，按照发站至到站间的最短径路计算。如非铁路责任，托运人要求绕道运输时，则运价里程按实际绕道经由计算。

由于不可抗力的原因，因托运人责任致使货物在途中发生换装、整理时，托运人或收货人要求运输变更，运送活动物途中上水以及其他非铁路责任而造成的滞留时间，应从实际运到天数中扣除。

（四）铁路货物运输合同

1. 铁路货物运输合同概述

铁路货物运输是利用铁路运输工具将货物从发站运往到站的运输生产过程，在法律上体现为铁路运输合同关系。根据《中华人民共和国铁路法》和

微课视频：货物运输合同

《铁路货物运输合同实施细则》，承运人和托运人（代表收货人）就铁路货物运输须签订铁路货物运输合同。铁路货物运输合同是承运人与托运人、收货人之间为明确铁路货物运输中的权利、责任、义务而签订的协议，即承运人根据托运人的要求，按约定将托运人的货物运至目的地，完好无损地交与收货人的合同。

按季度、半年度、年度或更长期签订的整车大宗货物运输合同须同时提出月度要车计划表，其他整车货物可用月度要车计划表作为运输合同，托运货物时还须向承运人递交货物运单。零担货物和集装箱运输的货物使用货物运单作为运输合同。

2. 铁路货物运输合同的签订与履行

货物运单（见表 8.2）是承运人与托运人之间为运输货物而签订的一种货物运输合同或合同的组成部分。

表 8.2 货物运单（格式）

<table>
<tr><td colspan="5">货物指定于 月 日搬入
货位：
计划号码或运输号码：
运到期限 日</td><td colspan="3">××铁路局
货物运单
托运人→发站→到站→收货人</td><td colspan="3">承运人/托运人装车
承运人/托运人施封
货票第 号</td><td></td><td colspan="3">领货凭证
车种及车号
货票第 号
运到期限 日</td></tr>
<tr><td colspan="6">托运人填写</td><td colspan="5">承运人填写</td><td></td><td>发站</td><td colspan="2"></td></tr>
<tr><td>发站</td><td colspan="2"></td><td colspan="2">到站（局）</td><td></td><td>车种车号</td><td colspan="2"></td><td>货车标重</td><td></td><td></td><td>到站</td><td colspan="2"></td></tr>
<tr><td colspan="5">到站所属省（市）自治区</td><td></td><td>施封号码</td><td colspan="4"></td><td></td><td>托运人</td><td colspan="2"></td></tr>
<tr><td rowspan="2">托运人</td><td>名称</td><td colspan="4"></td><td>经由</td><td>铁路货车篷布号码</td><td colspan="3"></td><td></td><td>收货人</td><td colspan="2"></td></tr>
<tr><td>住址</td><td colspan="2"></td><td>电话</td><td></td><td></td><td rowspan="3">集装箱号码</td><td colspan="3" rowspan="3"></td><td></td><td>货物名称</td><td>件数</td><td>质量</td></tr>
<tr><td rowspan="2">收货人</td><td>名称</td><td colspan="4"></td><td>运价里程</td><td></td><td></td><td></td><td></td></tr>
<tr><td>住址</td><td colspan="2"></td><td>电话</td><td></td><td></td><td></td><td></td><td></td><td></td></tr>
<tr><td colspan="2">货物名称</td><td>件数</td><td>包装</td><td>货物价格</td><td>托运人确定质量（kg）</td><td>承运人确定质量（kg）</td><td>计费质量</td><td>运价号</td><td>运价率</td><td>运费</td><td></td><td></td><td></td><td></td></tr>
<tr><td colspan="2"></td><td></td><td></td><td></td><td></td><td></td><td></td><td></td><td></td><td></td><td></td><td></td><td></td><td></td></tr>
<tr><td colspan="2"></td><td></td><td></td><td></td><td></td><td></td><td></td><td></td><td></td><td></td><td></td><td colspan="3" rowspan="2">托运人盖章
或签字</td></tr>
<tr><td colspan="2"></td><td></td><td></td><td></td><td></td><td></td><td></td><td></td><td></td><td></td><td></td></tr>
<tr><td colspan="2">合计</td><td></td><td></td><td></td><td></td><td></td><td></td><td></td><td></td><td></td><td></td><td colspan="3" rowspan="2">发站承运日期戳</td></tr>
<tr><td colspan="2">托运人
记载事项</td><td colspan="4"></td><td>承运人
记载事项</td><td colspan="4"></td><td></td></tr>
<tr><td colspan="4">注：本单不作为收货凭证；
托运人签约须知见背面。</td><td colspan="2">托运人盖章或签字
年 月 日</td><td>到站
交付
日期戳</td><td></td><td>发站
承运
日期戳</td><td colspan="2"></td><td></td><td colspan="3">注：收货人领货
须知见背面</td></tr>
</table>

履行铁路货物运输合同要遵循“实际履行、全面履行、诚实信用”的原则，双方当事人要按照合同的约定或者法律、法规的规定，认真履行各自的义务。

托运人应完整、准确地填写货物运单，缴纳运输费用，遵守国家有关法令及铁路规章制度，维护铁路运输安全。因自身过错给承运人或其他托运人、收货人造成损失时应负赔偿责任。

承运人应为托运人提供方便、快捷的运输条件，将货物安全、及时、准确地运送到目的地。货物自承运时起至交付后止，发生灭失、损坏、变质、污染等，承运人应承担赔偿责任。

二、整车货物运输过程

微课视频：
铁路货物运输过程

整车货物运输过程可分为发送作业、途中作业和到达作业三部分。

（一）发送作业

货物的发送作业一般包括货物的托运、受理、进货与验货、制票、承运和装车作业等。

1. 托　运

托运人向车站按批提出货物运单和运输要求，称为货物的托运。托运人托运的货物，分为保价运输与不保价运输两种，按哪种方式运输，由托运人确定，并在货物运单的托运人记载事项栏内注明。

保价运输是铁路对事故货物实行限额赔偿后，为保证承运人、托运人权益对等而采取的一种措施。该措施对加强内部管理，保障货物运输安全，提高运输质量也具有重要意义。

2. 受　理

托运人提出的货物运单经车站审查，符合运输要求后，车站在货物运单上签证，指定进货日期或装车日期，即为受理。

3. 进货与验货

托运人凭车站签证后的货物运单，按运单上指定的日期将货物搬入货场指定的货位，即为进货。

对搬入货场的货物，为了保证货物运输安全、完整，划清承运人与托运人之间的责任，货运员应按照货物运单记载认真检查现货。货物验收完毕后，货运员应在货物运单上签证，注明货物堆放货位和验收完毕日期。

4. 装　车

货物的装车作业，应在保证货物安全的条件下，积极组织快装、快卸，昼夜不间断地作业，以缩短货车停留时间，加速货物运输。装车有以下要求：

（1）装车前，必须对货车进行技术检查和货运检查，以确保行车安全和货物运输安全。

（2）装车时，必须核对运单、货票、实际货物，保证运单、货票、货物“三统一”，努力提高装车质量，巧装满载，充分利用车辆的载重量和有效容积。

（3）装车后，要认真检查重车、运单、货位，保证装车质量。

5. 制　票

整车货物装车后（零担货物过秤完了，集装箱货物装箱后或接收重箱后），货运员将签收的运单移交货运室填制货票，向托运人核收运杂费。

货票是铁路运输货物的凭证，也是一种财务性质的票据。货票一式四联，分别是发站存查联、报告联、报销联和运输凭证。

目前铁路运输企业已全面推广电子货票，不再需要携带传送纸质货票，极大地简化了作业流程，节省了作业负担。

6. 承　运

填制货票，核收运杂费后，发站在货物运单和货票上加盖车站日期戳（另须在领货凭证及货物运单与领货凭证接缝处加盖车站日期戳）时起，即为承运。承运后，托运人应及时将领货凭证寄交收货人，便于收货人及时领取货物。自承运时起，货物运输合同成立，承、托双方就要分别履行运输合同的权利、义务和责任。

（二）途中作业

货物在运输途中发生的各项货运作业，均称为途中作业。主要包括货物的交接检查、货物的换装整理、货物运输合同的变更和解除及运输阻碍的处理等。

1. 途中作业形式

货物的途中作业包括货运交接检查、特殊作业及异常情况的处理。

货运交接检查是途中必须进行的正常作业。列车到达和出发时，列车司机要与车站办理列车编组顺序表（运统 1）的人员交接签认，根据列车编组顺序表核对现车。

特殊作业包括整车分卸货物在分卸站的分卸作业、活动物途中上水、托运人或收货人提出的货物运输变更和解除的处理等。

异常情况的处理是指货车运行有碍运输安全或货物完整时需进行的换装或整理以及对运输阻碍的处理。

2. 货物运输变更和取消托运

1）货物运输变更

货物托运后，由于特殊原因需要变更的，经承运人同意，对承运后的货物可以按批在货物所在的途中站或到站办理变更到站和变更收货人。

2）取消托运

整车货物在承运后、挂运前，托运人可向发站提出取消托运，经承运人同意，运输合同即告解除。

托运人要求变更或取消托运时，应将货物运单正本托运人存查联和货物运输变更要求通知书交与变更处理站（或发站）。凭纸质领货凭证领货的，还应将纸质领货凭证一并交与变更处理站（或发站），办理电子领货的，应向处理站（或发站）提供领货密码。

3. 运输阻碍的处理

因不可抗力（如风灾、水灾、冰雹、地震等）的原因致使行车中断，货物运输发生阻碍时，铁路局对已承运的货物，可指示绕路运输；或者在必要时先将货物卸下，妥善保管，待恢复运输时再行装车继续运输。

（三）到达作业

1. 重车和票据的接收

重车到达到站后，车站应按规定接收重车及票据。车站有关人员检查核对无误后，将到达票据送交货运室。

2. 卸车作业

卸车作业是铁路运输的又一个重要环节，其工作质量直接影响装车质量、车辆的周转速度以及排空任务的完成。因此，卸车作业各环节都应及时、认真完成。做好卸车工作有以下要求：

（1）卸车前，要认真检查货位、运输票据和现车，做好卸车的准备工作。

（2）卸车时，必须核对运单、货票、实际货物，保证运单、货票、货物“三统一”，认真进行监卸工作。

（3）卸车后，进行车辆、线路的清扫，卸后货物的登记、货物安全距离检查等工作，并将卸完时间通知货运室，报告货调，以便取车。

3. 货物的催领和保管

承运人组织卸车的货物，到站应在不迟于卸车完毕的次日内，用电话、电报、登广告或书信等通知方式，向收货人发出催领通知。收货人也可与到站商定其他通知方式。

货物运至到站，收货人应及时领取，及时领取货物是收货人应尽的义务。承运人组织卸车的货物，收货人应于承运人发出催领通知的次日（不能实现催领通知或会同收货人卸车的货物从卸车的次日）起 2 日内将货物搬出货场，否则要核收保管费。

4. 交　付

收货人在到站领取货物时，须提交领货凭证，如领货凭证未收到或丢失，须提交相关证明。承运人在收货人办完货物领取手续和支付完费用后，应将货物连同运单一并交给收货人。

承运人组织卸车的，卸车完毕即可交付；收货人组织卸车的，货车调送至交接地点或卸车地点即可交付。交付完毕，运输合同的权利义务终止。

三、铁路集装箱与集装化运输

集装箱和集装化运输称为货物的集装运输。货物的集装运输是我国铁路货物运输的发展方向。

（一）铁路集装箱运输

1. 集装箱的定义

集装箱是一种运输工具，也可以说是一种运输货物的大型容器（包装箱）。根据国际标准化组织的建议，凡具备下列条件的运输货物的容器可称为集装箱：

（1）具有足够的强度，可长期反复使用。

（2）适于多种运输方式运送，途中无须倒装货物。

（3）设有供快速装卸的设施，便于从一种运输方式转移到另一种运输方式。

（4）便于箱内货物装满和卸空。

（5）容积不小于 1 m^3。

2. 集装箱的类型

集装箱可按总重、用途、尺寸、结构和材质等不同分类。

（1）按照总重可分为 1 t、5 t、10 t、20 t 集装箱。其中 5 t 及以下集装箱称为小型集装箱；20 t 及以上集装箱称为大型集装箱，其余为中型集装箱。

（2）按照尺寸可分为 20 英尺和 40 英尺集装箱，如图 8.3 所示。

（3）按照用途可分为：普通集装箱、特种集装箱和航空集装箱。普通集装箱又分为通用和专用两种。

通用集装箱：用以装运需以棚车运送的成件货物，适应多种普通货物的运输，在国际上称为干货集装箱。

（a）40 英尺集装箱　　（b）20 英尺 水煤浆罐式集装箱

图 8.3 集装箱的类型

专用集装箱：专门用以装运某一类别或某一品种的货物，如散装货物集装箱、罐装货物集装箱、冷藏集装箱、汽车集装箱等。

国际标准化组织推荐的集装箱类型有密闭式集装箱、保温及冷藏集装箱、开顶式集装箱、板架式集装箱、无侧壁式集装箱、罐式集装箱和航空集装箱等。

3. 集装箱货物的运输条件

（1）必须在规定的集装箱办理站办理集装箱货物运输。

（2）必须使用符合规定的集装箱。

（3）必须是适合集装箱运输的货物。

（4）必须符合按一批办理的条件。按一批办理的集装箱，必须是同一箱型、同一箱主、同一箱态，至少一箱，最多不得超过一辆铁路货车所能装运的箱数。

（5）符合集装箱载重量的限制。集装箱货物的重量由托运人确定，但托运的集装箱每箱总重不得超过该集装箱的标记总重。集装箱内单件货物的重量超过 100 kg 时，应在运单“托运人记载事项”栏内注明实际重量。

（6）集装箱不办理军事运输。

4. 集装箱运输的优点

（1）采用集装箱运送货物，可以简化或取消包装，从而可以节省包装材料和费用，降低产品成本。

（2）零担货物，特别是需要中转的零担货物，由于装卸次数和交接环节较多，容易发生事故。采用集装箱开展“门到门”运输，可以减少货物在站内和运输途中的装卸作业次数，保证货物安全，防止货运事故，提高服务质量。

（3）采用集装箱运输，便于铁路装卸和搬运作业全面实现机械化，从而提高作业效率，缩短集装箱装卸和中转作业时间，加速车辆的周转和货物的送达。

（4）采用集装箱运输，可以利用专用车、平车或敞车运送，因而可以减少棚车的需要量，而且在集装箱场办理集装箱的承运、装卸、保管、交付作业，亦可以减少仓库的需要量。

（5）由于集装箱的标准化和系列化，可以方便地实现铁路与公路、水运的衔接和多式联运，提高铁路运输的市场竞争力，降低运输成本。

（二）集装化运输

1. 集装化运输的定义

凡是使用集装用具和自货物包装、捆扎等方法，将散装、小件包装、不易使用装卸机械作业的货物，按规定集装成特定的单元后运往到站的，皆为集装化运输。

集装化运输的形式有托盘、集装桶、集装捆、集装袋、集装网、集装笼、集装架、预垫运输、铸件改形、拆解集装等。

2. 货物集装化运输的技术条件

铁路货物集装化运输应满足下列要求：

（1）集装器具由托运人、收货人自备。集装器具（主要包括托盘、集装笼、集装架、集装桶、集装袋等）应具有足够的强度，要保证货物和运输设备在运输过程中安全与完整。

（2）集装货件应便于采用机械装卸和搬运作业，便于储存和管理。

（3）能够合理利用各种运载工具的载重力和装载容积。

（4）可以在各种运输方式之间直接换装，组织“门到门”运输。

（1）货物集装化运输应以整车运输和零担运输并重。

（6）采用集装化运输的货物，到站交付时，集装货件外部状态良好，其内部状态与数量由托运人、收货人负责。

四、特殊货物运输

（一）超限货物运输

1. 超限货物的定义和等级

货物装车后，车辆停留在水平直线上，货物的任何部位超出机车车辆限界基本轮廓者或车辆行经半径为 300 m 的曲线时，货物的计算宽度超出机车车辆限界基本轮廓者，均为超限货物。

根据货物的超限程度，超限货物分为三个等级：一级超限、二级超限和超级超限。

（1）一级超限：自轨面起高度在 1 250 mm 及其以上，超限但未超出一级超限限界者。

（2）二级超限：超出一级超限限界但未超出二级超限限界者，以及自轨面起高度在 150 mm 至未满 1 250 mm 间超限但未超出二级超限限界者。

（3）超级超限：超出二级超限限界者。

各级超限限界示意图见图 8.4。

2. 超限货物运输组织

（1）为了保证迅速、安全地运输超限货物，铁路局和车站应指定专人审查、处理超限货物运输有关事宜。必要时可在车站主持下，根据超限货物的具体情况，会同工务、电务、车辆和有关单位共同审查，确定超限货物等级，请求批示和进行装车前后的检查工作。

（2）托运人托运超限货物时，应向车站提供托运超限货物说明书，必要时应附货物外形尺寸的三视图。

（3）发站受理超限货物时，应按托运人提出的有关技术资料进行审核复测，根据《铁路超限货物运输规则》的规定，以文电向上级请示装运办法。

（4）当车站接到铁路局指示装运办法的文电后，必须做好装车前的准备工作，严格按指示文电内容装车。超限货物的装车作业按计划装载方案使用起重机械办理，确保作业安全。

（5）超限货物装车后，应用油质颜料在车辆地板上按货物外形轮廓的主要处所，标画易于判别货物是否移动的检查线。

（6）超限列车的运行需经调度所核准并发布命令。跨及两个调度所的超限车，需征得相邻调度所的同意方可挂运。没有调度命令的超限车禁止挂运。

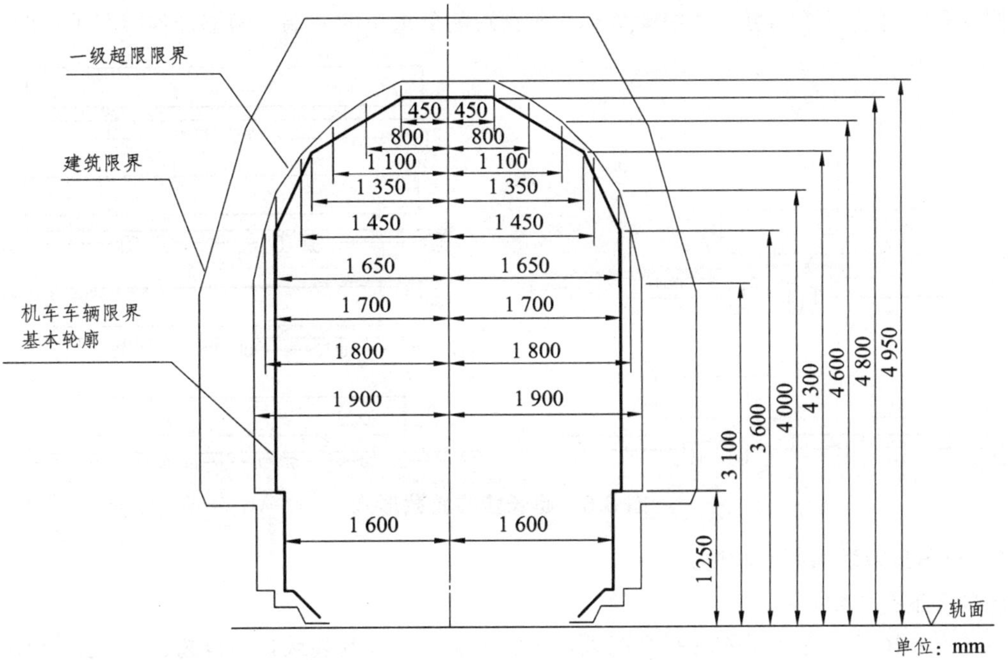

（a）一级超限限界

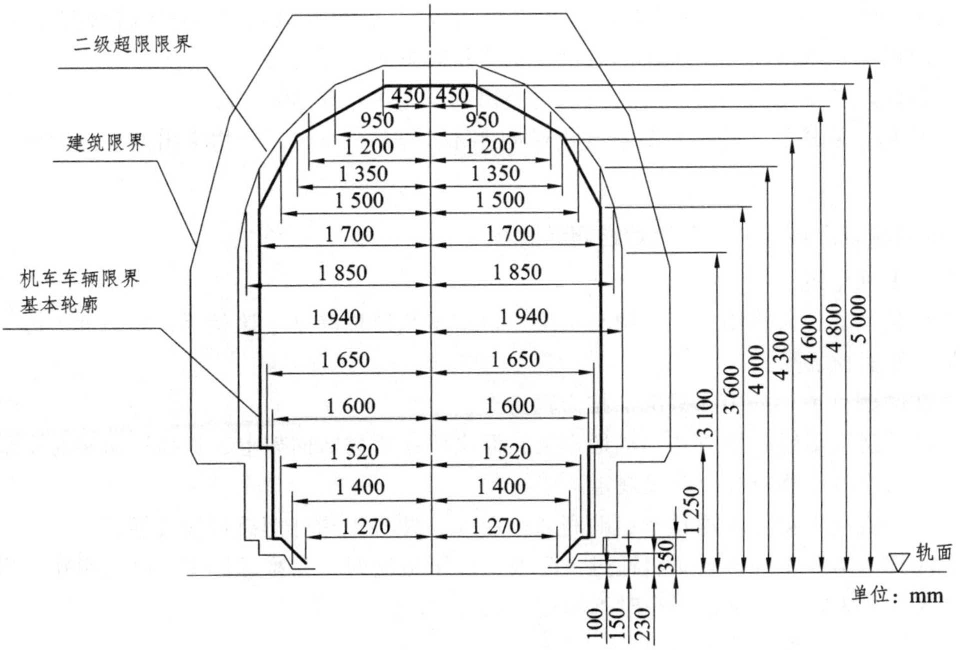

（b）二级超限限界

图 8.4　超限限界图

（二）超长货物运输

一车负重、突出车端、需要使用游车或两车负重跨装运输的货物，称为超长货物。

超长货物的装载方法有两种：一种是一车负重，在负重车的一端或两端加挂游车装运；另一种是两车负重跨装运送，可加挂中间游车，或在跨装负重车的一端、两端加挂游车（见图 8.5）。

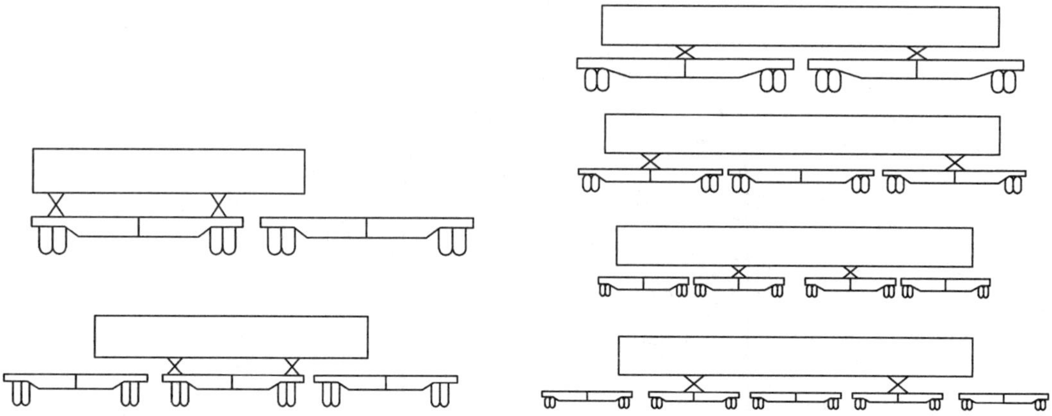

图 8.5　超长货物装载形式

1. 一车负重装运超长货物

应遵守下列规定：

（1）均重超长货物使用 60 t 平车两端均衡突出装载时，其装载量不得超过《铁路货物装载加固规则》的规定。

（2）均重或非均重货物一端突出端梁装载时，重心最大容许纵向偏移量应符合有关规定要求。

（3）所用横垫木或支（座）梁的高度，也应符合规定要求。

（4）两件超长货物共用游车时，两货物突出端间距不小于 500 mm。

（5）游车上装载的货物，与货物突出端间距不小于 350 mm，货物突出部分的两侧不得装载货物。

2. 以两辆以上连挂车组跨装运送超长货物

应遵守下列规定：

（1）跨装运送超长货物，只准两车负重。负重车车地板高度应该相等，如高度不等时，需要使用横垫木使货物装平。

（2）在两辆负重车的中间只准加挂一辆游车。

（3）超长货物不得直接放在车辆地板上，而应放在货物转向架上，货物转向架的支承面以及货物转向架的纵向位移应符合有关规定。

（4）加固方法不得影响连挂车组顺利通过曲线，并将提钩杆用镀锌铁线捆紧。

（5）加挂中间游车的跨装车组通过 9 号及其以下道岔时不得推送调车，以防脱轨。当设备条件不容许或为尽头线时，可以每小时不超过 5 km 的速度匀速推进。

（6）跨装连挂车组禁止溜放。

（三）集重货物运输

1. 集重货物的定义

一件质量大于所装车辆负重面长度的最大容许载重量的货物，称为集重货物。在确定集重货物的装载方案时，应避免使车底架受力过于集中，造成其工作应力超过设计的容许限度。

2. 避免集重装载的方法

对于给定的货物，其质量和支重面长度是不变的。因此，只需将货物质量及支重面长度与所装车辆负重面长度最大容许载重量相比较，即可判定是否为集重装载。若货物质量小于所装车辆负重面长度的最大容许载重量时，可直接装载；否则，应采用下列避免集重装载的方法：

（1）当货物支重面长度小于所装车辆负重面长度，而大于两横垫木之间的最小距离时，可在货物底部铺设两根横垫木。

（2）当货物支重面长度小于所需两横垫木之间的最小距离时，可按需要先铺设两根横垫木，然后在横垫木上加纵垫木，将货物均衡地装在纵垫木上。使用纵横垫木避免集重装载如图 8.6 所示。

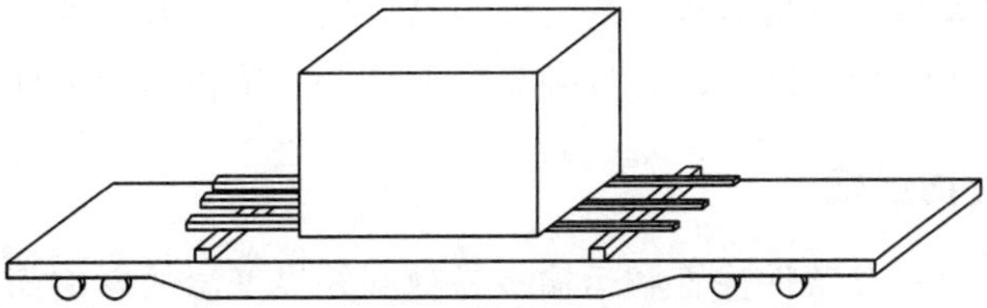

图 8.6　使用纵横垫木避免集重装载

（四）危险货物运输

1. 危险货物的特性及分类

在铁路运输中，凡是具有易爆、易燃、毒害、腐蚀、放射性等特性，在运输、装卸、储存和保管过程中，容易造成人身伤亡和财产毁损而需要特别防护的货物，均属危险货物。

危险货物按其主要危险性和运输要求分为 9 类：① 爆炸品；② 气体；③ 易燃液体；④ 易燃固体、易于自燃的物质和遇水放出易燃气体的物质；⑤ 氧化剂和有机过氧化物；⑥ 毒害品和感染性物品；⑦ 放射性物品；⑧ 腐蚀性物质；⑨ 杂类危险货物和物品。

2. 危险货物的运输要求

（1）铁路危险货物运输的承运人、托运人，必须具有铁路危险货物承运人资质或铁路危险货物托运人资质。托运危险货物必须在危险货物办理站进行。危险货物办理站是指站内、专用线、专用铁路办理危险货物发送、到达业务的车站。按类型分为专办站、兼办站、集装箱办理站、专用线接轨站和综合办理站五种。

（2）托运人托运危险货物时，应在货物运单“货物名称”栏内填写危险货物品名索引表内列载的品名和编号，并在运单的右上角用红色戳记标明类项。

（3）危险货物应按铁路危险货物品名表及危险货物包装表的规定确定包装方法。

（4）发站受理和承运危险货物时：

① 应确认货物运单内品名、编号、类项、包装等填写是否正确完整，并检查危险货物品名表内有无特殊规定。

② 核查托运人提供的证明文件是否符合规定。

③ 检查包装是否符合规定，各项标志是否清晰、齐备、牢固。

④ 必须确认《托运人资质证书》、经办人身份证和《培训合格证》与运单记载。

⑤ 运单记载的品名、类项、编号等内容与“品名索引表”内的规定相符。

⑥ 发到站、办理品名、运输方式与《铁路危险货物运输办理站（专用线、专用铁路）办理规定》相符。

⑦ 货物品名、质量、件数与运单记载相一致。

（5）装运危险货物应快装、快卸、快取、快送、优先编组、优先挂运。站内停放危险货物车辆时，要采取安全防护措施，对需要看护的重点危险货物，由车站派员看守并通知铁路公安部门。

（6）危险货物应基本做到专车专用，装卸前，应对车辆和仓库进行必要的通风和检查。车内、仓库内必须清扫干净。装卸时严禁使用明火灯具照明。照明灯具应具有防爆性能，装卸作业使用的机具应能防止产生火花。装卸车作业必须严格按照《铁路危险货物运输规则》中的有关规定办理。

（7）托运人、收货人有专用铁路或专用线的，整车危险货物的装车和卸车作业必须在专用铁路或专用线办理。

（8）整车运输的爆炸品以及另有规定的货物品名，托运人应派人押运。押运人员应熟悉货物的性质，掌握押运人须知的有关要求，随带必要的工具、备品和防护用具，保证全程押运安全。

（五）鲜活易腐货物运输

鲜活易腐货物是指按一般条件保管和运输极易受到外界气温的影响而损害其品质的货物。在铁路上运送的易腐货物有：肉及某些肉制品、鱼及某些鱼制品、奶及某些奶制品、蛋及某些蛋制品、油脂、水果和蔬菜、酵母、鲜活植物、部分罐头食品、活鱼等。

1. 鲜活易腐货物的性质

鲜活易腐货物含有各种营养丰富的物质，这些物质包括蛋白质、脂肪、糖类、维生素等有机物质以及水和矿物质等无机物质。由于易腐货物内含有各种复杂的有机物质，在一定条件下会发生分解变化，失去食用价值，这个过程称为腐败。引起易腐货物腐败的原因主要是微生物的作用、呼吸作用和化学作用。所谓微生物的作用是指动物性食品由于微生物在食品内滋生繁殖，使食品腐败；呼吸作用是指水果、蔬菜接触空气后逐渐消耗养分使食品变质、腐败；化学作用是指由于食品碰伤、擦伤后发生氧化，而使食品变色、变味、腐败。虽然这三种腐败原因各有特点，但相互影响，并且有时是同时进行的。

2. 易腐货物运输组织

（1）承运易腐货物时，车站货运员要根据《铁路鲜活货物运输规则》的规定对易腐货物的质量、包装和热状态进行检查。

（2）在承运时应注意易腐货物的运到期限和容许运送期限。容许运送期限是根据货物的品种、成熟度、热状态，在规定的运送条件下，能保持货物质量的期限。容许运送期限应由托运人提出，车站负责审查。

（3）承运畜禽产品和鲜活植物时，应在查验其兽医卫生机关的检疫证后才能承运。

（4）对于货物质量、包装、温度等方面的检查结果应填写“冷藏车作业单”，每车填写一份，与货物运单一起随车递至到站保存备查，以便积累运输经验，同时作为分析处理货运事故的依据。

（5）在装运易腐货物时，应根据货物的种类、数量、热状态、外界温度和运送距离选择适宜的车辆。在装车后要认真对车辆进行技术检查和货运检查。

（6）冷藏车在装车前应进行预冷，最好将其预冷到货物所要求的运输温度。

3. 活动物运输的基本条件

（1）托运活动物时，托运人应按照国家有关规定提出检疫证明，在货物运单“托运人记载事项”栏内注明检疫证明的名称和号码，并将随货同行联牢固地粘贴在运单背面。对承运的活动物，发站应在货物运单、货票、封套上注明“活动物”和“禁止溜放”字样。

（2）蜜蜂运输时，托运人要按车填写物品清单（一式三份，一份留站存查，一份随票递送到站，一份交托运人）。物品清单要记明蜜蜂的空箱数、有蜂箱数、押运人所带的生活用品，饲养工具及蜜蜂饲料等。

（3）托运猛禽、猛兽时，托运人应与发站商定运输条件和运输防护方法，报发送铁路局批准。跨局运输时，发送铁路局应将商定的事项通知相关铁路局。托运人应在货物运单“托运人记载事项”栏内注明商定的运输条件和运输防护方法。

（4）运输活动物时，托运人必须派熟悉动物特性的押运人随车押运，负责做好动物的饲养、饮水、换水、洒水、看护和安全工作。

五、我国铁路货运国际班列“中欧班列”简介

中欧班列是由中国国家铁路集团有限公司组织，按照固定车次、线路、班期和全程运行时刻开行，运行于中国与欧洲以及“一带一路”沿线国家之间的集装箱等铁路国际联运列车。中欧班列按出境口岸的不同形成了西、中、东三条国际运输通道：西部通道由我国中西部地区经阿拉山口（霍尔果斯）口岸出境，中部通道由我国华北地区经二连浩特口岸出境，东部通道由我国东南部沿海地区经满洲里（绥芬河）口岸出境。经阿拉山口的西部通道按运输路径又分为北（俄罗斯、西北欧方向）、中（高加索、里海、中欧方向）、南（伊朗、土耳其、南欧方向）三条通路。

中欧班列全部采用标准集装箱运输，实现了各国间海关检查检疫的协作机制，一票到底、中途免检，大大节省了运行成本和时间，日行一班的高频度又满足了货主企业小批量多频度的运输需求；中欧班列的运输费用约是空运的1/5，运输时间约是海运的1/4，与传统的海铁联运相比，可以节约8%～20%的综合物流成本，平均碳排放量为航空运输的1/15、公路运输的1/7，在绿色低碳发展方面发挥了示范作用。

自2011年3月19日首列中欧班列（重庆—杜伊斯堡）成功开行以来，中欧班列为中欧国际贸易提供了海运、空运以外的选择，有效促进了中欧之间的贸易往来。随着2013年我国“一带一路”倡议的提出，中欧班列作为共建“一带一路”国家互联互通的重要交通纽带，其国际影响力与日俱增，开行量逐年攀升。经过十几年的发展，中欧班列已经成为国际物流中陆路运输的骨干方式。截至2021年年底，中欧班列已铺画了82条运行线路，通达欧洲30个国家200座城市，运输服务网络覆盖欧洲全境，累计开行4.9万列，运输货物443.2万标箱，运输货物品类涉及衣服鞋帽、汽车及配件、粮食、木材、医疗器械、食品生鲜等53大门类、5万多种品类。

中欧班列作为国际互联互通大动脉，带动了沿线国家产业、贸易、投资等领域的繁荣，更让中国和欧洲紧密联系在一起，形成了利益共同体。中欧班列已经成为中国一张靓丽的名片，随着“钢铁驼队”的脚步不断向前，中欧班列将阔步迈向下一个辉煌十年。

【思考题】

1. 简述货物运输的种类和特点。
2. 货物运到期限是指什么？包括哪些时间？具体是如何规定的？
3. 简述货物发送作业和到达作业的流程。

4. 如何变更货物运输和取消托运？
5. 集装箱运输的条件是什么？集装箱运输有什么优势？
6. 简述超限货物的定义和等级，避免集重装载的方法有哪些？
7. 铁路危险货物有哪几类？
8. 简述“中欧班列”取得的成就和对“一带一路”的促进作用。
9. 上网查询资料，了解铁路货运基础岗位有哪些？职责分别是什么？

任务三　认知铁路行车组织

【任务描述】

在本任务中，我们将了解铁路行车组织工作的性质和组织原则，了解货物列车的分类和车次，了解列车编组方法和车站行车组织工作流程，了解列车运行与调度指挥的工作内容与原则。

通过本任务的学习，要求学员熟悉铁路行车组织工作的性质和组织原则，熟知货物列车的分类和车次，掌握列车编组方法和车站行车组织工作流程，掌握列车运行与调度指挥的工作内容与原则。

【知识学习】

铁路行车组织是铁路运输组织工作的重要组成部分。铁路运输企业必须贯彻安全生产的方针，坚持高度集中、统一领导的原则，发扬协作精神，综合运用铁路各种技术设备，高质量、高效率地完成客货运输任务。铁路行车组织的主要内容包括：车流组织和列车编组计划，列车运行图和铁路通过能力，车站接发列车工作、车站调车工作，铁路运输生产计划和调度指挥等。

一、列车的定义及分类

铁路货车按规定质量、长度及编挂条件编成车列，并挂有机车及规定的列车标志时，称为列车。发往区间并指定车次的单机、动车及重型轨道车也按列车办理。

（一）货物列车的分类

微课视频：
列车定义及分类

货物列车是为运输货物而编组的列车，分为：

（1）“五定”班列：定点、定线、定车次、定时、定价的货物快运直达列车。

（2）快运货物列车：快速运送鲜活易腐及其他急运货物的列车。

（3）直达列车：经过一个及以上编组站不进行改编作业的列车。

① 始发直达列车：在一个车站或相邻几个车站装车后编组的直达列车。

② 技术直达列车：在技术站编组的直达列车。

（4）直通列车：在技术站编组，经过一个及以上区段站不进行改编作业的列车。

（5）区段列车：在技术站编组，到达相邻技术站，在区段内不进行摘挂作业的列车。

（6）摘挂列车：在技术站编组，到达相邻技术站，在区段内沿途各中间站进行摘挂作业的列车。

（7）小运转列车：在枢纽内或技术站与相邻若干中间站之间开行的列车。

货物列车分类如图 8.7 所示。

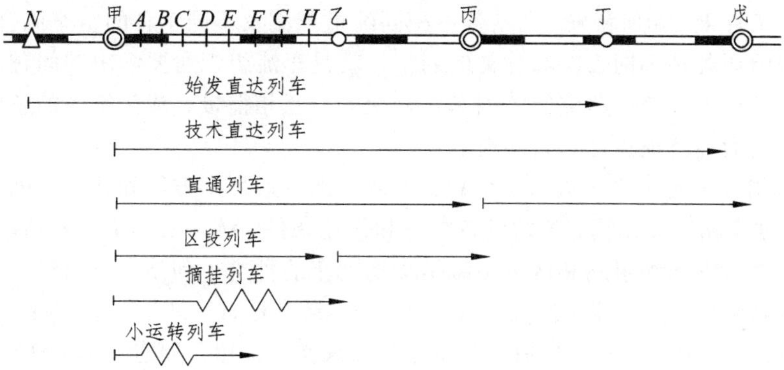

图 8.7 货物列车分类示意图

（二）货物列车的车次

现行列车车次见表 8.1。

二、列车编组

（一）旅客列车的编组

如图 8.8 所示，每对列车的编组辆数、编组结构及车辆编挂次序是固定的，即为固定车底。车底的组成根据客流密度、列车种类、机车功率大小、线路情况、站线和站台长度等因素加以确定，每对列车都不尽相同。编制旅客列车编组表，目的是具体确定每对旅客列车的编组情况。编组表内容包括列车的发到站、车次、车辆和客运乘务的担当段、编组辆数、车厢顺序号、编挂车种、定员、总重吨数、车底周转图、车底需要组数等事项。

南昌—青岛	车辆 乘务	顺序	昌开	1	2	3	4	5	6	7	8	9	10	11	12	13	14	15	16	17	18	19		计	
			青开	1	2	3	4	5	6	7	8	9	10	11	12	13	14	15	16	17	18	19			
		车厢编号		1	2	3	4	5	6	7	8	9	10	11	12	13	14	15	16	17	18	19		19	19
		车种		KD	YZ	YZ	YZ	YZ	YZ	YZ	YZ	CA	RW	YW	YW	YW	YW	YW	YW	YW	YW	XL			
	南昌	定员			118	118	118	118	118	118	112		36	60	66	66	66	66	66					1246	
		吨数		69	54	54	54	54	54	54	54	54	51	54	54	54	54	54	54		54	61		991	
		附注									办			广						欠	宿				
快速 K342/3 K344/1次	车辆段 客运段 担任																								

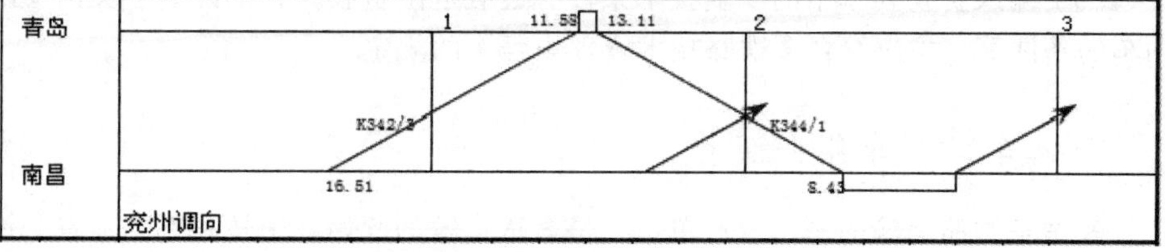

图 8.8 旅客列车编组表

通常情况下，行李车、邮政车、发电车等非乘坐旅客的车辆应分别挂于机车后第一位和列车尾部，起隔离作用。按旅客列车编组表编组，列车最后一辆的后端应有压力表、紧急制动阀。

（二）货物列车的编组

铁路行车组织要解决的主要问题，就是如何正确地组织重、空车流及合理地将车辆按规定编入相应列车向目的地运送。

在流向有同有异、流量有大有小、流程有远有近、各站设备条件不尽相同、作业性质与能力互有差异的复杂条件下，如何将发、到站各不相同的重车流及不同车种的空车流合理地组织起来，在适当的地点编组成各种不同去向和种类的列车，就是车流组织所要解决的问题。为此，铁路要制订货物列车编组计划，使全路编组的列车互相配合、互相衔接，成为统一的整体，保证各站产生的车流都能迅速而经济地运送到目的地。

货物列车编组计划是全路车流组织计划，由装车地直达列车方案和技术站列车编组方案两大部分组成。它根据全路车流结构、各站设备能力和作业条件，统一安排全路各站的解编作业任务，具体规定全路各货运站、编组站和区段站编组货物列车的种类、到站及车组编挂办法。

首先在装车站利用自装车流编组装车地直达列车。装车地直达列车能最大限度地减少中间作业环节，降低运输成本，减轻运行途中有关技术站的改编作业负担，加速机车车辆周转和货物送达。

没有被装车地直达列车吸收的车流，要将其送往技术站加以集中，以便和技术站自装车流汇合在一起分别编组不同种类和到站的列车。

现以某铁路局为例，说明甲站戊方向货物列车编组计划的内容。

甲站所处的位置及编组的列车种类如图 8.7 所示。将甲站戊方向货物列车编组计划的内容列表，如表 8.3 所示。

表 8.3　甲站列车编组计划（示例）

发站	到站	编组内容	列车种类	定期车次	附注
甲	戊	戊及其远	技术直达		
甲	丙	①丙及其远 ②空敞车	直通		按组顺编组
甲	乙	乙及其远	区段		
甲	乙	①A—G 间按站顺 ②乙及其远	摘挂		

货物列车的编组应满足以下条件：

（1）编入货物列车的车辆去向、车辆编挂方法等应符合列车编组计划的规定。

（2）货物列车的质量和计长应符合列车运行图的规定（摘挂列车除外）。未经有关部门批准，车站不准发出欠轴、超重和超长列车。

（3）编入货物列车中的车辆技术条件、装载危险货物车辆的隔离、关门车的编挂、机车编入列车的条件等，均应符合《铁路技术管理规程》的规定。

三、车站行车组织工作

车站是铁路运输的基层生产单位，是客货运输的起始、中转和终到地点，铁路运输生产过程中的绝大部分作业环节都是在车站上进行的。车站工作的质量直接影响着铁路区段方向乃至整个路网运输工作的安全性、准确性、连续性和节奏性，决定着全路运输工作任务完成的数量和质量。因此，正确组织车站工作，特别是车站的行车组织工作，对于保证实现安全、正点、畅通、优质、高效等运输生产管理的基本要求有着十分重要的意义。车站行车组织工作的主要内容包括接发列车工作和调车工作等。

（一）接发列车工作

铁路行车与公路行车不同，列车的会让和越行必须在车站上进行，因此要办理接发列车作业。

保证不间断地接发列车、严格按列车运行图行车是对车站接发列车工作的基本要求。

车站内的接发列车工作由车站值班员统一指挥。接发列车工作包括办理闭塞、布置进路（准备进路）、开闭信号（交接凭证）、接送列车等作业，这些作业原则上应由车站值班员亲自办理。如因设备条件和业务量关系难以做到时，除了布置进路必须由车站值班员亲自办理外，其他各项工作可以指派助理值班员、信号员或扳道员等办理。接发列车作业程序如表 8.4 所示。

表 8.4　接发列车作业简要程序

作业程序	发车站	接车站
办理闭塞	请求闭塞	承认闭塞
布置进路（准备进路）	准备发车进路	准备接车进路
开闭信号（交递凭证）	开放出站信号或交付行车凭证	开放进站信号
接送列车	指示发车及发车	迎接列车

1. 接车作业

（1）当接车站接到发车闭塞请求（双线为发车预告）时，车站值班员在确认区间空闲后，与邻站办理闭塞手续并填写《行车日志》。

（2）确定接车线路及将接车计划通知有关人员和指示检查接车线路。列车由邻站出发后，车站值班员应复诵发车站开车通知并填写《行车日志》，及时通知信号员或扳道员（长）停止影响接车进路的调车作业，而后发布准备接车进路的命令。

（3）经确认接车线路空闲、进路道岔位置正确、影响接车进路的调车作业已经停止后，方可开放进站信号。

（4）当列车接近后，车站值班虽应通知有关人员迎接列车。在听取列车整列到达的报告后，办理闭塞复原手续，开通区间，最后将列车到达时刻通知发车站、填写《行车日志》并向列车调度员报点。

2. 发车作业

（1）发车站值班员在确认区间空闲后，向接车站请求闭塞（双线为预告发车），办完闭塞手续后填写《行车日志》。

（2）进行准备发车进路工作，首先通知信号员或扳道员（长）停止影响发车进路的调车作业，而后发布准备发车进路的命令。

（3）经确认进路准备妥当、影响发车进路的调车作业已经停止后，方可开放出站信号，指示助理值班员发车。

（4）助理值班员确认发车条件具备后，方可显示发车信号。列车起动后，车站值班员应及时将发车时刻通知接车站及填写《行车日志》，接到列车整列出站的报告后，向列车调度员报点。

（二）调车工作

除了列车在车站到、发、通过及在区间内的运行之外，凡是机车车辆在站线或其他线路上进行的一切有目的的移动，统称为调车。调车工作是列车解编、摘挂、车辆取送过程中不可缺少的重要环节，对编组站来说，调车工作更是它的主要生产活动。

1. 调车工作的分类

调车工作按其作业目的不同可分为：

（1）解体调车：将到达解体的车列或车组，按其车辆的去向或其他需要分解到调车场各固定线路上去的调车。

（2）编组调车：按列车编组计划、列车运行图以及有关规章的规定和要求，将车辆选编成车列或车组的调车。

（3）摘挂调车：对部分改编中转列车进行补轴、减轴、车辆换挂以及摘挂列车在中间站进行摘挂车辆的调车。

（4）取送调车：将待装、待卸的车辆由调车场送至装卸作业地点以及从上述地点将作业完毕的车辆取回调车场的调车。

（5）其他调车：因工作需要对车列或车组进行转场、转线，对调车场内的停留车辆进行整理，以及机车出入段等调车作业。

车站由于作业性质不同，完成各种调车工作的比重也不一样，如编组站有大量的解体和编组调车，而中间站一般只进行摘挂和取送调车。

2. 调车作业的方法

调车作业方法按其使用设备不同可分为：

1）牵出线调车

牵出线调车是一种最基本的调车作业方式，通常有推送调车法和溜放调车法两种。

推送调车法是利用机车将车辆从一股道调送到另一股道的指定地点，停妥后再摘车的调车作业方法。这种调车作业方法安全可靠，但调车效率较低。

溜放调车法是利用机车推送车列达到一定速度，并在行进中将计划摘下的车组提钩，司机根据调车长的信号指示减速制动，被摘下的车组借所获得的动能溜向指定地点，由制动员用手制动机使之停车或与停留车安全连挂的调车作业方法。

2）驼峰调车

驼峰调车是利用车辆本身的重力，辅以机车一定的推力，使摘下的车辆由峰顶自行溜入峰下调车场指定线路，由制动员使用铁鞋或车辆减速器、减速顶、加减速小车等使之停车或与停留车安全连挂的调车作业方法。这是编组站解体车列采用的主要方法。

车列解体作业过程主要包括：

（1）挂车（牵出）：调车机车由峰顶驶往到达场入口端连挂车列（牵出）。

（2）推送：将车列推上峰顶。

（3）溜放：经由峰顶分解车列。

（4）整理：分解几个车列后，驼峰调车机车下峰进入整理场内存车（消灭天窗），送禁溜车。

车站的调车工作，由车站调度员（未设调度员时由车站值班员）统一领导，每个调车组由调车长单一指挥。调车工作必须遵守《铁路技术管理规程》《车站行车工作细则》及其他有关规定，保证调车安全，提高调车效率。

四、列车运行与调度指挥

铁路是一个庞大复杂的多部门、多工种组成的运输企业，在实现运输的过程中要利用多种技术设备，各个环节、各个部门必须相互配合、紧密联系、协同动作，才能保证行车安全、提高运输效率。列车运行图在这方面起着极其重要的作用。与运输有关的各部门都应根据列车运行图所规定的要求来安排工作。

（一）列车运行图及通过能力

1. 列车运行图

列车运行图是列车运行的图解，是全路组织列车运行的基础。列车运行图规定了各次列车占用区间的次序，列车在每个车站的到、发或通过时刻，列车在区间内的运行时间和在车站上的停站时间及机车交路、列车的质量和长度标准等。

1）列车运行图的性质和作用

列车运行图实际上是利用坐标原理来表示列车运行的一种图解。它以垂直线等分横轴表示时间，将纵轴用横线划分代表各车站中心线的位置，如图 8.9 所示，图上的斜线称为列车运行线。

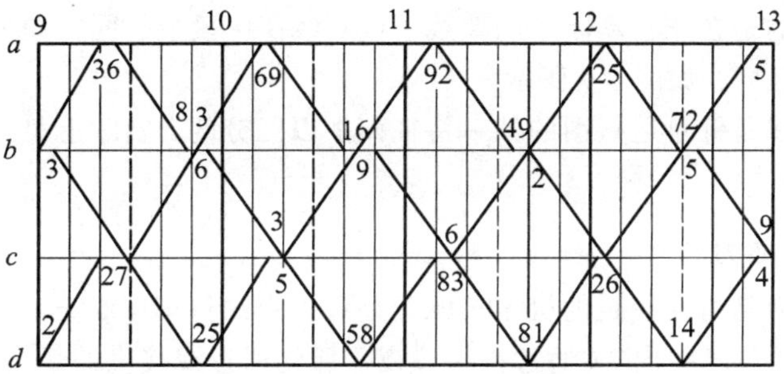

图 8.9　单线非追踪平行运行图

列车运行图不仅是日常指挥列车运行的重要依据，而且也是保证行车安全、改善铁路技术设备运用、加速机车车辆周转、提高铁路通过能力和运营工作水平的重要工具。

2）列车运行图的分类

根据铁路线路的技术设备（如单线、双线）、同方向列车运行速度、上下行列车数量和列车的运行方式等条件，列车运行图可以分为以下几种类型：

（1）按区间正线数目的不同，列车运行图可以分为单线运行图、双线运行图和单双线运行图。

单线运行图是指在单线区段上，上、下行列车都在同一条正线上运行。因此，列车的交会必须在车站上进行，区间内绝对不会出现上下行列车运行线的交点，如图 8.9 所示。

双线运行图是指在双线区段上，上、下行列车在各自的正线上运行，互不干扰，列车可以在区间内或车站上进行交会，但列车的越行必须在车站上进行，如图 8.10 所示。

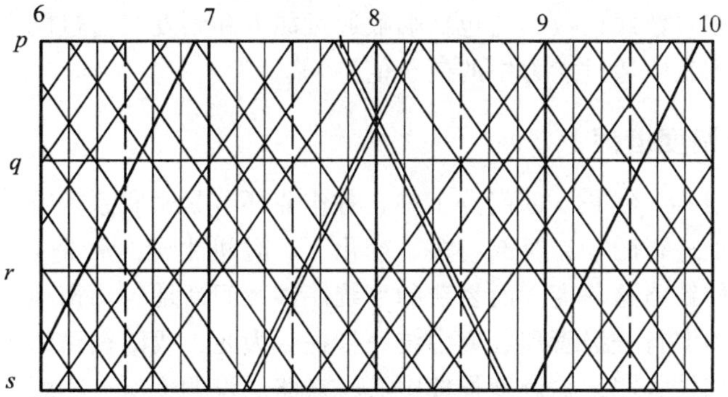

图 8.10　双线追踪非平行运行图

单双线运行图指的是在有部分双线的区段上铺画出的运行图，它分别具有单线运行图和双线运行图的特征。

（2）按同方向列车运行速度的不同，运行图又分为平行运行图和非平行运行图。

平行运行图指的是在同一区间内，同方向列车运行速度相同，因而铺画出的列车运行线相互平行，且在区段内无列车的越行，如图 8.9 所示。非平行运行图指的是同方向列车运行的速度不相同，因而铺画出的列车运行线出现不平行，且在区段内有列车的越行，如图 8.10 所示。

（3）按上下行列车数目的不同，运行图又分为成对运行图和不成对运行图。在成对运行图中，上下行的列车数目相等；而在不成对运行图中，上下行的列车数目不相等。

（4）按同方向列车运行方式的不同，运行图又分为追踪运行图和非追踪运行图。

追踪运行图指的是在自动闭塞的双线（或单线）区段上，同方向列车以闭塞分区为间隔，实行追踪运行，如图 8.10 所示。

非追踪运行图指的是在非自动闭塞的单线（或双线）区段上，同方向列车以站间或所间区间为间隔，实行非追踪运行，如图 8.9 所示。

以上的分类方法都是针对运行图的某一特征而加以区分的，实际上每张运行图都同时具有上述几个方面的特征。

2. 铁路区段通过能力

铁路区段通过能力是指在一定的机车车辆类型和一定的行车组织方法的条件下，铁路区段内的各种固定设备，在单位时间内 （通常指一昼夜）所能通过或接发的最多列车对数或列数。

铁路区段通过能力是铁路区段内各种固定设备，如区间、车站、机务段设备、给水设备、电气化铁路的供电设备等的综合能力的体现，其中通过能力最薄弱的设备能力称为区段的最终通过能力。与铁路行车组织有关的是区间通过能力和车站通过能力。

1）铁路区间通过能力

铁路区间通过能力，主要取决于该区段的技术设备和所采用的行车组织方法，如区间正线数目、区间长度、线路纵断面、机车车辆类型及信号、联锁与闭塞方式以及列车运行图的类型等。列车运行图类型对区间通过能力影响很大，在同样的技术设备条件下，采取不同的列车运行图类型，通过能力就有很大不同。计算区间通过能力，一般是先计算平行运行图的区间通过能力，然后在此基础上再计算非平行运行图的区间通过能力。

2）铁路车站通过能力

铁路车站通过能力是指车站在现有设备条件下，采用合理的技术作业过程，于一昼夜内所能通过或接发的最多列车对数或列数。它包括咽喉通过能力和到发线通过能力。车站通过能力最后是取咽喉通过能力和到发线通过能力中的最小值。

（二）铁路运输调度指挥

铁路运输业具有点多、线长、部门分工细、各作业环节紧密联系等特点。运输生产过程是在长距离的连续空间带上进行的，涉及部门多、变化大、时间性强，常常是一点不通影响一线，一线不畅影响一片。为使铁路这一庞大而复杂的系统能够不间断地、均衡地、高效地运转，就必须对铁路的日常生产活动实行分级管理、集中统一指挥。为此，我国铁路的各级运输部门都建立了相应的调度机构，即国铁集团运输调度指挥中心，铁路局设调度所，车站（主要是编组站、区段站及大货运站）设调度室。

在各级调度机构中按照业务分工设有不同职名的调度员，如计划调度员、列车调度员、机车调度员、货运调度员、客运调度员等，分别代表各级领导掌管一定范围内的日常运输指挥工作。

调度工作的基本任务是：

（1）认真执行国家运输政策，完成国家规定的旅客和货物运输任务。

（2）正确地编制和执行运输工作日常计划。

（3）科学地组织客流、货流、车流，搞好均衡运输，经济合理地使用机车车辆和运输设备。

（4）坚持“一卸、二排、三装”的运输原则，按运行图行车。在确保安全的基础上，努力提高运输效率。

列车运行图是列车运行计划，列车应按图运行。但实际列车运行的条件随时都有可能发生变化，如每天的车流有可能增加或减少，列车运行图中所规定的车次有可能要停运，有时又需要增开列车，图定列车有可能发生晚点，有的列车需要调整作业时间等，因此，在列车运行日常工作中，需要根据变化的情况采取相应的措施来进行运行调整，使列车尽可能按列车运行图行车，这就需要由列车调度员来进行调度指挥。

【思考题】

1. 铁路运输等级如何划分？
2. 在列车编组计划中。货物列车主要有哪几种？
3. 简述接发列车的主要作业程序。
4. 简述调车的概念和分类。
5. 什么是列车运行图？简述货物列车编组计划的内容。
6. 我国铁路调度指挥的原则是什么？简述列车调度员的工作内容。
7. 上网查询资料，了解铁路车务基础岗位有哪些？职责分别是什么？

任务四　认知铁路运输安全

【任务描述】

在本任务中，我们将认知铁路运输安全的意义，了解影响铁路安全运输的因素、铁路安全事故的等级划分以及保证铁路运输安全的基本措施。

通过本任务的学习，要求学员正确理解铁路运输安全的意义，充分认识到铁路运输安全的重要性；知晓影响铁路安全运输的因素，熟悉铁路安全事故的等级划分以及保证铁路运输安全的基本措施；牢固树立“安全第一”的思想。

【知识学习】

一、铁路运输安全的意义

铁路运输安全是运输生产系统运行秩序正常、旅客生命财产安全、货物和运输设备完好无损的综合表现。铁路运输生产的根本任务就是把旅客和货物安全、及时地运送到目的地，这就决定了铁路运输企业必须把安全生产摆在各项工作的首要位置。而铁路运输安全水平直接决定了铁路运输与其他运输方式的竞争能力、声誉和经济效益，所以，安全始终是与铁路运输企业自身的发展和生存息息相关的永恒主题，铁路运输安全有着重要的意义。

（一）铁路运输安全是现代化经济建设的必要保证

铁路是国家的基础运输设施，铁路运输安全对国家重点物资运输、重要工程建设、重大科研及军事运输极为重要，也为地方区域经济开发、招商引资和科技发展带来了生机和活力。如果铁路发生事故，将会给人民群众带来不幸，给国家造成损失。事实证明，铁路运输安全不仅直接关系到我国社会主义市场经济的健康发展和改革开放的进程，而且直接影响社会生产、社会生活和社会安定。随着国际贸易的发展，涉外运输业务也有了较大的发展，保证运输生产的安全，特别是保障旅客运输安全，显得更加重要。

（二）铁路运输安全是铁路改革与发展的重要保证

加快铁路的改革与发展，必须有一个稳定的运输安全局面。如果安全形势不稳，不断发生事故，势必打乱运输秩序，干扰总体部署，分散工作精力，社会舆论反映强烈，铁路改革与发展就失去重要的前提和基础。因此，稳定运输安全局面是铁路一切工作的前提。没有良好的运输安全环境，铁路的改革和发展都无从谈起。为了保证铁路改革与发展的顺利进行，必须把铁路运输安全作为首要任务来抓。

（三）铁路运输安全是法律赋予铁路运输企业的义务和责任

《铁路法》是保障铁路运输的法律手段，为了保证铁路运输的安全畅通，避免事故的发生，其中制定的一系列规定和措施明确指出："铁路运输企业应当保证旅客和货物运输的安全，做到列车正点到达"，"铁路运输企业必须加强对铁路的管理和保护，定期检查、维修铁路运输设施，保证铁路运输设施完好，保障旅客和货物的运输安全"。此外，在《合同法》《消费者权益保护法》等法律法规中也对铁路运输企业保证铁路运输安全的义务和责任做出了相应的规定，这就从法律意义上规定了保障旅客、货物运输安全是铁路运输企业应尽的责任和义务。

（四）铁路运输安全是铁路运输产品质量和工作质量的重要体现

运输生产的全部意义就在于有计划、有目的、有成效地实现旅客和货物空间位置的移动。运输生产的产品为货物和旅客的位移，产品的质量包括安全、准确、迅速、便利等，其中安全最为重要。铁路运输的特点是车站多、线路长、分布广。运输生产系统是由车务、机务、工务、电务、车辆等单位构成的，任何一个部门、任何一个环节出现差错，都会影响到整个运输生产过程。因此，确保运输安全，对提高运输产品的质量和运输工作的质量，增强铁路运输的市场竞争力有着重要的意义。

二、铁路运输安全管理的特殊性

铁路运输安全管理的根本任务就在于依靠科学技术和科学管理，有效地保护和调动人的主观能动性和积极性，预防事故发生，确保运输安全。

（一）铁路运输安全的复杂性

首先，铁路运输生产是在一个开放的露天的环境中进行的，其生产过程有较大的空间位移和较长的时间延续。自然环境（如风、雨、雪、雾及各种自然灾害等）、社会环境（如社会治安、社会经济状况、人们的素质等）都与运输安全状况密切相关，对运输安全会产生不利影响，有的还难以预测和控制。其次，铁路运输是轨道运输方式，机车车辆在固定轨道上定向运行，整个运输生产过程是动态的，有较高的速度、质量和技术的要求，设备状态、管理水平等都制约着铁路运输的安全。

（二）铁路运输安全的长期性

高新技术总是伴随着高风险，随着现代科学技术的发展，各种技术系统的复杂程度增加了。处于高速运动状态的列车，一旦发生设备异常和人的操作失误，可供纠正和避免事故的时间很短，可供选择的应急方式也很有限。特别是铁路运输生产具有连续性、季节性、周期性的特点，年复一年的春运、暑运、防洪、防寒等特殊的运输高峰，各种设备故障和不安全状况的产生，成为经常困扰运输安全的问题。

（三）铁路运输安全的关联性

铁路犹如一台大联动机，是人-机动态系统，其运输生产过程是由多工种（车、机、工、电、辆）联合的多环节（如旅客运输的售票、候车、检票、运送过程中的服务与途中有关作业、下车、出站等）作业过程，涉及设备数量庞大、种类繁多，设备布局的网络状态和作业岗位独立分散的特点，使各工种和各环节的协同配合都离不开严格有效的管理，铁路企业必须在运输系统的生产指挥上实行高度集中、统一领导、服从上级的调度与指挥。所以，运输安全是与每个人、每个部门，乃至整个铁路运输企业均息息相关的一个重要课题。

三、铁路旅客运输安全

（一）旅客安全运输的意义

旅客运输安全是关系到人民生命财产以及国家和铁路企业声誉的大事。因此，保证旅客安全运输是我国铁路运输组织的基本原则之一，是衡量旅客运输工作质量好坏的重要标志，是客运职工的首要职责。客运职工要树立“安全生产人人有责”的思想，贯彻安全生产的方针，确保旅客运输安全。

（二）铁路客运事故的种类

铁路客运事故分为旅客人身伤害事故和行李、包裹运输事故。

1. 旅客人身伤害事故

凡是持有效车票的旅客，经检票口进站开始，至到达终点站出站时止（中转和中途下车的旅客自出站至再次进站期间除外），在旅行途中遭到外来、剧烈及明显的意外伤害（包括战争所致者在内），致使旅客人身受到伤害以至死亡、残废或丧失身体机能者，均属于旅客人身伤害事故。

旅客人身伤害事故分为：特别重大伤亡事故、特大伤亡事故、重大伤亡事故、一般伤亡事故、重伤事故和轻伤事故六类。

发生旅客人身伤害事故时，应根据《铁路旅客人身伤害及自带行李损失事故处理办法》的有关规定进行处理。车站、列车人员均应本着对人民生命健康高度负责的精神，采取有利于抢救的措施，尽力予以救助。事故发生单位和事故处理单位应依照实事求是、依法办事的原则，积极负责地处理事故。

2. 行李、包裹运输事故

行李、包裹在运输过程中（自承运时起至交付完毕时止）发生灭失、短少、变质、污染、损坏以及严重的办理差错，均属于行李、包裹运输事故。

行李、包裹运输事故种类分为：① 火灾；② 被盗（有被盗痕迹）；③ 丢失（全批未到或部分短少，没有被盗痕迹的）；④ 损坏（破损、湿损、变形等）；⑤ 误交付；⑥ 票货分离、票货不符、误装卸或顶件运输；⑦ 其他（污染、腐坏等）。

发生行李、包裹运输事故时，应认真分析调查，及时正确处理，明确责任，制定改进措施，并根据《行李包裹事故处理规则》的有关规定进行处理。

四、铁路货物运输安全

（一）货物事故的定义及分类

货物在铁路运输中（含交付完毕后点回保管）发生灭失、短少、变质、污染、损坏以及严重的办理差错，在铁路内部均属于货运事故。

货运事故分为七类：① 火灾；② 被盗（有被盗痕迹）；③ 丢失（全批未到或部分短少，没有被盗痕迹的）；④ 损坏（破裂、变形、磨伤、摔损、部件破损、湿损、漏失）；⑤ 变质（腐烂、植物枯死、活动物非中毒死亡）；⑥ 污染（污损、染毒、活动物中毒死亡）；⑦ 其他（整车、整零车、集装箱车的票货分离和误运送、误交付、误编、违编记录以及其他造成影响而不属于以上各类的事故）。

（二）货运事故的调查与处理

1. 记录编制

为了正确及时地处理事故，分析原因，判定责任，总结吸取事故教训，必须根据不同的情况，分别编制必要的记录。

记录分为货运记录和普通记录两种。货运记录和普通记录均分为带号码和不带号码两种。货运记录和普通记录的号码，均由铁路局编印掌握。不带号码的货运记录和普通记录只限作抄件或货运员发现事故时报告用。

2. 事故调查

车站发现货运事故，除编制记录外，应对事故现场进行检查，找出原因，避免扩大损失。发生火灾、被盗须及时向铁路公安部门报案并会同处理。涉及车辆技术状态的事故，应会同车辆段检查并作检查记录。

3. 责任划分与赔偿

事故责任的划分的原则是“以事实为依据，以规章为准绳”。在查明情况和原因的基础上，首先应按《中华人民共和国铁路法》《铁路货物运输合同实施细则》和《铁路货物运输管理规则》的有关规定划清承运人与托运人、收货人之间的责任，然后再划分铁路内部各单位之间的责任。

从货物承运时起至货物交付收货人或依照有关规定处理完毕时止，货物发生灭失、短少、污染、损坏，铁路应负赔偿责任，但由于不可抗力、货物本身的原因及托运人、收货人责任造成的货物损失，承运人不承担责任。

五、铁路安全事故的等级划分

微课视频：
铁路安全事故等级划分及案例分析

（一）特别重大事故

有下列情形之一的，为特别重大事故：

（1）造成 30 人以上死亡。

（2）造成 100 人以上重伤（包括急性工业中毒，下同）。

（3）造成 1 亿元以上直接经济损失。

（4）繁忙干线客运列车脱轨 18 辆以上并中断铁路行车 48 小时以上。

（5）繁忙干线货运列车脱轨 60 辆以上并中断铁路行车 48 小时以上。

（二）重大事故

有下列情形之一的，为重大事故：

（1）造成 10 人以上 30 人以下死亡。

（2）造成 50 人以上 100 人以下重伤。

（3）造成 5 000 万元以上 1 亿元以下直接经济损失。

（4）客运列车脱轨 18 辆以上。

（5）货运列车脱轨 60 辆以上。

（6）客运列车脱轨 2 辆以上 18 辆以下，并中断繁忙干线铁路行车 24 小时以上或者中断其他线路铁路行车 48 小时以上。

（7）货运列车脱轨 6 辆以上 60 辆以下，并中断繁忙干线铁路行车 24 小时以上或者中断其他线路铁路行车 48 小时以上。

（三）较大事故

有下列情形之一的，为较大事故：

（1）造成 3 人以上 10 人以下死亡。

（2）造成 10 人以上 50 人以下重伤。

（3）造成 1 000 万元以上 5 000 万元以下直接经济损失。

（4）客运列车脱轨 2 辆以上 18 辆以下。

（5）货运列车脱轨 6 辆以上 60 辆以下。

（6）中断繁忙干线铁路行车 6 小时以上。

（7）中断其他线路铁路行车 10 小时以上。

（四）一般事故

不构成较大事故的列车事故称为一般事故，一般事故分为：一般 A 类事故、一般 B 类事故、一般 C 类事故、一般 D 类事故。

六、铁路员工人身安全

在铁路运输生产过程中，确保人身安全是日常工作的重要内容之一。因此，除了不断地改善劳动条件和设备条件外，应经常组织宣传、学习、贯彻、落实人身安全的有关规定，以确保人身安全及生产任务的顺利完成。

微课视频：铁路人身安全要求及案例分析

（一）人身安全的要求

（1）班前禁止饮酒。班中按规定着装，佩戴防护用品。

（2）顺线路行走时，应走两线路中间，并注意邻线的机车、车辆和货物装载状态，严禁在道心、枕木头上行走。不准脚踏钢轨面、道岔连接杆、尖轨等。

（3）横越线路时，应“一站、二看、三通过”，注意左右机车、车辆动态及脚下有无障碍物。

（4）横越停有机车、车辆的线路时，先确认机车、车辆暂不移动，然后在离该机车、车辆较远处通过。严禁在运行中的机车、车辆前面抢越。

（5）必须横越列车、车列时，应先确认列车、车列暂不移动，然后从通过台或两车车钩上越过，勿碰开钩销，要注意邻线有无机车、车辆运行，严禁钻车。

（6）不准在钢轨上、车底下、枕木头、道心里坐卧或站立。

（7）严禁爬乘运行中的机车、车辆，以车代步。

（二）人身伤亡的预防

行车事故的发生往往会导致人身伤亡，因此，预防人身伤亡除遵守预防行车事故的有关规定外，还应做到：

（1）加强铁路沿线的防护设施建设，特别是道口建设。

（2）强化铁路安全常识宣传，普及铁路安全知识。

（3）教育职工遵章守纪，按“人身安全的要求”来要求自己。

【思考题】

1. 简述铁路运输安全的重要性。
2. 简述铁路安全管理有什么特殊性，影响安全的因素有哪些？
3. 铁路安全事故有哪几个等级。
4. 列车行车事故可分为哪几类？
5 请总结铁路货运事故的种类和等级。
6. 为了保证铁路运输安全，一般有哪些基本措施？
7. 登录相关网站查看铁路运输事故案例，从而牢固树立“安全第一”的思想。

阅读思考：

铁路安全事故真实案例

项目九　认知高速铁路与重载运输

【项目导入】

本项目的学习任务是：让学生了解未来铁路发展的两大趋势：高速和重载。要求学员在学习过程中不仅要掌握高速铁路和重载运输专业知识和扎实的专业技能，还应积极关注高速铁路和重载运输未来的发展趋势，这样才能准确定位自己未来的工作岗位，了解岗位需求。今后到了工作岗位，能严格按照工作标准执行工作任务。

【知识目标】

1. 了解国内外高速铁路发展状况，了解我国高速铁路发展成就和趋势；
2. 了解高速铁路运输组织特点；
3. 了解高速铁路线路和车站的设计要点；
4. 了解高速铁路牵引动力和车辆新技术以及高速列车运行控制技术；
5. 了解磁悬浮技术及其在我国的运用和发展情况；
6. 了解国内外重载运输的发展概况和新技术，了解我国重载运输的发展成就和趋势。

【能力目标】

1. 掌握国内外高速铁路发展状况，知晓我国高速铁路发展成就和趋势；
2. 熟悉高速铁路线路和车站的设计要点；
3. 熟悉高速铁路运输组织特点；
4. 知晓高速铁路牵引动力和车辆新技术以及高速列车运行控制技术；
5. 熟悉重载运输不同模式的适用情况；
6. 知晓国内外重载运输的发展概况和新技术，知晓我国重载运输的发展成就和趋势；
7. 知晓磁悬浮技术及其在我国的运用和发展情况。

任务一　认知高速铁路

【任务描述】

在本任务中，我们将了解高速铁路的定义及优势，了解国内外高速铁路发展状况，重点了解我国高速铁路的发展成就；了解高速铁路的技术特点，重点了解京张智能高铁的技术特点和创新。

通过本任务的学习，要求学员掌握高速铁路的定义、优势和相关技术特点，知晓国内外高速铁路发展状况，尤其是知晓我国高速铁路的发展成就，知晓京张智能高铁的技术特点和创新。

【知识学习】

高速铁路技术是当今世界铁路的一项重大技术成就，它集中反映了一个国家铁路牵引动力、线路结构、高速运行控制、高速运输组织和经营管理等方面的技术进步，也体现了一个国家的科技和工业水平。

高速铁路在经济发达、人口密集地区的经济效益和社会效益尤为突出。高速铁路缩短了旅行时间，从而为人们创造了新的动态观念，使人们可以重新对周围的环境与地域进行设计，距离将不再以千米计算，而是以时间计算。

一、高速铁路的定义与优势

微课视频：
高速铁路概述

目前，世界上把不同速度的铁路划分为几个档次：运行速度为 100～120 km/h，称为常速铁路；运行速度为 120～160 km/h，称为中速铁路；运行速度为 160～200 km/h，称为准高速铁路或快速铁路；运行速度为 200～400 km/h，称为高速铁路；运行速度为 400 km/h 以上时，称为特高速铁路。

20 世纪 70 年代，日本把列车在主要区间能以 200 km/h 以上速度运行的干线铁路称为高速铁路。

1985 年，联合国欧经会在日内瓦签署的国际铁路干线协议上将高速铁路规定为：新建客运专线运行速度为 300 km/h；新建客货共线运行速度为 250 km/h。

1996 年 9 月，欧洲铁路联盟发布的互通运营指导文件（96/0048/EC）对高速铁路有了更确切的规定：新建铁路运行速度达到或超过 250 km/h；既有线通过改造使基础设施适应速度 200 km/h（世界铁路既有线提速目标值）；线路能够适应高速，在某些地形困难、山区或城市环境下，速度可以根据实际情况进行调整。

我国 2014 年 1 月 1 日起实施的《铁路安全管理条例》规定，高速铁路（高铁）是指设计开行时速 250 km/h 以上（含预留），并且初期运营时速达到 200 km/h 以上的客运列车专线铁路。

高速铁路使交通运输结构发生了新的重大变化，克服了普通铁路速度较低的不足，与高速公路的汽车运输和中长途航空运输相比具有明显的优势：运送速度快，运输能力大；有规律、稳定地运送旅客，几乎不受天气影响；安全、正点、舒适；能耗远低于飞机和汽车，客运成本低；可使用各种能源发电，供电力牵引使用；有利于环境保护，避免污染。

目前，高速铁路技术在世界上已经成熟，高速化已成为当今世界铁路的共同发展趋势。

二、世界高速铁路的发展概况

（一）世界高速铁路的发展历程

1964 年 10 月 1 日，日本建成了世界上第一条高速铁路，即连接东京、大阪的东海道新干线。从世界第一条高速铁路诞生到现在半个多世纪以来，世界高速铁路的发展经历了以下四个阶段：

第一阶段：从 20 世纪 60 年代到 80 年代。这一阶段是高速铁路发展的初期。这个时期人们逐步了解了高速铁路，也逐步认识到它给世界经济发展和人们生活带来的影响。这个时期以日本建成世界第一条高速铁路为标志，之后相继修建高速铁路的国家有法国、意大利、德国等。这一阶段全世界建成投入运营的高速铁路在 3 000 km 左右。

第二阶段：从 20 世纪 80 年代末到 90 年代中期。由于高速铁路具有良好的经济促进作用，20 世纪 80 年代开始，在欧美发达国家兴起了修建高速铁路的热潮，相继修建高速铁路的国家从先期的日本、德国、法国、意大利扩展到了西班牙、比利时、荷兰、瑞典、英国和美国等。此时期修建高速铁路的方式：一种是新建，另一种是通过既有线的改造来实现。

第三阶段：从 20 世纪 90 年代后期到 2008 年。这一时期人们对高速铁路的技术和特征有了更深入的了解，对高速铁路为我们人类社会的经济发展和社会发展带来的影响有了更多的认识，这一阶段正在修建和规划修建高速铁路的国家和地区达到 20 多个，特别是人口众多、国土面积较大的国家，比如中国也开始规划修建高速铁路，而世界上高速铁路发展较早的国家，其高速铁路已经形成网络，进入了网络化的运营时期。

第四阶段：2008 年至 今。随着社会经济的快速发展，计算机技术、能源技术、自动控制、新合金材料等高新技术成了高速铁路发展的催化剂，世界高速铁路里程不断增加，高速铁路技术也日新月异地飞速发展。截止到 2022 年底，全世界已开通高铁（包括既有线改造提速至 200 km/h 的铁路）的主要国家是日本、法国、西班牙、意大利、德国、荷兰、比利时、英国、瑞典、美国、中国、俄罗斯、韩国。其中中国高铁的营业里程达已达到 4 .2 万千米，居世界第一位，超过全球高铁总里程的 2/3，成为世界上高速铁路运营里程最长、运营速度最高、在建规模最大的国家。

（二）国外主要发达国家高速铁路的发展概况

1. 日本

1964 年 10 月 1 日，世界上第一条高速铁路——日本东海道新干线正式投入运营，该线连接东京、大阪，全长 515.4 km，运行速度达到 210 km/h，采用标准轨（1435 mm）的轨距，只为客运服务。新干线开通后，从东京至大阪只需运行 3 h 10 min（后来又缩短到 2 h 56 min），时间缩短为原来的 1/9。此后，日本又相继修建了山阳、东北、上越、北陆新干线高速铁路和山形、秋田两条小型新干线。目前，日本东海道新干线列车最高运行速度达到 300 km/h，新干线客运量占到全国路网的 30.3%，收入约占总收入的 45%。运营几十年来，尽管地震等自然灾害频繁发生，新干线始终保持着旅客死亡事故为零的纪录，列车平均晚点保持在 1 min 以内。日本新干线的发展也可以说是世界高速铁路发展的缩影。“新干线”在一定程度上已经成为世界高速铁路的代名词，对世界高速铁路发展有着深远影响。图 9.1 所示为日本高铁。

图 9.1　日本高铁

2. 法国

法国在 1981 年建成了第一条高速铁路——TGV 东南线（法语“高速铁路”）（巴黎—里昂），全长 417 km，其中新建的高速铁路线路 389 km，列车时速达到 270 km/h。此后，法国相继修建了大西洋线、北方线、东南延伸线、巴黎地区联络线、地中海线等高速铁路，列车最高商业运行速度为 270 ~ 350 km/h。目前法国高速铁路新线里程已达到 2 036 km，以巴黎为中心，辐射到四周既有线，形成了 5 900 km 的服务网。

法国铁路在历史上一直以速度著称。1955 年，法国利用普通的电力机车牵引一节客车和一节试验车所创造的 331 km/h 速度为当时的世界纪录；直到 20 世纪 70 年代才由本国的 TGV-01 型试验电动车组以 380 km/h 的速度打破。1990 年 5 月 13 日，TGV 大西洋电动车组创造了 515.3 km/h 的世界纪录，2007 年 4 月又创造了 574.8 km/h 的世界纪录。从此，TGV 一直牢牢占据高速轮轨的速度桂冠。

法国的高速铁路是后来居上，在一些技术、经济指标上超过日本而居世界领先地位。图 9.2 所示为法国高铁。

图 9.2　法国高铁

3. 德国

1971 年，德国开工建设第一条高速铁路新线：汉诺威—维尔茨堡高速线，全长 327 km，最高速度达 280 km/h。之后又开始修建第二条高速新线：曼海姆—斯图加特高速线（100 km）。这两条高速新线于 1991 年同时通车运营。之后，德国高速铁路迅速发展，分别在 1998 年、2002 年、2006 年和 2007 年开通了 4 条高速铁路线。德国高速铁路呈网状分布，除了设计速度为 280 ~ 300 km/h 的 1 352 km 的高速新线外，还有最高允许速度为 200 km/h 的经过改造的既有线，形成了 4 800 km 的服务范围。

德国高速铁路称为 ICE（InterCity－Express，即“城际高速铁路”），高速列车都是 ICE 系列。ICE 试验型列车诞生于 1985 年，曾于 1988 年 5 月达到 406.9 km/h 的试验速度，是世界上首次突破 400 km/h 速度的高速列车。1989 年 12 月，又以 480 km/h 的速度打破了当时法国 TGV 高速列车创造的世界纪录。图 9.3 所示为德国高铁。

图 9.3　德国高铁

（三）我国高速铁路的发展概况

1. 广—深准高铁的修建为中国高铁的修建提供了前提条件

1994 年，我国第一条准高速铁路广州—深圳铁路建成并投入运营，其旅客列车运行速度为 160～200 km/h，使用由瑞典租赁的 X2000 摆式高速动车组。这是我国自行设计、自行修建的第一条准高速铁路，全线采用了众多代表当时国际先进水平的技术和设备。这条铁路的修建以及为修建这条铁路而进行的科学研究和实验，为中国高速铁路的建设做了充分的前期准备，成为我国铁路高速化的起点。

2. 我国铁路六次大提速标志着中国铁路进入高铁时代

1997 年、1998 年、2000 年、2001 年、2004 年、2007 年，中国铁路完成了六次大提速。而 2007 年的第六次大提速，让“和谐号”动车组上线运行，这次提速最高速度达到了 250 km/h，这也是既有线路提速能达到的最高速度。我国铁路从 1997 年到 2007 年的六次大提速，实现了速度、重量、密度的协调发展，标志着中国铁路进入了高铁时代。

图 9.4 所示为中国高铁。

图 9.4　中国高铁

视频：中国高铁——时代脉动

视频：中国高铁——创新之路

3. 秦—沈客运专线的建设加快了中国铁路高速化进程

高铁试验工程——秦沈客运专线是中国第一条高速铁路客运专线，全长 404 km，于 1999 年 8 月 16 日开工建设，2003 年 10 月 12 日正式开通运营。秦沈客运专线是当时中国国内技术最先进的铁路，全线设计时速达到 200 km/h 或以上，并预留 250 km/h 的提速条件。这条铁路是中国自主研究、设计、施工的第一条高速铁路客运专线，它的修建为探索适合中国国情的高速铁路的技术标准、施工方法、运营管理及维护等积累了经验，其建成通车加快了中国铁路客运高速化的进程。

4. 京津城际高速铁路标志着中国高速铁路大规模建设时代的到来

我国从 2004 年开始进入高速铁路的大规模建设时期。2004 年的《中长期铁路网规划》中提出我国将建设“四纵四横”高速客运专线。

2008 年对《中长期铁路网规划》做了调整，高速客运专线建设方面，在维持原“四纵四横”基础骨架不变的基础上，增加一批高速客运专线建设项目。

2008 年 8 月 1 日，京津高速铁路正式开通运营，这之后中国高速铁路进入了日新月异的腾飞阶段。

5. 2008 年后，我国进入高速铁路的快速发展时期

2009 年 12 月，历时 4 年建设的武广高铁正式通车，运营时速 350 km，成为当时世界上运行里程最长、运营时速最高的高铁。

2010 年 9 月，沪杭高铁试运行，416.6 km 的最高时速创下当时世界铁路运营试验最高速度。2010 年 10 月 26 日，沪杭高铁正式通车营运。

2016 年 7 月 20 日，国家发改委发布了修订过的《中长期铁路网规划》(2016 版本)，提出建设“八纵八横”高速铁路网。

1）我国高速铁路建设的标志性工程——京沪高速铁路

我国于 2006 年 3 月批准了新建京沪高速铁路项目，2011 年 6 月 30 日京沪高速铁路通车，全长 1318 km，采用高速轮轨技术建设，设计时速 350 km，初期运营时速 300 km，成为当今世界上一次建成线路里程最长、技术标准最高的高速铁路。2010 年 12 月 4 日，在山东枣庄到安徽蚌埠路段试运行时，创下了 486.1 km 的时速，再次刷新世界铁路运营试验的最高速度。京沪高速铁路的建设坚持以自主创新为主，从而形成具有我国自主知识产权的高速铁路技术体系。

2）我国建成的世界上第一条智能化高速铁路——京张高速铁路

京张高速铁路，又名京张客运专线，即京包高速铁路京张段，是一条连接北京市与河北省张家口市的城际高速铁路，是《中长期铁路网规划》(2016 年版）中“八纵八横”高速铁路主通道中“京兰通道”“京昆通道”的重要组成部分。2016 年 4 月 29 日，京张高速铁路正式开工建设；2019 年 12 月 30 日，京张高速铁路正式开通运营，2021 年，京张高铁实现 5G 信号覆盖。京张高速铁路正线全长 174 km，设 10 个车站，设计最高时速为 350 km/h，将张家口至北京的最快运行时间由 3 小时 7 分钟压缩至 47 分钟，为 2022 年北京冬奥会提供了重要交通保障。

京张高速铁路是我国第一条采用我国自主研发的北斗卫星导航系统、设计时速为 350km/h 的智能化高速铁路，也是世界上第一条最高设计时速 350km/h 的高寒、大风沙高速铁路。它对于加快构建西北、内蒙古西部、山西北部地区快速进京客运通道具有重要意义。图 9.5 所示为京张智能高铁。

图 9.5　京张智能高铁

3）我国正在建设的世界上最难建快速铁路——川藏铁路

川藏铁路是我国境内一条连接四川省与西藏自治区的快速铁路，东起四川省成都市、西至西藏自治区拉萨市，线路全长 1838 km，设计速度 120 ~ 200 km/h，是我国国内第二条进藏铁路，也是我国西南地区的干线铁路之一。

川藏铁路由成康铁路（细分成雅铁路和雅康铁路两部分）、康林铁路和拉林铁路三段组成，

采用兴建新线与合并旧线的方式修筑，分期分段建设运营。拉林段与成雅段于 2014 年 12 月开工建设；雅林段于 2020 年 11 月开工建设。2018 年 12 月 28 日，川藏铁路成雅段开通运营；2021 年 6 月 25 日，川藏铁路拉林段（拉萨—林芝）开通运营。拉林铁路正线全长 435 km，线路 16 次跨越雅鲁藏布江，桥隧比高达 75%，设计时速 160 km，是西藏首条电气化铁路。康林铁路于 2018 年启动勘察工作，计划于 2026 年建成通车。

川藏铁路集合了山岭重丘、高原高寒、风沙荒漠、雷雨雪霜等多种极端地理环境和气候特征，大部分路段位于海拔 3 000 m 以上的高原山地，最高处要通过海拔 5 100 m 的东达山垭口，沿途地形落差极大，全路段最高海拔 4 400 m，全线海拔落差 3 000 多米，桥隧工程占比达 81%。由于川藏铁路采用“台阶式”路线直攀高原，故其建设难度远比采用“缓坡式”路线间接上山的青藏铁路要大，被称为“最难建的铁路”。

作为雪域高原的第二条"天路"、世界铁路建设史上地形地质条件最为复杂的工程，川藏铁路肩负起了中国三代铁路建设者们的梦想。

6. 目前我国高速铁路全面进入技术成熟、集成能力很强的发展阶段

经过十多年的发展，我国高速铁路版图一再扩容，截至 2022 年底，我国“四纵四横”高速铁路网已基本建成，“八纵八横”高速铁路网正加速建设。我国高速铁路已连接 32 个省份，并开通了多条以 350 km/h 运行的高铁线路，截至目前，我国已建成的高速铁路有：

运营时速 300 ~ 350 km/h 的高速铁路：京沪、京广、哈大、郑西、沪杭、沪宁、京津城际、宁杭、西宝、杭长、津秦、郑徐、成渝、济青、郑万、成贵、沪通、合安、鲁南、汉十、哈佳、京沈、京张等。

运营时速 200 ~ 250 km/h 的高速铁路：合宁、合武、石太、胶济、长吉、昌九、广珠、海南的东环、甬台温、温福、福厦、汉宜、成绵乐、石济、宝兰、沈丹、宁安、哈齐、津保、杭黄等。

在建的高速铁路还有：贵南、广汕等多条铁路。

如今，我国已成为世界上高速铁路系统技术最全、集成能力最强、运营里程最长、运行速度最快、在建规模最大的国家，我国高速铁路技术已走出国门，引领世界高速铁路的发展。

三、高速铁路的技术特点

（一）高速铁路的建设模式

高速铁路的建设模式包括修建模式和运输组织模式，修建模式是指高速铁路采用既有线改造还是新建；运输组织模式是指高速铁路是客运专线还是客货列车共线。

高速铁路的建设模式，根据国家的国情和路情的不同，一般有以下几种模式：

（1）日本新干线模式：全部修建新线，旅客列车专用。

（2）法国 TGV 模式：部分修建新线，部分旧线改造，旅客列车专用。

（3）德国 ICE 模式：全部修建新线，旅客列车及货物列车混用。

（4）英国 APT 模式：既不修建新线，也不对旧线进行大量改造，主要靠采用由摆式车体的车辆组成的动车组，旅客列车及货物列车混用。

（5）中国高铁建设的三种模式：新建时速 300 ~ 350 km/h 的客运专线，新建时速 200 ~ 250 km/h 的客运专线，新建时速 200 km/h 的客货共线。

（二）高速铁路的线路

高速铁路线路应能保证列车按规定的最高速度，安全、平稳和不间断地运行。因此，高速铁路线路应当具有一定的坚固性和稳定性。

随着列车运行速度的提高，对铁路线路的修建标准，包括最小曲线半径、缓和曲线、外轨超高、坡度值、竖曲线和道岔等线路构造都有特定要求。因此，高速铁路应采用重型钢轨、弹性扣件和新型道岔等设备；加强线路的检测和监视；采用新型机车车辆和现代化的信息设备，以满足安全行车、旅客舒适的要求。

1. 高速铁路的平、纵断面

高速铁路的高平顺性，要求铁路线路的空间曲线应尽可能地平滑，即线路的平、纵断面的变化应尽可能地平缓。因为曲率变化快的地段，轮轨间的相互作用力就会增加，轨道不平顺极大地影响行车的安全与稳定。因此，高速铁路的线路标准较之普通铁路有以下特殊的要求。

1）超高与欠超高值

在最高设计速度和运营速度确定以后，首先需要确定影响舒适度的参数——超高与欠超高。目前，国外高速铁路客运专线的最大曲线超高，除日本东海道新干线规定为 200 mm 外，其余均为 180 mm。

我国铁道科学研究院曾通过环形铁路进行了广深准高速客车运行试验，并在广深线开通后进行了旅客舒适度不同等级的试验，提出了我国京沪高速铁路的欠超高允许值采用表 9.1 所示的值。考虑到京沪高铁的高、中速列车共线的运营模式是以高速为主，重点在于保证高速列车的旅客舒适度，因此取过超高与欠超高的最大允许值一致。

表 9.1　京沪高铁最大欠超高、过超高允许值

条　件	舒适度良好	舒适度一般	舒适度较差
最大欠超高[h_q]/mm	40	80	110
最大过超高[h_e]/mm	40	80	110

2）最小曲线半径

铁路线路平面曲线半径的确定，取决于铁路运输要求和所在地区自然条件等因素，曲线半径是限制行车速度的主要条件之一，应随行车速度提高而相应加大。各国高速铁路的最小曲线半径值因地理条件各异而不同。表 9.2 所示为几个技术先进国家的高速铁路最小曲线半径值。

表 9.2　几个技术先进国家的高速铁路最小曲线半径值　　单位：m

法国		德国	意大利	日本			
TGV 东南线	TGV 大西洋线			东海道	山阳	东北	上越
4 000(3 200)	6 000(4 000)	7 000(5 100)	3 000	2 500(2 000)	4 000(3 000)	4 000	4 000

3）缓和曲线

缓和曲线线形有三次、四次、五次抛物线和三角函数线四种。根据对列车-线路动力学的研究和国外高速铁路的运行经验，可知缓和曲线的线形不是影响行车的决定性因素，所以传统的三次抛物线形缓和曲线仍可适应高速列车运行的要求，关键是缓和曲线的长度。因此，高速铁路缓和曲线的长度一般为 350 ~ 700 m，而准高速铁路和普通铁路缓和曲线的长度仅为 20 ~ 180 m。

4）线路坡度与竖曲线

高速列车质量较小，机车功率较大，可在较大线路坡度上高速运行。国外高速铁路的最大线路坡度为 40‰，如法国的 TGV 东南线采用 35‰。在长隧道内考虑到空气阻力的影响，线路坡度不应超过 20‰。日本除东海道新干线上采用 20‰ 外，山阳、东北、上越新干线均为 15‰。

高速铁路要求相邻坡度大于 1‰ 时，应设置竖曲线，以保证列车运行平稳和安全。竖曲线半径与行车速度有关，行车速度越高，竖曲线半径也就越大。法国 TGV 东南线的竖曲线半径采用 25 000 m；TGV 大西洋线采用 16 000 m；而日本除了东海道新干线采用 10 000 m 以外，其余各线均采用 15 000 m。

我国拟建的高速铁路，其竖曲线半径可根据所处区段远期设计最高速度选择，见表 9.3。

表 9.3　我国拟建的高速铁路竖曲线半径采用标准

v_{max} /(km/h)	300	250 ~ 300	160 ~ 250	< 160
竖曲线半径/m	25 000	20 000	15 000	10 000

2. 高速铁路的路基

路基的稳定性与坚固性直接关系到线路的质量、列车的正常运行与安全，特别是高速列车，运行时更需要有良好的路基基础。与普通路基相比，高速铁路路基的特点具体表现在：具有强度高、刚度大的基床，控制路基的容许沉降或没有沉降，保证路基刚度沿线路方向变化缓慢等。为了保证路基状态完好，保证线路质量和列车安全、正常地运行，高速路基应满足下述要求：

（1）路基面必须平顺并应有足够的宽度，路基面的上方应形成与铁路限界规定相符的安全空间，不得侵入铁路建筑限界，以保证高速行车与线路作业安全的要求。例如，法国高速铁路路基宽度规定为 12.6 m；日本东海道新干线为 10.7 m，山阳新干线为 11.6 m；意大利为 13 m；德国则采用 13.7 m。

（2）路基应具有足够抵御各种自然因素影响的坚固性与稳定性。道床的基底除路堤可用石块填筑外，均应铺设 15 ~ 55 cm 厚的垫层，以保证高速列车良好的运行条件及行车安全。

（3）设置妥善的路基排水设施。

（4）路基的设计、施工与养护应符合经济合理的原则。

3. 高速铁路的轨道

和普通轨道一样，高速铁路轨道也是由钢轨、轨枕、扣件、道床、道岔等部分组成，轨道结构的作用力与运行速度密切相关，所以要求高速铁路线路轨道结构具有更高的安全性、稳定性和平顺性，在部件性能、技术水平和养护维修等方面标准更高、要求更严。

高速铁路的轨道结构目前大体可分为有砟轨道和无砟轨道两种类型。

1）有砟轨道

高速铁路的有砟轨道在结构上与普通铁路的有砟轨道没有本质的区别，就是铺轨枕和碎石的轨道。但为了满足高速列车运行平稳与安全的需要，对轨道部件进行了改进和加强，对其性能与维修标准要求更高、更严。例如，为了减小枕下作用荷载和增加轨道横向阻力，而增大轨枕

微课视频：
有砟轨道和无砟轨道

底部与道床表面的接触面积，出现了重型轨枕和宽轨枕结构形式；为了增大轨枕纵向支撑的连续性，采用宽轨枕、框架轨枕和纵向轨枕；为了提高轨道的弹性，在轨下、枕下和道砟下采用弹性垫层等。图 9.6 所示为日本新干线的有砟轨道。

图 9.6　日本新干线的有砟轨道

2）无砟轨道

无砟轨道就是路基不采用碎石的轨道，它采用混凝土、沥青混合料等整体基础取代了散粒碎石道床，其轨枕本身由钢筋混凝土烧筑而成，钢轨和轨枕直接铺在混凝土路基上，可以长久地保持钢轨的形状和位置，因此，无砟轨道平顺性好，稳定性好，耐久性好，维修工作少，使用寿命长，可以降低粉尘，美化环境，而且列车运行速度可以达到 200 km/h 以上，是当今世界先进的轨道技术。

随着行车速度的提高，有砟轨道的缺点逐渐显现；而无砟轨道具有线路状况良好、使用寿命长、高速行车时不会有石砟飞溅等优点，逐渐在高速铁路上获得了广泛的应用，其铺设范围已从桥梁、隧道发展到土质路基和道岔区。

国外在 20 世纪 60 年代开始使用无砟轨道，日本、德国和法国的无砟轨道技术比较先进。目前我国高速铁路也广泛采用无砟轨道技术，如图 9.7 所示。我国高速铁路铺设的轨枕是宽混凝土轨枕，这种轨枕比普通混凝土轨枕宽而且稍薄，它在线路上是连续铺设的。采用宽混凝土轨枕的轨道沉陷小，也不易发生坑洼不平和道床的脏污现象；同时，由于它的底部和道床、上部和轨底的接触面积增大了，因而提高了线路的稳定性，改善了钢轨的受力条件，有利于高速行车。

（a）武广高铁无砟轨道　　（b）京沪高铁无砟轨道

图 9.7　我国高速铁路的无砟轨道

4. 高速铁路的道岔

道岔是限制列车运行速度的关键设备，在高速铁路中具有特殊的地位。高速道岔在功能和构造上相对于普通道岔没有太大的差别，只是对安全性和舒适性有了更高的要求。

欧洲高速铁路在建设过程中研制和铺设了各类大号码道岔，如法国的 64 号单开道岔，直向允许速度为 260 ~ 300 km/h，侧向允许速度为 220 km/h；日本的 60 kg/m 钢轨 18 号道岔，相应的直向和侧向允许速度分别为 250 km/h 和 70 km/h；德国的 UIC60 轨 1:26.5 单开道岔，直向和侧向允许速度分别为 250 km/h 和 130 km/h。

我国先后研发了客运专线 18 号、42 号道岔，其中客运专线 18 号道岔已经得到应用，使用情况良好（见图 9.8）。

图 9.8　我国高速铁路 18 号道岔

5. 高速铁路的桥梁

高速铁路的设计参数限制严格，如要求曲线半径大、坡度小，并需要全封闭行车，因而高速铁路的桥梁建筑物大大多于普通铁路，高架长桥的数量也很多。日本近 2 000 km 的高速铁路中，桥梁占线路总长的 47%，我国京沪高速铁路桥梁占线路总长的 86.5%，武广客运专线桥梁占线路总长的 42.14%。高速铁路的桥梁具有以下特点：

（1）高架长桥多。

（2）以中小跨度为主。由于高速铁路对线路、桥梁、隧道等土建工程的刚度要求严格，因此高速铁路桥梁跨度以中小跨度为主。如京沪高速铁路上的桥梁，绝大多数为中小跨度。

（3）刚度较大，整体性好。高速铁路桥梁必须具有足够大的刚度和良好的整体性，以防止桥梁出现较大挠度和振幅。

（4）纵向刚度大。高速铁路要求依次铺设跨区间无缝线路，而桥上无缝线路钢轨的受力状态不同于路基，结构的温度变化、列车制动、桥梁挠曲会使桥梁在纵向产生一定的位移，引起桥上钢轨产生附加应力。过大的附加应力会造成桥上无缝线路失稳，影响行车安全。因此，墩台基础要有足够的纵向刚度，以尽量减少钢轨附加应力和梁轨间的相对位移。

（5）结构便于检查维修。高速铁路一旦中断行车，会造成很大的经济损失和社会影响，因此，高速铁路桥梁一方面要尽量减少维修，另一方面要便于日常检查和维修。

图 9.9　郑州黄河公铁两用桥

图 9.9 所示是郑州黄河公铁两用桥，该桥全长

1 680 m，主跨采用(120 + 5×168 + 120 + 5×120) m 六塔单索面部分斜拉连续钢桁结合梁。

6. 高速铁路的隧道

隧道是高速铁路基础设施的又一重要组成部分。列车运行速度的提高导致线路曲线半径变大，因此高速铁路需要“截弯取直”修建使线路顺直的隧道，这使得高速铁路在选线设计中出现了大量的隧道工程。

高速铁路隧道与普速铁路隧道的最大区别与列车空气动力学相关。当列车高速通过隧道时，原来占据空间的空气被排开，空气的黏性以及隧道壁面和列车表面的摩擦作用使列车前方的空气受到压缩，产生一个压力波动过程，进而对行车、旅客乘坐舒适度、车辆结构强度和环境等带来不利影响。缓解空气动力学效应可采取放大隧道断面有效面积、在隧道洞口修建缓冲结构（见图 9.12）及增设辅助坑道等措施。

下面介绍我国具有典型代表意义的高速铁路隧道。

1）太行山隧道

石太客运专线的太行山隧道全长 27.848 km，最大埋深 445 m，设计为双洞单线隧道，两线距离 35 m，是目前我国最长的高速铁路山岭隧道，如图 9.10 所示。

2）大瑶山隧道

京广高速铁路的大瑶山隧道群由大瑶山 1、2、3 号隧道组成，隧道长度分别为 10.081 km、6.024 km、8.373 km，其中 1、2 号之间距离 167 m，2、3 号之间距离 47 m，3 座隧道均为双线隧道。图 9.11 所示即大瑶山隧道。

图 9.10　太行山隧道

图 9.11　大瑶山隧道

3）浏阳河隧道

京广高速铁路的浏阳河隧道全长 10.1 km，下穿京珠高速公路、星沙开发区、浏阳河、长沙市机场高速公路等困难地段，不良地质较多，设计、施工困难，图 9.12 所示即浏阳河隧道。

4）狮子洋隧道

广深港客运专线的狮子洋隧道全长 10.49 km，其中盾构段长 9.34 km，盾构内径 9.8 m，穿越珠江口狮子洋河段，水流急、难度大。建设中采用洋底“地中对接，洞内解体”的盾构方法，为国内首创。图 9.13 所示即狮子洋隧道。

5）函谷关隧道

郑西线的函谷关隧道，全长 7.85 km，是我国最长、断面最大的黄土隧道，开挖断面面积达 164 m^2，如图 9.14 所示。

图 9.12　浏阳河隧道

图 9.13　狮子洋隧道

图 9.14　函谷关隧道

6）深港隧道

深港隧道位于广深港高速线的深圳和香港之间，是我国目前最长的高铁隧道。隧道全长 35.655 km，2018 年 9 月 23 日通车。广深港高速客运专线起自广州南站，向东经番禺、东莞、深圳、抵达香港。其中自深圳福田至香港西九龙之间，采用全地下隧道设计，设计时速达 200 km。深港隧道沿线主要为城市街区，地表建筑及城市建筑密集，地下管网密布，穿越深圳河、米埔湿地保护区等特殊区域，施工难度极大。深港隧道

（三）高速铁路的车站

高速铁路车站是高速铁路运输组织的基地。由于高速铁路的建设模式不同，车站与枢纽的设计和修建模式也不同。

1. 高速车站的修建模式

（1）既有线改造，客货列车共线运行模式。对自然条件和技术条件较好的既有线进行改造，将小半径曲线加大，采用新型轨下基础和无缝线路，以满足高速列车运行的技术条件，实行客、货列车共线运行。这种模式由于高速铁路全部利用旧线，其线路走向、车站及枢纽布局一般不作变动，只对站场进行部分改造，如增加站线、咽喉区选用大号码道岔、高速列车通过的站台要加宽等。

（2）全部新建客运专线，全高速旅客列车运行模式。在客运量大的特大城市之间，修建专门为高速旅客列车运行的线路，高速线与既有线的走向分开，运营上自成系统，全部开行高速旅客

列车。这种模式由于高速线与既有线的走向分开，沿线应单独设置一定数量的越行站和中间站，要考虑高速站房与既有站房的连通关系，以便于旅客的换乘等。

（3）高速线与既有线并行，全高速旅客列车运行或中、高速旅客列车共线运行模式。若高速线全部开行高速旅客列车，则应尽可能利用既有线的客运设施，并考虑方便旅客的换乘；若高、中速旅客列车共线运行，则应考虑不同速度列车运行的安全性和技术要求。

2. 高速车站的类型

根据技术作业性质不同，高速铁路的车站可划分为 4 种类型。

（1）越行站：主要办理中速列车待避高速列车的作业。由于不办理客运业务，原则上可不设站台。

（2）中间站：主要办理停站的各种旅客列车的客运业务，少量高速旅客列车夜间折返停留及各种旅客列车的不停站通过作业。

（3）始发终到站：设在高速铁路的起点和终点，位于特大城市的铁路枢纽，主要办理始发、终到高速列车的作业。

（4）通过站：车站设在高速铁路沿线大、中城市的铁路枢纽，一般都有普通铁路干支线接轨，以办理通过的高、中速旅客列车作业为主，兼办部分始发、终到的高速列车。

（四）高速铁路的牵引动力与车辆

1. 牵引动力

电力牵引和内燃电传动牵引同样都能满足牵引高速列车的要求。从目前各国发展高速铁路的情况来看，大多数国家都采用电力牵引。虽然电力牵引需要较大的投资，但电力机车具有能源来自外部供电系统、不受能源条件的限制、机车功率较大，且轴重小、经济性能好，对环境污染小等优点，所以电力牵引是高速铁路的最佳选择。内燃电传动牵引具有投资少、见效快等特点，被用于尚未电气化的高速铁路区段或作为建设高速铁路的一种过渡形式。

1）牵引动力的方式

高速列车的牵引可以采用传统的机车牵引方式，也可采用动车组牵引方式。由于动车组的轴重低，可以减少对线路的破坏作用，因此目前世界上大部分高速列车采用动车组牵引方式。

2）牵引动力的配置

高速列车牵引动力的配置有集中配置和分散配置两种。

（1）牵引动力集中配置于一端。这是一种传统的机车牵引客车的方式，高速列车由一台或几台机车集中于一端来牵引。它在高速化的初期为不少国家所采用，是一种投资少、见效快的方式。例如，美国采用 AEM-7 型机车，英国采用 91 型机车，瑞士采用 2000 型机车。这类列车由于机车功率较小，最高速度在 200 km/h 左右，很难满足进一步提高速度的要求。

（2）牵引动力集中配置于两端：高速列车两端为动力车，中间全部为无动力的挂车，牵引采用前拉后推方式。两端设动力车可以有两种模式：一种是机车模式，即两端的动力车实际上就是一般的机车，而中间的无动力挂车即为一般的客车，如德国的 ICE 高速列车，这种模式在列车长度方面机动性较大，可随意加大或缩小编组；另一种是动车组模式，即两端的动力车与中间的无动力挂车具有共同的转向架及铰接机构，构成动车组，如法国的 TGV 高速列车，除位于整列车两端的列车转向架上装有牵引电动机以外，相邻首尾的第二辆车的第一台转向架上也装有牵引动力装置，这种模式可保持整列车的载荷均匀、运行相对平稳，但由于编组固定，因而在列车长度方面的机动性较差。

（3）牵引动力分散配置。这是一种动车组牵引方式。也有两种模式：一种是完全分散模式，即高速列车编组中全部为动力车，如日本的 0 系列高速列车，其 16 辆编组中全都是动力车；另一种是相对分散模式，即高速列车编组中大部分为动力车，其余为无动力的挂车，如日本的 300 系列高速列车，其 16 辆编组中有 10 辆是动力车，6 辆是挂车。

2. 车　辆

高速客车一般包括动力车和非动力车（挂车）。高速客车的动力车一般也有客室，也要运载旅客。客室部分与挂车完全一样。而挂车的基本构成与一般普通客车一样。

1）车体和车内设施

为了使旅客在高速运行条件下具有较高的舒适度，与一般车速的车体相比，高速客车的车体质量轻，车体外形为流线型，气密性和隔声性能好。

2）走行部

要确保高速列车安全、平稳地运行，转向架应具备高速运行的稳定性、通过曲线的安全性和旅客乘坐的舒适性。为此，通常采用轴箱定位装置，以抑制蛇行运动；合理的车轮踏面形状和斜度，以防止脱轨和倾覆；采用空气弹簧盒橡胶件，以降低噪声。

3）制动装置

由于高速列车的速度较高，动能很大，要在规定的时间和距离内将这些动能消耗或吸收，用常速列车的单一闸瓦制动方式是无法达到的。因此，高速列车的制动必须采用综合制动方式，即多种制动协调使用。目前制动方式基本上分为摩擦制动和动力制动两类。摩擦制动包括闸瓦制动、盘形制动和摩擦式电磁轨道制动等；动力制动包括电阻制动、再生制动和电磁涡流制动等。

4）车钩缓冲装置

高速旅客列车要求车钩的纵向间隙小，风管、电气线路能自动对接；缓冲器容量适当，柔性较好；同时，整个系统的质量要轻。目前，我国高速铁路采用密接式车钩。

（五）高速铁路的信号与控制系统

高速铁路的信号与控制系统是高速列车安全、高密度运行的基本保证，是保证列车行车安全和提高行车效率最有效的信号设备。在普通速度线路的列车运行中，司机是根据地面信号显示来控制列车运行的。而在高速线路上，由于速度高，司机在很短时间内要辨认地面信号是非常困难的，必须根据地面发送的信息直接与机车制动系统相联系。要做到这一点，必须强化列车速度控制系统，采用一系列保证安全的新技术和新设备，如先进的机车信号、列车速度控制系统、地面信息发送设备等。

1. 列车速度控制系统

列车速度控制系统是机车信号与制动机构之间的中间环节，要求具有高安全性，它是集计算机控制与数据传输于一体的综合控制与管理系统，一般统称为先进列车控制系统，简称 ATC。列车速度控制系统可分为：列车超速防护系统、列车自动限速系统和列车自动运行系统。目前在高速铁路线路上，大部分国家采用列车超速防护系统和列车自动限速系统两种列车速度控制系统。

2. 地面信息发送设备

高速铁路线路上地面发送的信息分为速度等级信息和线路参数信息两部分。为了得到列车速度信息，必须要检测前方列车的位置。目前大部分国家都采用固定的闭塞，以列车是否占用闭塞分区来确定现行列车和后续列车间隔几个闭塞分区，以便确定后续列车的速度等级。也有部分国家的高速铁路采用移动闭塞的方法，列车通过信道向控制中心传送列车的速度、目前所处的位置等信息，由控制中心根据线路状况，前、后车速及距离，经计算得出后车与前车的安全间隔及行车速度，再向后车传送。

为了确定区间的限速值、线路的参数、桥隧防护点等线路状态，需要发送线路参数信息。发送线路参数信息可采用查询/应答器方式或采用叠加方式。应答器是实现列车与地面设备信息交换的重要手段，列车通过这些信息，经过无线数据网络与车站或调度中心计算机完成列车自动控制、列车自动防护及列车位置跟踪的功能，最终实现信号系统与列车控制的联锁关系。

（六）高速铁路运输组织

高速铁路在技术装备、运输服务和运输组织工作上都与常规铁路有着显著差别。世界各国的高速铁路根据本国的具体情况，在运输工作组织上采用了不同的模式，归纳起来，其基本特点为：

1. 客运服务的全程化

旅客运输组织是整个铁路运输系统中的重要组成部分。高速铁路运输服务在客票预定、售票服务、车站信息服务、旅客换乘服务等方面都高质量、便捷地满足了旅客需求，实现了运输组织管理和运输服务管理的一体化。

2. 列车方案的灵活性

高速铁路能最大限度地满足不同层次旅客的出行需求，统筹兼顾，合理安排。

（1）在旅客群体出行的“黄金时间带”提供高频率、高质量的服务。

（2）调整和优化列车开行方案。除了开行适应季度客流、星期客流和日间客流变化规律的跨局和管内各类不同速度、不同行程和不同停站的高速列车外，还发展了高速线与既有线以及国际高速铁路之间的联程运输等。

（3）重视与既有铁路和其他交通方式的协调配合，方便旅客换乘。

3. 建立以高新技术为基础的安全保障体系

高速铁路运输对技术设备提出了更高的安全要求：

（1）改进车辆结构与材料以保证轨道稳定，采用复合制动技术以满足列车制动要求。

（2）建立电力牵引供电系统的检测、监控和保护装置以保证高速受流的稳定性。

（3）高速铁路采用全封闭方式。

（4）建立了以人为核心的人—机—环境检测、控制和管理系统，包括列车控制与行车指挥自动化系统，技术设备的检测、控制、整备与维修系统，故障自动诊断、报警和防护系统，环境检测与报警系统，事故和灾害应变、救援和恢复系统，自然灾害的预报、监测、报警、防护与减灾系统等。

4. 建立以调度中心为中枢的运营管理总体系统

铁路调度指挥系统是组织铁路日常运输活动的管理中枢，又是对运输过程进行实时监督调整的指挥中心。它在协调各部门工作、提高列车运行质量、确保行车安全、保持运输系统整体有序运行方面起着重要的整合作用。

日本的“综合调度中心”是在采用调度集中（CTC）的基础上，开发配置了计算机管理系统，形成了以行车指挥自动化系统和新干线信息系统为中枢的，集成了一系列自动化程度很高的移动数据通信、设备监控、列车运行自动控制、事故预警、防灾、售票服务、事务管理等功能的综合统一的运营管理总体系统。“综合调度中心”所设置的职能机构、业务范围，除传统的各种调度业务以外，还设立了有关线路设备管理、维修、保养，供电系统的监视、遥控，通信信号设备的监控、检修及灾害、事故抢修处理等业务调度，在列车运行正点的情况下，保证行车安全。

四、京张高速铁路的技术特点和创新

京张高速铁路（简称京张高铁）是我国第一条采用我国自主研发的北斗卫星导航系统、设计时速为 350 km/h 的智能化高速铁路，也是世界上第一条按照智能化理念进行设计的高铁，同时也是世界上第一条最高设计时速 350 km/h 的高寒、大风沙高速铁路。

2021 年 12 月 6 日，京张高速铁路获得 2020—2021 年度国家优质工程奖。2022 年 11 月，京张高速铁路入选 2022 中国新时代 100 大建筑交通工程类。

（一）京张智能高铁的技术特点

1. 线路站点设计参数

京张智能高铁的线路站点设计参数如表 9.4 所示。

表 9.4　京张智能高铁线路站点设计参数

区段	北京北站—清河站	清河站—北清路	北清路—昌平站	昌平站—八达岭西所	八达岭西所—下花园北站	下花园北站—张家口站
设计速度	120 km/h	160 km/h	200 km/h	250 km/h	350 km/h	250 km/h
轨道类型	有砟轨道（超过 1 km 隧道内及隧道群地段铺设无砟轨道）					
轨道标准	60 kg/m（重轨）、1435 mm（标准轨距）					
正线间距	4.0 m	—	4.4 m	4.6 m	5.0 m	4.6 m
最小曲线半径（一般）	1200 m	2000 m	2200 m	3500 m	7000 m	3500 m
最小曲线半径（困难）	700 m	1600 m	2000 m	3000 m	5500 m	3000 m
牵引种类	电力	电力	电力	电力	电力	电力
机车类型	动车组	动车组	动车组	动车组	动车组	动车组
列车运行方式	自动控制	自动控制	自动控制	自动控制	自动控制	自动控制
行车指挥方式	综合调度集中					
最大坡度	一般路段 20‰，困难路段 30‰					
闭塞类型	自动闭塞					
动力方式	接触网供电：50 Hz、25 kV					

2. 沿线桥梁和隧道

京张高速铁路沿线共有官厅水库、新保安、康庄、南口、西二旗、土木 6 座特大桥梁。其中,新保安高架特大桥全长 15 051 m,是京张高速铁路全线最长大桥;官厅水库特大桥全长 9 080 m，是时速 350 km/h 无砟轨道高速铁路钢桁梁桥，大桥的设计体现了"轻质、大跨、环保"的现代铁路建设理念；土木特大桥全长 3503.48 m，依次跨越大秦铁路、京包铁路和京藏高速公路，墩顶转体连续梁最大跨度 128 m，最大转体质量 8700 t，是中国国内最大跨度、最大吨位的高速铁路墩顶转体连续梁。

京张高速铁路沿线共设置了清华园、南口、居庸关、新八达岭、东花园、西黄庄、董家庄、祁家庄、八里村、草帽山 10 座隧道，全长 49.47 km，占正线长度的 28.44%。其中，新八达岭隧道全长 12010 m，是京张高速铁路全线最长隧道；清华园隧道穿越海淀区学院南路人口稠密区，是中国国内位于城市核心区，穿越地层最复杂、重要建筑物最多的单洞双线、大直径盾构、高风险隧道，是京张高速铁路全线唯一采用盾构法施工的隧道。

3. 车辆设施

截至 2019 年 12 月,京张高速铁路主要运行复兴号 CR400BF 型电力动车组。包括 CR400BF-G 型和 CR400BF-G 型，京张高速铁路智能动车组列车具有较好的空气动力学性能，引入了自动驾驶技术，能够实现车站自动发车、区间自动运行、车站自动停车、车门自动打开等功能。

CR400BF-C 型动车组列车在设计时同时考虑到适应京张高速铁路的线路条件以及需要满足 2022 年北京冬奥会的服务需求，新增了智能环境感知调节技术，能够实现对温度、灯光、车窗颜色等的调节，同时全车覆盖 wifi，配置多语种旅客信息系统，能够满足国际旅客的需求。座椅采用滑道式安装，允许增加更多轮椅。

4. 信号系统

信号系统是控制高速铁路列车安全行车的“中枢神经系统”，满足列车高速度、高密度及不同速度等级列车跨线运行要求。京张高速铁路采用世界领先水平的 CTCS-3 级列车运行控制系统，基于 GSM-R 网络实现地面与动车组控车信息的双向实时传输。

5. 牵引供电系统

京张高速铁路清河至张家口段牵引供电系统采用 AT 供电方式，北京北至清河段及枢纽内部分线路、动车走行线等采用带回流线的直接供电方式或直接供电方式，正线接触网采用全补偿弹性链型悬挂。

截至 2019 年 12 月，京张高速铁路设黄土店、大浮坨、新保安、张家口南 4 座牵引变电所。

6. 调度指挥系统

基于北斗卫星和地理信息系统技术，为京张高速铁路的建设、运营、调度、维护、应急全流程提供智能化服务。线路实时“体检”系统，可以将全线每一个桥梁、车站，每一处钢轨通过传感器连接至计算机，零件是否老化、路基是否沉降、照明是否损坏都能一目了然。此外，高速铁路周界入侵报警系统、地震预警系统、自然灾害监测系统等组成了复兴号动车组的智能调度指挥系统。

7. 高铁智能运营管理

京张智能高铁是广泛应用云计算、大数据、物联网、移动互联、人工智能、北斗导航、BIM 等新技术，综合高效利用资源，实现高铁移动装备、固定基础设施及内外部环境信息的全面感知、互联、融合处理、主动学习和科学决策一体化管理的智能化高速铁路系统。其中，智能高铁大脑平台是实现智能建造、智能装备、智能运营 3 个复杂系统互联互通、协同互动、有机统一的神经中枢。高铁智能运营管理是在智能建造、智能装备的基础上，采用泛在感知、智能监测、增强现实、智能视频、事故预测及智联网等技术，实现智能化出行服务、预测性运营维护、主动性安全防控和智能化经营管理。

高铁智能运营管理包括以下内容：

（1）构建基于人工智能的高速铁路智能调度指挥系统，实现全自动驾驶、智能动态调度、智能协同控制、智能换乘调度、智能故障诊断等功能，达到路网整体列车调度效率最优，提升系统应急决策和处置能力，提高运营效率和旅客满意度。

（2）建设 12306 客运智慧服务信息系统，打造一站式全程畅行服务生态链，电子客票、刷脸进出站、无感支付、无感安检、验检合一和智能引导等便捷智能服务将得到普及，为旅客提供购票、进站、候车、乘车、出站等全环节的自助化、精准化、个性化、智能化全过程出行服务。

（3）开行高铁快运动车组列车，通过集快递、快运、金融等多元化业务为一体“智能高铁快运平台”，为客户提供在线受理、跟踪查询、电子票据、结算办理、货物交付及客户管理等一站式高端快递服务。与各大电商、快递企业合作，智能高铁快运实现“当日达”“次晨达”“次日达”快运产品。

（4）掌握高铁基础设施及移动装备劣化机理及演变规律，实现预测性维修；采用了最新的移动互联技术，将设备运维信息、通信、调度指挥和运维管理融为一体，实现高铁车站运维智能与高效运营双赢。

（5）在经营管理方面，准确把握市场需求，科学开展客运产品设计及优化，实现客票价格的动态化、售票组织的智能化、运输收益的最大化。

（6）在安全方面，通过高铁固定设施、移动装备、运输过程及自然环境等的状态感知，实现设备故障、行车事故趋势预测预警，做到超前防范；采用故障预测与健康管理系统，实现预测性智能化维修。配备智能供电系统，实现智能故障诊断、预警。

（二）京张智能高铁的技术创新

1. 中国首条智能高速铁路

作为中国首条智能高速铁路，京张高速铁路每一条钢轨的质量监造、供应和轮廓外形的设计打磨都运用了大数据并建立了“健康档案”。

2. 注重绿色环保设计

京张高速铁路对路基、桥梁、隧道及其他相关场地进行绿化和景观设计，沿线采用内低外高、内灌外乔的设计，形成立体多层绿化带。

3. 智能控制中心参与清华园隧道建设

根据地质情况，清华园隧道建设方联合研制了两台泥水平衡盾构机，借助我国首个大盾构智能控制中心，成功应用 BIM 技术、三维可视化监控、盾构云平台指挥、自动化监控量测等措施，实现了智能模拟、精准预测、提前预警、实时修正，克服了盾构超浅埋始发接收、超近穿越重要建（构）筑物等难题。

4. 中国首个封闭式声屏障

京张高速铁路封闭式声屏障是我国国内首个混凝土框架结构封闭式声屏障工程，全长

2.43 km，主要安装在清华大学及其周边社区附近。为避免紫外线、酸性腐蚀等环境影响从而降低维护成本，该封闭式声屏障采用现浇混凝土结构。此外，该封闭式声屏障吸声墙进行外部装修工作时融入老京张铁路元素，外观采用体现清华园站牌坊风格的灰砖和拱窗。

5. 重点工程创新

1）八达岭长城地下车站

八达岭长城站设计时将车站与山体融为一体，车站最大埋深 102 m，地下建筑面积 39 800 m^2，是中国国内埋深最大的高速铁路地下车站；车站两端渡线段单洞开挖跨度达 32.7 m，是中国国内单拱跨度最大的暗挖铁路隧道；旅客进出站提升高度达 62 m，是中国国内旅客提升高度最大的高速铁路地下车站；车站层次多、洞室数量大、洞型复杂、交叉节点密集，是中国国内最复杂的暗挖洞群车站。

2）**清河综合交通枢纽**

清河站是京张高速铁路沿线建筑面积最大的车站，建设时施工场地狭小，局限在仅为 146 米宽的狭长带状区域内。清河站采取大空间无柱造型，重达 5 000 t 的钢屋盖，仅支承于 24 根椭圆形钢柱，总用钢量达 31 000 t，并获得“中国钢结构金奖”年度杰出工程大奖。

6. 科研成果

（1）在跨越京藏高速公路和大秦铁路时，京张高速铁路建设方自主研发了创新型工法——连续梁墩顶转体施工。

（2）在智能体系和管理方面：基于分层分类原则，构建了“平台+应用”的技术体系架构；提出了“以全生命周期管理为主轴线、以全业务要素为基本面、模数驱动、轴面协同”的建设管理方法。

（3）在智能建造技术方面：构造了基于 BIM 的全专业、全线统一环境的协同设计平台，实现了多专业协同设计和数据无损传递；建成双块式轨枕场，实现了轨枕制造全工序自动化、全过程数据集成化，为数字化制造提供了支撑；突破路基、桥梁、隧道、客站等智能化施工成套技术；研发了基于 BIM+GIS 的高铁工程管理平台。

（4）在智能装备技术方面：研制了智能动车组系统，实现智能行车、智能运维、智能服务和安全监测；首次实现 350 km/h 高速动车组自动驾驶；建成智能牵引供电系统，实现了智能运维；构建了智能安全监测与应急处置系统。

（5）在智能运营技术方面：构建了覆盖全行程的智能票务服务和智能客站系统；研制出基于 BIM+GIS 融合的基础设施综合运维系统；建成高铁智能调度集中系统。

【思考题】

1. 高速铁路怎样定义？它有哪些优势？
2. 简述高速铁路建设与运营的模式。
3. 中国高速铁路的发展经历了哪些阶段，每一阶段都取得了哪些成就？
4. 从哪些方面保证高速铁路线路的稳定性与安全性？
5. 高速铁路的车站类型有哪些？
6. 高速铁路车辆包括哪两部分？拖车由哪几部分组成？
7. 高速铁路的路基和轨道有什么特点。
8. 什么是无砟轨道，无砟轨道有哪些优势？
9. 我国智能高铁——京张高铁有哪些技术特点和创新？

任务二　认知我国高速铁路发展规划和国际影响力

【任务描述】

在本任务中，我们将了解2004年国务院发布的《中长期铁路网规划》中提出的“四纵四横”客运专线建设规划和2016年国家发改委发布的《中长期铁路网规划》(2016版本)中提出的“八纵八横”高速铁路网建设规划的具体内容，以及我国高铁“走出去”战略取得的成就。

通过本任务的学习，要求学员掌握“四纵四横”和“八纵八横”高速铁路网建设规划的具体内容，知晓我国高速铁路今后的发展方向和愿景，培养铁路事业接班人的使命感；同时了解我国高铁“走出去”战略取得的巨大成就和国际影响力，提升爱国热情和民族自豪感。

【知识学习】

一、我国高速铁路发展规划

2004年1月，国务院通过的《中长期铁路网规划》提出：要建设客运专线1.2万千米以上，客车速度目标值达到200 km / h及以上的“四纵四横”客运专线及环渤海地区、长江三角洲地区、珠江三角洲地区城际客运系统。

2016年7月，国家发改委发布了《中长期铁路网规划》(2016版本)，提出在“四纵四横”高速铁路网的基础上，修建形成“八纵八横”高速铁路网，实现省会城市高速铁路通达、区际之间高效便捷相连。

到“十三五”末，我国已基本完成从“四纵四横”到“八纵八横”的高铁干网建设布局。截至2022年年底，中国高铁营运里程突破4.2万千米，超过全球高铁总里程的三分之二。

(一)“四纵四横”客运专线

1. “四纵”客运专线

(1)京沪客运专线：全长1 318 km，从北向南纵向连接京、津、冀、鲁、皖、宁、沪7省市，设计速度350 km/h，仅运行动车组列车；此外还有300 ~ 350 km/h的蚌埠—合肥、南京—杭州两条客运专线。

(2)北京—武汉—广州—深圳客运专线：京广深客运专线全长2 281 km，设计速度350 km/h，仅运行动车组；广州—珠海客运专线是纵向连接京、冀、豫、鄂、湘、粤和香港、澳门特区的客运大通道。

(3)北京—沈阳—哈尔滨(大连)客运专线：京哈客运专线(包括锦州至营口)全长1 860 km，设计速度350 km/h，仅运行动车组列车。在这条通道上还有秦沈和哈大两条客运专线。秦沈是我国新建的第一条客运专线，哈大是我国在高寒地区新建的第一条高速铁路。此外还修建了哈尔滨—齐齐哈尔客运专线(时速 250 km/h)和吉林—珲春城际客运专线(时速 250 km/h)，它是北方最美的高速铁路。

(4)杭州—宁波—福州—厦门—汕头—深圳(简称杭深)客运专线：杭深(又称东南沿海)客运专线全长约1 660 km，直接连接长三角、珠三角和东南沿海4省市。它是一条以客运为主兼顾货运的客运专线。

此外，在南北快速客运通道上还修建了九江—南昌、南昌—福州、莆田客运专线，主要开行动车组列车。其中合肥—福州的高速铁路（350 km/h），全长 852 km，连接安徽、江西、福建多个旅游景点，是我国南方最美的高速铁路。

2. “四横”客运专线

（1）徐州—郑州—西安—兰州客运专线：徐兰客运专线全长约为 1 400 km，设计速度 350 km/h，部分地段为 250 km/h，仅运行动车组列车；兰州—西宁—乌鲁木齐客运专线全长 1 776 km，设计速度 250 km/h，西宁—哈密段的设计速度为 200 km/h。它横贯陕、甘、青、新 4 省，是连接西北与中东部的客运大通道。

（2）上海—杭州—南昌—长沙—贵阳—昆明（简称沪昆）客运专线：沪昆客运专线是横贯华东、华南和西南 6 省市的客运大通道，设计速度 350 km/h；此外还修建了衡阳—柳州、贵阳—广州、南宁—桂林—广州、南宁—北海、防城港等快速客运专线。

（3）青岛—石家庄—太原客运专线：青太客运专线全长约 770 km，设计速度 250 km/h，是一条以客运为主兼顾货运的客运专线；太原—西安客运专线时速 250 km/h，是横贯鲁、冀、晋、秦 4 省，连接华东、华北和西北的快速客运通道。

（4）南京—武汉—重庆—成都客运专线：这条客运专线全长约 1 900 km，横贯长江流域 6 省市，加上成都—西安客运专线，是连接华东、华中、西南和西北的客运通道。

此外还有海口—三亚（250 km/h）东环客运专线，全长 308 km。

（二）“八纵八横”客运专线

1. “八纵”通道

（1）沿海通道（大连—秦皇岛—天津—东营—潍坊—青岛—连云港—盐城—南通—上海—宁波—福州—厦门—深圳—湛江—北海），其中青岛—盐城段利用青连、连盐铁路，南通—上海段利用沪通铁路，连接东部沿海地区，贯通京津冀、辽中南、山东半岛、东陇海、长三角、海峡西岸、珠三角、北部湾等城市群。

（2）京沪通道（北京—天津—济南—南京—上海—杭州），包括南京—杭州、蚌埠—合肥—杭州高速铁路，同时通过北京—天津—东营—潍坊—临沂—淮安—扬州—南通—上海高速铁路，连接华北、华东地区，贯通京津冀、长三角等城市群。

（3）京港（台）通道（北京—衡水—菏泽—商丘—阜阳—合肥—安庆—黄梅—九江—南昌—赣州—深圳—香港九龙；另一支线为合肥—福州—台北），包括南昌—福州（莆田）铁路。连接华北、华中、华东、华南地区，贯通京津冀、长江中游、海峡西岸、珠三角等城市群。

（4）京哈、京港澳通道（哈尔滨—长春—沈阳—北京—石家庄—郑州—武汉—长沙—广州—深圳—香港），包括广州—珠海—澳门高速铁路。连接东北、华北、华中、华南、港澳地区，贯通哈长、辽中南、京津冀、中原、长江中游、珠三角等城市群。

（5）呼南通道（呼和浩特—大同—太原—长治—晋城—焦作—郑州—襄阳—常德—益阳—娄底—邵阳—永州—桂林—南宁），连接华北、中原、华中、华南地区，贯通呼包鄂榆、山西中部、中原、长江中游、北部湾等城市群。

（6）京昆通道（北京—石家庄—太原—西安—成都、重庆—昆明），包括北京—张家口—大同—太原高速铁路，连接华北、西北、西南地区，贯通京津冀、太原、关中平原、成渝、滇中等城市群。

（7）包海通道（包头—延安—西安—重庆—贵阳—南宁—湛江—海口—三亚），包括银川—

西安以及海南环岛高速铁路，连接西北、西南、华南地区，贯通呼包鄂、宁夏沿黄、关中平原、成渝、黔中、北部湾等城市群。

（8）兰（西）广通道（兰州、西宁—临夏—合作—绵阳—广汉—成都—眉山—乐山—宜宾—毕节—贵阳—都匀—桂林市—贺州—佛山—广州），连接西北、西南、华南地区，贯通兰西、成渝、黔中、珠三角等城市群。

2. “八横”通道

（1）绥满通道（绥芬河—牡丹江—哈尔滨—齐齐哈尔—海拉尔—满洲里），连接黑龙江及蒙东地区。

（2）京兰通道（北京—呼和浩特—银川—兰州），连接华北、西北地区，贯通京津冀、呼包鄂、宁夏沿黄、兰西等城市群。

（3）青银通道（青岛—济南—石家庄—太原—银川），连接华东、华北、西北地区，贯通山东半岛、京津冀、太原、宁夏沿黄等城市群。

（4）陆桥通道（连云港—徐州—郑州—西安—兰州—西宁—乌鲁木齐），连接华东、华中、西北地区，贯通东陇海、中原、关中平原、兰西、天山北坡等城市群。

（5）沿江通道（上海—南京—合肥—武汉—重庆—成都），包括南京—安庆—九江—武汉—宜昌—重庆、万州—达州—遂宁—成都高速铁路（其中成都至遂宁段利用达成铁路），连接华东、华中、西南地区，贯通长三角、长江中游、成渝等。

（6）沪昆通道（上海—杭州—南昌—长沙—贵阳—昆明），连接华东、华中、西南地区，贯通长三角、长江中游、黔中、滇中等城市群。

（7）厦渝通道（厦门—龙岩—赣州—长沙—常德—张家界—黔江—重庆），其中厦门至赣州段利用龙厦铁路、赣龙铁路，常德至黔江段利用黔张常铁路。连接海峡西岸、中南、西南地区，贯通海峡西岸、长江中游、成渝等城市群。

（8）广昆通道（广州—南宁—昆明），贯通珠三角、北部湾、滇中等城市群。

（三）我国高速铁路发展展望

我国特色社会主义进入新时代以来，我国铁路建设也全面进入新时代，集成创新、自主创新成为我国铁路技术发展的主旋律。我国已成为世界上高速铁路系统技术最全、集成能力最强、运营里程最长、运行速度最快、在建规模最大的国家，我国高速铁路技术已走出国门，引领世界高速铁路的发展。

根据我国《中长期铁路网规划》（2016 版本），到 2025 年，我国铁路网规模将达到 17.5 万千米左右，其中高速铁路 5 万千米以上。展望到 2035 年，我国将基本建成交通强国，全国铁路网将达到 20 万千米，高铁 7 万千米，形成“全国 123 出行交通圈”（都市区 1 小时通勤、城市群 2 小时通达、全国主要城市 3 小时覆盖）和“全球 123 快货物流圈”（国内 1 天送达、周边国家 2 天送达、全球主要城市 3 天送达）；旅客联程运输便捷顺畅，货物多式联运高效经济，形成成熟的，智能、平安、绿色环保的高速铁路交通体系，基本实现交通治理体系和治理能力现代化；交通国际竞争力和影响力显著提升。

二、中国高铁的国际影响力和取得的成就

中国掌握了集设计施工、装备制造、车辆控制、系统集成、运营管理于一体的高速铁路成

套技术，形成了具有世界先进水平和自主知识产权的高速铁路技术体系。经过多年的发展，中国高铁已具备性价比、技术、安全性等三大优势，同时在建设发展最快、运营里程最长、运营时速最高、在建规模最大、拥有系统技术最全的高铁网络过程中，积累下了丰富的建设经验，中国已逐渐成长为当今世界高速铁路发展的领跑者和技术集大成者。中国已经具备了高铁“走出去”的硬实力。2009 年，中国正式提出高铁“走出去”战略，开启了中国外交发展的新时代。

（一）“一带一路”标志性工程

近年来，以中国标准设计建造的高速铁路在亚洲、非洲、欧洲各国不断延伸，给沿线国家经济社会发展带来新的动力，高质量打造了一批“一带一路”标志性工程。

1. 土耳其伊安高铁

伊安高铁又称安伊高铁，是土耳其首都安卡拉至伊斯坦布尔的高速铁路，全长 533 km。2005 年，由中国铁建股份有限公司牵头并联合中国机械进出口公司以及土耳其两家公司共同承建二期主要路段，该路段全长 158 km，设计时速 250 km，于 2014 年 7 月 25 日全线建成通车，投入运营。

伊安高铁是中国企业在海外组织承揽实施的第一个电气化高速铁路项目，对推动中国高铁“走出去”具有重要战略意义。

2. 沙特麦麦高铁

麦麦高铁是沙特第一条双线电气化高速铁路，连接麦加至麦地那，其间穿越沙漠，全长 450.25 km，设计最高时速为 360 km/h。麦麦高速铁路于 2009 年启动，2018 年 9 月 14 日建成投入运营，这是中国企业在海外参建的世界首条穿越沙漠地带的高速铁路。

3. 匈塞铁路

匈塞铁路是一条连接匈牙利共和国首都布达佩斯和塞尔维亚共和国首都贝尔格莱德的双线电气化客货共线高速铁路。匈塞铁路分为匈牙利段和塞尔维亚段，全长 350 千米，设计速度和运营速度均为 200 km/h；塞尔维亚段全长 142.2 km，由中国企业承建并于 2018 年 6 月开工，2022 年 3 月 19 日全线通车投入运营。匈塞铁路是我国在欧盟实施的首个铁路基础设施项目，是中国在欧盟实践“一带一路”的开创之作。

4. 蒙内铁路

蒙内铁路于 2017 年 5 月 31 日建成通车并开始商业运营的，是由中国按照国铁Ⅰ级标准帮助肯尼亚建设的客货共线电气化铁路。蒙内铁路连接肯尼亚港口城市，也是东非第一大港口城市蒙巴萨和肯尼亚首都内罗毕，全长约 480 千米，设计速度 120 km/h，来自中国的机车使肯尼亚最大的两座城市之间的交通时间从 20 小时缩短至 4 个多小时，当地民众亲切地称其为“非洲版高铁”。蒙内铁路是落实“一带一路”倡议和中非合作论坛约翰内斯堡峰会“十大合作计划”的重要早期收获，是中非“三网一化”和产能合作的标志性工程，其建成通车对推动“一带一路”走进非洲腹地具有重要意义。

5. 亚吉铁路

亚吉铁路是中国企业在海外首次采用全套中国标准和中国装备建造的第一条现代电气化铁路，是非洲大陆一条连接埃塞俄比亚和吉布提以货运为主的铁路，也是东非地区首条标准轨距电气化铁路。亚吉铁路西起埃塞俄比亚的瑟伯塔站，东至及吉布提的吉布提多拉雷港站，全长 751.2 km，设计时速 120 km/h，于 2018 年 1 月 1 日全线通车开始商业运营。亚吉铁路是中国企业在海外建设的第一条全产业链“中国化”的铁路项目，标志着中国铁路“走出去”取得重大突破，是“一带一路”的标志性成果，被誉为“新时期的坦赞铁路”。

6. 中老铁路

中老铁路即中老昆万铁路，北起中国昆明，南至老挝万象，全长 1035 km，是第一条采用中国标准、中老合作建设运营，并与中国铁路网直接连通的国际铁路，也是中国按国铁Ⅰ级标准建设的客货双线高速铁路，设计时速 160～200 km/h，于 2021 年 12 月 3 日全线开通运营。为中老铁路量身定制的时速为 160 km/h 的动车组——“澜沧号”依托中国“复兴号”动力集中型动车组的成熟技术，具有技术先进、载客量大、乘坐舒适等特点。目前中老铁路正在加速同泰国铁路系统互联互通，推动形成贯穿中南半岛的铁路大动脉，国际物流黄金大通道作用将进一步凸显。

7. 雅万高铁

雅万高铁是“一带一路”倡议的重大标志性项目，也是中国高铁首次全系统、全要素、全产业链在海外建设的项目，于 2018 年 6 月 9 日全面启动。雅万高铁连接印尼首都雅加达和旅游名城万隆，全线长 142.3 km，最高运营时速 350 km。作为东南亚地区首条 350 km/h 的高速铁路，雅万高铁全线采用中国高铁技术和标准。项目建成后，雅加达到万隆的旅行时间将由现在的 3 个多小时缩短至 40 分钟。2022 年 11 月 16 日，雅万高铁试验运行取得了圆满成功。2023 年 5 月 22 日，雅万高铁开始联调联试，预计将在 2023 年 8 月开通运营。雅万高铁的成功修建将进一步巩固我国高铁在世界的领先地位。

（二）中国铁路建造标准的国际影响力

科技进步和产业发展的最高境界就是制定标准。在中国高铁“走出去”的同时，中国铁路建造标准也积极“出海”。近年来，国铁集团专家主持参与了国际铁路联盟（UIC）高速铁路、列车网络、制动系统等专业的 60 余项重要技术标准的制修订，主持完成的《高速铁路实施》和《高速铁路设计》两个系列等 11 项高速铁路系统级标准，填补了高速铁路实施、设计等关键领域的国际标准空白。2021 年 11 月，国际铁路联盟发布了我国主持制定的《高速铁路设计　通信信号》标准，这是《高速铁路设计》系列的第一个国际标准。2022 年，国际铁路联盟再次发布实施由我国主持制定的 UIC 标准《高速铁路设计　基础设施》标准和《高速铁路设计　供电》标准，这两项标准均是相关领域的首部国际铁路标准，是《高速铁路设计》系列的第二、三个国际标准。国际铁路联盟是铁路领域最大的国际民间团体，由该组织发布的标准具有较高的权威性，这次的 UIC 标准由中国主持制定，意味着中国铁路设计建造和运营维护等综合实力得到了国际同行认可，可以期待未来能有直接引用中文引导的执行标准。

我国拥有世界里程最长、运营最繁忙、技术最完善的高铁网络，占到世界高铁里程的 2/3 以上，目前我国在高铁技术领域拥有自主知识产权的专利达 946 项，发布了 150 余项中国铁路技术标准外文版；高速、高原、高寒、重载铁路技术在世界处于领先地位，形成了具有独立自主知识产权的高铁建设和装备制造技术体系，真正走出了一条从技术引进到技术创新、从打造国家名片到引领国际标准的“星光大道”。

【思考题】

1. 简述我国高速铁路“四纵四横”和“八纵八横”的总体建设目标。
2. 简述我国高速铁路未来的发展方向和愿景。
3. 我国高铁“走出去”取得了哪些成就？打造了哪些“一带一路”标志性工程？
4. 上网查阅资料，了解我国“十四五”期间还会建成哪些高速铁路。

任务三　认知磁悬浮铁路

【任务描述】

在本任务中，我们将了解磁悬浮铁路的定义、诞生及发展，了解磁悬浮铁路的优缺点及技术特点，了解磁悬浮技术在我国的运用。

通过本任务的学习，要求学员掌握磁悬浮铁路的定义、诞生及发展概况，掌握磁悬浮铁路的优缺点及技术特点，知晓磁悬浮技术在我国的运用情况。

【知识学习】

一、磁悬浮铁路的定义

磁悬浮铁路（Maglev Railway）是一种新型的交通运输系统，它与传统铁路有着截然不同的特点。传统铁路上运行的列车，是以机车作为牵引动力，以钢轨和轮缘作为运行导向设备，由铁路线路承受压力，借助车轮与钢轨之间的摩擦力来滚动前进的。

而磁悬浮铁路是运用磁铁“同性相斥，异性相吸”的性质，利用电磁系统产生的磁力，即吸引力或排斥力将车辆托起，即“磁性悬浮”，使整个列车悬浮在导轨上，利用电磁力进行导向，使列车完全脱离轨道而悬浮行驶，成为“无轮”列车，速度可达每小时几百千米以上，这就是“磁悬浮列车”，亦称之为“磁垫车”。

由于磁铁有同性相斥和异性相吸两种形式，故磁悬浮列车也有两种相应的形式：一种是利用磁铁同性相斥原理而设计的电磁运行系统的磁悬浮列车，它是利用车上超导体电磁铁形成的磁场与轨道上线圈形成的磁场之间所产生的相斥力，使车体悬浮运行；另一种则是利用磁铁异性相吸原理而设计的电动力运行系统的磁悬浮列车，它是在车体底部及两侧倒转向上的顶部安装磁铁，在T形导轨的上方和伸臂部分下方分别设反作用板和感应钢板，控制电磁铁的电流，使电磁铁和导轨间保持10～15 mm的间隙，并使导轨钢板的排斥力与车辆的重力平衡，从而使车体悬浮于车道的导轨面上运行。

二、磁悬浮铁路的诞生及发展

由于钢轨与轮对之间的摩擦，限制了列车的最高速度，在铁路与飞机之间存在一段速度空白。速度是人类永恒追求的目标，长期以来人们都在思索如何弥补铁路与飞机之间的差距，而磁悬浮铁路就是当今世界上引人注目并很有发展前途的高速陆上运输系统。

（一）国外对磁悬浮铁路的研究情况

磁悬浮技术的研究源于德国。早在 1922 年，德国工程师赫尔曼·肯佩尔就提出了电磁悬浮原理，并于 1934 年申请了磁悬浮列车的专利。从 20 世纪 60 年代初开始，随着世界工业化国家经济实力的不断加强和科学技术的不断进步，为了提高交通运输能力以适应其经济发展的需要，德国、日本、美国、加拿大、法国、英国等发达国家相继开始研究非黏着式或非接触式超高速列车的技术，进行磁悬浮运输系统的开发，包括气垫式悬浮和磁悬浮技术的研究。经过研究对比，人们认为在能源消耗、噪声等方面，磁悬浮比气垫式悬浮有更多的优势。因此，当今除了法国在奥尔良修建了一条 18 km 的气垫式悬浮车辆试验线路外，英、美、德、日等国已在 20 世纪 60 年代后期，先后停止了对气垫式悬浮车辆的研究，而集中力量深入研究磁悬浮铁路技术。

美国和苏联则分别在 20 世纪 70 年代和 80 年代放弃了这项研究计划，目前只有德国、日本、中国仍在继续进行磁悬浮系统的研究，并均取得了令人瞩目的进展。

日本从 1962 年起，经过广泛深入地分析和论证，决定采用超导磁磁斥式磁悬浮系统。又经过 10 年的研究，在试验线上采用 ML100 型试验车，实现了 60 km/h 的悬浮运行。1975 年日本着手修建宫崎试验线，1977 年对倒 T 形导轨和跨座式 ML500 型试验车进行了无人驾驶试验，工作进展得很顺利。1979 年 12 月实现了 517 km/h 的世界最高速度。

日本现在的山梨县磁悬浮列车试验线采用低温超导磁铁，可容纳更大的缝隙。2003 年，日本在该线的磁悬浮列车创下 581 km/h 的最高速度，成为当前世界纪录，并获得吉尼斯世界纪录认可。

德国曾在 20 世纪 80 年代于柏林铺设磁悬浮列车系统（M-Bahn）。该系统设有三个车站，长度 1.6 km，采用无人驾驶技术，于 1989 年 8 月开始试验载客，1991年7 月正式服务。由于政治原因，柏林墙倒塌，该线在运行两个月后改为普通轮轨列车运行。

英国的伯明翰国际机场曾于 1984 年至 1995 年使用低速磁悬浮列车，全长 600 m。由于可靠性的问题，该线后来也改用单轨列车运行。

（二）我国对磁悬浮铁路的研究和应用

我国从 20 世纪 80 年代初开始对磁悬浮技术进行了跟踪研究。2000 年，西南交通大学磁悬浮列车与磁悬浮技术研究所研制成功世界首辆高温超导载人磁悬浮实验车，这为我国高温超导磁悬浮研究奠定了基础。

中国乃至世界上第一条高速磁悬浮铁路商业运行线，是 2001 年 3 月 1 日开工建设的上海磁悬浮列车示范线。如图 9.15 所示，2002 年由我国和德国合作共同修建的我国第一条集交通、观光于一体的商用磁悬浮列车在上海浦东落户。上海磁悬浮示范运营线是世界上第一条投入商业化运营的磁悬浮列车示范线，具有交通、展示、旅游观光等多重功能。该磁悬浮列车用电磁力将列车浮起而取消了轮轨，采用长定子同步直流电机将电能供至地面线圈，驱动列车高速行驶，从而取消了受电弓。磁悬浮列车主要依靠电磁力来实现传统铁路中的支承、导向、牵引和制动功能。列车在运行过程中，与轨道保持 1 cm 左右距离，处于一种“若即若离”的状态。由于避免了与轨道的直接接触，行驶速度也大大提高，其正常运行速度可以达到 500 km/h。该磁悬浮示范运营线西起上海轨道交通 2 号线龙阳路站，东到上海浦东国际机场站，主要解决连接浦东机场和市区的大运量高速交通需求。线路正线全长约 30 km，双线上下折返运行，设计最高运行速度为 430 km/h，单线运行时间约 8 min。

图 9.15 上海磁悬浮铁路

2010年4 月 8 日，由成都飞机公司制造的中国首辆高速磁悬浮国产化样车在成都实现交付，标志着我国已具备磁悬浮车辆国产化设计、整车集成和制造的能力。

在中低速磁浮列车技术工程化方面，上海磁浮公司和上海电气集团共同建设了 1.73 km 的试验线，上海磁浮公司、上海电气集团、西南交通大学、成飞公司、长客股份公司联合研制的基于 HSST 技术的试验列车在该试验线上创造了 101 km/h 的记录。2012 年 1 月，由西南交大、株洲电力机车公司等联合研制的新型中低速磁浮列车在中车株洲电力机车公司下线，该车采用日本 HSST 磁浮列车模式。2017 年 8 月，由西南交大、中车大连机车车辆有限公司联合研制的新一代采用低动力作用悬浮架技术的磁浮车辆在上海临港试验线跑出了 121 km/h 的世界纪录。目前，北控在北京修建了 S1 线，长沙磁浮公司在长沙修建了 18 km 长运行线路，全国另有若干中低速磁浮线路处于筹建阶段。2014 年 6 月西南交通大学牵引动力国家重点实验室建设完成并调试成功真空管道高温超导磁悬浮车环形试验线平台，成为世界上首个真空管道交通实验系统。

三、磁悬浮铁路的优缺点

（一）磁悬浮铁路的优点

（1）速度快、旅行时间短。由于磁悬浮列车不是在轨道上行驶，导轨与机车之间不存在任何实际的接触，成为“无轮”状态，故磁悬浮铁路与传统铁路相比，消除了轮轨之间的接触，几乎没有轮轨之间的摩擦，线路垂直负荷小，适合于高速运行，速度可高达 500 ~ 600 km/h。

（2）无公害、无污染、无机械振动和噪声。由于它以电能为动力，在轨道沿线不会排放废气，无污染，有利于环境保护，是名副其实的绿色交通工具；能充分利用能源，获得较高的运输效率，其能源消耗仅是汽车的 1/2、飞机的 1/4；列车运行平稳，能提高旅客的舒适度；磁悬浮系统采用导轨结构，不会发生脱轨和颠覆事故，提高了列车运行的安全性；磁悬浮列车没有钢轨、车轮、接触导线等摩擦部件，可以省去大量的维修工作和维修费用，还可以实现全面自动化控制，具有高度的加速和制动能力，爬坡能力强，转弯半径小，常导磁悬浮列车速度可达到 400 ~ 500 km/h，超导磁悬浮列车速度可达到 500 ~ 600 km/h，磁悬浮列车的高速使其在 1 000 ~ 1 500 km 之间的旅行距离比乘飞机更优越。因此，磁悬浮铁路将成为未来具有竞争力的一种交通工具，具有广泛前景。

（二）磁悬浮铁路的缺点

（1）磁悬浮列车由于它的车厢不能变轨，不能像轨道列车那样可以从一条铁轨借助道岔进入另一条铁轨，这样一来，如果是两条轨道双向通行，一条轨道上的列车只能从一个起点驶向终点，到终点后，原路返回，而不能像轨道列车那样可以换轨到另一条轨道上返回，因此，一条轨道只能容纳一列列车往返运行，造成浪费。磁悬浮轨道越长，使用效率越低。

（2）由于磁悬浮系统是凭借电磁力来进行悬浮、导向和驱动的，一旦断电，磁悬浮列车将发生严重的安全事故，因此断电后磁悬浮的安全保障措施仍然没有得到完全解决。

（3）强磁场对人的健康、生态环境的平衡与电子产品的运行也会产生不良影响。

另外，磁悬浮铁路的造价十分昂贵，所需投入较大，利润回收期较长，投资风险系数较高，从而在一定程度上影响了投资者的信心，制约了磁悬浮铁路的发展。

四、磁悬浮列车技术

磁悬浮列车技术分为线路、车辆、牵引、运行控制四大系统，有 16 项核心技术。德国、日本、中国是世界上能研制和开发磁悬浮列车的三个国家。

（一）线　路

线路上部结构为用于连接长定子的精密焊接的钢结构或钢筋混凝土结构的支承梁，下部结构为钢筋混凝土支墩和基础。

（二）车　辆

磁悬浮车辆是一种不与地面接触的运载工具，它是高速磁悬浮运输系统中的重要组成部分。从磁悬浮铁路的产生到现在，随着时代的发展和制式的不同要求，车辆也不断地更新。尤其是近十几年来，各国对磁悬浮车辆的结构和外形十分重视，发展很快。磁悬浮车辆的车体外形酷似一个甲壳虫，跨坐在轨道上。车辆主要由三部分构成，即客室、操纵室和动力室。客室占的空间较大，内设若干排座椅；在动力室中，设有辅助动力装置、冷冻机空调器和冷却风扇等设备；此外，还设有车辆转向架、悬浮架和其上安装的电磁铁、车载蓄电池、应急制动系统和悬浮控制系统、在车辆未浮起或减速停车着地时的辅助支持车轮以及超导磁体等。

（三）供　电

供电系统包括变电站、沿路供电电缆、开关站和其他供电设备。磁悬浮列车供电系统通过给地面长定子线圈供电来为列车运行提供所需的电能。首先，从 110 kV 的公用电网引入交流高压电，通过降压变电器降至 20 kV 和 1.5 kV，然后整流成直流电，再由逆变器将其变成 0 ~ 300 Hz 的交流电，升压后通过线路电缆和开关站供给线路上的长定子线圈，在定子和车载电磁铁之间形成牵引力。磁浮列车系统的整流、变流及电机定子等设备均设置在地面，对设备的体积和质量以及抗震性能没有严格要求。

（四）运行控制系统

运行控制系统是整个磁悬浮交通系统正常运转的根本保障。它包括所有用于安全保护、控制、执行和计划的设备，还包括用于设备之间相互通信的设备。运行控制系统由运行控制中心、通信系统、分散控制系统和车载控制系统组成。

【思考题】

1. 简述磁悬浮铁路的原理。它有何优缺点？
2. 我国第一条磁悬浮铁路建设在哪里？目前我国磁悬浮铁路的研究状况如何？
3. 上网查阅了解磁悬浮铁路在我国的应用，你认为磁悬浮铁路在我国有发展前景吗？

任务四　认知重载运输

【任务描述】

在本任务中，我们将了解重载运输的定义及运输方式，了解国内外重载运输的发展状况，重点了解我国重载运输的发展状况和取得的成就，了解重载运输的关键技术和运输组织特点。

通过本任务的学习，要求学员掌握重载运输的定义及运输方式，知晓国内外重载运输的发展状况，重点掌握我国重载运输的发展状况和取得的成就，掌握重载运输的关键技术和运输组织特点。

【知识学习】

重载运输是除高速铁路以外，铁路现代化的又一个标志。

至今重载运输已在世界上很多国家广泛采用，它是提高线路输送能力、提高运输效率的重要措施。特别是对于幅员辽阔的大陆国家具有重要的意义。因此，重载运输已成为世界各国铁路货物运输发展的方向，也是我国加速提高铁路运输能力的一条主要途径。

一、重载运输概述

铁路重载运输是指在先进的铁路技术装备条件下，扩大列车编组，提高列车载重量的运输方式，是未来铁路发展的方向之一。

（一）重载运输的定义

国际重载协会先后于 1986 年、1994 年和 2005 年三次修改了铁路重载运输标准。

（1）1986 年，国际重载协会年会制定的标准是：① 列车载重量至少达到 5 000 t，轴重 21 t 及以上；② 年运量 2 000 万吨及以上。

（2）1994 年，，国际重载协会年会修订的标准要求，重载铁路必须满足以下三条中的至少两条：① 列车载重量至少达到 5 000 t；② 轴重达到或超过 25 t；③ 在至少 150 km/h 的线路区段上年运量至少达到 2　000 万吨。

（3）2005 年，国际重载协会巴西年会上重新修订标准，对新申请加入国际重载协会的重载铁路，要求满足以下三条标准中的至少两条：① 列车载重量至少达到 8 000 t；② 轴重在 27 t 及以上；③ 在至少 150 km/h 线路区段上年运量超过 4 000 万吨。

（二）重载运输的组织模式

根据各国铁路运营条件和技术装备水平的不同，重载运输的组织模式大致可归纳为以下 三种类型。

1. 单元式重载列车

微课视频：
单元式重载列车

对于货源充足、品类单一、产销关系稳定的大宗散堆装货物（如煤炭、矿石、粮食等），可组织开行单元式重载列车。这种列车从装车地到卸车地固定机车车辆编组、固定发站和到站、固定运行线、运输货物品种单一，运量大而集中，在装、卸地之间循环往返运行，中途列车不拆散、不进行改编作业。因此，它在运行过程中，除了利用铁路的正线和到发线外，不占用铁路的调车设备；在运输过程中，除列车接发车作业外，不进行任何其他作业。不过，这种重载运输方式要求装、运、卸各个环节的技术设备协调配套，装车采用不停车的作业方法，需设置装车环形线及高效率装车设备；卸车地采用不摘钩卸车的作业方法，需设置卸车环形线及高效率卸车设备（翻车机、车底开门车辆等）。这是形成装、运、卸一条龙的重载运输组织形式，以北美（美国和加拿大）为代表，包括巴西、澳大利亚和南非等国，在重载运输专线上均开行重载单元列车。我国在大秦线使用 C63 型、C70 型、C76 型、C80 型等车辆开行这种重载列车。单元重载列车是加速货物送达和机车车辆周转的有效运输组织形式。

2. 组合式重载列车

微课视频：
组合式重载列车

组合式重载列车是由两列及以上同方向运行的普通货物列车首尾相接、合并组成的列车。机车分别挂于各自的车列首部，由最前方货物列车的机车担任本务机车，运行至前方某一技术站或终到站后，分解为普通货物列车。这种重载列车除了进行普通货物列车所要进行的作业外，还要进行列车或车底的组合与分解，且接发车作业、机车换挂、途中运行及调度指挥等作业也与普通货物列车不同。

这种重载运输方式始于苏联，在世界范围内应用不太广泛。我国于 1984 年在丰沙大线、京秦线及沈山线等铁路上开始开行组合式重载列车。我国大秦线开行的 20 000 t 重载列车也是采用该形式。

3. 混编式重载列车

混编式重载列车是由单机或多机重联牵引，由不同型式和载重的货车混合编组而成的货物列车。这种重载列车采用普通货物列车的作业组织方法，其到、解、编、发、取、送、装、卸及机车换挂作业与普通货物列车完全一样，只不过牵引质量有显著提高。在我国繁忙干线上开行的重载列车主要为这种模式，其他国家应用较少。

整列重载列车是在既有繁忙干线上发展重载运输的主要形式，只需适量延长全线一部分既有车站到发线的有效长，采用大功率机车牵引，即能大幅度提高铁路的输送能力。而且整列式重载列车在运输途中可以根据实际需要进行改编，因此具有更大的通用性。我国京沪、京广、京哈等长大干线开行的 8 000 t 货物列车就属于这种运输模式。

（三）重载列车的作业方法

重载列车基本上有三种组织方式，其作业方法也各有不同。

（1）混编式重载列车在保证到发线足够长度的条件下，其组织及作业方法和普通货物列车完全一样。

（2）单元式重载列车由于单元列车机车车辆固定编挂、固定回空，中途列车不拆散、不进行改编作业，因此在车站上只进行接发列车工作，但要做好整列车去往环线的调车作业准备工作。

（3）组合式重载列车是由普通货物列车合并而成，一般情况下，单列车的作业与普通货物列车无区别，只是在发车站发车时因列车太长，由车站值班员用列车无线调度电话通知司机直接发车。列车到达终到站后根据具体情况，采用不同方法，例如：一次接入，转线分解；一次接入，站内分解；分别接入不同车场；接入分歧站分解后，再进入不同到达站等。

总之，根据各国铁路运营条件、技术装备水平、发展重载运输目的的不同，重载运输采用的重载列车运输类型、组织方式也各有差异。

二、世界重载运输的发展概况

重载铁路运输因其运能大、效率高、运输成本低而受到世界各国铁路的广泛重视，特别是在一些幅员辽阔、资源丰富、煤炭和矿石等大宗货物运量占有较大比重的国家，如美国、加拿大、巴西、澳大利亚、南非等，发展尤为迅速。

世界铁路重载运输是从 20 世纪 50 年代开始出现并发展起来的。第二次世界大战后的经济复苏以及工业化进程的加快，对原材料和矿产资源等大宗商品的需求量增加，导致这些货物的运输量增长，给铁路运输提出了新的要求，而大宗、直达的货源和货流又为货物运输实现重载化提供了必要的条件。铁路部门从扩大运能、提高运输效率和降低运输成本出发，也希望提高列车的载重量。同时，铁路技术装备水平的不断提高，又为发展重载运输提供了技术保障。

从 20 世纪 50 年代起，一些国家的铁路部门就有计划、有步骤地进行机车牵引动力的现代化改造，先后停止使用蒸汽机车，新型大功率内燃机车和电力机车逐步成为主要的牵引动力。

20 世纪 60 年代中后期，重载运输开始取得实质性进展，并逐步形成强大的生产力。美国、加拿大及澳大利亚等国家的铁路相继在运输大宗散装货物的主要方向上开创了固定车底单元列车循环运输方式，而且发展很快。

20 世纪 80 年代以后，由于新材料、新工艺、电力电子、计算机控制和信息技术等现代高新技术在铁路上的广泛应用，铁路重载运输技术及装备水平又有了很大提高，特别是在大功率交流传动机车，大型化、轻量化车辆，同步操纵和制动技术等方面有了新的突破，极大地促进了重载运输的发展。

（一）国外重载运输的发展概况

1. 美国

美国是世界重载运输首创国，当前美国拥有的铁路总里程为 23 万千米，居世界首位。其列车平均牵引质量达 9 632 t，货物平均运距 1 199 km。其中开展重载运输的 I 级线路约 16 万千米，重载列车编组通常为 108 辆货车，牵引质量为 13 600 t。美国重载铁路的煤炭运量占全美铁路货运量的 45%，汽车运量占全美汽车产量的 70%，粮食运量占全美粮食产量的 40%。

1980 ~ 2000 年是美国发展重载运输的 20 年，虽然路网优化后减少了 40%，货车数量减少了 50%，运价下降到 2.5 美分/(吨·英里)。但市场份额却增加了 35% ~ 41%，车辆平均载重增加了 15.1%，运行成本下降了 60%，线路维修成本下降了 42%，劳动生产率提高到 271%。图 9.16 所示为美国 SP 公司的单元式重载列车。

图 9.16　美国 SP 公司的单元式重载列车

2. 加拿大

加拿大重载运输是从 20 世纪 60 年代发展起来的。目前加拿大的铁路总里程约 5.7 万千米，有 CN、CP 两大铁路公司，采用重载运输的货物占货运市场份额的 30%，占全部出口运量的 40%。

加拿大典型的单元式重载列车的技术指标是：3×4400HP 交流传动内燃机车+124 辆轴重 33 t 货车，牵引质量 16 000 t，平均速度 70 km/h，最高速度 85 km/h。

加拿大典型的集装箱重载列车的技术指标是：2×4 400 HP 交流传动内燃机车+9 000 t 列车，50% 双层集装箱平车，货运成本 1.6 美分/(吨千米)，平均速度 75 km/h，最高速度 100 km/h。

加拿大开行的双层集装箱重载列车，与普通货物列车相比，其运输成本约降低 30%。

图 9.17 所示为加拿大的单元式重载列车。

图 9.17　加拿大典型的单元式重载列车

3. 澳大利亚

澳大利亚最早的重载线路是由窄轨铁路改造而成的。20 世纪 60 年代初，昆士兰州对 1 067 mm 窄轨铁路进行了技术改造，实现了以运煤为主的窄轨铁路重载运输。20 世纪 70 年代后澳大利亚又新建了几条重载铁路。目前澳大利亚具有代表性的三条重载铁路为：

（1）昆士兰州古涅拉—海衣角的电气化运煤重载铁路线，煤运线 2 028 km， 10 000 km 网络（窄轨）。

（2）纽曼山重载铁路，平均牵引质量为 26 000 t，周转时间为 28 h，劳动生产率 6 000 万吨/(km·人)，居世界首位。

（3）哈默斯利铁矿重载铁路：准轨 BHP 纽曼线 427 km；BHP 金子线 205 km；哈默斯列线 386 km，货运量 1.4 亿吨/年；罗比河线 203 km，轴重 35 t，正向 40 t 发展，平均运行速度 75 km/h。

澳大利亚重载运输货运量占其整个货运市场的 40%。全澳有 16 家私有铁路公司、4 家国有铁路公司。重载运输产值占全澳 GDP 的 1.7%，年运输产值 70 亿美元，煤炭运量占铁路货运总量的 37%，矿石运量占 39%，年货运量 5.45 亿吨。图 9.18 所示为澳大利亚的单元式重载列车。

图 9.18　澳大利亚的单元式重载列车

目前，国外重载列车实际运营中的牵引质量一般为 10 000 ~ 30 000 t。

4. 南非

南非的重载铁路全部采用窄轨（1 067 mm）铁路，长 2.7 万千米，通往 17 个非洲国家，其中：

（1）理查德湾煤矿重载线：长 550 km（420 km 复线），速度 80 km/h，周转时间 55 h，列车牵引重量为 21 500 t（200 辆），轴重 26 t，列车采用 3 台 11E 电力机车牵引。

（2） Orex 铁矿重载线：长 860 km（为单线），轴重 30 t，列车牵引重量 25 920 t（216 辆），采用 3 台 50 kV·A 电力机车+1 台内燃机车牵引，周转时间 61 h。

图 9.19 所示为南非的单元式重载列车。

5. 巴西

巴西的主要重载铁路由 CVRD 公司经营。其中：

（1）卡拉齐斯铁矿重载线：长 892 km，宽轨（1 600 mm），单线，最大列车编组 330 辆，长 3.2 km，轴重 30 t，平均速度达 80 km/h，牵引重量 39 000 t 以上，年运量铁矿 2 亿吨/年，周转时间 58 h，这是美洲最大的重载列车。

（2）米纳斯重载铁路：长 905 km，窄轨（1 000 mm）（其中单线 359 km，复线 546 km），年运量 9 800 万吨/年，平均速度 70 km/h，圣路易斯港口的吞吐量 5 000 万吨/年，周转时间 47 h。

（3）ALL 洛基斯蒂卡重载铁路：长 7 228 km，其中复线 231 km（窄轨 1 000 mm 及准轨），2004 年的货运量为粮食 9 472 万吨/年、其他 5 307 万吨/年。

图 9.20 所示为巴西的单元式重载列车。

图 9.19　南非的单元式重载列车

图 9.20　巴西的单元式重载列车

（二）我国重载运输的发展概况

我国铁路重载运输大致经历了四个发展阶段。

1. 第一阶段（1984 ~ 1985 年）：改造既有线、开行重载组合列车

1984 年 11 月，北京铁路局在大同—秦皇岛间进行了双机牵引 7 400 t 的重载组合列车试验，从大同西场出发，直达秦皇岛东站，卸货后原列空车返回。车辆使用 C61 缩短型的敞车和装有配套制动技

术的新型 C62A 型车辆。针对煤炭货源、货流的特点，采取了“五定班列”的运输组织方式。

为了扩大重载组合列车的开行范围，1985 年原铁道部决定在沈山线试验开行非固定式的重载组合列车（不受车底、车型、钩型及制动机型的限制）。试验成功后，8 月起在山海关至沈阳间的下行方向正式开行 7 000 t 的重载组合列车。1986 年 4 月 1 日起纳入列车运行图，每日开行 5 列。1985 年 7 月，北京铁路局与济南铁路局配合，在石太、石德、津浦线（大郭村—济南西站）也试验开行了非固定式的组合列车。试验成功后，于 1985 年 10 月 11 日起每天开行 1 列。郑州铁路局相继在平顶山至武汉（江岸西站）间，隔日开行 1 列双机牵引 6 500 t 的重载组合列车。上海铁路局、济南铁路局也相继在徐州北至南京东站间每日开行 1 对双机牵引 7 000 ~ 8 000 t 的重载组合列车。

2. 第二阶段（1985 ~ 1992 年）：新建大秦铁路、开行重载单元式列车

20 世纪 80 年代中期至 90 年代初，我国自行设计和修建了第一条大（同）—秦（皇岛）双线电气化重载运煤专线。该线路全长 653 km，是借鉴北美、加拿大、澳大利亚等国开行重载单元列车的经验而修建的。1990 年 6 月 5 日在大秦线上试验开行了第一列由 2 台 SS_3 型电力机车牵引 120 辆煤车、全长 1 630 m、重量达 10 404 t 的重载列车。1992 年 12 月 21 日大秦线全线开通后，基本上采取开行重载单元列车模式，列车重量为 6 000 ~ 10 000 t。

3. 第三阶段（1992 ~ 2002 年）：改造繁忙干线、开行 5 000 t 级重载混编列车

为缓解京沪、京广、京哈等繁忙干线的运输紧张状况，从 1992 年起，通过调整机车类型和延长车站到发线有效长至 1 050 m，开行了 5 000 t 级重载混编列车。1992 年 8 月，先后在京沪线徐州北—南京东、京广线石家庄—郑州北之间试验，成功开行了总重 5 134 t（2 台 ND_5 型机车牵引）和 5 119 t（2 台北京型机车牵引）的重载混编列车。从 1993 年 4 月 1 日起，在京沪、京广线一些区段开行的 5 000 t 重载列车正式纳入列车运行图。此后，经过实际运行试验，在 1997 年 4 月 1 日实施的运行图中，京哈线也安排开行了 5 000 t 重载列车固定运行线。至此，我国铁路三大主要繁忙干线都开行了 5 000 t 级重载混编列车。

4. 第四阶段（2003 年至今）：我国已开行多条重载运输铁路线，重载运输技术已达到世界先进水平

2006 年 3 月 28 日，大秦线正式开行了 20 000 t 重载组合列车，使我国铁路重载运输技术水平跨入了世界先进行列。2014 年 4 月 2 日，大秦线满载 30 000 t 煤炭的试验列车取得圆满成功，列车由 4 台电力机车牵引、320 辆货车编组、总长 3 971 m。

除了大秦线，我国还开通了多条重载运输铁路线，目前我国已掌握了铁路重载运输成套技术装备，如重载运输铁路路基、桥梁、轨道、信号、通信等固定设备的建造技术及其养护维修方法，掌握了整列式、单元式重载列车运营技术，实现了重载运输机车国产化，自重 20t、载重 80t 车辆已投入使用；建成了一批自动化程度较高的装卸设备。到目前为止，我国铁路重载线路年通过总重排世界第一，重载列车开行数量也跻身世界前列。

下面介绍我国两条重要的重载运输铁路线。

课程思政：“大秦重载”精神

1）**大秦铁路**

大秦铁路（大同—秦皇岛）是我国自行设计、自行修建的第一条重载运输铁路线，于 1992 年开通运营，全长 653 km，它是我国境内首条双线电气化重载运煤专线、首条开行重载单元式列车的铁路，也是我国现代化水平最高的货运铁路之一。大秦铁路采用中国自主研制的 C80 系列和谐型电力机车，通过 Locotrol 列车同步操纵技术与 GSM-R

通信技术有机结合，首次实现网络化机车同步操纵命令无线传输；重载机车采用轻量化兼大功率设计，集自动过分相装置、5T、CTC、计算机联锁、ZPW-2000、主体化机车信号、牵引供电、C80 型货车牵引杆、120-1 制动阀、大容量胶泥缓冲器等技术为一体；列车重载速度 80 km/h，空跑速度 90 km/h。大秦铁路源头建有 16 个 2 万吨、51 个万吨等共计 178 个装车基地；装车系统每 30 s 可完成一节车厢 80 t 煤炭的装载，1 小时 46 分钟可完成 20 000 t 煤炭列车装载；系统采用可靠性强的双线双向移频自动闭塞信号设备，运用光纤通信系统和微型计算机集中调度，可实现调度指挥人员对中间站接发车进路的实时监控。

大秦铁路是国家“西煤东运”的重要战略通道，享有“中国重载运输第一路”的美誉。大秦铁路自修建以来，不断挖掘潜能、不断试验改进、不断投入高科技设备，从原来开行 10 000 t 重载列车到 开行 20 000 t 重载列车，再提高到目前开行 30 000 t 重载列车，平均每 12 分钟就会开出一趟重载列车，年运量最高突破 4.5 亿吨，创下单条铁路重载列车密度最高、运量最大、增运幅度最快、运输效率最高等多项世界纪录。大秦铁路以不足全国铁路营业里程 1%的占比，担负着全国铁路 20%以上的煤炭运量，肩负全国六大电网、五大发电集团、380 多家主要发电厂、十大钢铁公司和 6000 多家企业生产用煤和民用煤、出口煤的运输任务，用户群辐射到 26 个省、市、自治区，为服务国计民生、助力经济发展做出了重要贡献。

视频：大秦铁路传奇(上)　　**视频：大秦铁路传奇(中)**　　**视频：大秦铁路传奇(下)**

2）浩吉铁路

浩吉铁路，原建设工程名为“蒙西至华中地区铁路”，简称“蒙华铁路”，是我国境内一条连接内蒙古浩勒报吉与江西吉安的国铁Ⅰ级电气化铁路；是中国“北煤南运”战略运输通道。2019 年 9 月 28 日，浩吉铁路全线通车投入运营，是世界上一次性建成并开通运营里程最长的重载铁路。

浩吉铁路由北起内蒙古鄂尔多斯市境内浩勒报吉南站，终到江西省吉安市境内吉安站，线路全长 1 813.544 千米，共设 77 个车站，设计速度 120 km/h（浩勒报吉南站—江陵站、坪田站—吉安站）、200 km/h（江陵站—坪田站），设计年输送能力为 2 亿吨。

2019 年 10 月，浩吉铁路每日开行列车 10 列左右，运量约 3.5 万吨。

2022 年 9 月 19 日，浩吉铁路煤炭发送量突破 1 亿吨。

浩吉铁路是纳入中国国家“十二五”发展规划、“十三五”《发展规划纲要》和《中长期铁路网规划》的重大项目；被列为首批基础设施等领域鼓励社会投资的 80 个示范项目之首。

蒙华铁路的开行标志着我国铁路重载运输技术已达到了世界先进水平。

三、重载运输技术

重载运输是在一定的铁路技术装备条件下，扩大列车编组长度，大幅度提高列车载重量，采用大功率内燃机车或电力机车（或双机、或多机）牵引的列车运行方式。为了安全行车、提高线路通过能力，实现多运、快运货物的目的，对铁路运输组织和技术装备都提出了新的要求。

（一）重载铁路线路的技术标准

开行重载列车必须有与之相适应的线路，主要是指铁路线路的承载能力、几何尺寸、站线长度、线路坡度等，它们必须符合列车在运行中静、动荷载对线路所产生的各种力的要求。

1. 限制坡度

重载铁路的限制坡度与所经地段的地形条件、线路等级、牵引类型等因素有关，需经技术经济比选后确定。一般按重、空车方向分别确定。重车方向最大限制坡度为 4‰ ~ 10‰；空车方向最大限制坡度为 12‰ ~ 30‰ 。我国大秦铁路的限制坡度：重车方向为 4‰，空车方向为 12‰。

2. 最小曲线半径

选择最小曲线半径应考虑重载铁路的特点，结合地形、行车速度、养护维修和运行安全等条件，通过技术经济比选后尽可能采用较大的曲线半径。国外重载铁路的最小曲线半径一般为 400 ~ 1 200 m，困难地段可取 300 m。我国大秦铁路最小曲线半径：一般地段 为 800 m，困难地段取 400 m。

3. 到发线有效长度

列车载重量和长度的增加，在很大程度上受车站到发线有效长度的限制。而重载列车运行区段上站线需要延长的长度，又要根据组织开行的重载列车的主要方式确定。由机车在头部牵引质量超过 5 000 ~ 6 000 t 的整列式重载列车，站线要延长到 1 050 ~ 1 250 m；在开行由两列普通货物列车合并编组而成的组合列车时，其牵引质量可达 7 600 ~ 8 000 t，股道有效长度应延长到 1 500 ~ 1 700 m；若牵引质量达到 8 000 t 时，则有效长度应延长到 1 700 ~ 3 000 m 以上。在我国大秦铁路线上，车站到发线有效长度为 1 050 m，重载列车会让线的长度为 1 700 m。

4. 轨道结构

重载铁路的基本特征是运量大、轴重大。尤其是轴重，它是车辆每一轮对加于轨道上的重力，对轨道结构与线路状态产生很大的影响。轨道质量与运量和轴重有密切的关系。因此，重载铁路线路应选用重型和特重型的标准轨道。钢轨应采用 60 kg/m 及以上的新轨。为了延长钢轨使用寿命，减少养护维修工作量，宜采用无缝线路和可动心轨道岔。此外，在曲线地段、长大下坡制动地段和长隧道内，应采用全长淬火钢轨和轨头硬化钢轨、承载力大的轨枕、扣压力大的弹性扣件等，以减少钢轨由于接触应力所引起的损伤。

（二）重载运输的机车车辆

各国重载列车的牵引动力，除美国和加拿大主要采用内燃牵引外，绝大多数国家均采用电力牵引。

1. 重载列车对牵引动力的要求

为满足重载列车的牵引要求，主要是通过增加机车的牵引功率和实现轮轨之间最佳黏着来提高机车的牵引力。此外，机车还需要有足够大的起动牵引力，以保证重载列车在长大坡道线路区段的安全运行。在运行中的牵引和制动过程应能自动调整和控制，并在机车上装设必要的故障检测和诊断系统。

目前，凡是列车载重量超过 10 000 ~ 12 000 t 时都采用多机牵引，多台机车合理地分布在列车前部和中部，并根据列车的实际质量确定所需要的机车台数。由于列车编组很长，牵引动力又分别位于整列车的不同部位，前后机车联系、操作动作的失调会直接危及行车安全。为了解决这一问题，在重载列车的机车上装设了遥控装置。遥控装置是一种完全取代受控机车司机实现机车全部无线电遥控的装置，它分为主控设备和受控设备两部分，前者装在头部机车上，后者装在专用遥控车内。主控机车司机通过无线电通信传送编码指令，控制列车任何部位的受控机车的牵引和制动。

2. 重载机车技术

1）交流传动技术

交流传动技术自 20 世纪 70 年代末开始发展。90 年代以后，大功率交流传动机车成为重载牵引动力的发展方向。交流传动的优越性：起动牵引力大，可达 890 kN；黏着系数利用值可达 0.37 以上；持续牵引力大，可达 738 kN；电阻制动有效速度可至 5 km/h；节约燃料和维修费用。

美国 GM 公司和 GE 公司研制出了用于重载牵引的 SD70MAC、SD80MAC、SD90MAC、AC4400CW、AC6000CW 等新型交流传动内燃机车，已在美国、加拿大、澳大利亚、巴西等国铁路批量投入运营。图 9.21 所示为美国用于重载牵引的 SD90MAC 型交流传动内燃机车，最高速度 120 km/h，起动牵引力 890 kN，持续牵引力 734 kN。图 9.22 所示是澳大利亚的 SD70Ace 型重载内燃机车，起动牵引力 850 kN，最高速度 113 km/h，轴重 30.8 t，采用计算机控制制动。

图 9.21　美国的 SD90MAC 型重载内燃机车

图 9.22　澳大利亚的 SD70Ace 型重载内燃机车

2003 年以来，我国铁路通过技术引进、消化吸收再创新，已基本掌握大功率电力机车的核心技术。2007 年 6 月 25 日，首批总功率为 9 600 kW 的“和谐 1 型”（HXD1）8 轴交流传动电力机车在大秦铁路投入运营，可双机牵引 2 万吨重载组合列车。2008 年 1 月 22 日，总功率为 9 600 kW 的“和谐 2 型”（HXD2）机车也在大秦线 2 万吨重载组合列车牵引试验中取得成功并正式投入运行。2009 年 6 月 12 日，HXD1C 型（如图 9.23 所示）大功率交流传动六轴电力机车研制成功，功率 7 200 kW，起动牵引力 570 kN，最高速度 120 km/h，轴重 25 t。如今，总功率为 7 200 kW 的“和谐 3 型”（HXD_3）交流传动电力机车已经成为京沪、京广两大铁路干线的主力机型。

图 9.23　中国 HXD1C 型重载电力机车

2）径向转向架技术

使用径向转向架可以提高车辆的曲线通过能力，如图 9.24 所示。普通转向架的轴是彼此平行的，即轴只能旋转运动，当转向架通过曲线时，轮面无法与钢轨完全接触，导致机车牵引力下降。而径向转向架和每一轴没有固定在轴箱中，能在转向架的前后方运动，在通过曲线时，轴能处于曲线半径的径向方向上。这样，可以使轮对与轨道间的冲角减少，轮轨间的横向作用力降低，机车的运行品质和稳定性改善，并使轮对的阻力减少，轮轨磨耗减少，车轮寿命延长。

（a）径向转向架实物图

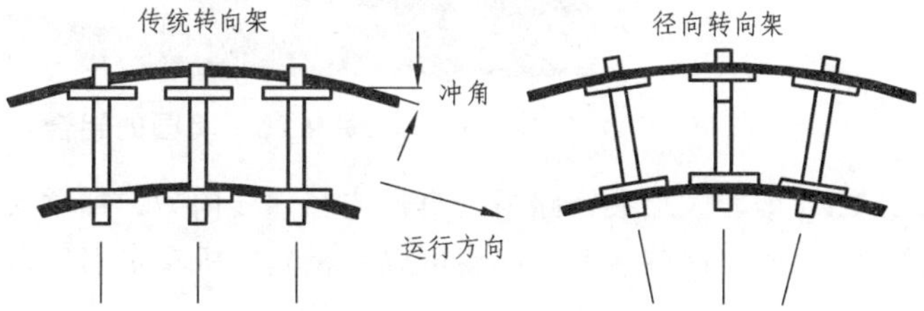

（b）传统转向架与径向转向架通过曲线的比较

图 9.24　径向转向架

3）计算机控制的防滑防空转系统

为了进一步提高机车的黏着性能，国外重载机车广泛采用车轮防滑系统。20 世纪 90 年代以后，美国的 AC6000CW、SD90MAC 等新型重载机车开始采用新型计算机控制的防滑系统。计算机控制防滑防空转系统的突出优点是随着轮轨黏着系数的变化调节制动力，可对制动、即将滑行、缓解、再黏着的全过程进行动态检测与控制。

3. 重载车辆技术

大轴重、低自重、低动力作用是对重载货车车辆的要求。另外，为了使车辆总体性能得到加强，还要配套新型空气制动装置、高强度车钩和大容量、高性能缓冲器；为了改善走行性能，研制了低动力作用转向架等。

1）提高轴重

重载车辆应采用载重量大、强度高、自重系数小的大型四轴货车。货车大型化的主要途径是提高轴重。但轴重又受到轨道与桥梁结构强度的限制，因此要求线路结构与轴重提高相协调。国外已采用 70 kg/m 的钢轨，美国、加拿大已普遍采用 35 t 轴重，巴西、澳大利亚已普遍采用 30 t 轴重，南非、东澳大利亚（窄轨）已采用 28 t（26 t）轴重。我国已推广使用轴重 25 t 的 C80 大型货车。

2）采用铝合金或不锈钢车体

为了提高车体的耐腐蚀性和降低自重，普遍采用耐候钢和铝合金等材料制作车体。美国 90% 的重载货车采用了铝合金车体，如图 9.25 所示。新型材料制成的车体可以降低自重，增加载重；节约能源，提高效益。

3）采用新型转向架

通过改进转向架结构来改进货车的动力学性能，一直受到世界各国铁路部门的重视，这对于大型重载货车尤为重要。

图 9.25　美国的铝合金车体

（1）南非、瑞典铁路采用自导向径向转向架，加拿大、美国、澳大利亚等国研制了导向臂式货车转向架。这些新型转向架可以使相同的机车牵引质量增加 12%，列车纵向车钩力减少 4.8%，节省能源 20.7%，车轮钢轨磨耗降低到 1/13，轮轨横向力降低到 1/3。

（2）美国开发的多单元运煤货车组，由多辆敞车组成一个整体，每两辆车体之间用一个铰接式转向架连接，只在每一车组的两端设立独立转向架和端墙，敞车车体之间取消端墙，以充分利用端部的空间，这样可使相同载重的列车长度缩短 30%，也就是说，在与普通列车长度相同的情况下，这种铰接式多单元列车可提高载重 30%（如采用铝合金车辆，载重将提高 35%）。由于采用了铰接式转向架，车长减短，转向架中心距减小，从而提高了车辆的曲线通过能力。铰接式转向架实现了车辆的无间隙连接，可以减少列车的纵向冲力。

4）采用高强度旋转车钩和大容量高性能缓冲器

在重载单元式列车中，由于采用翻卸方式卸车，为创造不摘车卸车条件，在车辆一端装有高强度旋转式车钩。

重载列车的机车与车辆、车辆与车辆之间的纵向力比普通列车的大，特别是在列车牵引起动和制动时，重载列车的车钩作用力要比普通列车的车钩作用力大得多。从行车安全角度考虑，为了减少列车的分离事故和列车的冲动，重载列车需要高强度的车钩和大容量、高性能的缓冲器。因此，重载列车对车钩及缓冲装置的结构设计、材质工艺、维修保养以及机车操纵技术等方面都提出了更高要求。

国外重载列车采用了以下方法来提高车钩强度：① 采用高强度的合金钢，并通过热处理达到较高的破坏强度和屈服极限；② 优化车钩结构和纵向力传递过程的设计，特别是优化车钩装置中薄弱环节的零部件性能；③ 尽可能减少车钩的纵向间隙，甚至采用无间隙牵引杆来代替车钩，以大幅度减轻列车的纵向冲力，美国、加拿大的第二代单元式重载列车以及巴西的重载列车的车辆之间均采用了这种连接方式。

5）采用性能良好的制动装置

重载列车与普通列车相比，速度并不高，但质量大、编组车辆数多、列车很长，列车需要制动或缓解时，前后部车辆制动与缓解的时间差较大，造成了纵向冲击力的加大。此外，由于车辆数量多、列车长，重载列车的副风缸数量也多，列车制动管总容积加大，造成了初充气时间长、列车管减压速度和增压速度都较低，且沿列车管长度方向有较严重的“衰减”。这些都会影响重载列车运行的安全。因此各国都在研究改进制动机的结构，以提高其性能。

重载列车制动装置应达到以下要求：

（1）具有较高的制动波速和缓解波速。它可以缩短制动和缓解时列车前后部作用的时间，减轻制动和缓解时的纵向冲击力，并能缩短列车制动距离。

（2）采用摩擦系数较大的闸瓦，如高摩合成闸瓦。这样，可以保证在同样的闸瓦摩擦力的条件下，改用较小的制动缸和副风缸，以减少初充气的时间。

（3）采用性能良好的空重车自动调整装置，保证空车不滑行、重车具有足够的制动力。

（4）要有密封式制动缸和良好的“压力保持”性能。在长大下坡道制动保压时，能保持制动缸压强不因泄漏而衰减。

美国和南非一些国家的重载列车采用 ECP 电空制动系统，这是一种电子控制的直通式空气制动系统。这种系统采用了先进的信息技术，直接用计算机控制列车中每辆货车的制动缸的制动和缓解，取消了传统的空气制动阀系统，保证了长大重载列车中各节车辆的制动、缓解动作一致，加快了制动速度，缩短了制动距离，降低了车辆间的纵向冲力，优越性非常明显。

ECP 系统的主要技术特点是：整列车同时响应制动和缓解信号，具有阶段制动和阶段缓解功能，制动缸压力控制精确，列车管不排风，可向本务机车报告列车制动状态及故障型式，使用有线电缆可进行机车动力分散式牵引控制。

6）改进车轮材质，提高车轮耐剥离性

新合金材质耐剥离车轮与传统车轮相比，相同运量条件下，剥离长度减少 59%，深度减少 43%，如图 9.26 所示。

图 9.26　新合金材质车轮

（三）重载单元列车的装卸设备

重载单元式列车是把装、运、卸形成一套完整的体系，整个列车在装车后，即把列车作为一个整体，开始中途不更换机车、不解体车列的远距离运输，到站后卸货，并且在装、卸车站要有与之相配套的装卸机具和站内线路。

1. 单元式重载列车的装车站

开行单元式重载列车时，装车必须可靠迅速，条件允许时，一般采用环线式装车站。在装车站修建环线，在环线上设 1‰ 的上坡，使车钩始终伸开，在环线上还配有装车设备、轨道衡等。这种车站占地面积较大，但可以使列车在走行中装车，且不需要转向设备和作业。装车站线示意图如图 9.27 所示。

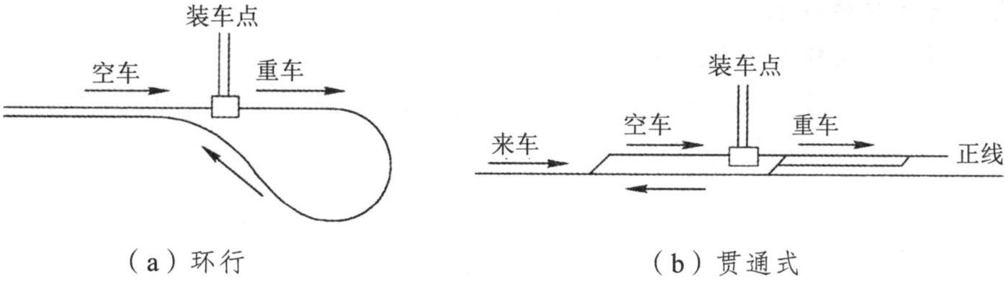

图 9.27　装车站线示意图

2. 单元式重载列车的装车系统

单元式重载列车的装车系统要求较高，在装车点应设有高速定量装车系统。在装车时由控制室遥控列车进行移动，机车上装有恒速器，使列车移动速度按规定要求进行。全列装完后，机车乘务员方能开始操纵机车。

3. 单元式重载列车的卸车系统

为了使单元式重载列车整列不停车卸车，在有条件的地区应设置环线线路。在条件受限制的地区则采取分组卸车的办法。按列车编组的车型不同，卸车主要采用漏卸式和翻卸式。漏卸即漏斗车在高架栈桥或卸车坑道上打开车门直卸；翻卸则是将专用敞车固定在翻车机内旋转倾覆卸车。采用翻卸式的专用卸车必须在（每辆车或两辆一组）一端装有高强度旋转式车钩。在卸车站上需设置拨车机、翻车机和解冻库等设备。我国大秦铁路的秦皇岛港即采用翻卸式。

图 9.28 所示为翻车机卸车系统，它是以翻车机为主机，配以不同的辅机组成的一条机械化和自动化的流水线，适合火力发电厂、港口、化工厂、水泥厂及煤炭行业等大型企业，用来翻卸装载原煤、精煤、焦炭、矿石、粮食等散装类货物的高边敞车、煤车或专用敞车。

图 9.28　翻车机卸车系统

由此可见，重载运输是一个系统工程。实践证明，实行重载运输已经成为世界各国铁路货物运输现代化的发展方向。

【思考题】

1. 重载运输是如何产生的？2005 年国际重载协会关于重载运输是如何定义的？
2. 铁路重载运输有哪几种模式？
3. 重载铁路有哪些技术标准？有哪些新技术？
4. 简述我国重载运输的发展现状。
5. 上网收集资料，了解我国还有哪些已经建成或正在建设的重载铁路，并思考我国重载运输的发展趋势。

项目十　认知铁路动车组

【项目导入】

本项目的学习任务是：掌握动车组的定义及优点；了解国内外动车组的发展历程，尤其是我国动车组的发展历程和取得的成果，熟知“和谐号”和“复兴号”系列高速动车组的车型、代号和应用；掌握动车组的基本构造及其工作原理、技术要求；掌握动车组识别标记，能在实际工作中通过相关标记快速获知动车组的相关信息。

【知识目标】

1. 了解国内外动车组的发展历程；尤其是了解我国动车组的发展历程和最新成就；
2. 熟悉动车组的定义、特点及识别标记；
3. 熟悉动车组的运用方式及其特点；
4. 掌握动车组的基本构造及其工作原理、特点、技术要求；
5. 掌握动车组的型号和列车编号原则、车辆编号原则；
6. 掌握动车组的运用标记，熟悉动车组的座位编号原则。

【能力目标】

1. 能够识别动车组的各个部件，熟悉其功能和特点；
2. 熟知“和谐号”动车组和“复兴号”动车组的型号、特点和应用；
3. 能够通过动车组的识别标记，正确判断出动车组的型号、列车编号、车辆编号和座位编号等所代表的意义；
4. 了解我国复兴号等新型动车组的特点和发展趋势，增加职业自豪感和责任感。

任务一　认知动车组的分类、优势及发展概况

【任务描述】

在本任务中，我们将了解动车组的定义、分类、优势及其发展现状，了解我国“和谐号”和“复兴号”动车组的发展历程和最新成就，以及它们的种类、特点和应用。

通过本任务的学习，要求学员掌握动车组的定义、分类、优势及其发展现状，熟知我国动车组的发展历程和最新成就，熟知“和谐号”和“复兴号”动车组的种类、特点和应用。

【知识学习】

动车组具有安全、高效、快捷、舒适、环保以及编组灵活等特点，是高效率、大密度的载运工

具，因此备受世界各国铁路运输和城市轨道交通运输的青睐，是国内外铁路客运大量采用的车型。

一、动车组的定义、分类和优势

（一）动车组的定义

微课视频：动车组列车的定义、结构、运用和检修

动车组是自带动力、固定编组、可双向开行的列车，是由动力车和拖车或全部由动力车长期固定地连挂在一起组成的车组，可以采用两端动力车，中间为拖车；也可以是多辆动力车在动车组中分散布置。其中，带有动力的车辆称为动车（用 M 表示，以下同），不带动力的车辆称为拖车（用 T 表示，以下同）。动力车上也可以乘坐旅客，列车两端都带有司机室，可在线路上往复运行。除了高速铁路、城际客运、市郊客运运用的动车组外，城市轨道交通列车通常也是动车组。本项目所说的动车组仅指铁路动车组。

（二）动车组的分类

1. 按动力来源分

动车组按动力来源，分为内燃动车组（简称 DMU）和电力动车组（简称 EMU）两种，其中内燃动车组按传动装置型式不同，又分为液力传动动车组和电力传动动车组；而电力动车组有交-直电传动、交-直-交电传动和交-交电传动等型式。内燃动车组在动车组发展早期使用，但与电力动车组相比有明显的劣势，现在已逐步减少使用。目前国内外所采用的动车组多数都是电力动车组。

2. 按牵引动力配置形式分

动车组按牵引动力配置形式，可分为动力集中式和动力分散式两类。

动力集中式动车组列车只有两端为动力车，其余均为拖车。例如，法国的 TGV-PSE 动车组，由两辆动车和八辆拖车编组而成，两辆动车位于车组的两端，即 2 动 + 8 拖（M + 8T + M）形式。由于动力装置安装比较集中，动力集中式动车组具有检查维修方便、电气设备的总质量相对较小等优点。但其缺点也比较突出，即动车的轴重较大，对线路不利。

动力分散式动车组的动力车不集中在两端而是分布在全列车中，具体又分为完全分散和相对分散两种模式。完全分散模式是指高速列车编组中的车辆全部为动力车，如日本的 0 系高速列车，16 辆编组中全部是动力车，这种模式采用较少。相对分散模式是目前动车组采用的主要模式，是指高速列车编组中一部分是动力车，其余部分为无动力的拖车，目前我国的高速动车组均为此种模式。例如，我国的 CRH380A 型动车组的 8 辆编组中有 6 辆是动车，2 辆是拖车，而 16 辆编组的 CRH380AL 动车组中有 14 辆是动车，2 辆是拖车；日本的 700 系高速列车为 12 动 + 4 拖（12M + 4T）的 16 辆编组形式。

动力分散式动车组的特点是：列车中任意一节动车的牵引动力发生故障，对全列车的牵引指标影响不大。动力分散式动车组虽然有牵引设备的数量多、总质量大的缺点，但其优点较多，如最大轴重小、对线路的影响小、列车总体利用率高、列车的牵引及制动性能好、可靠性高、运用成本低等。因此，动力分散式动车组是当今世界铁路动车组，特别是高速动车组技术发展的方向。

3. 按照用途分类

按照用途不同，动车组又分为客运动车组、货运动车组和特殊用途动车组等。动车组主要用于客运，但国外也有少部分用于货运（如日本 M250、法国 TGV 行邮）以及其他特殊用途（如轨道检测等）。

4. 按照车辆转向架布置和车辆之间的连接分类

按照车辆转向架布置和车辆之间的连接，动车组可分为独立（转向架）式和铰接（转向架）式。

（三）动车组的优点

相对于传统的机车车辆模式，动车组在运营上有许多优点，尤其是动力分散式电力动车组的优点更为明显，主要有以下几点：

（1）动力效率较高，启动加速快。动力分散式动车组的驱动轴较多，黏着性能比较稳定，容易实现高速运转。

（2）由于动车组在两端都有司机室，因此，转换运行方向较为方便，可以加快运转速度。在保证安全的前提下，可以明显提高行车密度，从而提高整个铁路网的运输能力。

（3）动车组甩挂方便，比较容易组合成长短不同的列车。可以根据客流的大小，加挂或少挂动车组，由于动车组中每组都是既有动力车又有拖车，因此，加挂动车组不影响速度，少挂动车组也不影响动力的发挥。

（4）动车组的制动效果好。电力动车组因为有较多的电动机，所以再生制动能力良好。另外，动车组一般都采用两种或两种以上制动方式，制动效果更为显著。

（5）最大轴重小，同时对线路的影响小。由于动车组的牵引设备分散布置在各动力车上，能够降低列车的轴重，减小运行阻力，减少对铁路线路的影响，并降低维修保养费。

（6）动车组更加注重环保。高速动车组的内部装饰和化工材料全部符合国际环保规定的要求，卫生间均采用集便式便器，集中收集排放污物，不会对列车行经路段沿线造成污染；车内外噪声也非常小，最大限度地降低了噪声污染。

二、国外动车组的发展概况

国际上常见的动车组有：日本的新干线，德国的ICE，法国的TGV、欧洲之星，意大利的 ETR 等。日本川崎重工、法国阿尔斯通、德国西门子、加拿大庞巴迪和意大利菲亚特公司是掌握速度 200 km/h 及以上动车组集成和关键部件技术，并具有批量生产能力的主要制造商。

（一）德国

德国是最早制造和运用动车组的国家，在 1903 年便率先运行了由钢轨供电的动车组。该动车组由 4 节动车和 2 节拖车编组而成。同年 8 月 14 日，又运行了由接触网供电的动车组，这是世界上第一列由接触网供电的单相交流电动车组。再到同年 10 月，西门子公司制造的三相交流电动车进行了高速试验，首创速度 210.2 km/h 的历史性记录。虽然德国制造和运用动车组较早，其动车组技术在世界上也一直处于领先地位，但德国高速动车组投入商业运营相对较晚，直到 1991 年，其最早一代 ICE 动车组——ICE_1（见图 10.1）才正式投入商业运营，比日本的新干线晚了 20 多年。在 ICE_1 投入运营后，他们又相继研制了 ICE_2、ICE_3、ICE_4、ICE-T 等。

（二）日本

日本是最早将高速动车组投入商业运营的国家。1964 年 10 月 1 日，日本东海道新干线东京—大阪高速铁路正式投入商业运营，由 16 辆全部为动力车编组的 0 系新干线动车组（见图 10.2）开始运行在这条线路上。东海道新干线是世界上第一条完全按照高速行车技术条件建造的铁路，其安全运营的最高速度达 210 km/h。0 系新干线列车是世界上最早投入商业运营的高速铁路动车组，使速度为 200 km/h 的高速列车技术由试验研究阶段跃升为商业运营阶段，这为日本铁路的发展开创了新纪元，也给当时被称为“夕阳”产业的世界铁路注入了巨大的活力，成为世界铁路发展的里程碑。在 0 系之后，日本又开发制造了 100 系、200 系、300 系、400 系、500 系、700 系、800 系、E1 系、E2 系、E3 系和 E4 系等高速动车组列车。

图 10.1　德国 ICE_1 列车

图 10.2　日本新干线 0 系列车

（三）法国

法国也是制造和运用动车组较早的国家，尤其是它的高速电动车组，速度连续刷新世界纪录。1981 年，第一代 TGV-PSE 电动车组创造了最高试验速度 380 km/h 的世界纪录（见图 10.3）；1990 年 5 月，第二代 TGV 列车又以 515.3 km/h 的试验速度刷新世界纪录；1993 年 6 月，象征着 TGV 第三代的 TGV Reseau 投入运营，它是世界上第一列密封的列车，其客舱是压力封装的，克服了在高速运行下巨大的气压变化对旅客舒适度的影响；1996 年，双层 TGV 列车 TGV Duplex 投入营运，在仅需提高 4% 牵引功率的前提下，客容量提高了 45%；另外，法国还开通了穿过英吉利海峡连通英国、法国、比利时三国客运联运业务的欧洲首列国际高速列车——欧洲之星（见图 10.4）。近年来，法国研究和开发了实际运营速度达 360 km/h 以上的第四代 TGV——Nouvelle Generation TGV。如今，TGV 技术已经成为法国对外出口的一项铁路技术。很多国家的高速列车都是由 TGV 演变而来的，例如，西班牙引进 TGV 技术推出的 AVE 高速列车，韩国引进 TGV 技术推出的 KTX 动车组等。

图 10.3　TGV-PSE 动车

图 10.4　欧洲之星动车组

在国际上，除了日本、法国和德国有着先进的动车组技术，并大量用于铁路旅客运输外，使用动车组较多的国家还有英国、荷兰、美国、西班牙、意大利、瑞典等。

三、我国动车组的发展概况

（一）我国动车组的发展历程

我国动车组的发展起步较晚，直到 1998 年才有第一列商用动车组“春光号”在南昌铁路局运营。后来通过引进和消化国际先进技术，大力开展自主创新，我国动车组技术迅速发展起来，尤其是 2004 年 10 月和 2005 年 11 月原铁道部分别组织完成 140 列速度 200 km/h 和 120 列速度 300 km/h 动车组的采购项目后，国内共有十多家机车车辆重点制造企业直接从中受益，实现了机车车辆制造技术水平质的飞跃，使我国机车车辆工业及相关民族工业得以发展壮大，形成了我国铁路新的机车车辆制造产业群。在这些重点制造企业中，中车集团青岛 BST 公司受让引进加拿大庞巴迪公司的技术，制造生产了 CRH_1 型动车组（见图 10.5）；中车集团青岛四方机车车辆股份有限公司受让引进日本川崎重工的技术，制造生产了 CRH_2 型动车组；中车集团唐山机车车辆厂受让引进德国西门子公司的技术，制造生产了 CRH_3 型动车组；中车集团长春轨道客车股份有限公司受让引进阿尔斯通公司的技术，制造生产了 CRH_5 型动车组（见图 10.6）。2007 年 4 月 18 日，铁路第六次大面积提速，主要集中在京哈、京沪、京广、陇海、兰新线部分区段和胶济、郑徐、武九、浙赣等线路实施。这次大面积提速调图后，客货运输能力分别增加 18% 和 12% 以上，特别是在主要干线上，开行了时速 200 km 及以上的和谐号国产化动车组，部分区段运行时速达到 250 km。截至 2007 年 4 月 18 日，共开行和谐号动车组 140 对，到 2007 年底逐步增加到 257 对，同时一大批先进的技术装备投入运用，这些都标志着我国铁路既有线提速水平已经跻身于世界先进行列，这是我国铁路发展史上的一个重要里程碑。

图 10.5　CRH_1 型动车组

图 10.6　CRH_5 型动车组

通过吸收消化和自主创新，我国已掌握了世界先进、成熟的铁路动车组核心技术。近年来，我国在引进国外先进动车组技术的基础上大力开展自主创新，已有几十种动车组投入商业运营，尤其是“复兴号”系列高速动车组投入使用，标志着我国高速动车组技术已处于世界先进水平。

（二）和谐号动车组简介

我国将引进国外技术、联合设计生产的CRH系列动车组命名为“和谐号”，通常是指 2007 年 4 月 18 日起在中国铁路第六次提速调图后开行的 CRH 动车组列车。CRH为英文缩写，全名 China Railway High-speed，中文意为“中国高速铁路”，是我国高速铁路系统建立的品牌名称。我国铁路开行的 CRH 系列动车组已有 CRH_1、CRH_2、CRH_3、CRH_5、CRH_6、CRH380A、CRH380B、CRH380C、CRH380D 车型等多种类型，各型动车组的主要技术特征见表 10.1。

表 10.1　我国动车组的主要技术特征

型号	CRH_1	CRH_2	CRH_3	CRH_5	CRH380A	CRH380B	CRH380C	CRH380D
生产厂家	四方-庞巴迪-鲍尔铁路运输设备有限公司	四方机车车辆股份有限公司	唐山轨道客车有限责任公司	长春轨道客车股份有限公司	四方机车车辆股份有限公司	唐山轨道客车有限责任公司	长春轨道客车股份有限公司	四方-庞巴迪-鲍尔铁路运输设备有限公司
基本编组	5M + 3T	4M + 4T	4M + 4T	5M + 3T	6M + 2T	4M + 4T	8M + 8T	4M + 4T
编组定员/人	670	609	600	606	494	490	1 004	494
轴重/t	16	14	17	17	15	≤17	≤17	≤17
运营速度/(km/h)	200	200	350	200	350	350	380	380
最高试验速度/(km/h)	250	250	385	250	380	>400	420	420
牵引功率/kW	5 500	4 800	8 800	6 770	9 600	9 200	19 200	9 600
车体材质	不锈钢	铝合金	铝合金	铝合金	铝合金	铝合金	铝合金	铝合金
转向架形式	空气弹簧拉板式定位+轴箱圆弹簧	空气弹簧转臂式定位+轴箱圆弹簧	空气弹簧转臂式定位+轴箱圆弹簧	空气弹簧拉杆式定位+轴箱圆弹簧	空气弹簧转臂式定位+轴箱圆弹簧	空气弹簧转臂式定位+轴箱圆弹簧	空气弹簧转臂式定位+轴箱圆弹簧	空气弹簧转臂式定位+轴箱圆弹簧
牵引方式	单拉杆	单拉杆	Z 形双拉杆	Z 形双拉杆	单拉杆	Z 形双拉杆	Z 形双拉杆	单拉杆
制动形式	再生制动＋空气制动			再生制动＋空气制动＋电阻制动	再生制动＋空气制动	电制动＋电空制动		电空制动/再生制动

1. CRH_1 型动车组

CRH_1 型动车组是由中车集团四方机车车辆股份有限公司与加拿大庞巴迪的合资公司——青岛四方-庞巴迪铁路运输设备有限公司（BST）生产。原型车以庞巴迪为瑞典AB 提供的 Regaina C2008 为基础。CRH_1 型动车组如图 10.7 所示。

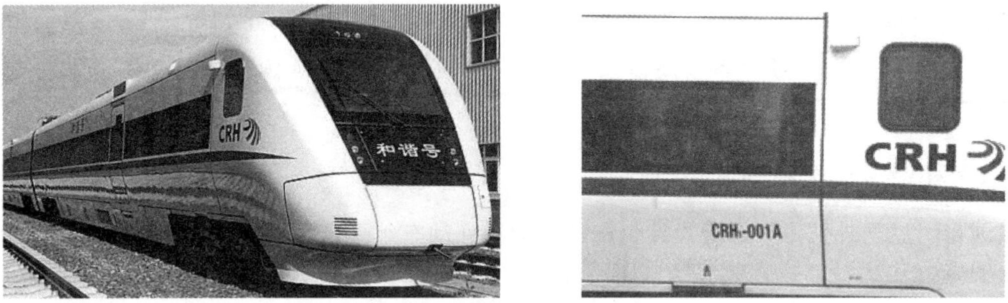

图 10.7　CRH_1 型动车组

2. CRH_2 型动车组

CRH_2 型动车组是由中车集团四方机车车辆股份有限公司联合日本川崎重工，引进川崎重工业的新干线 E2-1000 型动车组技术，南车四方机车车辆股份有限公司负责国内生产。CRH_2 型动车组如图 10.8 所示。

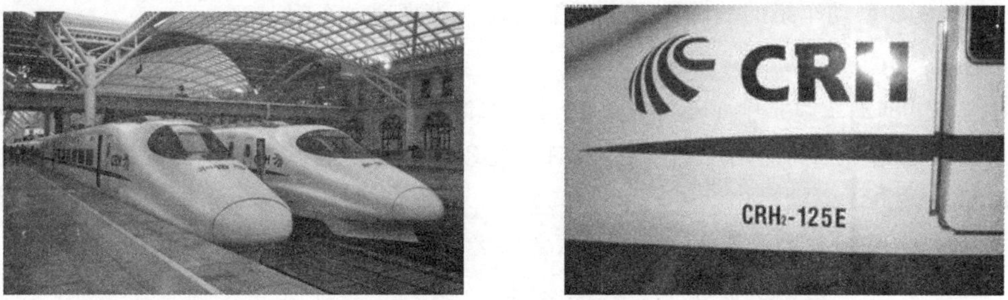

图 10.8 **CRH_2 型动车组**

3. CRH_3 型动车组

CRH_3 型动车组是由中车集团唐山轨道客车有限责任公司联合德国西门子，引进西门子ICE3（Velaro）技术，由中国北车集团唐山轨道客车有限责任公司负责国内生产。CRH_3 型动车组如图 10.9 所示。

图 10.9 **CRH_3 型动车组**

4. CRH_5 型动车组

CRH_5 型动车组是由中车集团长春轨道客车股份有限公司联合法国阿尔斯通，引进法国阿尔斯通的技术，车体以法国阿尔斯通为芬兰国铁提供的 SM3 动车组为原型。由中国北车集团长春轨道客车股份有限公司负责国内生产。CRH_5 型动车组主要配属在北方地区。CRH_5 型动车组如图 10.10 所示。

图 10.10 **CRH_5 型动车组**

5. CRH380 型动车组

1） CRH380A 型

CRH380A 型电力动车组是由中车集团四方机车车辆股份有限公司在 CRH_2C（CRH_2- 300）型电力动车组基础上自主研发的 CRH 系列高速动车组，最高营运速度 380 km/h。2010 年 12 月 3 日，在京沪高铁联调联试时，CRH380A 型动车组创下最高 486.1 km/h 的时速。

2） CRH380B 型

CRH380B 型动车组是中车集团长春轨道客车股份有限公司和中车集团唐山轨道客车有限责任公司在 CRH_3C 型动车组的基础上联合研发的新一代高速动车组。

3）CRH380C 型

CRH380C 型动车组是中车集团长春轨道客车股份有限公司在 CRH_3C、CRH380BL 型动车组的基础上研发的新一代高速动车组，与 CRH_3C 型动车组相比，其持续运营速度由 300 km/h 提高至 350 km/h，最高运营速度由 350 km/h 提高到 380 km/h，图 10.11 所示为 CRH380C 型动车组。

图 10.11　CRH380C 型动车组

4）CRH380D 型

CRH380D 型电力动车组由庞巴迪—青岛四方庞巴迪铁路运输设备有限公司研发的，原项目名称为CRH-380，2010 年 12 月中旬，原铁道部重新分配动车组车号，故改为 CRH380D 系列。

6. CRH_6 型动车组

和谐号 CRH_6 型城际动车组是为了满足我国区域经济快速发展和城市群崛起对城际轨道交通的需求而研制的新一代城际电动车组，填补了我国轨道交通客运装备领域的一项空白。它继承了“和谐号”系列高速动车组安全、成熟、舒适和可靠等优点，具备快起快停、快速乘降、载客量大及高速持续运转的特点，适合于城市间以及市区和郊区间的短途通勤客运，起到了衔接高铁和城轨的纽带作用，完善了我国轨道交通层次架构。

（三）新一代中国标准高速动车组“复兴号”简介

新一代中国标准动车组“复兴号”（见图 10.12）是我国自主研发、具有完全自主知识产权的新一代高速列车，它集成了大量现代国产高新技术，牵引、制动、通信网络、转向架、轮轴等关键技术实现重要突破，适应高原、高寒、风沙等各种运营环境，是我国科技创新的又一重大成果。

图 10.12　“复兴号”动车组

1. “复兴号”动车组的诞生和发展历程

2004 年，我国引进德国、日本等国的高速动车组技术，在消化、吸收、再创新的基础上，生产出了“和谐号”系列高速动车组，然而基于不同平台研发出的“和谐号”车型，由于标准不统一，不能互联互通，难以互为备用，提高了运营和维修成本。

2012 年，由原中国铁路总公司主导，中国铁道科学研究院技术牵头，中车所属企业设计制造，开展了中国标准动车组的设计研制工作。2016 年 7 月，中国标准动车组在世界上首次实现时速 420 km 交会及重联运行试验。2017 年 2 月 25 日 10 点 33 分，G65 次列车驶出北京西站，运行于京广高铁，标志着我国自行设计研制的、拥有全面自主知识产权的中国标准动车组样车正式上线运营。2017 年 6 月 25 日，中国标准动车组被正式命名为“复兴号”。

2017 年 6 月 26 日，在京沪高铁两端的北京南站和上海虹桥站，“复兴号”动车组双向首发。2017 年 9 月 21 日，我国铁路实行新的列车运行图，“复兴号”动车组在京沪高铁率先恢复最高 350 km/h 速度运营，这标志着中国再次成为世界上高铁商业运营速度最高的国家。

2018 年 4 月 10 日起，我国铁路实行新的列车运行图，“复兴号”动车组开行数量增加。2018 年 6 月 26 日，“复兴号”动车组上线运营满 1 周年，累计发送旅客 4130 万人次。

2018 年 7 月 1 日 0 时起，我国铁路实行新的列车运行图，16 辆长编组“复兴号”动车组首次投入运营。

2018 年 8 月 1 日，中国铁路北京局集团有限公司宣布，京津城际铁路全部更换为“复兴号”中国标准动车组列车，8 月 8 日起京津城际“复兴号”列车提速至 350 km/h 运行。

2018 年 10 月，17 辆编组超长版 CR400“复兴号”亮相，车身长 439.8 m，可乘坐 1283 人。

2018 年 12 月 24 日，时速 350 km/h、17 辆长编组，时速 250 km/h、8 辆编组，时速 160 km/h 动力集中等多款“复兴号”新型动车组首次公开亮相。

2019 年 1 月 5 日零时起，我国铁路实行新列车运行图，时速 160 km 动力集中型电动车组——复兴号 CR200J 型电力动车组，也开始逐步替代传统普速列车在京沪铁路上线运营。

2019 年 8 月 8 日，由乌鲁木齐开往库尔勒的首趟 C8802 次“复兴号”列车由乌鲁木齐站开出，标志着新疆也进入了“复兴号”列车时代。

2019 年 8 月 16 日，大理至丽江首次开行 CR200J“复兴号”动车组。

2019 年 12 月，“复兴号”智能动车组在京张高铁成功上线运用，并在世界上首次实现时速 350 km/h 自动驾驶功能。

2020 年 4 月 18 日，G806 次列车 14 时准点驶离郑州东站开往北京，这是中国铁路郑州局集团有限公司首次配属“复兴号”动车组。

2020 年 12 月 15 日，CR300BF 型“复兴号”动车组抵达西安动车段，担负银西高铁旅客运输任务，这是该型号动车组在中国的首次上线。

2020 年 12 月 23 日，重庆铁路首次配属的“复兴号”CR400AF 动车组在中国铁路成都局集团有限公司重庆车辆段西动车所正式亮相。该动车组于 12 月 24 日在重庆沙坪坝站首发开往成都东站，成渝两地的高铁通达时间缩短至 62 分钟。

2021 年 6 月 25 日，我国铁路实行第三季度列车运行图，“复兴号”智能动车组扩大开行范围，中车青岛四方 CR400AF-Z（8 辆标准编组）和 CR400AF-BZ（17 辆超长编组）两种编组的新型“复兴号”智能动车组首次亮相，正式上线投入运营。至此，“复兴号”智能动车组扩大至京沪、京广、京哈、徐兰及成渝高铁开行，服务功能再次优化，更多旅客享受到了“复兴号”智能动车组的乘车体验。

2021 年 6 月 25 日，拉林铁路（拉萨—林芝铁路）开通运营，“复兴号”高原内电双源动车组同步投入运营，历史性地实现“复兴号”动车组对 31 个省区市的全覆盖，至此我国铁路全线已有 1191 列复兴号动车组在线运行。

2022 年 1 月 10 日上午 11 时 10 分，西昌西开往昆明的 D843 次“复兴号”动车组从西昌西站开出，经过 4 小时 21 分运行抵达昆明站。这是成昆铁路扩能工程冕宁—米易段开通运营后，西昌西开出的首趟“复兴号”动车组。

2022 年 1 月 17 日 8 时，在西藏拉萨火车站，“复兴号”开启了在“世界屋脊”的首次春运。

2022 年 4 月 12 日，“复兴号”CR450 动车组在研制先期试验时，在郑州至重庆高速铁路的巴东—万州段成功实现隧道内单列时速 403 km/h、相对交会时速达 806 km/h；4 月 21 日，在济南至郑州高速铁路的濮阳—郑州段成功实现明线上单列时速 435 km/h、相对交会时速达 870 km/h，创造了高铁动车组列车明线和隧道双向交会速度的世界纪录。

2.“复兴号”动车组系列型号简介

2017 年 6 月 25 日，中国标准动车组被正式命名为“复兴号”。目前“复兴号”动车组有 CR400、CR300、CR200 三个系列。其中，CR 是“China Railway”的缩写，即“中国铁路”的英文简写；数字 400、300、200 是指速度等级，“复兴号”动车组已形成时速 160 ~ 350 km/h 的全系列动车组，400 指运营时速 350 km/h、300 指运营时速 250 km/h、200 指运营时速 160 km/h。

截止到 2021 年 10 月，复兴号动车组已有车型如下：

（1）CR400 系列：CR400AF（智能型动车组）、CR400AF-A、CR400AF-B、CR400AF-C、CR400AF-G、CR400AF-Z、CR400AF-BZ、CR400BF（智能型动车组）、CR400BF-A、CR400BF-B、CR400BF-C、CR400BF-G、CR400BF-Z、CR400BF-BZ、CR400BF-GZ。

（2）CR300 系列：CR300AF、CR300BF。

（3）CR200J 系列：FXD1-J、FXD3-J、HXD1D-J、FXN3-J。

此外还有未量产的可变轨距动车组、双层动车组 CR400AF-S、卧铺动车组 CR400BF-E、货运动车组 CR400AF-H 等。

其中，“A”和“B”是生产厂家的标识：A 代表南车，B 代表北车。“F”“J”为技术类型代码：F 表示分散动力式，J 表示集中动力式。

CR400 系列衍生型号：“-A”表示 16 编组的长编组列车；“-B”表示 17 编组的超长编组列车；“-C”表示智能动车组，其中 CR400BF-C 为京张高速铁路专用，CR400AF-C 为京雄城际专用；“-G”表示高寒动车组；“-Z”表示量产智能动车组；“-BZ”表示 17 编组的智能动车组；“-GZ”表示高寒智能动车组。

【思考题】

1. 什么是动车组？它有哪些优点？动车组是如何分类的？
2. 我国的高速铁路动车组主要引进了哪些国家的技术？
3. 我国“和谐号”动车组有哪些种类？简述其应用情况。
4. 简述我国“复兴号”动车组的发展历程。
5. 我国“复兴号”动车组有哪些系列？其特点是什么？
6. 上网查询相关资料，思考我国“复兴号”动车组的发展趋势。

任务二　认知动车组的基本构造、特点及运用

【任务描述】

在本任务中，我们将了解动车组的基本构造，尤其是转向架部分，了解动车组的技术特点；了解动车组的型号和列车编号、车辆编号、座位编号规则和运用方式等。

通过本任务的学习，要求学员掌握动车组的基本构造，熟知动车组转向架的作用、分类、构造和技术性能要求，掌握动车组的型号和列车编号、车辆编号、座位编号规则和运用方式等。

【知识学习】

目前，世界上运营的动车组种类繁多，仅我国运用的高速铁路动车组就有和谐号的 CRH_1、CRH_2、CRH_3、CRH_5、CRH380A，复兴号 CR200J、CR300AF、CR300BF、CR400AF、CR400BF等多种。各种类型的动车组在设计、制造上都有一些区别，但基本构造通常都包括车体、车辆内部设备、转向架、车辆连接装置、制动装置、牵引传动系统、辅助供电系统以及空气调节系统等部分。

一、动车组的基本构造

（一）车体及车内设施

动车组车体是旅客乘坐和司机驾驶的部分，也是安装和连接其他设备与部件的基础，它由侧墙、端墙、车顶、底架和车头等部分组成。动车组车体分为带司机室车体和不带司机室车体两种。车内设备是指服务于乘客的车内固定附属装置，包括车门、车窗、座席、司机室、乘务员室、照明装置、供水、通风、取暖、空调、安全设备、行李架、旅客信息服务系统等，图 10.13 所示为我国“和谐号”CRH380A 动车组部分车辆的车厢内部布置。

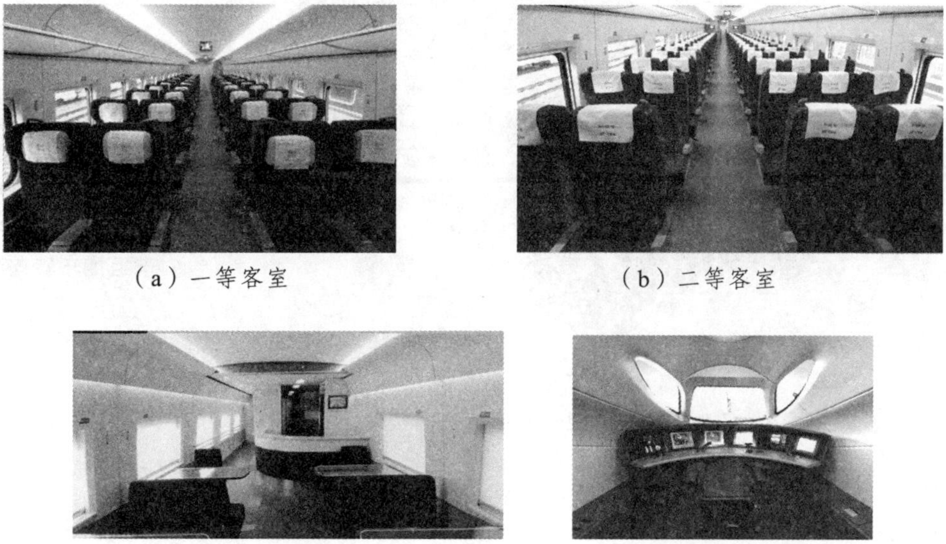

（a）一等客室　（b）二等客室

（c）餐厅　（d）司机室

图 10.13　CRH380A 动车组车厢内部布置

（二）转向架

转向架是保证动车组运行品质和安全的关键部件。动车组每个车体下都装有转向架，其中动车下面是动力转向架，拖车下面是拖车转向架，它们的主要区别是动力转向架有牵引电机和驱动装置，而拖车转向架没有。动车组转向架置于车体和轨道之间，除了要承担车体、车内设施及乘坐旅客的全部重力外，更重要的作用是牵引和引导车辆沿轨道行驶，承担动车组安全、高速、平稳的运行任务。

动车组转向架主要由构架、轮对及轴箱定位装置、牵引装置、驱动装置、弹簧悬挂装置和基础制动装置组成，如图 10.14 所示。

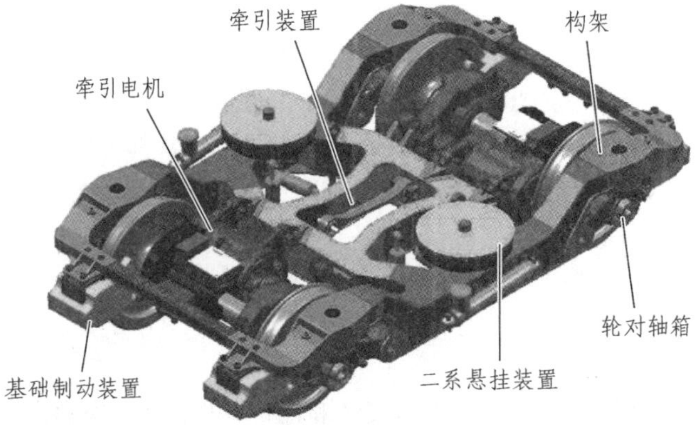

（a）动力转向架

二维动画：CRH_1型动车组动力转向架的构造

（b）拖车转向架

二维动画：CRH_1型动车组拖车转向架的构造

图 10.14　CRH_1型动车组转向架的基本构造示意图

1. 转向架构架

构架是转向架的骨架，是安装各种零部件的载体，并承受和传递垂向力和水平力等。从图 10.14 中可看出构架在转向架上所处的位置。转向架构架分为动车转向架构架和拖车转向架构架，一般都由侧梁与横梁、相关支座、连接梁等构成，它们都要具备足够的强度。

2. 轮对轴箱装置

轮对轴箱装置（简称轮轴）主要由车轮、动力车轴、非动力车轴、挠性联轴器和轴箱等部件组成。它承受和向钢轨传递列车重力，并在负重条件下以较高的速度引导车辆在钢轨上行驶；它还通过轴箱定位装置使轮对相对于构架前后、左右活动，以适应线路条件；另外还有某些制动力也通过轮对实现。

3. 牵引装置

牵引装置是车体与转向架的连接装置，用来传递车体与转向架之间的水平力等，同时保证车体与转向架之间的回转运动。不同类型的转向架其牵引装置也不同，例如，Y32 型转向架的牵引装置，其牵引力是通过钢丝绳连接车体和转向架构架后直接传递的，牵引钢丝绳一端连接在装于构架中间纵向梁下部的一个“十”字形座上，而另一端则连接在一个螺杆上，通过弹簧装置与车体下的牵引座相连。这样的传递方式可以使车体与转向架之间完全是弹性连接。

4. 弹簧悬挂装置

弹簧悬挂装置是转向架支撑车体的装置，它一方面能够保证一定的轴重分配；另一方面还起到缓和轮轨冲击、保证车辆运行平稳性等作用。弹簧悬挂装置由空气弹簧（见图 10.15）、横向减振器、抗蛇形减振器和自动高度调节阀等构成。设在轮对和构架之间的弹簧悬挂装置称为轴箱弹簧装置或一系悬挂装置；设在构架与车体之间的弹簧悬挂装置称为中央弹簧悬挂装置或二系悬挂装置。

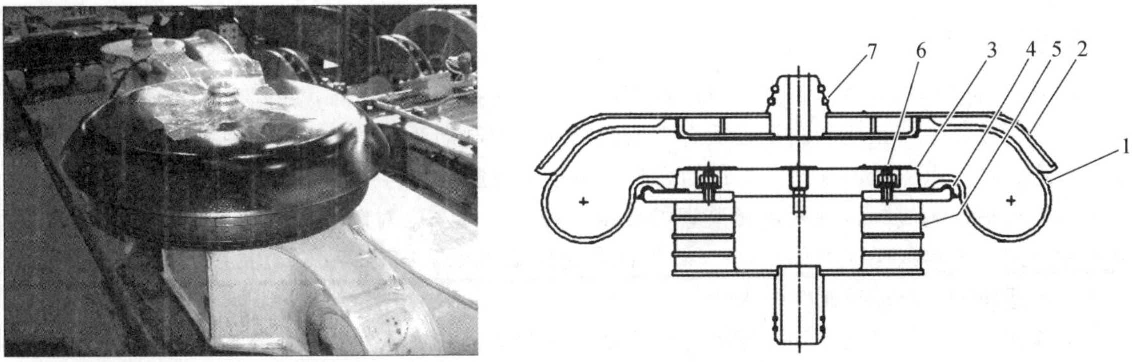

1—橡胶囊；2—上盖板；3—下盖板；4—橡胶座；5—橡胶堆；6—螺母、垫片；7—O 形圈。

图 10.15 CRH$_2$A 型动车组的空气弹簧

5. 基础制动装置

动车组一般采用摩擦制动和动力制动相结合的模式，其中摩擦制动方式多采用盘形制动和电磁涡流制动，动力制动方式则选用电阻制动或再生制动。动车组基础制动装置一般由制动盘、制动闸片、制动缸、防滑器和踏面清扫器等组成，其中制动盘的种类有用于动车转向架的“动车轮盘制动盘”以及用于拖车转向架的“拖车轮盘制动盘”和“拖车轴制动盘”等。

（三）连接装置

动车组的连接装置主要用于连接各个车辆并传递牵引力与制动力，同时还能起到缓冲和减振作用，另外还可以保证车辆的密封性。

动车组的连接装置一般由密接式车钩装置、风挡、空气及电气连接设施和车体间减振器等构成。空气及电气连接设施包括：列车总风管、列车通信总线连接、制动控制线连接、供电母线连接、电路电气设备连接、高压电线连接等。

目前世界各国的高速动车组普遍采用密接式车钩连接装置，如日本新干线动车组车钩全部采用密接式车钩方式，如图 10.16 所示。

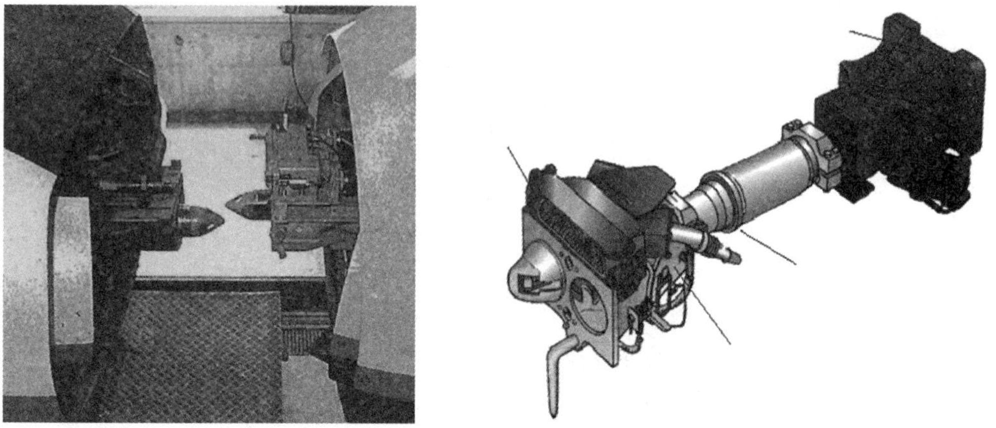

图 10.16　密接式车钩缓冲装置

（四）制动装置

制动装置是列车安全、正点运行的重要保证，也是提高列车运行速度的前提条件。

目前，铁路上所采用的制动方式有摩擦制动和动力制动两大类。其中，摩擦制动包括闸瓦制动、盘形制动、电磁轨道制动三类；动力制动包括电阻制动、再生制动、电磁涡流制动等。由于动车组运行速度较高，因此对制动装置的要求也较高。动车组对制动装置的基本要求是：① 尽可能缩短制动距离以保证列车安全；② 保证高速制动时车轮不滑行；③ 司机操纵制动系统灵活可靠，能适应列车自动控制的要求。

动车组通常采用动力制动与摩擦制动相结合的制动模式。动车组制动控制系统包括动力制动控制系统和空气制动控制系统，此外还有电子防滑器及基础制动装置等。

（五）牵引传动系统

目前世界上的高速动车组一般都采用电力牵引传动方式。动车组的牵引传动系统包括主电路、高压设备、受电弓、主断路器、主变压器、牵引变流器、牵引电机等。由于动车组运行速度较高，电力牵引高速动车组的受电与电力牵引常速列车的受电相比，具有一些明显的特点，例如，接触网与受电弓的波动特性发生变化，受电弓产生的噪声较大，所受的空气阻力较大，需要的牵引功率较大等。

图 10.17 所示为动车组受电弓及附属设备。

图 10.17 动车组受电弓及附属设备

（六）辅助供电系统

动车组的辅助供电系统包括：辅助变压器、辅助整流用变压器、滤波电容器、输入侧电磁接触器、充电电阻、放电电阻、控制单元、蓄电池、空气压缩机、空气调节系统、采暖设备、照明设备、旅客服务设备、冷却通风机、应急通风装置及维修用电等。由于辅助供电系统备有容量充足的蓄电池组，供应急时使用，因此它具备应急供电功能。应急用电包括：应急照明、客室应急通风、广播系统、列车无线装置、应急显示、维修用电、通信及其控制等。应急用电量一般最少要能持续 2 小时。

（七）空气调节系统

动车组有较好的气密性，因此必须解决好车内的通风换气问题。动车组列车内的通风换气是通过空气调节系统来实现的。动车组的空气调节系统与普通客车的空调系统有很大的区别，它包括客室空调装置、通风系统、司机室空调换气装置等几部分。

为了实现轻量化，并减小车体断面积和高速运行时的空气阻力，目前世界上新型高速动车组的客室空调装置一般都安装在车体下。另外，为了使动车组在车外气压变化很大时仍能正常地进行通风换气，并避免通过换气口将车外气压变化传入车内，保证客车的气密性，高速动车组客车的通风换气装置一般都设计成可控式的。

动车组除了上述基本构造外，还配置了给排水系统、配电盘、车辆信息控制装置、车载信息系统及行车安全装置等。

二、动车组的主要技术特点

相对于传统的机车车辆模式，动车组在旅客运输方面有着很多突出的优点。由于列车在运行中固定编组，车站折返或换向时无须摘挂机车，节约了停站时间，提高了列车使用效率，减少了车站咽喉压力。在保证安全的前提下，可明显提高行车密度，提高了整个铁路网的运输能力。另外，由于动车组起动加速快、运行速度高，故头部需要较好地流线化，车辆连接采用密接式车钩。

动车组的主要技术特点如下：

（一）车体结构流线型

随着列车运行速度的提高，周围空气的动力作用一方面对列车和列车运行性能产生影响；同时，列车高速运行引起的气动现象对周围环境也产生影响。

为了满足高速行车的要求，保证行车安全和旅客的舒适性，一般将动车组车头设计成流线型。对于高速动车组来说，流线型车头可以有效减少运行空气阻力和列车交会压力波，并较好地解决了运行稳定性等问题。图 10.18 所示为日本新干线 500 系动车组的流线型车头结构，它是所有新干线车辆中流线型效果最好的一种。

图 10.18　日本新干线 500 系动车组

另外，车身的外形一般设计成细长、无棱角的流线型；采用与车身横断面形状相吻合的裙板遮住车下设备，使车体表面光滑平整；车窗、车门与车体齐平，手把、扶杆凹装在车体表层内，以尽量减少突出物；除受电弓外，顶板上尽可能不安装其他部件，使顶部光滑平整。

（二）车体结构轻量化

对于高速铁路动车组，在保证客车使用寿命和客车结构能承受各种载荷的工况下，实现车体及车内设施轻量化是非常有必要的，具体好处为：① 节省列车牵引功率；② 减小列车运行阻力；③ 降低高速列车引起的动力作用对线路结构、机车车辆结构产生的损伤，减少工程和维修费用；④ 有利于改善列车的运行品质；⑤ 有利于环保。由于轴重的下降，减小了列车运行时沿线路基的振动，同时也降低了轮轨之间的噪声，从而有利于环保。

因此，为了节省牵引功率，降低列车高速所引起的动力作用对线路结构、车辆结构产生的损伤，以及提高旅客乘坐舒适度，需要最大限度地降低高速动车组的轴重。实现车体及车内设施轻量化可以通过以下途径：

（1）采用新材料。目前，国外高速动车组的车体材料主要有不锈钢、高强度耐候钢和铝合金。从使用效果和发展趋势来看，由于铝合金具有较好的塑性，容易挤压成型，且具有良好的耐腐蚀性，能够延长客车的使用寿命，减轻检修工作量，因此，铝合金将成为动车组车体的主导材料。

（2）合理优化结构设计。在充分保证车体强度和刚度的基础上，对车体结构进行优化设计，以减轻车辆自重。国内外经验证明，通过优化计算，车体结构质量可显著降低。

（3）车内设施轻量化设计。动车组车内设备约占客车总重量的 20%，故对其进行轻量化设计具有非常重要的意义。目前，对动车组车内设施的轻量化主要通过采用新型材料来实现，如车门、车窗、行李架、座椅、供水设备、卫生设备等，均通过选用轻合金或高分子材料、复合材料来减轻重量，而车内装饰板材则广泛采用薄膜铝合金墙板或工程塑料顶板来使设备轻量化。

（三）车体具有良好的气密性和隔音性能

1. 动车组采用的密封技术

列车通过隧道或在运行中与其他列车交会时，车内压力发生巨大变化，旅客会有耳痛等不适感觉，因此必须提高动车组车体的气密性，使车内压力不受车外压力的影响。目前世界上提高动车组气密性的措施主要是从车体结构和部件上考虑，采用的密封技术主要有：

（1）车体金属结构采用连续焊，以消除焊接气隙，对不能施焊的部位采用密封胶密封。

（2）车门采用密封性能良好的塞拉门，台风挡采用橡胶大风挡，并保证渡板处的密封良好。

（3）采用固定式车窗，车窗玻璃的结构、强度和车窗的组装工艺能保证密封的可靠性和耐久性。

（4）列车空调通风装置的换气系统设立压力控制，如在进、排气风口安装压力保护阀，在排气风道中装设带有节气阀的排风机、安装压力保护通风机等，从而既保证了正常的通风换气，又保证了车内压力变化控制在有限值之内。

（5）装设水的密封装置，防止洗脸室、卫生间以及空调机组冷凝水排水管在外部高压时的回流。另外，对直通车下的管路和电缆孔均采取了必要的密封措施。

2. 提升动车组车体隔声性能的主要技术措施

由于动车组运行速度较高，它所产生的噪声也比较大。为了降低车内噪声，除了要削弱噪声源发出的噪声外，还要提高车体的隔声性能。提升车体隔声性能的主要技术措施有：

（1）在车体金属表面涂刷防振阻尼层，使钢结构的声频振动转化为热能消散，减少声波的辐射和声波振动的传递，从而减少车内噪声。

（2）采用双层墙结构，以增强整体隔声量。

（3）采用带空气层的双层车窗，减少从侧面传入车内的噪声，以提高车窗的隔声量。

（4）车内选用吸声效果好的高分子聚合材料。

（5）采取提高车体气密性的措施，同样可以起到隔音作用。

（四）高性能转向架技术

动车组配有高性能的转向架，保证了动车组运行的平稳性和安全性。

（1）动车组通常采用轴箱定位装置和回转阻尼装置来抑制蛇行运动，确保车辆运行的稳定性。

（2）选择合理的踏面形状与较小的踏面斜度以防止脱轨、倾覆现象发生，使动车组具有良好的曲线通过性能。

（3）在动车组转向架中采用了空气弹簧和橡胶件以降低轮轨噪声，减小了噪声对车内及环境的污染，满足了乘客乘坐舒适度的要求。

（4）在保证必要性能的前提下，动车组转向架也尽量实现了轻量化。国外高速动车组转向架的轻量化措施之一是采用无摇枕结构，由中央空气弹簧直接支承车体重力；此外还有很多轻量化措施，如取消端梁使构架结构轻量化、采用铝合金制作轴箱及齿轮箱以及采用轻型轮对等。

（五）复合制动技术

由于动车组运行速度较高，因此对制动装置的要求也较高。动车组通常采用能提供强大制动力并更好利用黏着的复合制动系统，该复合制动系统通常由制动控制系统，动力制动、空气制动（包括盘形制动和踏面制动）系统、计算机控制的防滑器和非黏着制动装置等组成。

表 10.2 列出了部分国家高速动车组的制动方式。

表 10.2　部分国家高速动车组制动方式

国别	列车名称	动力车制动方式	非动力车制动方式
日本	0 系列 100 系列 300 系列	电阻制动＋盘形制动 电阻制动＋盘形制动 再生制动＋盘形制动	电磁涡流制动＋盘形制动 电磁涡流制动＋盘形制动
法国	TGV-PSE TGV-A TGV-N	电阻制动＋闸瓦制动 电阻制动＋盘形制动 再生制动＋盘形制动	盘形制动＋闸瓦制动 盘形制动 盘形制动＋电磁轨道制动
德国	ICE	再生制动＋盘形制动	电磁涡流制动＋盘形制动
中国	CRH1、CRH2、 CRH3、CRH5、 CRH380A	再生制动＋电空制动 再生制动＋空气制动＋电阻制动 再生制动＋电空制动	盘形制动 盘形制动 电磁涡流制动＋盘形制动

动车组的制动系统推行轻型化和免修化，以减少维修工作量。例如，采用的再生制动机是感应电机，不但是轻型的，而且几乎是免维修的。

（六）密接式车钩缓冲装置

目前世界各国高速列车（如日本、德国）普遍采用密接式车钩连接装置，如日本新干线动车组车钩全部采用密接式车钩，该装置的两个车钩连接面的纵向间隙一般都小于 2 mm，上下、左右偏移也很小，对提高列车的运行平稳性和电气线路、风管的自动对接提供了保证。在车钩连接的同时，贯通全列车的控制信息线路通过密接式车钩的电气连接器自动接通。

（七）交流传动技术

目前世界各国的高速动车组一般都采用电力牵引传动方式。近几年来，各国动车组的电力传动系统由早期的直流牵引电动机驱动改为交流感应电动机驱动，即采用了交流传动系统，不仅实现了牵引电机的小型轻量化，而且减轻了电机的日常维护检修工作量。交流传动系统的优点主要有：

（1）交流电机体积小、质量轻，而且输出功率大，很适合高速动车组。

（2）功率因数可控制到 1。

（3）再生制动机淘汰了电阻器，在质量减轻的同时，腾出了车下空间。

（4）因不需要像直流电机那样的整流电刷，故易于保养，牵引功率可以得到进一步提高，在功率相同的情况下使架线电流降低等。

（八）列车自动控制及故障诊断技术

列车自动控制系统对高速列车安全运行具有重要作用，世界各国在发展高速铁路的同时都十分重视列车自动控制系统的研究和开发，许多国家为先进列车控制系统（Advanced Train Control Systems）研制了多种基础技术设备，例如列车超速防护系统、卫星定位系统、车载智能控制系统、车载计算机自动监测和诊断系统等。

目前世界各国的高速铁路采用的自动控制方式主要有两类：一类是以设备为主、人控为辅的控制方式，以日本新干线采用的 ATC（列车自动控制）方式为代表；另一类是人机共用、人控为主的方式，以法国 TGV 高速列车为代表，主要采用了 TVM300 型安全防护系统及改进的 TVM430 型安全防护系统，还有德国 ICE 高速列车采用的 FRS 速差式机车信号和 LZB 型双轨条交叉电缆传输式列车控制设备。

复兴号智能动车组采用以太网控车、车载安全监测等 9 项智能运维和监控系统，进一步提升了列车运行、安全监控等方面的智能化水平。列车还采用基于 5G 技术的列车 WIFI，可为旅客提供更优质的语音通话和移动网络服务。

（九）倾摆式车体技术

动车组采用的倾摆式列车可以在既有线路条件下使列车通过曲线时的速度提高约 30%。

（十）动车组制动新技术

动车组制动除了常规的空气制动、电气制动以外，还有一些新型制动技术和设备。

1. 磁轨制动

磁轨制动是通过将车辆转向架上的磁铁吸附在轨道上滑行产生制动力，其最大优点是产生的制动力不受轮轨间的黏着条件限制。磁轨制动分为电磁型磁轨制动和永磁型磁轨制动。

1）电磁型磁轨制动

电磁型磁轨制动装置主要由励磁电路、构架、制动梁、升降风缸、电磁铁等构成。当需要制动时，压缩空气进入风缸内，控制升降机将磁轨器落到钢轨上。磁轨器以一定的吸力吸附在钢轨上，磁轨器上的磨耗板与钢轨摩擦，产生制动力。

2）永磁型磁轨制动

永磁型磁轨制动与电磁型磁轨制动的结构基本相同，只是将电磁铁相关部件换成永磁体。电磁型磁轨制动在制动时需要提供大量的电能，而永磁性磁轨制动既可实现非黏着制动，又无须为维持制动力而提供任何能量，甚至可替代手制动机作为停车时的防溜制动装置，故特别适用于安全要求较高的系统。

2. 涡流制动

涡流制动也是一种非黏着制动，它作为一种辅助制动方式，用在某些黏着制动力不够的高速列车上。它又可以分为轨道涡流制动和旋转涡流制动两种。

1）轨道涡流制动

轨道涡流制动与磁轨制动很相似，也是把电磁铁悬挂在转向架侧架下面同侧的两个车轮之间。不同的是，轨道涡流制动的电磁铁在制动时只放到离轨面几毫米处而不会与钢轨发生接触。它利用电磁铁和钢轨的相对运动使钢轨感应出涡流，靠电磁铁与钢轨间的相对速度引起电涡流产生电磁吸力作为制动力，并把列车的动能转换为热能消散于大气。

2）旋转涡流制动

旋转涡流制动是在牵引电机轴或车轴上装设作为电磁感应体的金属涡流盘，制动时金属盘在电磁铁形成的磁场中旋转，盘的表面感应出涡流，产生电磁吸力，并消散于大气中，从而产生制动作用。此种制动方式广泛应用于日本新干线 100 系、300 系和 700 系动车组的拖车上。

三、动车组的运用

（一）和谐号动车组的编号规则

动车组也和普通铁路客运车辆一样具有运用识别标记，包括路徽、配属局段简称、车型、车号、定员、最高运行速度、制造厂名及日期等。我国电气化区段运行的动车组还有“电气化区段严禁攀登”的标志。

各种动车组的运用识别标记基本相似，下面仅针对我国 CRH 动车组的相关标记做详细介绍。

1. CRH1、CRH2、CRH3、CRH5 的编号规则

1）动车组的型号和列车编号

动车组的型号和列车编号涂打在动车组首、尾车驾驶室外两侧侧墙上，每车 2 处，如图 10.9 所示。其组成如下：

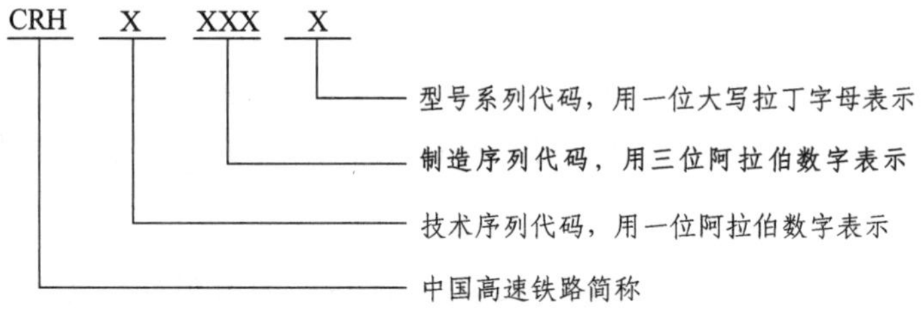

（1）CRH 是“中国高速铁路动车组”的简称。

（2）各型动车组型号和车号的技术序列代码规定为：

BST 动车组——1。

四方股份动车组——2。

唐山工厂动车组——3。

长客股份动车组——5。

（3）各型动车组的制造序列代码：按不同的技术序列单独编排，顺序由 001 ~ 999 依次编排。

（4）各型动车组型号和车号的型号系列代码：按动车组的速度等级、车种确定。对已有的动车组规定如下：

A——运营速度 200 ~ 250 km/h、8 辆编组、座车。

B——运营速度 200 ~ 250 km/h、16 辆编组、座车。

C——运营速度 300（含 275）km/h、8 辆编组、座车。

D——运营速度 300（含 275）km/h、16 辆编组、座车。

E——运营速度 200 ~ 250 km/h、16 辆编组、卧车。

例如，CRH$_5$-048A 动车组的型号和车号的编码如下：

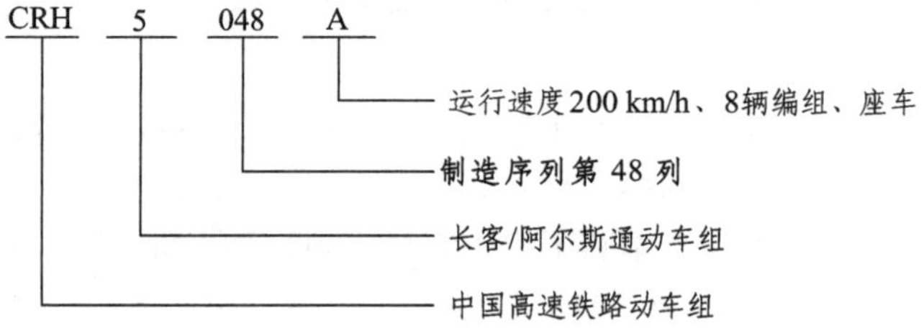

2）动车组车辆的车种和编号

动车组车辆的车种和编号由大写拉丁字母加 6 位数字构成，涂打于每辆车的两侧，每车 4 处，如图 10.19 所示。动车组车辆车种和编号组成如下：

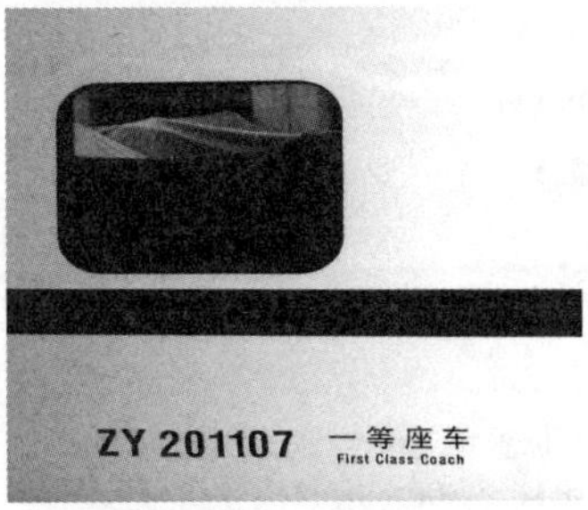

XX　X　XXX　XX

- XX：编组顺序代码，用两位阿拉伯数字表示，位置排列编号自首车起从“01”开始顺序排列：01、02、03、…、00，尾车的排列编号为“00”
- XXX：制造序列代码
- X：技术序列代码
- XX：车种代码，用两位或三位大写拉丁字母表示

图 10.19　动车组车辆车种与编号

动车组车辆的车种代码见表 10.3。例如，图 10.19 所示的动车组的车辆车种及编号是：

ZY　2　011　07

- 07：第7号车
- 011：制造序列第11列
- 2：四方动车组
- ZY：一等座车

表 10.3　动车组车辆的车种代码

车种代号	车种名称	备　注
ZY	一等座车	
ZE	二等座车	
ZG	高级座车	VIP
WR	软卧车	四人包间
WG	高级软卧车	两人包间
SW	商务车	
SWG	商务车/观光车	
CA	餐　车	含酒吧车
ZYG	一等座车/观光车	
ZEC	二等座车/餐车	

2. 新一代动车组 CRH380 的编号规则

1）动车组的型号及列车编号

CRH　380　X　6XXX　X

- X：编组长度代码，L表示16辆编组，8辆编组无标号
- 6XXX：制造序列代码，用四位阿拉伯数字表示，以 6 开头
- X：技术序列代码，用一位拉丁字母表示
- 380：速度序列代码，用380表示
- CRH：中国高速铁路简称

例如，图 10.11 所示的动车组型号和列车编号如下：

CRH　380　C　6301　L

- L：16辆编组
- 6301：制造序列第301列
- C：长客股份
- 380：最高运营时速380 km
- CRH：中国高速铁路简称

2）动车组车辆的车种和编号

X　XXXX　XX

- XX：编组顺序代码，用两位阿拉伯数字表示，位置排列编号自首车起从“01”开始顺序排列：01、02、03、…、00，尾车的排列编号为“00”
- XXXX：制造序列代码
- X：车种代码，用两位或三位大写拉丁字母表示

例如，图 10.20 所示的车辆车种及编号如下：

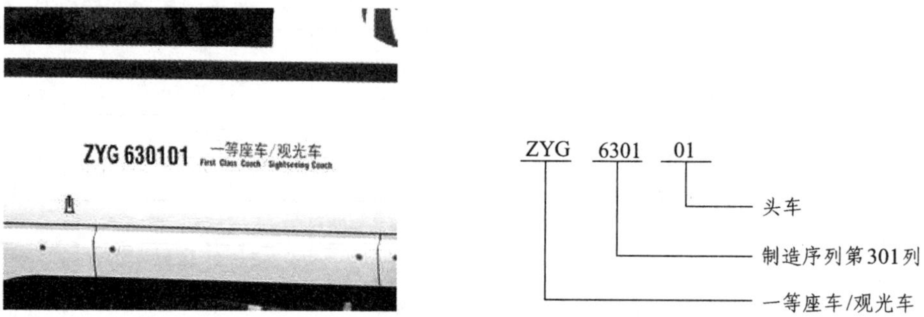

图 10.20　CRH380 动车组车辆车种及编号

3. 动车组座位号的编号规则

动车组的座位号（见图 10.21）采用数字和字母组合的方式表示，数字表示排号，字母表示位置（用 A、B、C、D、F 表示）。一等座每排 4 个位置，采取 2+2 布置；二等座每排 5 个位置，采取 3+2 布置。一般 A、F 代表靠窗，C、D 代表靠走廊。

图 10.21　动车组座位号

（二）动车组的运用方式

由于动车组的特殊性，其运用方案也不同于普通列车，需要根据动车组自身的技术特点设置与之相适应的运用方式。根据目前国内外的运用现状，动车组的运用方式可分为固定区段运用方式、不固定区段运用方式和半固定区段运用方案三种。

1. 固定区段运用方式

固定区段运用方式是指动车组在指定的线路上运行并且其运行区段是固定的运用方式，该方式与既有铁路客车车底的运用方案一致。固定区段运用方式又分为站间固定周转方式和两区段套跑周转方式，如图 10.22 所示。

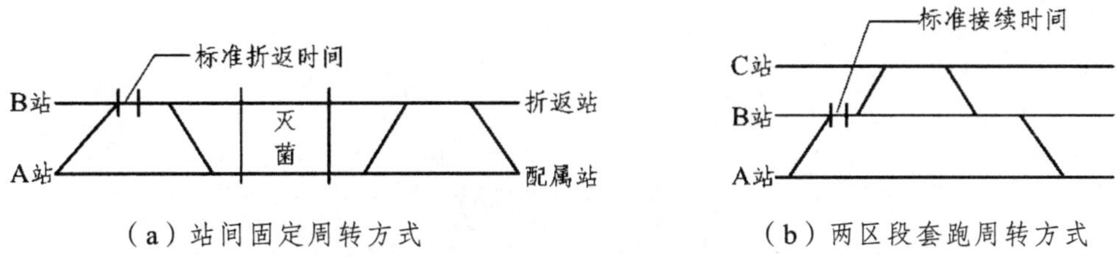

图 10.22 动车组固定区段运用方式示意图

固定区段运用方式的优点是：动车组在固定的区段内运行，有利于动车组的管理，并可根据客流变化采用不同的车辆编组方案，动车组的运用组织比较简单，便于高速铁路的运输组织。其缺点是：不利于提高动车组效率，也不能减少动车组的使用数量，还不利于高速动车组的检修。一方面，在动车组检修期间需要有一定数量的备用车组来替代，如果备用车组由各区段分别配备，则全线总备用车组数量较大且利用率不高；另一方面，由于高速动车组的维修技术复杂、设备昂贵，只能集中配置，即将所有动车组的维修作业集中在维修中心进行，所以，对于与维修中心不邻接的区段，需要检修的动车组必须专程送检，事后又需专程送回。

2. 不固定区段运用方式

与固定区段运用方式相对应的是动车组不固定区段运用方式，是指动车组完成一次列车任务后，下一次所承当的运行区段无限制。这种运用方式以全线为系统，统筹考虑动车组的使用与维修来安排动车组的运用，有利于提高动车组的使用效率，减少动车组数量，是比较合理的动车组运用方式。高速动车组比较发达的国家（如日本、法国等）均广泛采用这种运用方式。但是，由于该方式动车组接续安排比较周密，一旦出现较大的随机干扰时，动车组运用所受到的影响也大；而且，假定各动车组之间无差别，动车组的编组就不能根据不同区段的客流特点而加以改变，因而可能造成输送能力的浪费。

3. 半固定区段运用方案

半固定区段运用方案是指一部分动车组采用固定区段使用方案，而其余动车组采用不固定区段使用方案。它是介于固定使用方案和不固定使用方案之间的一种方案。

【思考题】

1. 动车组的基本构造由哪些部分组成？动车组的车型有哪几种？
2. 简述动车组的主要技术特点。
3. 动车组的识别标记主要有哪些，分别代表什么含义？
4. 请总结动车组的型号和列车编号原则、车辆编号原则和座位编号原则。
5. 动车组的运用方式有哪几种，各有什么特点？
6. 动车组一等座和二等座的座位布局是什么样的？

参考文献

[1] 李海军. 铁路运输设备[M]. 成都：西南交通大学出版社，2012.
[2] 佟立本. 高速铁路概论[M]. 5 版. 北京：中国铁道出版社，2017.
[3] 杨浩. 铁路运输组织学[M]. 4 版. 北京：中国铁道出版社，2015.
[4] 吴文英. 铁路信号与通信设备运用[M]. 北京：人民交通出版社，2020.
[5] 刘建国，张仕雄. 高速铁路信号与通信[M]. 北京：中国铁道出版社，2016.
[6] 宫国顺. 铁道概论[M]. 北京：北京交通大学出版社，2018.
[7] 佟立本. 铁道概论[M]. 7 版. 北京：中国铁道出版社，2017.
[8] 万明. 交通运输概论[M]. 北京：人民交通出版社，2015.
[9] 周平. 铁道概论[M]. 北京：中国铁道出版社，2007.
[10] 鲍维千. 机车总体及转向架[M]. 北京：中国铁道出版社，2010.
[11] 李映红. 铁路通信信号[M]. 成都：西南交通大学出版社，2011.
[12] 李学伟. 高速铁路概论[M]. 北京：中国铁道出版社，2010.
[13] 韩宝明，李学伟. 高速铁路概论[M]. 北京：北京交通大学出版社，2010.
[14] 刘建国. 高速铁路概论[M]. 北京：中国铁道出版社，2009.
[15] 钱立新. 图解国外高速铁路[M]. 北京：中国铁道出版社，2010.
[16] 李明华，罗世民. 铁道概论[M]. 长沙：中南大学出版社，2011.
[17] 彭进. 铁路客运组织[M]. 北京：中国铁道出版社，2011.
[18] 张晓玲，李慧娟. 铁道概论[M]. 2 版. 成都：西南交通大学出版社，2018.
[19] 李海军. 铁道概论[M]. 2 版. 成都：西南交通大学出版社，2018.